丁晓平 著

光荣梦想

毛泽东人生七日谈

人民出版社

责任编辑:郭 娜

责任校对:吕 飞

图书在版编目(CIP)数据

光荣梦想:毛泽东人生七日谈/丁晓平 著.—北京:人民出版社,2019.10
  (2024.6 重印)
ISBN 978-7-01-020617-2

Ⅰ.①光… Ⅱ.①丁… Ⅲ.①毛泽东(1893-1976)-人生哲学
  Ⅳ.①A841.63

中国版本图书馆 CIP 数据核字(2019)第 065782 号

光荣梦想:毛泽东人生七日谈

GUANGRONG MENGXIANG MAOZEDONG RENSHENG QIRITAN

丁晓平 著

人民出版社 出版发行
(100706 北京市东城区隆福寺街 99 号)

北京中科印刷有限公司印刷 新华书店经销

2019 年 10 月第 1 版 2024 年 6 月北京第 6 次印刷
开本:710 毫米×1000 毫米 1/16 印张:29
字数:431 千字

ISBN 978-7-01-020617-2 定价:78.00 元

邮购地址 100706 北京市东城区隆福寺街 99 号
人民东方图书销售中心 电话 (010)65250042 65289539

目 录

陆日谈 "活到老，学到老"
[毛泽东谈读书学习]

柒日谈 "革命第一，工作第一"
[毛泽东谈家庭情感]

毛泽东带给中国人民光荣与梦想

丁晓平

1

毛泽东是谁？

你认识毛泽东吗？

你知道毛泽东到底是一个什么样的人？

在本书一开头，我就提出这样几个问题，连我自己都觉得有些幼稚可笑了。但联系当下，我越来越觉得有一种不可忽视的现象——那就是毛泽东离我们是那么的亲近却又是那么的遥远，是那么的清晰却又是那么的模糊，是那么的完整却又是那么的零碎……尤其是在比我们更加年轻一代人的心目中，毛泽东仿佛只是一个历史的符号或者一个时代的标志了。

一千个人眼中或者心中，就有一千个毛泽东。就像天安门城楼上那张中国人熟悉得不能再熟悉的毛泽东画像一样，那张慈祥的大中华脸孔和睿智的目光，既审视着前来瞻仰他的每一个人，又接受着每一个人的审视，包括他的精神和思想。

2

"国际悲歌歌一曲，狂飙为我从天落。"

"雄关漫道真如铁，人间正道是沧桑。"

国家兴亡，匹夫有责。自1840年以来，中华民族遭受了人类历史上罕见的苦难、牺牲和屈辱，但中国人民冒着敌人的炮火，从无畏惧，绝不屈服，英勇战斗，永远向前，革命到底，牢牢地掌握了自己的命运。

毫无疑问，毛泽东那一代人，是最具忧患意识的一代人，是最具牺牲精神的一代人，是最有责任感和使命感的一代人，也是把个人命运与国家、民族、人民的命运紧紧维系在一起的一代人。在艰苦卓绝的革命斗争中，他们为了共产主义信仰和梦想，抛头颅，洒热血，置之死地而后生。正因此，毛泽东是伟大的民族英雄，他领导中国人民彻底改变了中华民族的命运和国家面貌，让世界每一个角落的中华儿女都感悟和实践自觉、自信、自尊、自主、自立、自强的毛泽东精神，并为此而自豪、而骄傲。

邓小平说："如果没有毛泽东同志的卓越领导，中国革命有极大的可能到现在还没有胜利，那样，中国各族人民就还处在帝国主义、封建主义、官僚资本主义的反动统治之下，我们党就还在黑暗中苦斗。"①

这是毛泽东的光荣，也是毛泽东的梦想。

毛泽东的光荣，就是中国人民的光荣；

毛泽东的梦想，就是中国人民的梦想。

毛泽东带给中国人民光荣与梦想，为中国特色社会主义在科学发展的道路上奠基，让中华民族的伟大复兴成为世界上所有中华儿女的共同心愿和美好想往。

3　毛泽东为什么能走向成功？

毛泽东为什么能成为人民领袖？

毛泽东领导的中国革命为什么能胜利？

伟大的人物就是一次历史运动中的战略支点，而其之所以伟大就是因为他适时地出现在了彼时彼地，并适时撬动了他手中的杠杆。毛泽东就是这样的一个历史人物。

---

① 《邓小平文选》第二卷，人民出版社1994年版，第148页。

在20世纪中国历史及至世界历史上，除了中国共产党领导的中国革命取得胜利之外，再没有哪个事件在当时看起来是如此的不可能，但事后却成为中国历史的必然。毛泽东领导的中国共产党带领中国人民用"小米加步枪"打败了日本帝国主义又打败了蒋介石，推翻三座大山，成为中国历史上迄今为止最为引人注目的政治成就，塑造了中国历史的新纪元，包括我们自己的当代史。

是的，不可否认，毛泽东领导的中国革命是一场"农民战争"，但以毛泽东为核心的那一代中国共产党人，改变了中国历史，改变了中国农民起义始兴终亡的周期率，把农民战争创造为人民战争（农民战争与人民战争，仅仅只有一字之差，却是天壤之别！这是一个伟大的差别！），从而使得抗日战争和解放战争像美国人"将美国独立战争看作是美国服从天定命运的第一步"一样，具有伟大的历史意义。在那个创造历史的现场，作为一个中国农民的儿子，毛泽东不是也根本算不上中国政治的精英阶层，与蒋介石及其领导的国民政府高层官僚、"四大家族"或蒋介石的任何一个拜把子兄弟相比，他都黯然失色。但是历史也同样告诉我们，在那个创造历史的现场，作为一个中国农民的儿子，毛泽东在黑暗中创造的光明、在苦难中创造的辉煌、在大无中创造的大有，也令他的敌人或对手望尘莫及。

有人说，"蒋介石的悲剧在于与毛泽东同时代"，蒋某人是生不逢时，大有既生瑜何生亮之感慨。对此，笔者不敢苟同。正如毛泽东所言，人民群众是创造历史的真正动力。如果把中国革命的胜负，仅仅维系到毛泽东和蒋介石两个历史人物的斗争上，或者维系到中国共产党和中国国民党的两党斗争、两军对垒上，这都不符合唯物论和辩证法，也不符合中国历史，难免陷入历史的虚无和知识的局限之中。我们知道，自1840年以来，一代又一代的仁人志士为了中华民族的繁荣富强和伟大复兴，先天下之忧而忧，后天下之乐而乐，把个人的命运与国家、民族的命运维系在一起，救亡图存，励精图治，奋发图强，舍生忘死，视死如归，他们的名字如星汉灿烂。到了20世纪初，尤其是五四新文化运动和爱国运动的深入人心，中国革命在世界革命的洪流中成为可能。于是，中国共产党和国民党实现了合作，共同高举中华民族复兴的大旗共赴北伐的战场完成中国革命的宏愿——为中华民族自立自强于世界民族之林而斗争。但革命尚未成功，国民党内部即发生分裂，蒋介石集团成为官僚资本主义并渐成为压迫、剥削中国人民的三座大山的代理人，背叛了中国革命，致使中国革命和中国人民在土地革命、抗日战争和解放战争中遭受了史无前例的屈辱和苦难，继续在黑暗中爬行从而付出了更大的牺牲。同时，我们应该看到，在中华民族的民族解放战争中，中国各民主党派响应并团结在中国共产党的周围，决心参加中共领导的人民民主统一战线，为新民主主义革命和社会主义革命而斗争，成为中国革命的中流砥柱，赢得了人民、赢得了天下、赢得了世界，并让每一个中国人在新中国的时空中站起来，平等地拥有奋斗中国梦的自由和权利。

"天下大势，浩浩汤汤，顺之者昌，逆之者亡。"毛泽东领导中国共产党顺着中国革命的历史潮流，带领中国人民取得了中国革命的胜利；蒋介石则逆流而动成为中国革命的反动派，遭到人民的唾弃而失败。得人心者得天下。其实，历史并没有走远，让我们俯瞰历史的长河，从大历史的角度来审视，就不难发现毛泽东和蒋介石作为同一个时代的风云人物，他们最大的不同，就是在中国三千年未有的变局之中，一个代表了最广大的人民群众的根本利益，一个只代表了官僚资本主义和封建地主阶级的利益。

从个人角度来分析，毛泽东不仅是政治家、军事家，还是思想家、战略家；而蒋介石只能算是政治家和军事家。而在谋略的层面上，蒋介石有手段（操作层）和思路（观念层），却少了毛泽东的境界和修养（伦理层）。因此，历史选择了毛泽东，而不是蒋介石。

或许很少有人知道，1945年12月至1949年1月，天安门城楼上曾经悬挂着巨幅蒋介石画像，占据了整个二楼楼厅直抵三层的屋檐，比现在的毛泽东画像至少要大两倍。那时，他以"抗战领袖"自居，踌躇满志亲临北平督导打内战要消灭共产党。今天，当你来到北京，静静地站在天安门城楼前，仰望毛泽东的画像，他依然显得是如此的慈祥、尊严和高贵。1949年10月1日，随着开国大典他那一声"中华人民共和国中央人民政府今天成立了"的庄严宣告，中国人从此真正站立起来了！这是20世纪的中国最强音！这声音穿越历史的时空抵达我们的心灵，显得是如此的神秘而充满英雄气概。

　　是的，站在毛泽东的面前，我们来瞻仰他，并聆听他的教诲。

4　　毛泽东是20世纪中国历史乃至世界历史的一个传奇，是中国人民争取民族独立、自由和民主的时代狂想曲中充满血肉的、可亲可感可预知的现实，是混乱的黑暗的苦难的旧中国一个不可或缺的人物。他是20世纪三四十年代中国诸种力量角逐斗争的重心，进而使得他及其领导的中国共产党成为中国正义力量的中心，使中国革命和民族解放事业始终没有偏离正确的轨道；他是稳定的核心，民族解放的正能量始终围绕着他而展开；他是将所有的心灵团结起来的人，他是将所有的力量团结起来的人。正是从这个意义上说，毛泽东就像华盛顿是美国人心目中的"宙斯、摩西和辛辛纳图斯三者合一的美国伟人"一样的中国伟人。

　　作为中华民族贡献给人类历史的一个伟人，在历史的长河中，跨越政治和意识形态的鸿沟，无论是俯视还是仰视，毛泽东绝对都是一个纪念碑式的人物。他个人历史的本身不是神话，胜似神话。因此，毛泽东本人从来就没有走上什么神坛，所以也就根本没有走下什么神坛——毛泽东不是神，毛泽东就是毛泽东，就是一个吃中国饭、喝中国水、穿中国衣、读中国书、写中国字、说中国话、在中国的黄土地上土生土长的中国人，一个把握历史推动历史又被历史推动的人，一个改变历史又被历史改变的人。

在这部书中，我要告诉你的，就是这样一个平常、平凡、平易的毛泽东，好像坐在自己爷爷的身边一样，他与你抵掌交心，促膝交谈，娓娓道来。他的故事是那么的自然亲切，又撼人心魄，没有做作，没有浮躁，没有功利，是一个农民的儿子成长为人民领袖的心灵告白。这些故事有的平常得犹如发生在我们自己身边，有的意外得超乎我们肤浅的想象，从容而又漫不经心，简单而又意味深长，宽容中蕴藏着坚忍不拔，自信中充满着做一个中国人的尊严。

东方红，太阳升，中国出了个毛泽东。

毛泽东是人民的儿子，来自人民，时时刻刻与人民在一起，与人民手拉手心连心。人民歌颂他是"人民的大救星"，他赞颂"人民群众是真正的英雄"；人民高呼"毛主席万岁"，他却高喊"人民万岁"……毛泽东一生最满意的称呼是陕甘宁边区人民称他为"人民领袖"。

毛泽东离不开人民，人民也永远不会忘记毛泽东。

毛泽东把人民放在心上，人民把毛泽东记在心里。

毛泽东说："人民，只有人民，才是创造世界历史的动力。"[1]

毛泽东和人民永远在一起。

毛泽东是中国人民的骄傲。

是的，毛泽东不仅属于中国，也属于世界；毛泽东永远属于人民。

5 有关毛泽东的传记和研究著作汗牛充栋。作为后来者，本书试图通过一种与众不同的方式，穿越时空，回到人、人性的

---

[1]《毛泽东选集》第三卷，人民出版社1991年版，第1031页。

立场，回到历史的现场，与毛泽东就理想信仰、个性情操、德政亲民、方法作风、荣辱生死、读书学习和家庭情感等人生七个方面的问题，以一日一谈而"七日谈"的结构和形式，面对面地与他进行一次心灵的对话，聆听他的心声，把切他的血脉，触摸他的灵魂，分享他的人生，立体、全面、客观地再现一个未经雕琢粉饰的毛泽东，一个朴素纯粹清醒的原生态的毛泽东。这是毛泽东执政为民的教诲录和资政励志的教导书，也是毛泽东从政服官的家常话和成才成功的心里话。

为毛泽东歌功颂德、再现毛泽东的丰功伟业，不是本书写作的目的。但我希望本书告诉人们一个知道但并不完整知道的真正的毛泽东，写出一个农家少年是如何成长为世界伟人的心路历程，让毛泽东回到日常生活中间、回到人民中间、回到我们身边，可闻可触、可亲可感、可学可敬、可信可爱、可依可靠，伸手可及他的心跳。

当然，不可否认，我，我们，以及我们的孩子现在仍然生活在毛泽东的遗产之下，我同样承认我受自身的局限或许还无法达到以一种真正的历史视角来与他对话。但毛泽东作为毛泽东时代的代表，他早已为他的祖国和人民准备好了人生对话的窗口和方式，因为他知道——在历史的现场他们正在创造着历史。

历史不是人类的包袱，而是智慧的引擎；历史不是藏着掖着的尾巴，而是耳聪目明的大脑。历史更是一种文化，是一种价值观。在全球正在"化"为一体、微观史独领风骚、史学研究"碎片化"大行其道的今天，在史学家和"公知"们沉溺于五花八门五颜六色的微观史并自足于津津乐道的今天，在日常生活史、个人口述史、小历史在各种各样的传播媒介上出尽风头的今天，个体的历史越来越清晰，整体的历史却越来越混沌——细节片段的微观历史遮蔽了总体全局的宏观历史，混乱、平庸的微观叙事瓦解了宏大叙事，琐碎、局促的微观书写离析了历史的唯物主义和辩证法——显然，这是当代知识变迁过程中一种错位的"非典型状态"。一叶障目，不见泰山。历史的"碎片化"和"碎片化"的历史，已经说明个体、个性化甚至个人主义的微观史终究不能承担究天人之际、通古今之变的历史责任和使命，更无法克服其自身致命的弱点——没有足够的能力来理解和诠释世界已经发生和正在发生的重大转变。对重大问题的失语和无力，是微观史所面临的最大挑战。要见树木，更要见森林。历史研究和历史写作离不开宏大叙事，必须实事求是地回到历史现场和历史语境当中，完整书写整体的历史和历史的整体。我们必须突破历史的局限，不当事后诸葛亮，不放马后炮，在宽容、坦率、真实、正义中正视毛泽东思想和毛泽东精神的深度价值和潜在秘密，循着实事求是和辩证唯物主义的路径，在常识中把握历史发展的主题和主线、主流和本质——这才是真正的大历史的视角，从而避免陷入历史的虚无和知识上的尴尬境地。是的，为毛泽东涂光抹彩的时代已经过去，遮蔽历史的时代也已经过去，因为毛泽东早已成为中国历史的一部分。

6　　"天下者，我们的天下；国家者，我们的国家；社会者，我们的社会。我们不说，谁说？我们不干，谁干？"[①]这是青年毛泽东的誓言，也说出了一代又一代青年报效国家、服务人民之舍我其谁的心声，包括当下的我们。

学习毛泽东，奋斗中国梦。为什么学习毛泽东？如何学习毛泽东？早在1949年5月7日，周恩来在北京召开的中华全国青年第一次代表大会上号召全国青年向毛泽东学习时，强调说："毛泽东是在中国的土壤中生长出来的巨大的人物……不要把毛泽东看成神秘的，或者是无法学习的一个领袖。如果这样，我们承认我们的领袖，就成了空谈。既然是谁也不能学习，那么毛泽东不就被大家孤立起来了吗？我们不是把毛泽东当成一个孤立的神了吗？那是封建社会、资产阶级社会所宣传

---

① 毛泽东:《湘江评论·发刊词》,1919年8月4日《湘江评论》第4号。

的领袖。我们的领袖是从人民当中生长出来的领袖，他是跟中国人民血肉相关的，是和中国的大地、土壤密切相关的。就是说，在中国社会里生长的毛泽东这样一个领袖不是偶然的，而是近百年革命运动的结晶，是中国多少年革命历史的经验教训中产生的人民领袖。因此，学习毛泽东，必须是全面的学习，从他的历史发展来学习，不要只看今天的成就伟大，而不看历史的发展。我们提出学习毛泽东，要使青年越学越深，越学越有兴趣，更进一步学习毛泽东整个的思想体系。"同时，"因为他是最能坚持原则又能灵活运用的领袖"，所以"我们青年人要学习毛泽东——不仅要懂得毛主席指示的方向、原则、真理，还要研究他的具体的政策、策略，才能使我们的工作深入实际。我们青年不是要空谈，而是要实行"。正如列宁所说："少说些漂亮话，多做些日常平凡的事情。"①

我们的中国梦，也曾是毛泽东的"中国梦"；毛泽东的"中国梦"，就是我们的中国梦。现在，每一个有梦想的人，都应该像毛泽东一样，做一个敢于做梦、勇于追梦、勤于圆梦的人。

苦难辉煌看历程，光荣梦想见精神。

光荣已属于辉煌的过去，梦想已被苦难照亮前程。是的，历史绕不开毛泽东，现在绕不开毛泽东，未来也依然绕不开他。有理由相信，站在伟人的肩膀上，我们前瞻的眼光会更远，我们攀登的脚步会更高，我们前进的道路会更长，我们的梦想距离成功则更近，而凭借其思想和精神的高度，我们能比往日眺望到更加遥远的未来……

---

① 上海人民出版社编：《学习毛泽东》，上海人民出版社 1979 年版，第 2—8 页。

壹日谈

毛泽东谈理想信仰

茫茫九派流中国，沉沉一线穿南北。烟雨莽苍苍，龟蛇锁大江。黄鹤知何去？剩有游人处。把酒酹滔滔，心潮逐浪高。

一九二七

"改造中国与世界"

1

【导语】

空谈误国，实干兴邦。

在当下这个非常现实的世界非常现实的社会，与毛泽东一起谈理想信仰这样的严肃话题，或许已经是一种奢侈。那么，我们还要不要谈理想呢？我们还要不要信仰呢？

这确实是一个问题。

什么是理想？你的理想是什么？

什么是信仰？你的信仰是什么？

理想和信仰——当下的人们忙于生计忙于生活忙于生存，对这两个词汇似乎越来越淡漠越来越陌生了。然而，这两个看来十分抽象和空洞的词汇却时时刻刻在影响着我们的生活，引导着我们的人生，甚至左右着我们生命的质量。如果把生活比喻成一杯白开水，我愿意把理想和信仰比喻为放进这杯白开水中的一勺"盐"。有了这勺"盐"，这杯白开水的颜色虽然没有丝毫改变，但它的味道却已经大不相同。作为伟大的革命家、政治家、思想家、军事家、战略家、书法家和诗人的毛泽东，从一个农家少年到开国领袖，他到底有什么样的理想和信仰呢？他的志向和抱负又是什么呢？从小到老，他的理想和信仰、他的志向和抱负又经过了什么样的变化和发展呢？他为实现自己的理想和信仰又是如何拼搏奋斗的呢？

毛泽东说，他要"改造中国与世界"，他的理想实现了吗？

毛泽东说，他是马克思主义者，他的信仰改变过吗？

毛泽东在保安（1936年　埃德加·斯诺／摄）

孩儿立志出乡关

关于毛泽东的故事，当然还得从韶山冲说起。

在毛泽东还没有成为中国的领袖之前，韶山冲和中国任何一个贫穷落后的小山村一样，是在中国地图上找不到的一个小地方，很少有人知道它的名字。

1902年春，9岁的毛泽东被父亲毛顺生送进了离家最近的私塾读书。南岸这个离家才200米的私塾，是毛泽东读书生涯的第一站。私塾老师邹春培对收毛泽东这个学生，很是欣慰，他跟毛顺生说："令郎有朝一日定会名登高科，光宗耀祖。"精明能干的毛顺生对此却毫无奢望，他的想法极其简单又实际："种田人家的子弟，不稀罕功名利禄，只要算得几笔数，记得几笔账，写得几句来往信札，就要得了。"

从9岁到13岁这四年多时间内，毛泽东先后在四所私塾的四个老师门下读书，几乎是一年换一个私塾。毛泽东对这种封建式教育难以接受，再加上父亲让他读书的初衷基本已经实现，他完全可以胜任父亲交给他的"记家账"的任务了。毛泽东回忆说："每天清早和晚上，我在田里做工。白天就读《四书》。我的塾师管教甚严。他很严厉，时常责打学生。我在13岁时，便从校中逃出。逃出以后，我不敢回家，恐怕挨打，于是向城上的方向走去，我以为那个城是在某处一个山谷里面的。我漂流了三天之后，家里才找到我。这时我才知道，我的旅行不过绕来绕去地兜圈子而已，一共走的路程不过距家约八里。"①

---

① 埃德加·斯诺录，汪衡译，丁晓平编校：《毛泽东自传》，中国青年出版社2009年版，第27页。本章有关毛泽东自述部分的文字均引自该书。

13岁到15岁这两年，毛泽东干脆停学在家，"开始在田中做长时间的工作，帮雇工的忙，白天完全做着大人的工作，晚上代父亲记账"。虽然人离开了学校，毛泽东仍然如饥似渴地"继续求学，找到什么书便读，除了经书以外"。尽管这使要他熟读经书的父亲"十分生气"，但毛泽东仍"继续读中国文学中的古传奇和小说"《三国演义》《水浒传》等。而最为难能可贵的是，十四五岁的农村伢子毛泽东在读书中学会了独立思考，并不是仅仅沉浸在传奇小说精彩故事情节的表面。"有一天，我在这些故事中偶然发现一件可注意的事，即这些故事中没有耕种田地的乡下人。一切人物都是武士、官吏或学者，从未有过一个农民英雄。这件事使我奇怪了两年，于是我便分析这些故事的内容。我发现这些故事都是赞美人民的统治者的武士，他们用不着耕种田地，因为他们占有土地，显然是叫农民替他们工作的。"这个"发现"令毛泽东大吃一惊，而且竟然让他"奇怪了两年"。

毛泽东对历史小说中的这种现象感到纳闷，并进行了长时间的思考分析，甚至提出了质疑！难以想象，这样与众不同的思考竟然发生在20世纪初一个偏僻闭塞、贫穷落后的山沟里的少年身上，这是多么地了不起！这简直是一个伟大的发现！或许21世纪的我们即使能够静下心来阅读完这些古典小说，也不一定能总结思考出这样深刻的命题。显然，这样的阅读和独立思考，对于毛泽东后来数十年特别是游击战争初期的军事生涯，以至中国革命的最后成功，都是有着启发和帮助的。因此从某种意义上说，作为农民儿子的毛泽东，在他十四五岁的乡村生活中，他是渴望着中国历史上应该有一位"农民英雄"的出现，而他自己或许也开始在心中埋藏了一个"英雄"的梦想。

1910年春，毛泽东和同学们看到许多米商成群结队地从长沙回家来了，就很奇怪地问他们为什么都离开长沙。米商们就把"城中发生了大乱子"的事告诉了毛泽东——"原来，那年发生一个大饥荒，在长沙有好多万人没有东西吃。嗷嗷待哺的老百姓举了一个代表团去见巡抚，请求救济，但他却傲慢地回答他们：'你们为什么没有粮食？城里多得很，我向来就没有缺少过。'当他们听到巡抚的回答，大家都十分愤怒。他们召集民众大会，举行一次示威运动。他们攻进满清衙门，砍倒作为衙门象征的旗杆，并把巡抚赶走。过后，布政使骑着马出来了。他告诉老百姓，政府准备设法救济他们。他这话显然是诚恳的。但皇帝（或许是慈禧太后吧）不高兴他，责备他与'暴徒'发生密切关系，并将他撤职。一位新巡抚来了，马上下令捉拿为首的乱党。其中有许多人被砍却头颅，挂在柱子上示众。"

就这一事件，毛泽东和他的同学们在私塾里"讨论了数日之久"。他们都十分同情这些到衙门示威的"乱党"。许多年以后，毛泽东认为他的同学们"只是站在旁观的立场。他们并不了解这对于他们的生活有什么关系。他们不过把这事当作一个具有刺激性的事件，感觉兴趣而已。然而我永不忘记它。我觉得这些'叛徒'都是与我的家人一样的普通良民，于是我深恨对待他们的不公平了"。这件事，给毛泽东留下了"深刻的印象"，并认为这是一桩"影响我的一生的事件"。不久，"哥老会"一个叫"磨刀石彭"的头领也领导贫苦农民向地主"造反"，最后战败，逃亡后被捕砍头。但在毛泽东看来"他是一位英雄，因为大家都同情这次造反"。

此后，最爱革命的湖南人"造反"不断，同样也波及韶山冲这个偏僻的山沟沟。毛泽东家因为父亲毛顺生的经营，已经成为韶山冲的"大富"，因此也成了"造反"的对象。毛泽东回忆说："第二年，新谷还没有成熟、冬米已吃完的时候，我们一村发生食粮恐慌。穷人向富户要求帮助，他们发动了一个'吃米不给钱'的运动。我的父亲是一个米商，他不顾本村缺少粮食，将许多米由我们的乡村运到城里。其中一船米被穷人劫去，他气得不得了。但我对他不表同情。同时，我以为村人的方法也是错误的。"

显然，在遥远的长沙发生的饥荒"暴动"和"造反"事件，与韶山冲发生的事是"密切发生在一起的事件"，在毛泽东的心灵中遥相呼应，产生了某种震动。毛泽东同情被处死的那些长沙的造反者和"哥老会"的头领，在毛泽东的眼里他们是"英雄"。毛泽东思想上受维新派的影响已经逐步开始"革命"。

这个时候，毛泽东在韶山冲读到了一本关于帝国主义瓜分中国的小册子，几十年后他仍能清楚地记得"这小册子的开头第一句：'呜呼，中国将亡矣！'"和"它讲到的日本占领高丽与台湾"。毛泽东说自己这个"已经有着反叛性的青年"的头脑里"开始有了某种程度的政治意识"。国家兴亡，匹夫有责，他年轻的心灵开始为国家的前途感到担忧，"我为我祖国的将来痛心，开始明了大家都有救国的责任"。

16岁这年，毛泽东把族长毛鸿宾将100多担稻谷封存在毛氏宗祠里进行倒卖，不平粜给断粮的乡亲，坑害贫苦百姓的行为揭发了出来，一下子在韶山冲翻了天。父亲害怕儿子因此惹出事端，便打发儿子去湘潭一家他熟悉的朋友的米店学徒，学些生意经，将来好继承父业。一开始，毛泽东对父亲的安排"并不反对，以为这也许是很有趣的"，因为他早就想走出去看一看外面的世界了。

"但就在这个时候，我听到一个有趣的新学校。于是不顾我父亲的反对，立志进那个学校。"毛泽东所说的这所"有趣的学校"就是他外婆家那边的湘乡县立东山高等小学堂。这个消息是表兄文运昌告诉他的。这所学校之所以有趣，是因为它是"不大注重经书的，西方的'新知识'教授得较多。教育方法又是很'激进'的"。但父亲不同意，于是母亲文素勤又站在了毛泽东一边，和儿子联合劝说丈夫，并请来亲朋好友一起来说情。在老师毛麓钟、李漱清和表兄文运昌、王季范等轮番解释劝告下，最后还是因为"说这种'高等'教育可以增加赚钱的本领"，毛顺生才答应满足儿子的愿望。毛泽东在"付了14吊铜板作五个月的膳宿费及购买各种文具用品之用"后，便在这所离家50里的学校上学了。

这是毛泽东第一次远离家乡。这一年，毛泽东17岁。他做出了决定人生命运的第一个重大选择。而这个选择就像春风吹过早春湖面的薄冰，带给他整个身心的是一种冰释，一种解放。从此，离开闭塞视听的山沟和脱离家庭束缚的他，可以自由自在地在新的世界里呼吸新鲜的空气，心情如同穿过云层的晴朗阳光，快活又欢畅。

临行前，毛泽东偷偷地抄改了一首"立志诗"夹在父亲的账簿里，送给父亲。他似乎是在向父亲立下"军令状"，表达自己一心向学和志在四方的决心，希望父亲相信他一定会争气，一定会功成名就。毛泽东这么写道："孩儿立志出乡关，学不成名誓不还。埋骨何须桑梓地，人生无处不青山。"①

在这个新学校中，毛泽东"读到了自然科学和西洋学术的新课程"。让毛泽东难忘的是"教员中有一位日本留学生，他戴了一个假辫子"，因此"每个人都笑他，叫他'假洋鬼子'"。但毛泽东却是从这个"假洋鬼子"那里知道了日本明治维新和列强觊觎中国的情形。他还教授毛泽东唱日本歌曲和英语。但那个时候，毛泽东只是从歌曲中"感觉到日本的美"和"它对于战胜俄国的光荣和武功的发扬"，"没有想到还有一个野蛮的日本"。

毛泽东说："我以前从未看见过那么多的儿童聚在一起。他们大多是地主的子弟，穿着华丽的衣服；很少有农民能将他们的子弟送到那样一个学校去读书。我穿得比旁的学生都蹩脚。我只有一套像样的袄裤。一般学生是不穿长袍的，只是教员穿，至于洋装，只有'洋鬼子'才穿。许多有钱的学生都轻视我，因为我常穿破烂的袄裤。但是，在这些人之中我也有几个朋友，而且有两个是我的好同志。"这两个朋友其中之一就是著名的诗人萧三（萧植蕃），另一个就是表兄文运昌。可见，毛泽东在这里是很孤独的。

因为学校每个星期天的上午都由教师出题要求学生写作文一篇，而毛泽东的古文功底好，写得一手好文章。诸如《言志》《救国图存论》《宋襄公论》等都成为全校的范文，因此深受校长和教员器重，说"学校取了一名建国才"。国文老师贺岚岗看到毛泽东对历史感兴趣，还买了一部《了凡纲鉴》送给毛泽东。然而毛泽东的志趣并不在经书上，他正在读文运昌送给他的一本康有为改良运动的书和一本梁启超编的《新民丛报》。毛泽东把这两本书"读而又读，一直到能够背诵出来"。这个时候，毛泽东"很崇拜康有为和梁启超"。因为年龄和学识的增长，毛泽东对康、梁这两位

① 毛泽东改写的这首诗原文是："男儿立志出乡关，学若不成死不还。埋骨岂期坟墓地，人间到处有青山。"此诗在中国最早刊于陈独秀主编的《青年杂志》（《新青年》前身）1916年第一卷第五号，作者署名为日本"维新三杰"之一的西乡隆盛。但据考证，此诗作者应是日本和尚月性。

当时明星人物的学说的理解和接受，自然比在韶山冲读到的《盛世危言》要更多更深一些。特别是梁启超的那种"条理明晰，笔锋常带感情，对于读者别有一种魔力"的文章，更使毛泽东神往，并取笔名"子任"（梁启超号"任公"），有意模仿梁启超的文风写作政论文章。

在东山小学堂，毛泽东才知道朝代已经变了，"在新皇宣统（溥仪）已统治了两年的时候，我才最初听到皇帝（光绪）与慈禧太后都死去的消息。那时我还没有成为一个反君主的人。老实说，我认为皇帝以及大多官吏都是诚实、良好和聪明的人。他们只需要康有为的变法就行了。我心醉于中国古代的著名君主——尧舜、秦始皇、汉武帝的史实，读了许多关于他们的书籍"，对他们的历史功绩非常仰慕。同时，毛泽东在"读了一点外国的历史和地理"，并"在一篇论美洲革命的文章里"第一次听到世界上还有一个国家叫美国。1936年，他曾跟美国记者埃德加·斯诺说："记得文中有这样一句：'八年之苦战后，华盛顿胜利而造成其国家。'"这时，毛泽东还在萧三借给他的一本叫《世界大英雄传》的书中，知道了"拿破仑、俄国叶卡捷琳娜女皇、彼得大帝、惠灵顿、格莱斯顿、卢梭、孟德斯鸠及林肯"。毛泽东在这本书上加了许多圈点。而毛泽东最钦佩华盛顿，经过八年艰苦战争，赢得了美国独立。他说，中国也要有这样的人物。

毛泽东在东山小学堂只读了半年，"开始渴想到长沙去"。因为他"听说这城市是非常大的，有许许多多居民，许多学校和一个巡抚的衙门"，他甚至觉得长沙"简直是一个伟大的地方！"毛泽东还听说那里有更高级的新式学校。恰好这年冬天国文教员贺岚岗应聘到了长沙湘乡驻省中学任教。于是，毛泽东请求贺老师介绍他前去。贺老师欣然答应，并好不容易说服了毛泽东的父亲。

1911年春天，毛泽东跟湖南的农民一样，肩扛扁担，挑着一床被褥、几本书籍和妈妈给他腌制的辣椒咸菜等简单的行李，从韶山冲步行到县城湘潭，然后和农民们拥挤着木壳船，顺湘江而下，前往省城。来到长沙，18岁的毛泽东心中一半是极端的兴奋，一半是生怕考试不能被学校录取，甚至有些惶恐地觉得"几乎不敢希望真入那个伟大的学校做一学生"。然而使他感到惊异的是"很容易地就被录取了"。

如果说，毛泽东到东山小学堂读书是他走出韶山冲，呼吸到时代新鲜气息的话，那么，他走进长沙——这个湖南政治文化中心和晚清新旧政治激烈斗争的场所，以及梁启超、谭嗣同、黄遵宪、黄兴、陈天华等众多政治明星和英雄人物的活动之地，毛泽东就已经直接地触摸到了时代的脉搏。外面的世界真的很精彩。不到半年，独立不羁的毛泽东再次做出了他人生命运中的一个重要选择，而这个选择将意味着毛泽东真正开始投身革命的序幕已经拉开，伟人辉煌的人生剧目即将开演！这个从韶山冲走出来的农村娃"石三伢子"，在中国革命的舞台上注定成为一个闪亮的角色，直至成为导演历史的主角。

在长沙的中学读书时，毛泽东第一次读到了报纸。这是一份由中国同盟会会员宋教仁、于右任等主编的进步报纸《民立报》。毛泽东就是从这份"革命的报纸"里面看到"有反抗满清的广州起义及在一个湖南人（黄兴）领导下的七十二烈士就难的情形"的。毛泽东读了以后，"极为感动，并发现《民立报》里面充满了有刺激性的材料，同时我也知道了孙中山的名字和同盟会的会纲"。从一年前在韶山就听闻的影响其一生的长沙饥民"抢米风潮"，到来长沙前夕广州爆发的"黄花岗七十二烈士"殉难壮举，毛泽东震惊了！八年之后，他在自己主编的《湘江评论》中还说"学生界中之抱革命主义者，已跃跃欲试"。毫无疑问，这正是毛泽东当年真实的自我写照！

这时，"长沙正在第一次革命的前夜"。毛泽东除了积极参加湘乡驻省中学堂的学生运动，以反对留辫的方式来表示他们的反满情绪，并和一位朋友毅然剪去发辫，还出其不意地剪掉"不履行诺言"的十个人的发辫。这样，毛泽东也"已经从嘲笑'假洋鬼子'的假发辫进步到要求普遍地剪发了"。他感叹说："政治观念是如何地可以转变一个人的观点啊！"这些日子，他激动异常，于是就写了一篇文章，贴在学校的墙壁上。这是毛泽东第一次发表政见。但几十年后，毛泽东觉得那时自己还是"有点糊里糊涂"。而且他"还没有放弃对于康有为和梁启超的崇拜"，也还没有搞清楚革命派与改良派之间的分野，所以他在文章中"主张应将孙中山由日本召回就任新政府的总统，并以康有为任总理，梁启超任外交部长！"就在这时，四川的保路运动给清王朝敲响了丧钟。毛泽东成为学堂里学生运动的组织者和干将。

1911年10月10日，武昌起义的爆发不仅改变了中国的发展道路，同样也改变了毛泽东的发展道路。毛泽东再次中断了在中学学堂仅仅半年的学业，特地向朋友借了雨鞋准备去武昌当兵。因为湖南成为第一个响应独立的省份，他便改变计划在长沙参加了革命。特立独行的他不喜欢学生军，就在10月底参加了湖南新军，在二十五混成协五十标第一营左队当了一名列兵。因为"清帝尚未逊位"，毛泽东决定参加正规军队"来帮助完成革命"。他觉得"这正是奋斗的时候"，而且每月还可以得到七元饷银。毛泽东在长沙再次目睹了政治风云的变幻和残酷：10月22日，革命党人焦达峰和陈作新任正副都督而成立的湖南军政府，不到十天就被立宪党人谭延闿发动的兵变推翻，并被处死，毛泽东"看见他们的尸首横陈街上"。后来，他回忆当年的兵营生活："多余的饷银都用在报纸上，我变成它们的热心读者了，在当时与革命有关的报纸就是《湘江日报》①。其中讨论到'社会主义'，我从这上面初次知道这个名词。我也和其他学生士兵们讨论社会主义，其实是'社会改良主义'。我读了几本关于社会主义和它的原理的小册子，并热心地写信和同班的同学讨论这个问题，但只有一个人的回答表示同意。"

在军营，毛泽东极喜欢同队中的一个湖南矿工和一个铁匠。他说："其余的人都是平庸之辈，而且有一个是流氓。我又劝了两个学生参加军队，我和队长及一般弟兄都合得来。我能写，读过一点书，他们很佩服我的'博学'。我能够帮助他们做写写家信之类的事情。"毛泽东和他们建立了良好的关系。当年的副班长彭友胜在1950年夏天还特此给中央人民政府主席毛泽东写信，毛泽东亲切地写了回信。谁知道，"革命的结局还没有决

---

① 这个报纸应该叫《湘汉新闻》。

定，满清还没有完全放弃政权，国民党内部又发生了争夺领导权的斗争。在湖南听说战事是不可避免的了。当时有许多军队都组织起来反对满清和袁世凯。湘军就是其中之一。可是，正当湘人准备起事的时候，孙中山和袁世凯订立了协定，预计的战事停止，南北'统一'，而南京政府解散。"就这样，总共才当了半年兵的毛泽东，"以为革命已经过去，决定继续求学"。

19岁的毛泽东，远离父母，独自一人在长沙漂泊求学，一连报考了好几个学校，如警察学堂、肥皂制造学校、法政学堂、商业学堂、公立高级商业学校等等，变换再三，举棋不定，有的上了个把月就自己退学了，有的报名考取了干脆也就不去。后来花了一块钱报名又以第一名的成绩考取了湖南全省高等中学校（后改名省立第一中学）。毛泽东考试的题目为《民国肇造，百废待兴，教育、实业何者更为重要》。毛泽东以梁启超的"教育为主脑"之说为主题，论述教育在兴国中的作用。

毛泽东说："这是一个大学校，有许多学生，毕业的也很多。校中有一个国文教员十分的帮我，因为我有文学的倾向。这位先生借了一本《御批通鉴辑览》给我，其中有乾隆的诏谕和批评。"

毛泽东此处提及的"这位先生"名叫柳潜。此前毛泽东在学校所写的作文《商鞅徙木立信论》深受柳潜好评，称毛泽东"才气过人，前途不可限量"，"练成一色文字，自是伟大之器，再加功候，吾不知其所至"。但与众不同的毛泽东仍然不喜欢省立第一中学，在读过《御批通鉴辑览》以后他又嫌"课程太少而规则繁琐"，从而做出了一个大胆而惊人的计划——"我断定还是单独求学的好"。说到做到，在第一中学又是只读了半年，他就离开学校，寄居在湘乡会馆，自己订立了一个读书的计划，规定每天在湖南省立图书馆读书。

1913年春，毛泽东考入湖南省立第四师范学校。1914年春天，省立第四师范学校合并于省立第一师范学校。在这里，毛泽东认识了他最尊敬并影响他一生的导师、杨开慧的父亲杨昌济。那时毛泽东21岁，杨开慧还是一个年仅13岁的小姑娘。毛泽东十分敬慕杨昌济，1915年曾在致友人的信中说:"弟观杨先生之涵宏盛大,以为不可及。"杨昌济在长沙寓所的大门上,用隶书镌刻其手书"板仓杨"三字,吸引着毛泽东、蔡和森等有理想有抱负的同学们,他们经常来到这里或讨论治学、做人的方法,或纵论天下大事。杨先生尤其钟爱毛泽东和蔡和森这两位学生。1915年4月5日,毛泽东再次来到"板仓杨",与杨先生畅谈自己的家世和经历。杨昌济听后,对毛泽东给以鼓励,寄予期望,并在当日的日记中写道:"毛生泽东,言其所居之地为湘潭与湘乡连界之地,仅隔一山,而两地之语言各异。其地在高山之中,聚族而居,人多务农,易于致富,富则往湘乡买田。风俗淳朴,烟赌甚稀。渠之父先亦务农,现业转贩,其弟亦务农。其外家为湘乡人,亦农家也。而资质俊秀若此,殊为难得。余因以农家多出异才,引曾涤生、梁任公之例以勉之。毛曾务农二年,民国反正时又曾当兵半年,亦有趣味之履历也。"

当时,第一师范的课程繁杂,有近20门课,毛泽东把它比作"杂货摊"。和其时流行的科学救国、实业救国的思想不同,

毛泽东坚持"要救国,就只有革命"。因此,他把主要精力都用在攻读哲学、史地和文学等社会科学上。毛泽东曾写过一篇名叫《心之力》的文章,备受杨昌济赞赏,给了100分。而杨先生的改造国家、服务社会、不为个人打算的崇高思想,专心钻研、食必求化的学习方法,有远谋、有毅力、注重实践的办事作风和严谨刻苦的生活方式,对他的学生毛泽东和他的女儿杨开慧,都有着非常有益的影响。

"衡山西,岳麓东,城南讲学峙其中。人可铸,金可熔,丽泽绍高风。多材自昔夸熊封。男儿努力,蔚为万夫雄。"[①]一心修学储能的毛泽东在第一师范不仅真心读"有字之书",而且实意读"无字之书",与时俱进,追求真理,立志"为人之学""为国人之学""为世界人之学","薾其躬而有益于国与群,仁人君子所欲为也",开始了自己革命人生最初的自我设计。也就是在这一年,在杨昌济的介绍下,毛泽东成了陈独秀主编的《新青年》

---

① 湖南第一师范校歌。

的热心读者。1917年，毛泽东以"二十八画生"的笔名在《新青年》第三卷第二号发表《体育之研究》，这是毛泽东公开发表的第一篇文章，这也是杨昌济推荐给陈独秀的。

1918年夏天，当杨昌济举家迁往北京的时候，毛泽东也从第一师范毕业了。新民学会的同学大多数希望继续深造，但苦于没有钱。就在他们苦恼之际，杨昌济从北京来信，告诉他们法国政府又继续来中国招募工人，这正是他们勤工俭学的好机会。6月25日，蔡和森到北京，在杨昌济的介绍下与蔡元培接洽后，即于30日致信毛泽东，说杨昌济老师"希望兄入北京大学"。7月，蔡和森再次致信毛泽东，催促其尽快赴京，说："吾辈须有一二人驻此，自以兄在此间为最好。""兄对于会务，本有经纶天下之大经、立天下之大本的意趣，弟实极其同情。""自由研究以兄为之，必有多少成处，万不至无结果。"

"理想者，事实之母也"；"心之所之谓之志"。俄国十月革命的胜利，对毛泽东是一个极大的鼓舞。他总结辛亥革命失败的教训和十月革命胜利的经验，认为改造中国的根本办法是实行"民众的大联合"。1920年11月，他在写给罗章龙的信中说，"我不赞成没有主义头痛医头脚痛医脚的解决"，"尤其要有一种为大家共同信守的'主义'，没有主义，是造不成空气的。我想我们学会，不可徒然做人的聚集、感情的结合，要变为主义的结合才好。主义譬如一面旗子，旗子立起来了，大家才有所指望，才知所趋赴"。①

"四面云山来眼底，万家忧乐到心头。"岳麓山云麓宫内的这副对联或许最能写照毛泽东彼时彼刻的心境。风华正茂的毛泽东站在岳麓山顶，看百舸争流的湘江北去，看层林尽染的万山红遍，看鹰击长空鱼翔浅底，激扬文字，以其"粪土万户侯"的气概，中流击水，指点江山，勇敢地迎接并投入到新的革命大风暴中。也就是在此期间，毛泽东写下了他的名言："与天奋斗，其乐无穷；与地奋斗，其乐无穷；与人奋斗，其乐无穷。"

---

① 《毛泽东早期文稿》，湖南出版社1995年版，第553—554页。

1921年1月1日，在长沙新民学会会友新年大会上，作为会议主持人的毛泽东，把"改造中国与世界"确定为新民学会的宗旨。用他自己的话说："天下者，我们的天下；国家者，我们的国家；社会者，我们的社会。我们不说，谁说？我们不干，谁干？"壮怀激烈的毛泽东，在自己的笔记《讲堂录》中摘引孟子的话激励自己，"如欲平治天下，当今之世，舍我其谁也"。一介布衣，身无分文，心忧天下。毛泽东已经把个人的命运与国家、人民和民族的命运紧紧地联系在一起。真可谓是：东西南北天下，五湖四海我家，风霜雪雨不怕，旭日东升，壮志人，在天涯。

我这个人是逼上梁山的

作为中国农民的儿子，或许连毛泽东也不会想到自己会成为改变中国历史也改变世界历史的伟人。

青年时代的毛泽东，从偏僻的韶山冲来到省城长沙，就读湖南第一师范学校，或许与我们当初从农村来到城市一样，怀揣着的也是一个渴望摆脱面朝黄土背朝天的梦想，然后通过读书求学和诚实劳动，在城市谋取一份有些社会地位且能养家糊口的差事，为家庭为社会为国家尽一份心献一份力，平平淡淡又富有尊严地过一生。1919年年初，毛泽东在新民学会讨论"会员个人生活方法"时表示："我可愿做的工作：一教书，一新闻记者，将来多半要赖这两项工作的月薪来生活。"是年年底，他在加入少年中国学会填写"会员终身志业调查表"时，在"终身欲研究之学术"栏中，郑重地填写了"教育学"；在"终身欲从事之事业"栏中，填写了"教育事业"；在"将来终身维持生活之方法"栏中，填写了"教育事业之月薪报酬及文字稿费"；在"备考"栏中，填写了"所志愿之事业现时还只着手准备，预备三年或四年后个人须赴国外求学，至少五年，地点在俄，后回国从事所欲办之事业"。[①]

在延安时期，毛泽东和青年时代的好朋友、著名诗人萧三说："我小的时候，父母对我非常宠爱，希望我能好好劳动，发家致富。后来，看到我很聪明，又希望我好好念书，将来管家记账，甚至想到打官司的时候，写状子方便。有了文化，不求人，不吃亏。我小的时候也没有多大的志愿和

---

① 张允侯等编：《五四时期的社团》（一），生活·读书·新知三联书店 1979 年版，第 422 页。

抱负，也没有想干出多么大的事业来。当时只能听父母的，特别崇敬母亲。母亲叫我干什么，我就干什么。母亲到哪里去，我总是跟着她。走亲访友，赶庙会，烧香纸，上供，拜菩萨，我都跟母亲一块去。母亲信神，我也信神。"

1955年10月，毛泽东在与日本友人谈话时，说："人并不是一生下来，他母亲就嘱咐他搞共产，我的母亲也没有要我搞共产。共产是逼出来的，七逼八逼就逼上了梁山。"[①]1960年，毛泽东在会见日本朋友时，再次诚恳地说起了自己参加革命的原委："我读的是师范学校，是准备当教员的。我做过小学教员，也做过校长。那时一心想当教员，并没有想当共产党员，后来反对军阀，受到《新青年》的影响。《新青年》开始并不是共产主义的杂志。后来教员当不下去了，逼得我搞学生运动、工人运动，那时开始有共产党。"在中南海，毛泽东有一次因为睡不好觉发了脾气，事后向身边工作人员道歉，说："告诉同志们，毛泽东不可怕。我没想到我会当共产党的主席。我本想当一名教书先生，就是当教书先生也是不容易的呢！"

官逼民反，逼上梁山，救亡图存。一谈起为什么要拿起枪杆子去打仗，毛泽东回答得最多的就是四个字——"逼上梁山"。或许，这也是他为了实现"改变中国和世界"的宏愿，在苦难的奋斗中寻找的最佳最直接的手段。对此，毛泽东在重庆谈判期间与国民党顽固反共头目陈立夫会面时，谈及1927年由于国民党叛变革命导致大革命失败、国共由合作到对抗的原因时说，十年内战，共产党不但没有被消灭，反而发展壮大了。而国民党"剿共"的结果，却同时引进了日本帝国主义的侵略，险些招致亡国的祸害，这一教训还不发人深省吗？接着，他十分幽默地说："我们上山打游击，是国民党'剿共'逼出来的，是逼上梁山。就像孙悟空大闹天宫，玉皇大帝封他为弼马温，孙悟空不服气，自己鉴定是齐天大圣。可是你们连弼马温也不给我们做，我们只好扛枪上山了。"毛泽东的回答，让陈立夫哑口无言。在重庆，有民主人士提出，希望共产党不要"另起炉灶"，

---

①《毛泽东外交文选》，中央文献出版社、世界知识出版社1994年版，第225页。

毛泽东针锋相对地回答说："'不要另起炉灶'的话，我很赞成，但是蒋介石得要管饭，他不管我们的饭，我不另起炉灶怎么办?"①

新中国成立后，毛泽东在接见外宾时，一谈起自己扛枪干革命的艰苦历程，总是说，国民党"逼得我们无路可走，只好上山打仗。当时我们从来未打过仗，不知道是怎么打法。军事对于我们是个生疏的部门，我们不懂。但是帝国主义和国民党把我们一赶，只好去打。是谁教会我们打仗的? 是敌人。我们的武器也是敌人送来的。没有任何外国人援助过我们一支枪"。②

20世纪60年代，亚非拉革命运动风起云涌，许多国家或政党的领导人纷纷到中国来向毛泽东"取经"。在谈及如何做到"用兵如神"的话题时，毛泽东发自肺腑地说："1921年我党成立以前，比如说，在1920年，我们谁有一支枪? 至少我是没有的，别人有没有我不敢说。后来我们同国民党合作搞了北伐，打到了长江流域，但我们不知道蒋介石要打我们，我们很蠢，包括我在内，就是没有了解蒋介石会那么厉害，在几个星期内，他一打就把我们打入地下。但这也很好。这一打，我们这些人清醒了，没有路可走，在城市转入地下，在乡下拿起枪打游击。枪从哪儿来? 从国民党手里抢来的。"③

1964年在接见哥伦比亚等国客人的时候，毛泽东真诚地说："拿我来说，国民党如果不抓人杀人，我也不会去革命。城市知识分子，就是不愿意下乡。下了乡也不愿意搞武装斗争。我就是这样一个人。我搞过工会工作、农民协会运动、学生运动。成千上万的农民组织成农会，有自己的武装，叫做农民自卫队。工人也有自己的武装，叫做工人自卫队。但帝国主义和国民党来了一杀，把这些力量一扫而光。这就把我赶上了山。他们并不是给我下请帖，请我上山，而是当时我没有别的出路。革命失败了嘛。

① 中共重庆市委党史工作委员会等编:《重庆谈判纪实》，重庆出版社1983年版，第428—429页。

②《建国以来毛泽东军事文稿》下卷，军事科学出版社2010年版，第205页。

③ 胡哲峰、孙彦编著:《毛泽东谈毛泽东》，中共中央党校出版社2008年版，第105页。

于是我就开动两条腿，上山打游击。一打就打了个二十二年。本来完全不懂的东西，一打起来就逐渐学会了。教会了我打仗的，还是蒋介石。帝国主义和蒋介石，是我的两个教员。他们教的东西，是马克思主义的书、列宁的书所教不会的。"①

时势造英雄。任何人的人生命运莫不因为德、才、机（机遇）三者的相互作用而不断发生变化。毛泽东的人生命运亦是如此。历史和时代改变了毛泽东，而毛泽东也站在那个历史现场的最前线，勇立潮头唱大风，以超人的智慧和胆略以及坚忍不拔的英勇和忠诚，成为时代潮流的弄潮儿，从而在追逐"改造中国和世界"的梦想中，让信仰的火炬燃烧得更加灿烂辉煌。

---

① 胡哲峰、孙彦编著：《毛泽东谈毛泽东》，中共中央党校出版社 2008 年版，第 106 页。

在枪杆子上夺取政权，建设政权

　　"人世难逢开口笑，上疆场彼此弯弓月，流遍了，郊原血。"这是毛泽东1964年春所作的诗词《贺新郎·读史》中的一段。从诗句中不难看出，在毛泽东眼里，一部人类文明史，其实就是一部战争史。他说：中国的事，历来是有枪为大。我们要干革命，没有枪是不行的，只有民众运动没有枪，就要垮台。[①] "谁有枪谁就有势，谁枪多谁就势大"，"在兵权问题上患幼稚病，必定得不到一点东西"。[②] 这是被"逼上梁山"的毛泽东从大革命失败的教训中总结的历史经验。

　　战争是政治的继续，政治是不流血的战争。其实，不仅"中国的事，历来是有枪为大"，古往今来，世界各国莫不如此。当然，这里的"枪"不仅仅是枪，而是指战争的武器装备，包括核武器。引申来讲，这"枪"就是武力武备，就是军队，就是强大的国防。

　　1927年，大革命失败后，毛泽东"心情苍凉，一时不知如何是好"。"逼上梁山"的毛泽东在八七会议上慷慨陈词，提出了"枪杆子里面出政权"的政治理论。这个时候，他终于明白政治斗争其实也遵循着弱肉强食凭实力说话的丛林原则。在反动派和阴谋家面前，什么民主、什么平等，一切都是政治家欺骗民众的谎言。批判的武器永远代替不了武器的批判。毛泽东说：

　　　　从前我们骂（孙）中山专做军事运动，我们则恰恰相反，不

---

① 《毛泽东年谱》（1893—1949）中卷，中央文献出版社2002年版，第123页。
② 《毛泽东军事文集》第二卷，军事科学出版社、中央文献出版社1993年版，第421页。

做军事运动专做民众运动。蒋（介石）唐（生智）都是拿枪杆子起的，我们独不管。现在虽已注意，但仍无坚决的概念。比如秋收暴动非军事不可，此次会议应重视此问题，新政治局的常委要更加坚强起来注意此问题。湖南这次失败，可说完全由于书生主观的错误，以后要非常注意军事。须知政权是由枪杆子中取得的。①

八七会议最终"决定武装反击，从此找到了出路"，毛泽东心情一下子豁然开朗，登上黄鹤楼，诗兴大发，"把酒酹滔滔，心潮逐浪高"。瞿秋白曾赞扬说："我党有独立意见的要算毛泽东。"

8月18日，毛泽东在湖南省委会议上指出："我们党从前的错误，就是忽略了军事，现在应以百分之六十的精力注意军事运动，实行在枪杆上夺取政权，建设政权。"②

被党内一些人戴上了"枪杆子主义"帽子，毛泽东的日子有些不好过。那些批评他的人说："政权哪里是枪杆子里头出来的呢？马克思没有讲过，书上没有那么一句现成的话。"因此就认为毛泽东犯了错误。新中国成立后，毛泽东谈起此事时说："的确，马克思没有这么讲过，但是马克思讲过'武装夺取政权'，我那个意思也就是武装夺取政权，并不是讲步枪、机关枪那里头就跑出一个政权来。"③毛泽东是一个浪漫主义的诗人，"枪杆子里头出政权"可谓是毛泽东用形象思维对"武装夺取政权"的诗意表达。

1938年8月，毛泽东在"抗大"第四期学员毕业典礼上发表演说，指出："我们的国家的特点，是对外不独立，对内不民主，根据这一特点，我们的革命是怎样呢？历史证明，是战争第一，军事第一。"他说："共产党也是讲打的，马克思主义不仅是文的，而且还要武——特别在中国。""中国在大革命时期，未注意到这个问题，那时江西有二百多万的农民协会会员，湖南有一千多万农会会员，工人十几万，在二七年五月二十一日'马

①《毛泽东军事文集》第一卷，军事科学出版社、中央文献出版社1993年版，第1—2页。
②《毛泽东军事文集》第一卷，军事科学出版社、中央文献出版社1993年版，第7页。
③《毛泽东文集》第七卷，人民出版社1999年版，第105页。

日事变'，一边来一个杀，一边来一个垮，所有的农会、工会都垮了台。我们共产党就得出这一条：枪杆子里出农会，枪杆子里出工会，枪杆子里出政权，又出共产党，枪杆子里出一切。这是真理。"同时，毛泽东也强调指出："枪杆子是归马克思主义管的（马克思政治管）。政治下命令，枪杆子就要服从，枪杆子如果脱离了革命的政治，就会失败。""所以我们说枪杆子第一，是在革命的政治前提下。"[1]

历史已经证明，"枪杆子里面出政权"是毛泽东打开中国革命胜利之门的钥匙。在是以"城市为中心"还是走"农村包围城市"的道路的争论和分歧中，毛泽东坚持把队伍拉上井冈山，建立中国革命第一块红色根据地，迈出了中国共产党实行工农武装割据"农村包围城市"的第一步，为世界革命开创了一条中国特色的"毛泽东道路"。

1938年，中共中央确定建立抗日民族统一战线的策略方针后，党内以王明为代表的右倾机会主义，反对党的统一战线中的独立自主原则，主张人民军队要服从国民党并实行统一指挥、统一编制、统一武装、统一纪律、统一待遇、统一作战计划、统一作战行动等七个方面的"统一"，这无异于是取消共产党对军队的领导权，拱手把军队交给国民党。对此，毛泽东深刻指出："共产党员不争个人的兵权（决不能争，再也不要学张国焘），但要争党的兵权，要争人民的兵权。""在兵权问题上患幼稚病，必定得不到一点东西。""每个共产党员都应懂得这个真理：'枪杆子里面出政权'。"[2]

抗战胜利后，蒋介石说共产党是"文化团体"，毛泽东针锋相对，说共产党是"武化团体"，我们有"小米加步枪"。蒋介石提出"共产党交出军队，才有合法地位"。毛泽东嗤之以鼻，说："我们没有交出军队，所以没有合法地位，我们是'无法无天'。"[3]重庆谈判时，蒋介石"推心置腹"地对毛泽东说："你们可以搞农村土地改革去，不要搞武装了。"正如毛泽

---

① 见《党史研究资料》1989年第1期。
②《毛泽东军事文集》第二卷，军事科学出版社、中央文献出版社1993年版，第421页。
③《毛泽东军事文集》第三卷，军事科学出版社、中央文献出版社1993年版，第12页。

东所言，真正教会他打仗、令他认识枪杆子的，正是蒋介石。从1926年的中山舰事件，到1927年的四一二反革命政变，蒋介石在共产党人面前把枪杆子的威风耍得淋漓尽致。从血泊中走过来的毛泽东，对蒋介石的阴谋诡计和两面派作风早已经彻底看破，怎么可能再上老蒋的当呢？毛泽东一句话就把老蒋的嘴给堵住了："武装对人民对国家很有用处。"

这个时候，法国、意大利、希腊等国共产党因国内实际情况，在二战结束后纷纷交出了武装，刮起了一阵"交枪风"。于是，蒋介石就借此请国际强权势力进行干预，要求中共也"交枪"。美国立即插手中国内部事务，对国共进行军事调处；斯大林也不闲着，希望中共照此办理。蒋介石和美国政府代表赫尔利还以"合法地位"和政府近三分之一的席位为诱饵，引诱中共交出军队。美国人劝毛泽东说："你们要听一听赫尔利的话，派几个人到国民党那里去做官。"毛泽东斩钉截铁地回答："捆住手脚的官不好做，我们不做。要做，就得放开手脚，自由自在地做。"国内的一些民主人士和所谓的"第三方"，在国民党的怂恿下，公开质问毛泽东"为共产党计，应该循政争之路堂堂而进，而不可在兵争之场滚滚盘旋"，呼吁共产党"放下军队，为天下政党不拥军队之倡"，并说此举将会被全国同胞"奉为万世生佛"。①

这是决定中华民族前途命运的关键时刻，也是决定中国革命是否能够取得胜利的关键时刻，面对来自国内外的舆论和政治压力，毛泽东举重若轻，没有犹豫，顶住了压力。在重庆，个别"第三方"人士也在这样的鼓噪中前来凑热闹，希望中共交出军队。民社党领袖蒋匀田就曾半请教半劝说地询问毛泽东是否放弃军队，毛泽东理直气壮地回答说："没有我这几十万条破枪，我们固然不能生存，你们也无人理睬。军队国家化固好，所有特务人员，更须国家化。不然，我们在前头走，特工人员在后面跟踪，这样威胁，那我们又如何受得了呢？"讲到特务跟踪时，毛泽东还站起来模仿特务盯梢的模样，左顾右盼向后看，引来满堂笑声。②

①《大公报》1945年11月30日。
②郭德宏主编：《风云七十年》（上），解放军文艺出版社1991年版，第380页。

国共谈判的关键问题，其实就是军队和解放区根据地的问题。在根据地问题上，中共做出了必要的妥协和让步，将南方的八块根据地让给了国民党，但在军队问题上，毛泽东坚决寸步不让。他说："国民党宣传说，共产党就是争枪杆子。我们说，准备让步。"毛泽东所说的"让步"，是随着国民党军的缩编，中共武装也随之按相应比例缩编，但是"人民的武装，一枝枪，一粒子弹，都要保存，不能交出去"①。

1960年，英国陆军元帅蒙哥马利访问中国，会见毛泽东时问道："我在主席的一本书中读到这样一句话：'枪杆子里面出政权'。不知对这句话该怎么理解？"

毛泽东回答："就是说，革命要经过战争。"

蒙哥马利接着问："主席是否认为这句话现在还适用？"

毛泽东说："恐怕对有些国家还有效，我还相信这句话。"

其实，毛泽东岂止相信这句话呢？早在古田会议上，毛泽东就确立了坚持"党指挥枪"的建军原则，而这正是中国人民解放军的"军魂"。只是蒙哥马利没有读到毛泽东的另外两句：一句话是"枪杆子里出政权，又出共产党，枪杆子里出一切"；另一句话是我们要"实行在枪杆子上夺取政权，建设政权"，保卫政权。

新中国成立后，毛泽东从战略和策略的关系上，谈到武装斗争与和平斗争两种方式的运用问题。他告诫说：不要散布幻想，不要在精神上解除自己的武装，用和平手段也是要斗争的。其实，革命的大量日常工作都是通过和平手段进行的。但作为革命家，在用和平手段进行日常工作的同时，要想到革命时机到来时怎么办？这个问题，不要每天去讲。在重要时机才提这个问题，提两条，一定要有两条：第一，无产阶级愿意用和平手段取得政权；第二，假使资产阶级使用暴力，无产阶级被迫也得使用暴力。革命战争手段和用和平手段也是两条腿走路。实际上大量工作是用和平手段通过日常工作进行的，战争时间并不长，但最后解决问题还是要靠战

---

① 《毛泽东选集》第四卷，人民出版社1991年版，第1161页。

争。不用两条腿走路，就不能夺取政权。阶级斗争不经过战争是不能最后解决问题的，自古以来都是这样。①

"能攻心则反侧自消，从古知兵非好战；不审势即宽严皆误，后来治蜀要深思。"1958年，毛泽东站在成都武侯祠诸葛亮殿前的这副对联面前，对陪同的工作人员说："武侯祠内楹联随处可见，以诸葛亮殿前清末赵藩所题最为盛名。"毛泽东公开说"我们是革命战争的万能论者"，但他同时又是战争消灭论者。他认为，战争这个怪物只有通过战争的手段去消灭。"两军敌对的一切问题依靠战争去解决，中国的存亡系于战争的胜负。"②他指出："革命战争是一种抗毒素，它不但将排除敌人的毒焰，也将清洗自己的污浊。凡属正义的革命的战争，其力量是很大的，它能改造很多事物，或为改造事物开辟道路。"③"人类正义战争的旗帜是拯救人类的旗帜"，"是把全世界历史转到新时代的桥梁"。④

① 姚有志、陈宇主编:《毛泽东大战略》，解放军出版社 2009 年版，第 35 页。
②《毛泽东选集》第二卷，人民出版社 1991 年版，第 554 页。
③《毛泽东军事文集》第二卷，军事科学出版社、中央文献出版社 1993 年版，第 284 页。
④《毛泽东军事文集》第一卷，军事科学出版社、中央文献出版社 1993 年版，第 694 页。

不打败胡宗南，决不过黄河！

毛泽东是一个有血性的人。

1946年6月26日，国民党军队大举围攻中原解放区。以此为标志，中国大规模的内战爆发，从而也揭开了解放战争的序幕。8月，毛泽东在接受美国记者安娜·路易斯·斯特朗采访时，坐在延安枣园窑洞前的石凳上，不紧不慢地说："一切反动派都是纸老虎！"

1947年1月2日，《解放日报》发表了陆定一起草的《关于战后国际形势中几个基本问题的解释》。毛泽东在结尾加上了这么一段话："总而言之，第二次世界大战后，一切都变了，并正在继续变。在人民方面，是变得如此坚强，如此有觉悟，有组织，有决心，有信心。在反动派方面，则已变得如此蛮横猖獗，但又如此外强中干，众叛亲离，对于前途完全失去信心。可以预断，三年至五年后的中国与世界，其面目将比现时大不相同。全党同志与全国人民，都应当为一个新中国与新世界而坚决奋斗。"

2月1日，毛泽东主持召开了全面内战爆发后的第一次中央政治局会议，这也是中共在延安召开的最后一次中央政治局会议。毛泽东预言：中国革命的新高潮将要到来，现在是它的前夜。到了1947年4月，尽管蒋介石将"全面进攻"改为"重点进攻"，把战火重点燃烧在山东和陕甘宁，但毛泽东洞若观火，形象地打比方说："蒋介石两个拳头（山东和陕甘宁）这么一伸，他的胸膛（中原地区）就露出来了。所以，我们的战略就是把这两个拳头紧紧拖住，对准他的胸膛插上一刀！这一刀就是我刘邓大军挺进中原。"

蒋介石决心要不惜一切代价占领延安，形势已经越来越紧张。胡宗南在2月9日声称"两个月内解决陕甘宁边区的军事问题"，国民党军队39个旅共23万人已经在延安周围待命——南面胡宗南部15万人，西南马鸿逵、马步芳的"马家军"7万人，北面榆林地区的邓宝珊部1万人。而中共边区的部队此时也不过1万人。双方的兵力悬殊实在太大了！但毛泽东镇定自若。是坚守？还是放弃？毛泽东已经做好了两手准备，首先他决定保卫延安，其次才决定放弃。

3月12日，当常驻延安的美军联络官赛尔斯上校等三人的飞机刚刚飞走，国民党的战斗机对延安就进行了50架次的狂轰滥炸，达八个小时之久。随后胡宗南部15个旅兵分两路直袭延安。因为兵力悬殊太大，延安保卫战在经历了七天七夜的奋战后，在延安窑洞生活了十年的毛泽东决定放弃死守，于3月18日黄昏时分和周恩来一起悄悄离开了王家坪，依依不舍地告别延安。

对"誓死要保卫延安"在思想上还没有转过弯来的干部、战士、学生、农民，毛泽东说："我们在延安住了十年，动手挖了窑洞，开荒种了小米，学习了马列主义，培养了一大批干部，指挥抗日战争取得了胜利，领导了全国革命。现在中国、外国都知道有个革命圣地——延安。延安不能不保，但保卫延安不能死保。战争不能只限于一城一地的得失，而主要在于消灭敌人的有生力量。""敌人来了，我们准备给他们打扫房子。""存人失地，人地皆存；存地失人，人地皆失。蒋介石打仗争地盘，要延安，要开庆祝会。我们打仗要俘虏他的兵，缴获他的武装，消灭他的有生力量。他打他的，我打我的。大路朝天，各走一边。蒋介石占延安，是搬起石头砸自己的脚。等他背上这个很重的包袱，我们再收拾他，他就倒霉了，等蒋介石算清这笔账，后悔也迟了。"

大兵压境，从容不迫的毛泽东谈笑风生，幽默风趣，睿智过人。

3月19日，胡宗南空欢喜一场，占领了已经成为空城的延安。这天夜里，毛泽东在延安附近送别王震，说："我和你们一起坚持在陕北斗争，不打败胡宗南，决不过黄河！"从此，毛泽东开始了长达一年的转战陕北，写下了他人生历史辉煌篇章中的"得意之笔"。

3月27日，毛泽东电告彭德怀："中央决定在陕北不走！"29日，毛泽东再次电告彭德怀："我们昨夜移至绥德以南地区，为迷惑敌人之目的，向东移，下一步则准备向西移。"也就是在这天夜里，毛泽东率领中央机关200多人到达田庄。大家本以为要向东走，过黄河，不料毛泽东却命令队伍于深夜悄悄地向西走。这是这支以"昆仑"为代号的中央纵队第一次夜行军。

3月30日凌晨，拄着柳条棍走在队伍最前面的毛泽东，既不乘车又不骑马，而且方向继续向西，这更让同志们感到纳闷，甚至怀疑毛主席是不是迷了路，走错了。下午，任弼时召集各大队负责人召开第一次会议，正式宣布党中央、毛主席留在陕北，"昆仑纵队"同时成立，由任弼时任司令（代号史林）、陆定一任政委（代号郑位），参谋长为叶子龙，汪东兴为副参谋长。于是，在陕北山沟沟里，毛泽东像四渡赤水一样，指挥着已经成竹在胸的解放战争。就像毛泽东后来所说的，中央留在陕北靠文武两条线指挥全国的革命斗争。武的一条线就是通过电台指挥打仗，文的一条线就是通过新华社指导舆论。

巍巍昆仑，路在脚下。危险真的降临了！当蒋介石得知毛泽东仍在陕北，他立即派出一个监听技术小组，带着美国产的电台测向仪来到延安，结果发现王家湾一带有电台群。于是，蒋介石给胡宗南下了一道死命令：不惜一切代价围追捕杀。胡宗南也下了狠心："就是牺牲两个师也要捕捉中共首脑！"

6月7日，国民党第二十九军军长刘戡率四个半旅从西边和南边向王家湾扑来。"三支队"危在旦夕，立即紧急动员组织转移。但向哪个方向转移呢？是往东？还是往西？对此，毛泽东和任弼时发生了激烈的争论，而且两个人的嗓门都很大。胡乔木回忆说："弼时同志提出：我军主力远在陇东作战，远水救不了近火，不能调兵来掩护中央；敌军四个半旅两三万人，而我们中央警备团只有四个半连，才两百多人；敌人从西边来，如果我们向西走，万一和敌人相遇怎么办？除了刘戡军，西边还有马鸿逵的八个骑兵团，向西回旋余地小，有被敌人包围的危险；越往西，人烟越少，粮食也越困难。因此，他认为，往东走比较安全，万不得已时还可以东渡黄河。"

应该说，任弼时的担心和考虑不是没有道理。但毛泽东一听到"过黄河"，就很生气，甚至发了火。把蒋介石两个"拳头"紧紧拖住，是保证刘邓大军千里挺进中原的重大战略。而中央毛泽东、周恩来、任弼时三位书记留在陕北，刘少奇、朱德两位书记领导另成立的中央工作委员会，先过黄河去晋察冀解放区，这是中央书记处已经开会决定的。如今见敌人在屁股后面追，就吵吵着要过黄河，胸有成竹的毛泽东怎能不生气？他说："过黄河，我们迟早要过的，现在不是时候。现在向东是绝路，因为敌人早已算好了的，就是要我们落入陷阱。"毛泽东解释说，我们不能向东转移，敌人就是想要把我们向东面赶，妄图在东面的大川设下圈套，把我们赶进去，然后前后夹击消灭我们，消灭不了就把我们赶过黄河，我们不能上当。现在我们向西移，向靖边城内的马鸿逵部靠拢。胡宗南打算利用马鸿逵的部队配合刘戡合击我们，但马军听不听胡宗南的指挥还很难说。我们避开刘戡，利用马鸿逵的地方主义，走一段沙漠路。胡宗南想让我们向东走，我们偏偏往西行。天下的路多得很，他走他的大川，我走我的沙漠，谁消灭谁，咱们走着瞧！中央机关的安全，不用担心。这点队伍算什么，再大的队伍我也能指挥。

毛泽东和任弼时差不多争论了一天。"三支队"打前站的已经向东出发走了，大队人马正原地待命。雷声隆隆，眼看着就要下雨。敌人离王家湾越来越近了。这时周恩来出面打了圆场，提出先向北走一段，然后再向西北转移。

毛泽东平静地笑着对周恩来说："不要急，不要慌，我要看到敌人才走呢！"

任弼时急了，对毛泽东说："你别的意见我们都照办，就是这个意见不能办，你得听支队的安排，马上走！"

剑走偏锋的毛泽东不紧不慢地说："敌人着急消灭我，我不着急。要走，你们先走，我看到敌人再走也不迟。"说着，毛泽东点着一支烟，走出窑洞，眺望远方。

最后，经过商量，双方妥协，毛泽东同意委派副参谋长汪东兴带领一个加强排替毛泽东留下来等候敌人，并对敌人进行了有力的还击。

这时，天已经黑得伸手看不见五指。电闪雷鸣中大雨如注。山高坡陡，雨大路滑，毛泽东率领"三支队"出发了，离开了安安静静住了53天的王家湾。路上，一个个浑身淋得透湿，一头驮电台的骡子滚下山摔死了。胡乔木回忆说："6月9日，'三支队'到达小河，刚要做饭、架电台，敌机就来低空盘旋，骑兵侦察员也来报告，敌人越来越近了。队伍出村不久，天又下起雨来。夜里，只见左边山沟里和山头上，敌人燃起了一堆一堆的大火，连敌军的人喊马叫都听得清清楚楚。尽管敌人离得这么近，但是陕北地形之险、地区之大，正如毛主席所说：'隔了一个山，就像隔了一个世界哩。'敌人没有群众，如同瞎子、聋子，在山上、山下瞎碰乱撞。'三支队'有老乡做向导，在敌人的眼皮子底下悄悄地走过，于6月10日晨到达天赐湾宿营。不料，敌人紧追不舍，也向天赐湾逼近，和'三支队'只隔一个山头，隐隐传来机枪声。情况十分紧张，各大队紧急动员，干部、战士纷纷表示决心，要以自己的生命保卫党中央。除一部电台坚持工作外，全部人员整装待发。雨过天晴，烈日当空，人们在一条狭窄的光秃秃的小山沟里暴晒，闷热无比。这时候，最要紧的是了解敌情，连毛主席身边的内卫排也派出去侦察了。毛主席临危不惧，地图摊在面前，仔细分析敌情。他说：'敌人向山上来，我们立刻就走。敌人顺沟过去，我们就住下。我估计，敌人并没有发现我们，因此十二点钟以后可能要退。'果然，下午侦察小组纷纷回来报告，敌人在东南方没有发现我一兵一卒，便不再继续西进，通过尖山一带顺沟向保安方向去了。人们惊叹毛主席神机妙算，成功地唱了一出'空城计'。后来，毛主席指着地图介绍其中之奥妙：'我们现在的位置，正好处于胡宗南和马鸿逵防线的接合部。胡马勾心斗角，矛盾很深，各人都想保存实力，削弱对方，所以他们谁也不想来，让我们钻了空子。'"

6月17日，毛泽东率领"三支队"返回小河村。在这里，毛泽东开始了为期46天的紧张工作。

6月30日夜，刘邓大军七个纵队13万人在鲁西南、郓城等长达150公里的地段乘120余只木船强渡黄河，揭开了中国人民解放军战略进攻的序幕。消息传来，中共中央所在地的小河村一下子沉浸在一片欢乐之中。

7月1日，中央机关在小河村召开了纪念建党26周年大会。周恩来作报告，指出中国共产党的五大特点：一是最彻底的革命的党，二是群众的党，三是武装的党，四是有理论的党，五是团结的党。

7月4日，国民党反动政府通过了蒋介石的"国家总动员提案"，随即下达了所谓"戡平共匪叛乱总动员令"。为此，毛泽东要胡乔木为新华社赶写一篇社论。两天后，胡乔木将写好的《总动员与总崩溃》一文交给毛泽东修改。新华社在7月14日播发了这篇社论。胡乔木从军事、经济和政治三个方面进行了具体分析和批驳，得出一个结论：蒋介石的总动员救不了他的总崩溃。事实上，蒋介石的真正总动员老早实行过了，在以前他只做不讲，现在他讲了却无法做，他已经没有什么可动员的了，只能等着一个总崩溃了。他却偏要大讲特讲，企图用这个象征的总动员来挽救那个实际的总崩溃。胡乔木字字如箭，万箭穿透了蒋介石的心脏。

7月21日至23日，中共中央召开了小河会议。会议的中心议题是如何进一步组织和发展战略进攻。

8月1日清晨，太阳刚刚出山，毛泽东就率领中央机关人马离开小河村。从这天起，中共中央的代号由"三支队"改名"九支队"。经过连续19天的长途行军，又遭遇了"前有黄河，后有追兵"的极大风险。面对刘戡率军紧追不放，相距仅半天的行程，游刃有余的毛泽东继续坚持不过黄河。

8月17日，"九支队"再次陷入了刘戡大军的包围之中，情况十分危急——

　　毛泽东率领队伍又一次冒雨夜行军，于次日中午抵达白龙庙。眼看人困马乏，一个个筋疲力尽，毛主席往石头上一坐，说道："不走了，就在这里休息，敌人上山来，打他三个钟头再走也不迟。"8月18日，刘戡和钟松两支大军愈加靠拢，将我党中央夹在当中，就像两块大石头中间的一条缝，已经可以清楚地听到枪声。"九支队"又出发了，中央警备团大部留在山上，准备阻击敌人。山洪暴发，奔腾的佳芦河拦住了"九支队"的去路。在这万分危急的关头，恩来、弼时同志亲自指挥战士和老乡们架设浮桥。毛主席若无其事地坐在河边一块大石头上，拿着铅笔专心致志地批阅电报。木桥架好后，恩来同志在桥上来回走了两趟，才让毛主席过河。可毛主席却要机要人员把电台、文件先运过河，然后他才慢腾腾地走过桥去。人刚过河不久，雷雨大作，桥被洪水冲垮了。"九支队"在大雨中行军，在电闪雷鸣中默默前进。8月19日晚11时，彭老总电告中央，我军准备在20日拂晓包围沙家店附近敌之两侧而歼灭之，因此不能到中央驻地去，请中央转移到刘全塌（离梁家岔20里）以靠近主力。"九支队"当即离开杨家园子到达梁家岔。8月20日凌晨3时，毛主席电复彭总，完全同意对三十六师的作战计划。电报说，据区政府报告，刘全塌西北15里之刘庄到有小股敌人，因此今天在梁家岔不动，如该敌向梁家岔前进，我们拟向槐树湾方向转移。由此可见，当时我党中央的处境是何等险恶，稍一不慎即有落入虎口的危险。尽管彭德怀主力已经在沙家店附近将钟松三十六师分割包围，但刘戡主力近在咫尺，敌人两支人马加在一起共有十万大军，而我军只有八个旅共三万多人，这一仗能不能打赢，还要做两手准备。因此，毛主席下令，各大队轻装，备好七天干粮，把文件烧毁，随时准备向西突围。他说："沙家店一带要打大仗，两军主力都集中在这里，地区狭小，打得好，我们转危为安，不走了；打不好，我们就往西走，出长城，进沙漠。"这天中午，传来了隆隆的炮声，沙家店战役打响了。经八小时战斗，歼灭钟松三十六师，西北战场我军从此由防御转入进攻。①

9月23日，"九支队"抵达神泉堡，度过了一个胜利欢乐的中秋节。在这里，毛泽东生活了52天。中共中央在这里发表了《中国人民解放军宣言》，第一次提出了"打倒蒋介石，解放全中国"的口号。毛泽东自青少年时代就追逐的"改造中国与世界"的梦想之光，正在照亮苦难的中国大地。

① 胡乔木:《胡乔木回忆毛泽东》，人民出版社2003年版，第494页。

我要用"文房四宝"打败国民党的"四大家族"

　　毛泽东是战争艺术的大师。尽管他创造性地提出了"枪杆子里面出政权"的理论，但他打仗从来不仅仅靠"枪杆子"，他把"笔杆子"使用得也是出神入化、淋漓尽致，令他的对手眼花缭乱、刮目相看。

　　毛泽东是一位伟大的诗人，他的诗词雄奇豪放、隐秀浪漫、磅礴壮美、跌宕多姿，在中国诗歌史上留下了独特的一页。有外国学者认为，毛泽东的胜利是"一个诗人赢得了一个新中国"。这话仔细琢磨起来，似乎有些道理。众所周知，在1945年重庆谈判期间，毛泽东在会见著名南社诗人柳亚子时，应柳的要求手书《沁园春·雪》一阕相赠，一时间争相传诵，同时也引起了国民党中央宣传部的恐慌，竟然对毛泽东的诗词发动了一轮丑诋"围剿"。

　　11月14日，《新民报·晚报》副刊编辑吴祖光从王昆仑等友人处抄得《沁园春·雪》原词后，以《毛词·沁园春》为题在该报副刊"西方夜谭"上发表，立即轰动山城，许多教授和学者读后不禁拍案叫绝，觉得毛泽东气魄宏大，风调独绝。一些在政治上深受国民党舆论影响把共产党人视作洪水猛兽、青面獠牙的人，读后也不得不佩服毛泽东雍容大度"乃魏征之才也"，大有"人生感意气，功名谁复论"的气概。毛泽东的诗词公开发表在国民党的政治中心，这不是指着蒋介石的鼻子讴歌毛泽东吗？"俱往矣，数风流人物，还看今朝。"这不正是在讴歌毛泽东领导的人民革命的胜利，预示蒋介石国民党政权的垮台吗？国民党中央宣传部将新民报主编陈铭德叫去训斥了一顿，指其不应该"为共产党张目"。后来，该报董事长肖同兹也因此去职。与此同时，国民党中央宣传部积极布置"围剿"毛泽东诗词，并把此项任务交给《中央日报》主笔兼副刊编辑王新命。他们网罗一大批御用文人，以唱和为名，大张挞伐。12月4日，《中央日报》在副刊上用大字标题抛出署名"东鲁词人"和"耘实"的两首丑诋之作。《和平日报》《益世报》等报刊竟然也在同一天出面帮腔造势，群起攻击。

国民党对毛泽东《沁园春·雪》的"围剿"，自1945年12月4日开始，至1946年1月25日收场，其中《和平日报》的副刊先后出了6期，再加上《益世报》《合川日报》《新闻天地》等报刊，共计发表"围剿"诗词、文章达24篇之多。其中，以"三湘词人"易君左的两首所谓"压卷之作"最为"争宠"。但国民党反动派的拙劣表演，引得郭沫若、聂绀弩等诗人立即给予驳斥，把他们鹦鹉学舌、欸摆扬州的本来面目暴露于光天化日之下。后来，王若飞将国民党《中央日报》《和平日报》《益世报》发表的这些"围剿"《沁园春·雪》的诗词收集整理在一起，交给毛泽东审阅。毛泽东阅后，对这些"国民党骂人之作"淡然一哂，说："鸦鸣蝉噪，可以喷饭。"①

从文化角度说，毛泽东又不仅仅是一位诗人，他是一位哲学家、思想家，还是一位宣传家，是一个大笔杆子。毛泽东的革命生涯，追溯起来，还是先从"笔杆子"起家的。这一点，中国近现代历史上的政治家几乎都有着相同或相似的经历。比如陈独秀、李大钊、瞿秋白，甚至蒋介石，他们都曾从事编辑记者（新闻出版）工作。毛泽东主编的《湘江评论》，尽管办刊时间不太长，但它在全国的影响力确是蛮大的。因此，作为一名知识分子，由书生革命到沙场点兵，这是连毛泽东自己也没有想到的。他曾幽默地说："上级让我当师长，军旅之事，未之学也。我不是个武人，文人只能动笔杆子，不能动枪。秀才造反三年不成，当师长有点玄乎。可是，一个篱笆三个桩，一个好汉三个帮，三个臭皮匠，合成一个诸葛亮，要靠大家了。"②

---

① 尹凌：《〈沁园春〉咏雪词在重庆传诵期间若干史实材料补遗》，见《重庆文史资料选辑》第11辑，1982年。

② 井冈山革命根据地党史资料征集研协作小组：《井冈山革命根据地》下册，中共党史资料出版社1987年版，第366—367页。

从1927年到1949年，毛泽东把"枪杆子"和"笔杆子"这两手都运用得出神入化，相得益彰。他指挥"枪杆子"纵横驰奔，"横扫千军如卷席"，"百万雄师过大江"。同时，在战争的烽火中，毛泽东充分发挥新闻、文艺等宣传手段进行全方位的"舆论战"和"心理战"，用"笔杆子"有力地配合了"枪杆子"。毛泽东开玩笑说：我要用"文房四宝"打败国民党的"四大家族"。

马克思说，批判的武器不能代替武器的批判。但当批判的武器和武器的批判实现了完美的结合，两手都硬起来，那将会得出什么结果呢？毛泽东给了我们准确的答案。他在延安曾对青年朋友们说："笔杆子跟枪杆子结合起来，那末，事情就好办了。拿破仑说，一支笔可以当得过三千支毛瑟枪。但是，要是没有铁做的毛瑟枪，这个笔杆子也是无用的。你们有了笔杆子，再加一条毛瑟枪，根据拿破仑的说法，那末，你们就有了三千零一支毛瑟枪了。有了这，什么帝国主义也不怕，什么顽固分子也不怕。有了这，这些狗子敢来咬一口吗？"[①]

1935年10月25日，毛泽东领导的红一方面军经过二万五千里长征到达陕北吴起镇，从此中共中央在陕北根据地扎了根。但由于国民党的新闻封锁，共产党被形容为"共产共妻"的"赤匪"，有关共产党领袖毛泽东、朱德、周恩来的谣言更是连篇累牍，负面新闻、假新闻充斥着国统区的大大小小的报纸。因此，中国红军到底是一支什么样的军队？中国红区的真相到底是什么样的？毛泽东到底是一个什么样的人？一切都如一团迷雾。中共中央、毛泽东感到必须尽快打破国民党的封锁，把中国共产党和中国红军的真实情况传播出去，期待得到全国人民和国际社会的支持。于是，中共就委托上海的宋庆龄邀请一位中立、公正、客观的西方记者，秘密潜往苏区采访，把真相告诉世界。

恰好这个时候，一位名叫埃德加·斯诺的美国记者很想前往苏区采访毛泽东和中国红军，因为他觉得揭开红色中国的神秘面纱是世界等待了十

①《毛泽东文集》第二卷，人民出版社1993年版，第257页。

年的"头号新闻",决定要"拿一个外国人的脑袋去冒险"。这真是一拍即合。通过宋庆龄的介绍,中共中央和毛泽东在对斯诺的身份进行了解后,欢迎他前往苏区采访。1936年6月至10月,经过三个多月的采访,斯诺最终完成了他的成名作《红星照耀中国》,这也就是影响了几代人的不朽著作《西行漫记》。美国历史学家拉铁摩尔说:"在人们政治上陷入思想苦闷的情况下,斯诺的《红星照耀中国》就像火焰一样,腾空而起,划破了苍茫的暮色……原来还另外有一个中国啊!"美国中国问题专家费正清说,斯诺对"中国共产主义运动的发现和描述,与哥伦布对美洲的发现一样,是震惊世界的成就","标志着西方了解中国的新纪元",他的采访是20世纪"新闻记者所施展的一个最了不起的绝技"。美国五星上将史迪威说:"打破这个新闻的封锁,把真相告诉给这个世界,不仅中国的人民需要,美国也需要……它让世界看到了另一个中国,同时也让中国人在日本侵略、民族危亡的紧急关头找到了民族最伟大的统一,找到了民族的灵魂。"而当时美国驻华公使詹森也深有感慨地说:"共产党、毛泽东好厉害!他们真正地懂得笔杆子的威力啊!他们通过埃德加的笔进行了历史上最大规模的军事行动和共产党形象的宣传。"

笔走龙蛇横扫六合,胸有雄兵决胜千里。毛泽东不仅借西方记者的笔打赢了一场突破新闻封锁的漂亮仗,而且自己带头以笔为枪冲锋陷阵,并率领身边的"笔杆子"如陈伯达、胡乔木、陆定一、范长江等等,以锋芒毕露犀利如投枪、匕首的文字,粉碎了国民党反动派一次又一次的舆论攻击,写下了许多历史佳话。其中,毛泽东导演"空城计",用三则新闻消息击退傅作义偷袭石家庄的故事,更是成就了历史的传奇。

1947年11月12日,石家庄解放,这是人民解放军转入战略进攻阶段后夺取大城市的创例。从此,晋察冀和晋冀鲁豫两大解放区连成一片,成为华北解放区,使得中共拥有更加广大的战略后方。随后,石家庄及其附近地区成为中共中央和政治、经济等有关核心领导机构的所在地。石家庄历来是兵家必争之地,蒋介石多次派飞机狂轰滥炸。1948年5月,他下令阎锡山派兵偷袭,结果以损失一个师的兵力告败。不甘心失败的蒋介石匆匆从南京飞往北平，召集平津高级军官商议对策，发誓"要端共产党的老窝"。他急不可耐地指示华北"剿总"司令傅作义："目前东北共军主力在辽西，华北共军主力分散在归绥和太原，共党总部所在地兵力空虚。不如趁此组成一支快速奇袭部队突袭石家庄和西柏坡，出其不意，一举捣毁共党总部。那是剿共奇迹，一夜间可扭转北线战局，即使达不到预期目的，也可打乱共军战略部署，配合辽西兵团夺回锦州，也可缓解共军对太原、归绥的围攻。"

不能不说，密谋偷袭石家庄，确实是一着好棋，狡猾中确实有高明之处。10月23日，傅作义召开了秘密会议，对偷袭石家庄进行了具体部署。当天夜里，北平中共地下党员刘时平（公开身份是《益世报》采访部主任）通过私人关系即获悉情报，并于24日上午立即通过地下交通报告了中共中央。同日，打入华北"剿总"二处特务组织驻石门联络站的地下党员李智（化名殷志杰）也将接到的傅作义偷袭石家庄的"密电"报告了中共石家庄市委领导。25日上午10时，毛泽东立即与周恩来、朱德、任弼时等分析敌我形势，毛泽东说："如果敌人天亮就来了，我们的主力部队还在途中，敌人就到我们家门口怎么办？《三国演义》上的诸葛亮，用'空城计'瞒过了司马懿。我看在我军主力未到之前，我们也来一个'空城计'，先把敌人的偷袭计划通过电台向全国广播，让他们知道我们已有准备，他们就会大为泄气，甚至干脆不敢来犯，也未可知。"

对毛泽东的"妙计"，大家一致叫好。于是，毛泽东立即在军委作战室为新华社写了一则题为《蒋傅军妄图偷袭石家庄》，当天即时由新华广播电台（中央人民广播电台的前身）播发。消息称："当我解放军在华北和全国各战场连获巨大胜利之际，在北平的蒋介石和傅作义，妄想以偷袭石家庄，破坏人民的生命财产。据前线消息：蒋傅军首决定集中九十四军三个师及新二军二个师经保定向石家庄进袭，其中九十四军已在涿县、定兴间地区开始出动。消息又称：该部配有汽车，并带有炸药，准备进行破坏。但是蒋傅军首此种穷极无聊的举动是注定要失败的。华北党政军各首长正在号召人民动员起来，配合解放军，坚决、彻底、干净、全部地歼灭敢于冒险的敌军。"同时，周恩来接连下达三道命令：命令七纵、三纵和东北野战军等各部队做好迎战或配合作战的准备。

为了配合毛泽东导演的"空城计"，朱德亲自赶到石家庄，指示"在解放区被我掌握的敌人电台，要为我们服务，不能光为了解敌人一般情报，要与敌特进行空中战斗，以配合反偷袭行动"。于是，在华北军区副司令员萧克和石家庄市公安局局长陈叔亮等人的指挥下，利用李智掌握的电台连续向"剿总"二处发送17封真真假假的电报，在获取敌人情报的同时，以假乱真，迷惑敌人。面临敌军多个方向的突袭，情况十分紧急，毛泽东审时度势，令新华社在10月27日播发了他撰写的第二则消息，题为《华北各首长号召保石沿线人民准备迎击蒋傅军进扰》。果然不出毛泽东所料，傅作义及其部属在兵马未动之时，即获悉人民解放军已经对他们的偷袭计划了如指掌，十分惊讶，大为泄气，遂不敢轻举妄动。蒋介石在听到新华社的消息后，暴跳如雷，命令傅作义"在共军主力赶到石门前，一举捣毁共党总部，此为千载难逢之机，岂可轻易改变，望仍按原计划进行"。傅作义早就料到偷袭计划难以成功，只是迫于蒋的压力不得已而为之。他一面密查泄密之人，一面命令心腹骑兵师长刘春芳缓慢行军，以保存实力。

10月31日，正当敌强我弱、决定胜负的关键时刻，人民解放军第三纵队犹如神兵天降，星夜赶到沙河防线，改变了敌强我弱的战场态势。这一天，新华社播发了毛泽东撰写的第三则消息《石家庄市民紧急备战》："敌人既然送上门来，我们就一定要干干脆脆地吃掉它。"同时，新华社还播发了毛泽东撰写的评论《评蒋傅军梦想偷袭石家庄》。毛泽东说："当着国民党军队的将军们都像一些死狗，咬不动解放军一根毫毛，而被人民解放军打得走投无路的时候，白崇禧、傅作义就被美帝国主义选中了，成了国民党的宝贝了。蒋介石已经是一具僵尸，没有灵魂了，什么人也不再相信他，包括他的所谓'学生'和'干部'在内……蒋介石不是项羽，并无'无颜见江东父老'那种羞耻心理。他还想活下去，还想弄一点花样去刺激一下已经离散的军心和人心。亏他挖苦心思，想出了偷袭石家庄这样一条妙计……总之，整个蒋介石的北方战线，整个傅作义系统，大概只有几个月就要完蛋，他们却在那里做石家庄的梦。"傅作义听到这些广播，见到战场形势已经改变，急令偷袭部队赶快收兵。但为时已晚，其中一部在向北平撤退走到徐水时，被人民解放军南北夹击，聚而歼之，损失官兵3700多人、汽车90余辆、战马240匹及大量战备物资，以彻底失败而告终。以"文房四宝"打败国民党的"四大家族"，毛泽东的一句玩笑话，不仅成为真实的历史，而且成为历史的美谈。

"上兵伐谋。"《孙子兵法》提出"不战而屈人之兵，善之善者也"，又提出"故善战者之胜也，无智名，无勇功"。这是孙子谋略的最高境界。"拔城于樽俎之间，折冲于衽席之上"，采用非战争方式实现自己的利益目标，既可以不付出代价，又可以避免双方的仇恨，这才是大智大勇。毛泽东的这种超人智慧在解放战争的平津战役中就曾得到精彩发挥。北平和平解放后，傅作义去见毛泽东，当谈到绥远①问题怎么办时，毛泽东说："绥远问题用绥远方式解决。"

傅作义又问什么是"绥远方式"，毛泽东回答说："有了北平的和平解放，绥远就不用兵了，告诉董其武主席，先做好内部的工作，在他认为适当的时候起义。"为了推动绥远的国民党军队和平起义，毛泽东除了派人前往绥远做好争取、帮助工作外，还将原傅作义部被俘人员全部送到绥远，让他们现身说法，宣传共产党和解放军官兵平等，戳穿了蒋介石国民党一贯宣传共产党杀人放火、共产共妻的谎言。在中共七届二中全会上，毛泽东指出："今后解决这一百多万国民党军队的方式，不外天津、北平、绥远三种方式……绥远方式，是有意地保存一部分国民党军队，让他原封不动，或者大体上不动，就是说向这部分军队作暂时的让步，以利于争取这部分军队在政治上站在我们方面，或保持中立，以便我们集中力量首先解决国民党残余力量中的主要部分，在一个相当的时间之后（例如在几个月，半年，或者一年之后），再去按照人民解放军制度将这部分军队改编为人民解放军。"1949年9月19日，国民党绥远省政府主席董其武根据毛

---

① 绥远省为中华民国时的塞北四省（热河省、察哈尔省、绥远省、宁夏省）之一，简称绥，省会归绥（今呼和浩特市），1954年撤省并入内蒙古自治区。

泽东提出的"绥远方式"，率部6万余人通电起义，绥远和平解放。

　　毛泽东真不愧为军事谋略和军事方法论的大师。在1955年授衔的人民解放军高级将领中，唯一的一位外籍（越南）将军，名字叫洪水。他十分佩服毛泽东的谋略。洪水少将在他的回忆录中讲述了一个毛泽东运用东方智慧让"老鼠给猫挂铃铛"的故事：有一次，毛泽东和刘少奇、周恩来等中央领导在一起谈工作。为了活跃气氛，毛泽东提了一个问题："你们怎样才能使猫吃辣椒？"刘少奇就顺口说："那还不容易，让人抓住猫的腿，把辣椒塞进猫嘴里，然后用筷子捅下去。"毛泽东摆摆手，笑着说："绝对不能使用暴力哟……做每件事情都是要自觉自愿的。"随即他又问周恩来。周恩来思索了片刻说："我首先让猫饿三天，然后把辣椒裹在一片肉里，猫这时非常饿，它可能囫囵吞枣地把肉片和辣椒一块吞下去。"毛泽东笑笑，摇摇头，说出了自己的答案："你可以把辣椒捣成碎浆，擦在猫的屁股上。当它感到火辣辣的时候，也就会主动地用舌头去舔，并为此兴奋不已。"刘少奇、周恩来一听，先是一怔，随即都哈哈大笑起来。①

---

　　① 李炳彦：《扶新集》，长征出版社2013年版，第301页。

我这一辈子就是在打仗中度过的

作为伟大的军事家，毛泽东最精彩最丰富的人生是在战争年代度过的。本不想去打仗的他被"逼上梁山"后，战争生活的适应能力和军事指挥艺术都表现出了极富创造性的天赋和才能。他曾对埃德加·斯诺说，他最喜欢的还是军事生活，在打长沙时肠胃比任何时候都要好。

对战争生活，毛泽东确实非常留恋。他还曾对外宾说：我在农村，身体就好，在城市反而不好，不走路了，不骑马了。搞革命，性命都可以不要，但却怕走路、骑马，怕吃两顿饭，把这个叫作苦，真是毫无道理。我看最苦的事情是坐汽车、坐飞机、坐火车、住好房子。他说："我这一辈子就是在打仗中度过的，一共打了二十二年。从没有打仗的决心到有打仗的决心，从不会打仗到学会了打仗。"

1964年8月24日，毛泽东会见北京大学副校长周培源时，从基本粒子谈到哲学，又谈到自己投身革命的心路历程。他说，我搞政治也是一步一步来的。我读了六年孔夫子的书，上了七年学堂，以后当小学教员，又当中学教员。当时我根本不知道什么是马克思主义。马克思、恩格斯的名字，我就没有听说过，只知道拿破仑、华盛顿。我搞军事更是这样。我当过国民革命军政治部的宣传部部长，在农民讲习所也讲过打仗的重要。可是就从来没有想到自己去搞军事，要去打仗。后来自己带人打起仗来，上了井冈山。在井冈山先打了个小胜仗，接着又打了两次大败仗。于是总结经验，总结了十六个字的打游击的经验，这就是：敌进我退，敌驻我扰，敌疲我打，敌退我追。谢谢蒋委员长给我们上课。也要谢谢党内的一些人。他们说我一点马克思主义也没有，而他们是百分之百的布尔什维克。

可是这些百分之百的布尔什维克却使白区损失百分之百，苏区损失百分之九十。[①]

1975年10月，毛泽东会见联邦德国总理施密特时，一谈起打仗的经历，依然兴奋不已，说："我也不会写诗，但我懂得怎样打仗，怎样打胜仗。"在他看来，打仗确实并没有什么神秘，什么战略战术，说来说去，无非就是四句话：打得赢就打，打不赢就走，你打你的，我打我的。走，你就打不着我；打，我就要打上你，打准你，吃掉你。谈到具体打法，就是：我能吃下你时就吃你，吃不下你时，也不让你吃了我。时机不成熟时我主力不同你硬拼，同你脱离接触。等到我吃了你的时候，就把你吃掉，一口一口地吃，最后把你吃掉。

早在1945年的重庆谈判期间，毛泽东和许德珩教授夫妇相聚叙旧，席间被问起他是如何学会打仗的，毛泽东风趣地说："你们知道，我这个人怎么会打仗呢？我是逢山开路，遇水搭桥。"[②]1951年5月1日，他和柳亚子在颐和园泛舟昆明湖时，柳感慨万端地问他："我们没有想到胜利会这么快，人民解放军很快渡江成功，并且占领了南京。我们不知道毛主席用的什么妙计？"毛泽东听后，呵呵一笑，说："打仗没有什么妙计，如果说有妙计的话，那就是知己知彼，根据实际情况，作出正确的决策。还有，就是先生说的，人民的支持是最大的妙计。"

在战场上，毛泽东不唯书、不唯上，坚持一切从实际出发，坚持理论联系实际，实事求是，从不生搬硬套，痛恨教条主义，是一位极富创新思维的军事家。1961年3月，毛泽东在广州中央工作会议上，说："不经过第五次反'围剿'的失败，不经过万里长征，我那个《中国革命战争的战略问题》小册子也不可能写出来。因为要写这本书，倒是逼着我研究了一下资产阶级的军事学。有人讲我的兵法靠两本书，一本是《三国演义》，一本是《孙子兵法》。《三国演义》我是看过的，《孙子兵法》当时我就没有看

---

① 周培源：《毛主席的旗帜是科学的旗帜——忆伟大领袖毛主席的两次谈话》，《光明日报》1978年9月10日。

② 于俊道、李捷主编：《毛泽东交往录》，人民出版社1991年版，第25页。

过。在遵义会议上，凯丰说：你那些东西，并不见得高明，无非是《三国演义》加《孙子兵法》。我就问他一句：你说《孙子兵法》一共有多少篇？第一篇的题目叫什么？请你讲讲。他答不出来。我说：你也没看过，你怎么晓得我就熟悉《孙子兵法》呢？凯丰他自己也没看过《孙子兵法》，却说我用的是《孙子兵法》。那时打仗，形势那么紧张，谁还管得什么《孙子兵法》，什么战斗条令，统统都忘记了的。打仗的时候要估计敌我形势，很快作出决策，哪个还去记起那些书呢？你们有些人不是学过四大教程吗？每次打仗都是用四大教程吗？如果那样就完全是教条主义嘛！"①

毛泽东当时确实没有读过《孙子兵法》的原著，但他在青年时代读书时或多或少还是间接地接触过《孙子兵法》的。在他1913年10月至12月所做的读书笔记《讲堂录》中，就有他在阅读其他古人著作涉及《孙子兵法》的内容。新中国成立后，毛泽东在阅读《新五代史·刘郇传》时，看到刘郇精通兵书《六韬》，打仗时生搬硬套，导致打了败仗，就在书上批曰："兵书多坏事，少读为佳。"由此可见，毛泽东热爱读书，但他又极讨厌"死读书"和"读死书"，反对泥古不化，纸上谈兵。1965年，毛泽东在杭州的一次谈话中说："我本来也没有读过军事书，读过《左传》《资治通鉴》，还有《三国演义》。这些书上都讲打仗；可是打起仗来，一点印象也没有了。我们打仗，一本书也不带，只是分析敌我战争形势，分析具体情况。"

"中国的存亡系于战争的胜负。"一位名叫尚伯康的人写信问毛泽东：共产党领导的革命游击战争，是不是受了中国历史上农民战争的启发？毛泽东在信上答复说：启发我们的是群众，而不是古远的历史。②中国革命的胜利，是人民战争的胜利，也是毛泽东革命战略的胜利。毛泽东不仅为中国共产党和中国人民指出了武装夺取政权、战争解决问题的根本战略途径，而且作为领导中国革命战争的伟大统帅，开创了一条中国特色的革命道路，创造了一个又一个中国乃至世界战争史上的奇观。

---

① 《毛泽东文集》第八卷，人民出版社1999年版，第263页。
② 《社会科学报》1990年9月13日。

在十年的土地革命战争中，毛泽东开创了农村包围城市、最后夺取全国胜利的革命道路。当时，中共党内有人发出了"红旗到底能打多久"的疑问。"这是一个最基本的问题，不答复中国革命根据地和中国红军能否存在和发展的问题，我们就不能前进一步"。①毛泽东挺身而出，先后撰写了《中国的红色政权为什么能够存在》《井冈山斗争》和《星星之火，可以燎原》，回答了这个中国武装斗争最基本的历史新课题。他以革命家的豪情和诗人的激情描述了中国革命的前景："马克思主义者不是算命先生，未来的发展和变化，只应该也只能说出个大的方向，不应该也不可能机械地规定时日。但我所说的中国革命高潮快要到来，绝不是如有些人所谓'有到来之可能'那样完全没有行动意义的、可望而不可即的一种空的东西。它是站在海岸遥望海中已经看得见桅杆尖头了的一只航船，它是立于高山之巅远看东方已见光芒四射喷薄欲出的一轮朝日，它是躁动于母腹中的快要成熟了的一个婴儿。"②

　　在抗日战争中，毛泽东和中国共产党领导的抗日武装，紧紧依靠人民和团结各民主党派及广大知识分子，起到了中流砥柱的作用。毛泽东断言："持久战的抗日战争，将在人类战争史中表现为光荣的特殊的一页。犬牙交错的战争形态，就是颇为特殊的一点。"这个战略构想的目的是"将敌人的后方也变成他们的前线，使敌人在其整个占领地上不能停止战争"。他把抗日战争的战略部署比作下围棋，"由是敌我各有加于对方的两种包围，大体上好似下围棋一样，敌对于我我对于敌之战役和战斗的作战好似吃子，敌之据点和我之游击根据地则好似做眼。在这个'做眼'的问题上，表示了敌后游击战争根据地之战略作用的重大性。"③同时，毛泽东还准确地分析了国际形势，反对英美等国对日本侵华战争采取牺牲中国利益的远东慕尼黑政策，提出建立"太平洋反日阵线"的战略主张。太平洋战争的

①《毛泽东军事文集》第一卷，军事科学出版社、中央文献出版社1993年版，第708页。

②《毛泽东军事文集》第一卷，军事科学出版社、中央文献出版社1993年版，第135—136页。

③《毛泽东军事文集》第二卷，军事科学出版社、中央文献出版社1993年版，第244、253页。

爆发，英美等国终于在现实面前认清了毛泽东提出的"援助中国就是援助他们自己，才是当前的具体真理"。

在解放战争中，毛泽东和中国共产党领导中国人民解放军和全国人民，艰苦奋战，在"让开大路，占领两厢"的战略方针指导下，进行"面"（指广大的农村革命根据地）对"点、线"（指国民党蒋介石占领的中心城市和重要交通枢纽）的战争，分割包围，战略反攻。尤其是1947年，可谓是中国革命的转折点。人民解放军由战略防御转入战略进攻。2月1日，毛泽东主持召开了全面内战爆发后的第一次中央政治局会议。这也是中共在延安召开的最后一次中央政治局会议。毛泽东预言：中国革命的新高潮将要到来，现在是它的前夜。而历史真的很有意思，在中国革命的进程中，每隔10年就有一次跃进：20年前的1927年的北伐战争是有共产党以来中国的第一次革命高潮，国共合作因国民党叛变而失败；10年前的1937年全国抗战掀起了第二次革命高潮，国共再次合作，但国民党因为消极抗日积极反共，人民站在了中共的一边；如今又是一个10年，到了1947年迎来的是中国内战的爆发，毛泽东果断地预见了第三次革命高潮已经到来，人民已经完全站在了中共的一边。

到了1947年4月，蒋介石"重点进攻"山东和陕甘宁，气势汹汹，狂妄得很，无论在武器装备还是人员数量上都超过毛泽东指挥的解放军。按照一般的战争法则和用兵原则，此时，兵力弱的一方要主动展开战略攻势，显然是不符合常规和逻辑的，也是很难成功的。但毛泽东剑走偏锋，不按常规出牌，想常人之不敢想、不能想，以一般军事家和政治家难以想象的创造力，做出了惊人的决策，指挥刘邓大军千里跃进大别山，一举扭转战局，打破了战争史上先打败敌之战略进攻方能转入己方战略进攻的定律。同时，毛泽东在进攻样式上大胆创新，运用无后方作战的跃进式揳入国民党军占领的中原腹地，一下子将战线从黄河推进到长江。这种大胆的战争指挥艺术堪称世界战争史上的奇迹。

1948年秋，在中国人民解放军战略进攻的猛烈打击下，军事形势发生了巨大变化，国民党失去了"全面防御"的完整战线，共产党具备了决战取胜的可能性。毛泽东和中央军委果断抓住时机，毅然发动了辽沈、淮海、平津三大战役，挟"面"对"点、线"的战略优势，以席卷之势，横扫国民党160万大军，彻底摧毁了蒋介石的军事力量。"在毛泽东的领导下，中国人民解放军已经在中国大地上扭转了美帝国主义及其走狗蒋介石的反革命车轮，使之走向覆灭的道路，推进了自己的革命车轮，使之走向胜利。"诚如周恩来所言："毛主席是在世界上最小的司令部里，指挥了最大的人民战争。"

"为有牺牲多壮志，敢教日月换新天。"1964年7月9日，毛泽东在与外国友人谈话时，谈及自己的戎马生涯，淡然地说："我打了二十五年仗，包括朝鲜战争三年。我原来是不会打仗的，不知道怎么打，是通过二十五年的战争过程学会打的。"通过革命战争，毛泽东实现了他青年时代就立下的"改造中国与世界"的宏愿，推翻了压在中国人民头上的帝国主义、封建主义和官僚资本主义这三座大山，使占全人类四分之一的中国人民获得了解放，建立了人民民主专政的新中国。

据不完全统计，仅在土地革命战争和解放战争时期，毛泽东组织指挥和参与的战役战斗达239次之多，尚存的从1927年到抗美援朝战争时期，他亲笔撰写的军事论著和指挥作战的文电达5000余篇，400余万字。在全面抗战的八年间，他领导的八路军、新四军，在人民群众的大力支援、配合下，与敌军作战12.5万余次，歼灭日军52.7万余人、伪军118.6万余人。为了实现自己的梦想和信仰，毛泽东不仅贡献了自己无与伦比的战略智慧和超乎常人的艰辛劳动，而且还为中国革命的胜利付出了巨大的家庭牺牲，先后有妻子杨开慧、弟弟毛泽民和毛泽覃、堂妹毛泽建、侄子毛楚雄以及儿子毛岸英等6位亲人献出了宝贵的生命。

举起你的双手吧，新中国是我们的

　　"中国向何处去？"这是自鸦片战争以来，中国近现代史上面临的一个最重大最迫切的问题，洪秀全、康有为、梁启超、严复、孙中山，一代又一代的仁人志士和进步思想家、政治家、战略家，不断地进行探索和实践，一次次的探索，一个个的方案，一回回的试验，都失败了。十月革命一声炮响，给中国送来了马克思主义，中国共产党应运而生，让苦难的中华民族重新燃起希望的火种，中国革命从此进入了一个新的阶段。

　　20世纪初，当青年毛泽东步入政治历史舞台的时候，中华民族正处于岌岌可危的存亡之际，中国社会是一个在封建主义和帝国主义层层压榨之下暗无天日的社会，是一个农村整个破产、工业被帝国主义全盘控制的社会。用鲁迅的话说，是一个"吃人"的社会。当时在长沙湖南第一师范学校读书的毛泽东认为："国家坏到了极处，人类苦到了极处，社会黑暗到了极处。"[1]面对被帝国主义瓜分的祖国，他"开始意识到，国家兴亡，匹夫有责"。

　　面对压迫和剥削，中国人民作了数不尽的英勇反抗。1927年，毛泽东在《湖南农民运动考察报告》中敏锐地发出了预言："很短的时间内，将有几万万农民从中国中部、南部和北部各省起来，其势如暴风骤雨，迅猛异常，无论什么大的力量都将压抑不住。他们将冲决一切束缚他们的罗网，朝着解放的路上迅跑。一切帝国主义、军阀、贪官污吏、土豪劣绅，都将被他们葬入坟墓。一切革命的党派、革命的同志，都将在他们面前受他们

---

[1]《毛泽东早期文稿》，湖南出版社1995年版，第338页。

的检验而决定弃取。站在他们的前头领导他们呢？还是站在他们的后头指手画脚地批评他们呢？还是站在他们的对面反对他们呢？"34岁的毛泽东选择了第一条道路。他勇敢地站在中国农民的前头做革命的带路人。

恩格斯说："人们自己创造自己的历史，但他们是在既定的、制约着他们的环境中，在现有的现实关系的基础上进行创造的。"①经过土地革命、长征和抗日战争近20年的艰苦探索，毛泽东做出了符合中国国情的战略判断，在抗日战争中实现了对中国革命规律认识的新的飞跃，独立自主地立起了"新民主主义"这面旗帜。用毛泽东后来的话说："在抗日战争前夜和抗日战争时期，我写了一些论文，例如《中国革命战争的战略问题》《论持久战》《新民主主义论》《〈共产党人〉发刊词》，替中央起草过一些关于政策、策略的文件，都是革命经验的总结。那些论文和文件，只有在那个时候才能产生，在以前不可能，因为没有经过大风大浪，没有经过两次胜利和两次失败的比较，还没有充分的经验，还不能充分认识中国革命的规律。"他说，只有经过两次胜利和两次失败，在抗日时期，"中国民主革命这个必然王国才被我们认识，我们才有了自由"。②

作为一位世界级的优秀政治家，毛泽东不仅善于从中国国情的实际来思考中国革命的规律，而且还注重把中国革命与世界革命联系在一起来思考。他鲜明地提出"中国革命是世界革命的一部分"，"这种'世界革命'，已不是旧的世界革命，旧的资产阶级世界革命早已完结了；而是新的世界革命，而是社会主义的世界革命。同样，这种'一部分'，已经不是旧的资产阶级革命的一部分，而是新的社会主义革命的一部分。这是一个绝大的变化，这是自有世界历史和中国历史以来无可比拟的大变化"。③

毫无疑问，一切革命的根本问题就是解决国家政权问题。因此，建立一个什么样的国家，就成为革命运动应当首先必须解决的问题，这是革命的任务，也是革命的目标。毛泽东和中国共产党人，同样也始终围绕着

---

① 《马克思恩格斯选集》第4卷，人民出版社1995年版，第732页。
② 《毛泽东著作选读》下册，人民出版社1986年版，第825—826页。
③ 《毛泽东选集》第二卷，人民出版社1991年版，第666、669页。

国家政权问题来探索和确立中国革命的战略、方法和任务。从中共一大提出建立无产阶级专政国家，中共二大提出最低纲领为建设"真正民主共和国"，1931年11月在江西瑞金成立中华苏维埃共和国，1935年12月中共中央在瓦窑堡将其改为苏维埃人民共和国，直到1940年1月毛泽东《新民主主义论》问世，完整、系统地阐述了新民主主义民主共和国理论，最终找到了适合中国国情的民主政体。美国著名记者安娜·路易斯·斯特朗，也就是那位将毛泽东"一切反动派都是纸老虎"的论断传遍世界的女记者，对毛泽东《新民主主义论》做出了这样的评价：它提出了可以最好地领导人民走向胜利以及战后走向繁荣富强的政府形式。那不是国民党的独裁政府，也不是共产党人的社会主义政府；不是发达资本主义国家的那种形式的民主，而是一种"新民主主义"，是各个革命阶级的联合政府。

对新民主主义，毛泽东不是坐而论道，而是从政治、经济、文化等方面提出了十分具体的可操作性的政治战略目标，为这个新国家描绘出了一幅完整的蓝图。他说："国体——各革命阶级联合专政。政体——民主集中制。这就是新民主主义的政治。"[1]而"在现阶段上，中国的经济，必须是由国家经营、私人经营和合作社经营三者组成的"。[2]新民主主义的文化"就是无产阶级领导的人民大众的反帝反封建的文化"。[3]"新民主主义的政治、新民主主义的经济和新民主主义的文化相结合，这就是新民主主义共和国，这就是名副其实的中华民国，这就是我们要造成的新中国。"[4]毛泽东从马克思主义关于政治、经济和文化三者密切联系的原理出发，从宏观上规划了新中国的建国大业，不仅为中国共产党确立了正确的革命战略目标，而且教会了人民一个指导革命和建设的科学方法。

在确立中国革命战略目标的同时，毛泽东高瞻远瞩地提出了中国革命的战略任务——推翻帝国主义、封建主义、官僚资本主义三座大山及其政

---

①《毛泽东选集》第二卷，人民出版社1991年版，第677页。
②《毛泽东选集》第三卷，人民出版社1991年版，第1058页。
③《毛泽东选集》第三卷，人民出版社1991年版，第855页。
④《毛泽东选集》第二卷，人民出版社1991年版，第709页。

治代表——国民党反动政权，建立新民主主义共和国。为了完成这个艰巨的革命任务，毛泽东号召中国共产党人要像"愚公移山"一样，"毫不动摇，每天挖山不止"，用愚公坚持不懈的精神去感动"上帝"——全中国的人民大众，团结一切可以团结的力量，和我们一起去奋斗，去争取革命的胜利。

在抗日战争依然处于极端艰难的相持阶段，在国民党反共浪潮甚嚣尘上的时候，毛泽东以其超越政治、历史和时代的雄伟韬略和前瞻眼光，满怀激情和浪漫地向全国人民发出了来自内心的真诚的呐喊——

新中国站在每个人的面前，我们应该迎接它。

新中国航船的桅顶已经冒出地平线了，我们应该拍掌欢迎它。

举起你的双手吧，新中国是我们的。[1]

---

[1]《毛泽东选集》第二卷，人民出版社 1991 年版，第 709 页。

"打扫干净屋子再请客"与"一边倒"

　　1948年12月30日，毛泽东为新华社撰写了1949年新年献词《将革命进行到底》，开宗明义指出："中国人民将要在伟大的解放战争中获得最后胜利，这一点，现在甚至我们的敌人也不怀疑了。"他明确指出，要"坚决彻底干净全部地消灭一切反动势力"。毛泽东以历史事实说明，自1936年西安事变到1945年重庆谈判以来，中国共产党和中国人民无不抱着善良的愿望，希望国民党建立国内和平，但是它们一次又一次地撕毁和平协议，把战争强加给人民。现在当他们在军事上面临无可挽回的失败的时候，"忽然竭力装作无害而且可怜的样子"，大谈什么"光荣的和平"，粉饰他们"从来是追求和平的"。美国的官方人士现在不但热心于中国的"和平"，而且一再表示，遵守着"不干涉中国内政的政策"。毛泽东彻底戳穿了美国和蒋介石政府企图获得喘息之机而策划和玩弄的"和谈"阴谋。这篇文章发表的时候，辽沈战役刚刚结束（1948年9月12日至11月2日），仅仅20天之后，决定解放战争胜利的另两大战役也已告终结：1949年1月2日，淮海战役结束，共歼灭和改编国民党军队55.5万余人；1949年1月15日，解放天津；1949年1月22日，傅作义接受和平解放北平条件，1月31日，傅作义部主力全部撤出北平，北平宣告和平解放，平津战役结束，共歼灭和改编国民党军队52万余人。

　　1949年1月19日，毛泽东在审阅修改中共中央关于外交工作的指示稿时，在"具体政策"部分加了两项内容：一是外交关系，凡属被国民党政府所承认的资本主义国家的大使馆、公使馆、领事馆及其所属的外交机关和外交人员，在人民共和国和这些国家建立正式外交关系之前，我们一概不予承认，但作为外国侨民待遇，给以切实保护。对待苏联及新民主国家派驻国民党政府的领使馆及其所属的外交机关和人员则不同，但在正式建立外交关系前，只作非正式的来往。二是"不允许任何外国人及联合国干涉中国内政。因为中国是独立国家，中国境内之事，应由中国人民及人民的政府自己解决。如有外国人提到外国政府调解中国内战等事，应完全拒绝之"。①显然，中共中央决定"另起炉灶"，走独立自主的新型外交路线，彻底改变旧中国历届政府推行的屈辱外交。

1月26日，美国驻华大使司徒雷登接到了国民党外交部的正式照会，宣布中华民国政府将由南京迁往广州，要求他们随行。司徒雷登与北大西洋条约国家的大使就此问题进行了紧急讨论，并没有离开南京。2月3日，美国新任国务卿艾奇逊授权驻北平总领事柯乐布在适当时机向中共方面表示：中国新政府继承现存的中外条约义务是美国予以承认的前提。显然，这是美国准备用承认旧中国不平等条约向中共施压。在承认新中国问题上，美国总统杜鲁门强调：力图维护美国在华特权。而在艾奇逊看来，中共正在践踏国际义务，无视国际关系中的"法律和秩序"，美国不能承认一个"无法无天"的政权。但事实上，承认问题，不仅是法律问题，更是政治问题。维护在华"条约特权"也只是美国政府的部分考虑，其更大的企图是迫使中共疏远苏联，放弃人民民主专政，削弱中共的威望，鼓励中国国内"反共"力量，在国际上孤立新中国，达到其干涉中国革命的目的。

2月15日，毛泽东在为新华社撰写的评论中再次就美蒋联手策划的"和谈"阴谋进行了批驳。他指出："和平攻势"这个法宝出产于美国工厂，还在大半年以前就由美国人送给了国民党。毛泽东对于司徒雷登一手玩弄"和平"，一手欺骗中国人民的伎俩，甚为鄙视，称他是搬起"和平攻势"的石头，最后将砸在自己的脚上。

3月5日，中共七届二中全会在西柏坡召开，新中国的大政方针初定，思路清明。胡乔木回忆说：外交方面，我们坚定不移的立场是，在原则上，

---

① 《毛泽东年谱》（1893—1949）下卷，中央文献出版社2008年版，第449—450页。

帝国主义在华特权必须取消，中华民族的独立解放必须实现。采取不承认政策的目的是使我们在外交上立于主动地位，不受过去任何屈辱的外交传统所束缚，有利于肃清帝国主义在中国的势力和影响。这一方针和立场，毛主席用简练而生动的语言作了概括，就是"另起炉灶"和"打扫干净屋子再请客"。明确宣布新中国将联合苏联，站在国际和平民主阵营一边，这是新中国成立前采取的另一项重要的外交政策。此后，毛泽东在《论人民民主专政》中明确地提出"一边倒"外交政策。

什么叫"打扫干净屋子再请客"呢？毛泽东说：我们这个国家，如果形象地把它比作一个家庭来讲，它的屋内太脏了。解放后，我们必须认真清理我们的屋子，从内到外，好好打扫、整顿。等打扫好房子再请客，真正的朋友可以早点进屋子里来，但别的客人得等一等。他还说，朋友们走进我们的门，建立友好关系，这是正常的，也是需要的。如果他们又肯伸手帮助我们，那岂不更好吗！那些抱着不可告人目的的帝国主义分子，一方面想自己抓几把，同时也是为了搅浑水，我们不欢迎这样的人进来。

4月22日，毛泽东在北平香山写了著名的"新华社长江前线二十二日二时电"，即《我三十万大军胜利南渡长江》。曰："国民党反动派经营了三个半月的长江防线，遇着人民解放军好似摧枯拉朽，军无斗志，纷纷溃退。长江风平浪静，我军万船齐放，直取对岸，不到二十四小时，三十万人民解放军即已突破敌阵……"同日22时，毛泽东再挥笔为新华社写了第二条渡江新闻《人民解放军百万大军横渡长江》。这些气势磅礴的新闻佳作，就像他的诗词"百万雄师过大江"一样，豪迈雄健，气贯长虹，令蒋介石国民党军闻风丧胆，失魂落魄。23日，中国人民解放军占领南京。

4月28日，毛泽东指出："现美国方面托人请求和我方建立外交关系，英国亦极力想和我们做生意。我们认为如果美国（及英国）能断绝和国民党的关系，我们可以考虑和他们建立外交关系的问题。"毛泽东、中共中央制定的"另起炉灶"的战略方针，是独立自主的外交路线，并不含有丝毫的排外性质，目的是为新中国与各国建立正常、平等的外交关系。司徒雷登对此大为恼火，错误地把"一边倒"看作是中共对美国采取全面敌意的一个声明，而且美国外交方针决定了他们不愿放弃对国民党政府的支持，并错误地把中国归结为苏联的"卫星国"，这就注定美国在关键时刻不可能采取纠正错误的政策，导致中美关系走进了死胡同。为了向中共进一步施压，美国全力拼凑不承认新中国的国际联合阵线。司徒雷登在4月底和5月初两次上书艾奇逊，建议西方国家共同孤立新中国。他强调：决不应允许一些国家为"暂时的、表面的商业利益和政治利益"抢先承认新中国，以防中共"以夷制夷"。一时间，从北大西洋到东南亚，美国外交官们鼓舌如簧，竭力要各国追随美国不承认新中国，遏制、孤立新中国。

毛泽东"另起炉灶"，杜鲁门死不承认，怎么办？毛泽东亲自掌握着新中国的外交政策，明确提出："不但现在不应急于去解决，而且就是全国胜利以后的一个相当时期内也不必急于去解决。我们是愿意按照平等原则同一切国家建立外交关系的，但是从来敌视中国人民的帝国主义，决不能很快地就以平等的态度对待我们，只要一天它们不改变敌视的态度，我们就一天不给帝国主义国家在中国以合法的地位。"①

尽管如此，毛泽东、中共中央在对美国采取强硬立场的同时，还是注意了策略的灵活性，以防止美国军事干涉，在政治上打击国民党，分化美国竭力组织的敌视新中国的国际联合阵线。为此，中共中央专门派黄华前往南京担任外侨事务处主任，实际上就是负责直接与司徒雷登接触会谈，摸摸美国的底牌。5月13日和6月6日，黄华以曾是燕京大学学生的私人身份，两次与这位曾是燕京大学校长如今仍留在南京观望的美国大使司徒雷登进行会谈之后，于6月28日根据中共中央指示，向司徒雷登转达了毛泽东、周恩来邀请他去燕京大学过生日。对此，司徒雷登非常高兴，表示极大兴趣，随后将自己去北平的利弊作出详细分析请示艾奇逊。

6月30日，毛泽东发表了《论人民民主专政》，再次重申了1940年1月在《新民主主义论》中就曾提出的"一边倒"政策。毛泽东说："一边倒"，是孙中山的40年经验和共产党28年经验教给我们的，深知欲达到胜利和

---

① 《毛泽东选集》第四卷，人民出版社1991年版，第1435页。

巩固胜利，必须"一边倒"。中国人不是倒向帝国主义一边，就是倒向社会主义一边，绝无例外。骑墙是不行的，第三条道路是没有的。我们在政治上必须同社会主义阵营的国家团结起来，同社会主义国家站在一边，不能一脚跨在社会主义方面，一脚又跨在西方资本主义方面。但毛泽东同时强调："我们是愿意按平等原则同一切国家建立外交关系的"，"我们必须尽可能地首先同社会主义国家和人民民主国家做生意，同时也要同资本主义国家做生意。"①

《论人民民主专政》发表后，美国从下至上再次误读了毛泽东，误读了"一边倒"。7月1日，司徒雷登接到了艾奇逊的电报："不得在任何情况下访问北平。"其实，在当时美苏争霸对峙的国际舞台上，新中国要想保持所谓的中立是难以立足的。从国家建设和安全的考虑，"一边倒"完全是明智而正确的选择，从而成功地建立和巩固了同以苏联为首的社会主义国家的关系，不仅在艰难的条件下赢得了有利的国际政治和平环境，而且在与苏联的合作中得到了经济、技术、人才、管理和设备、材料等各方面的支援，为新中国最初的建设奠定了坚实基础。

毛泽东看破了司徒雷登的犹豫不决和美国玩弄"和平"的把戏，而司徒雷登也看到自己的意图无法实现，不得不悻悻回国。但这位在中国享受惯了"外交特权"的美国大使，在离开中国时必须按照人民政府出入境管理规定，以一般侨民的身份申请出境，不再享受外交官员待遇，令他感到有损美国的尊严，丢了大使的脸面。

8月2日，司徒雷登及秘书傅径波一行八人，按指定航线乘美国运输机由南京经冲绳返回美国。可就在他离开中国的第三天，8月5日，美国国务院发表了关于中美关系的白皮书《美国与中国的关系——特别是1944年至1949年》，以及国务卿艾奇逊在7月30日就对华关系写给总统杜鲁门的信。这份洋洋万言的白皮书，详细叙述了美国制定与实施扶蒋反共政策，结果却遭到失败的经过，披露了有关国民党腐败、堕落、无能的材料，千方百

---

① 《毛泽东选集》第四卷，人民出版社1991年版，第1435页。

计地为自己制定对华政策的错误洗刷和辩护，认为蒋介石是自招失败，把失败和过错的原因统统推卸给蒋介石，却没有解释"美国政策被蒋缠住不放的原因和补救方法"，也没有做出历史的反省。

针对美国白皮书的发表，毛泽东立即上阵，让新华社先后发表了六篇评论，与美国政府打起了"文仗"。除第一篇《无可奈何的供状》由胡乔木撰写之外，其他五篇《丢掉幻想，准备斗争》《别了，司徒雷登》《为什么要讨论白皮书》《"友谊"，还是侵略》《唯心史观的破产》均为毛泽东亲自撰写。毛泽东的评论，谈笑风生，锋芒毕露，大气磅礴，成为自1840年至新中国成立前夕中美关系的历史性总结。毛泽东尖锐地指出，近代中美关系史，就是美国帝国主义侵略中国的历史。白皮书的发表表明，美国全球战略遭到了重大失败，司徒雷登成为美国侵略政策彻底失败的象征。毛泽东嘲讽地写道："司徒雷登走了，白皮书来了，很好，很好。这两件事都是值得庆祝的。"[1]

在新中国成立前后，毛泽东在外交工作上坚持"另起炉灶"，"打扫干净屋子再请客"，实行"一边倒"的外交方针，这是"中国人民从此站立起来了"的最重要最具体的体现。当时，还有人主张"中国应该做苏美之间的桥梁"。毛泽东回答说："这话的意思就是要中国人脑壳着地，背拱起来，让美国人从中国人背上走到苏联去，让苏联人从中国人背上走到美国去。我们难道能这么干吗？"1957年11月，毛泽东在莫斯科出席各国共产党和工人党会议时，明确强调要把"独立自主"写进去。他说："一个国家的党要领导革命走向胜利，不通过自己的路线、自己的经验、自己的头脑、自己的手，而靠外国帮助就不行"；"革命是自主，建设也是自主"。

---

① 《毛泽东选集》第四卷，人民出版社1991年版，第1497页。

把话收回来，不请他了

1949年12月6日，毛泽东登上北上的专列，前往莫斯科。16日，斯大林在克里姆林宫欢迎毛泽东。这是毛泽东第一次走出国门，也是他与斯大林第一次见面。斯大林破例带领苏共全体政治局委员在克里姆林宫的小会议室里站成一排，迎接毛泽东的到来。而且会谈时也只用中方的翻译师哲一人。一见面，斯大林就紧紧握着毛泽东的手，仔细端详了一阵，说："你很年轻，红光满面，容光焕发，很了不起！"他对毛泽东赞不绝口："伟大，真伟大！你对中国人民的贡献很大，是中国人民的好儿子！我们祝愿你健康！"

但谁也没有想到的是，毛泽东的回答令现场的人们大吃一惊。他说："我是长期受打击排挤的人，有话无处说……"斯大林在吃惊之余，非常机敏地接过话题说："胜利者是不受谴责的。不能谴责胜利者，这是一般公理。"

与斯大林第一次见面，毛泽东就意味深长又意犹未尽地发泄了自己的不满和牢骚。原因就是，中国革命胜利之前，尤其是在中央苏区时，毛泽东受王明推行的共产国际极左路线的打压，被李德、博古把持的临时中央排挤打击而靠边站的往事。也就是说，毛泽东对斯大林当年对中国革命指手画脚是有很大意见的。

而就在这次访问期间，毛泽东对斯大林的傲慢再次公开面对面地叫板。事情是这样的：1950年1月12日，美国国务卿艾奇逊在美国全国新闻俱乐部发表演讲，混淆视听，造谣说："苏联正在将中国北部地区实行合并，这种在外蒙所实行了的办法，在满洲亦几乎实行了。我相信苏联的代理人会从内蒙古和新疆向莫斯科作很好的报告。这就是现在的情形，即整个中国居民的广大地区和中国脱离与苏联合并。苏联占据中国北部的四个区域，对于亚洲有关的强国来说是重要的事实，对于我们来说是非常重要的。"1月17日，苏联部长会议副主席莫洛托夫来到莫斯科郊外的斯大林别墅，看望毛泽东，将美国国务卿的这个讲话交给了毛泽东，并建议由中、蒙、苏三国在21日各发表一项"官方声明"，驳斥艾奇逊的无耻谰言。毛泽东非常重视，当即同意了。21日，中、蒙、苏三国按照约定，各自发表了驳斥美国国务卿艾奇逊的"官方声明"。中国的"官方声明"是由毛泽东执笔，以中央人民政府新闻总署署长胡乔木向新华社记者发表谈话的形式发表的。

然而，毛泽东怎么也不会想到，斯大林对此非常不高兴，专门就此问题邀请毛泽东、周恩来两人到克里姆林宫晤谈。斯大林首先说："今天请你们来，是想在这个小范围内交换点意见，莫洛托夫有些话要说，我们先听听他的吧。"

莫洛托夫说："上次我们谈定，关于艾奇逊的谈话，我们应分别发表一项正式声明，驳斥艾奇逊的胡说八道。而且我们谈定，用官方名义发表驳斥声明。请问中国政府是否已经发表了这项声明?"

毛泽东回答："发表了，是用胡乔木的名义发表的。"

斯大林问："胡乔木是什么人?"

毛泽东答道："是新闻署长，也是以这个身份发表声明的。"

斯大林说："按照国际上的习惯，任何新闻记者都可以对任何问题发表自己的观点、谈话或评论，但他们的一切言论并不代表官方的立场和观点。所以，以个人身份（即新闻记者）发表声明，怎么说都可以，但那是一文不值的。"

莫洛托夫接着说："我们原来商谈的是希望中国发表一项官方的正式声明，也就是说具有代表性的、权威性的声明。但是，新闻总署并不是权威机关，它代表不了政府;新闻总署署长对记者的谈话也代替不了官方的观点和意见。中国方面没有按照商定的那样去做，这就违背了我们的协议。

这个做法没有获得我们所预期的效果，中国方面怎么考虑的，我们不清楚；但既然是我们双方一致达成的协议，那就必须遵守。信守诺言是我们之间合作的重要一条。这是我们的一些想法，今天也愿意听听中国同志的意见和解释。"

斯大林接着说："这么一来，我们的步调就乱了。各行其是，减弱了我们的力量。我认为，我们都应该信守诺言，紧密配合，步调一致，这样才会更有力量。来日方长，今后我们相互配合、相互合作的机会和场合是很多的，把这次作为前车之鉴，吸取经验教训，加强今后的合作，正是我们应该做到的事情。这次的事情虽然没有什么了不起，但我们没有按照原定计划做，乱了步伐，给敌人留了可钻的空子。"

对斯大林如此小题大做，毛泽东非常生气。参加会晤的翻译师哲回忆："事实是客观存在，有什么可多说的呢。这次谈话，没有得到任何积极的效果。莫洛托夫的发言无疑完全是斯大林授意的，不管怎样都得讲出来。这些话在相当程度上激怒了毛主席，他始终一言不发。周总理作了一些解释。但鉴于已经形成的气氛，他也表现得十分矜持。这次谈话的时间很短，谈话结束后，宾主离开了克里姆林宫，前往斯大林的别墅。斯大林特地把毛主席、周总理都请到自己的车上，让他们坐在后排主位上，他和我坐在加座上。在车上、大家都沉默不语，气氛像铅块一样沉闷。"

为了缓和车厢内的气氛，师哲主动同斯大林闲聊了起来，并问他："你不是答应过要到我们代表团的住处去做客吗？"

斯大林立即回答说："我是说过。现在也没有放弃这个愿望。"

可没等斯大林的话讲完，毛泽东就对师哲说："你和他谈的什么，不要请他到我们那里去做客。"

当师哲立刻承认同斯大林谈的正是这个问题时，毛泽东再次重申说："把话收回来，不请他了。"晚上的聚会自然是不欢而散。①

此前，作为一个懂得忍耐的政治家，毛泽东对斯大林拖延与新中国签

---

① 师哲：《在历史巨人身边》，中央文献出版社1991年版，第457页。

订《中苏友好同盟互助条约》就已经非常生气，甚至在苏方联络员柯瓦廖夫和翻译费德林面前发火说：我到莫斯科来，不单是为斯大林祝寿的。你们还要保持跟国民党的条约，你们保持好了，过几天我就走。我现在的任务只有三个：吃饭、拉屎、睡觉。显然，这是毛泽东在受到苏方冷落后，说给斯大林听的，表达了对斯大林不准备签订新约的不满。

只要认准了的事情，就一定要做好，不达目的不罢休，谁也阻挡不了。这是毛泽东的性格。在毛泽东的坚持下，加上其他因素，斯大林终于改变了观点，同意签订新约和其他新的协定。1950年2月14日，《中苏友好同盟互助条约》签字仪式在克里姆林宫举行，毛泽东和斯大林共同出席。15日，从不到克里姆林宫以外出席宴会的斯大林破例出席了中国大使馆举行的答谢宴会。20世纪50年代末，毛泽东在回顾这段历史时，说："斯大林这个人，看情形他是可以变的。签订中苏条约，我们在那里待了几个星期。他开头很不赞成，到后头我们坚持两次，最后他赞成了。可见一个人有缺点的时候，就是斯大林这样的人，他也不是不可以变的。"他还打比方说："老虎口里的肉还是可以拿出来的。"

请你们来中国看看，看看中国是真的马克思主义

1949年12月，毛泽东第一次走出国门，出访苏联。就是在这次访问中，斯大林主动提出，为了总结中国的革命经验，建议毛泽东把自己写的文章、文件等编辑成集出版。为此，毛泽东希望斯大林派苏共中央理论上很强的人到中国，帮助他编辑《毛泽东选集》。斯大林当即决定派主编过《简明哲学辞典》的理论家尤金来华。在八年之后，毛泽东对尤金说："为什么当时我请斯大林派一个学者来看我的文章？是不是我那样没有信心？连文章都要请你们来看？没有事情干吗？不是的，是请你们来中国看看，看看中国是真的马克思主义，还是半真半假的马克思主义。你回去以后，说了我们的好话。你对斯大林说的第一句话就是：'中国人是真正的马克思主义者'。但是斯大林还是怀疑。只是朝鲜战争才改变了他的看法，也改变了东欧兄弟党和其他各国党对我们的怀疑。"

1957年11月，毛泽东率领的中国党政代表团启程访问苏联。这是毛泽东第二次访问苏联，是他唯一一次乘坐飞机出访，也是他最后一次走出国门。中国党政代表团的规格是最高的，这也是当时苏共中央需要的。因为赫鲁晓夫正处于内外交困之中，他希望中共中央、毛泽东能帮他一把，以渡过难关。其时，中苏关于导弹等国际新技术援助问题的谈判在莫斯科正处于拉锯状态，对赫鲁晓夫的邀请毛泽东也迟迟没有明确答复。性急的赫鲁晓夫只好自己捅破那层窗户纸，向中国代表团聂荣臻提出：苏方可以向中方提供国际新技术资料和样品，不过毛泽东能否出席莫斯科会议？毛泽东获悉后，立即答复：去！给赫鲁晓夫这个面子。

专机在北京南苑机场起飞，毛泽东透过舷窗俯瞰祖国壮丽山河，蓝天

上白云从眼前掠过，心情十分愉悦。这时，他对胡乔木说："你去把尤金叫来，我有话要跟他说。"

苏联驻华大使尤金是哲学家，因为编辑《毛泽东选集》，跟毛泽东是非常熟悉的了。毛泽东就笑着问他："你是位哲学家，又是老朋友。我给你出一道题目怎么样？"

尤金笑着说："是的，我是研究哲学的，我们也是老相识了。我争取及格。"

毛泽东问道："刚才我们在机场，现在上了天，再过一会儿又要落地，这在哲学上该怎么解释？"

尤金有些丈二和尚摸不着头脑，说："哎呀，这我可没有研究过。"

毛泽东爽朗地笑了，说："考住了？我来答答试试看，请你鉴定鉴定。飞机停在机场是个肯定，飞上天空是个否定，再降落是个否定之否定。"

听着毛泽东的回答，尤金心悦诚服，毛泽东的"哲学"意味深长啊！

我们要硬着头皮顶住，不仅要顶住，而且要反击

1956年2月，苏共中央在莫斯科举行了第二十次全国代表大会。2月24日深夜，赫鲁晓夫在突然召开的秘密会议上作了一个题为《关于个人崇拜及其后果》的秘密报告，掀起了全盘否定并攻击斯大林的"非斯大林化"风暴，世界哗然，尤其是在社会主义阵营内部引起一片混乱。中共中央对此应该如何表态，世界都在看中国。

从3月19日开始，中共中央连续召开会议研究对策，对中苏和两党关系、斯大林的错误、赫鲁晓夫的秘密报告、个人崇拜等问题展开了讨论。在会上，毛泽东说："苏共二十大反斯大林，对我们来讲的确是个突然袭击。但赫鲁晓夫反斯大林，这样也有好处，打破'紧箍咒'，破除迷信，帮助我们考虑问题。搞社会主义建设不一定完全按照苏联那一套公式，可以根据本国的具体情况，提出适合本国国情的方针、政策。"他还说："反斯大林已经发生，我们也没有办法。天要下雨，娘要嫁人，有什么办法呢？我们要做的是从苏联的错误中汲取教训。不要一反斯大林就如丧考妣。现在全世界是否要来一个反共高潮，我们也没有办法。人家要反，有什么办法呢？当然我们自己要硬着头皮顶住。"[①]

毛泽东说：共产主义运动，从马克思和恩格斯发表《共产党宣言》算起，于今只有100年多一点。无产阶级专政的历史，从十月革命算起，还不到40年。实现共产主义是空前伟大又空前艰巨的事业。不艰巨就不能说伟大，因为很艰巨才很伟大。在这艰巨斗争的过程中，不犯错误是不可能

① 吴冷西：《十年论战：1956—1966 中苏关系回忆录》（上），中央文献出版社1999年版，第15页。

的。因为我们走的是前无古人的道路。我历来是"难免论"。斯大林犯错误是题中应有之义。赫鲁晓夫同样要犯错误。苏联要犯错误，我们也要犯错误。问题在于共产党能够通过批评和自我批评克服自己的错误。

从来不向强权低头的毛泽东，不仅对斯大林时代不信任中共并作出错误决定"心里来气"，而且对苏联近来一直以"老子党"自居更是深有意见。因为苏共代表团在1956年9月召开的中共八大上致辞时，大讲苏共如何伟大，对中国革命如何帮助，等等，俨然以"老子党"自居。毛泽东就此曾专门单独同米高扬进行了会谈，指出"兄弟党之间有不平等现象，存在着好像老子党对儿子党的关系"。

到了10月中旬，苏联和波兰关系突然紧张起来，赫鲁晓夫兵临华沙，准备动武，干涉波兰内政，苏波关系开始恶化。为此苏共中央给中共中央发来一封电报称：波兰反苏势力嚣张，要苏军撤出波兰。苏联根据《华沙条约》有权利驻兵波兰，有义务保卫东欧社会主义国家的安全。苏联不允许反苏事件继续发展，准备调动军队来解决问题。苏共在电报中表示想知道中共对此的意见。

毛泽东得到消息后，立即召开中央政治局会议。10月20日下午3点，刚刚起床的毛泽东穿着睡衣亲自主持了会议。毛泽东说：现在情况严重，十分紧急，我们要早定方针。儿子不听话，老子打棍子。一个社会主义大国对另一个社会主义邻国武装干涉，是违反最起码的国际关系准则，更不用说违反社会主义国家相互关系的原则，是绝对不允许的。这是严重的大国沙文主义。

而就在大家正在讨论，一致建议中央采取紧急措施向苏共中央发出严重警告，表明中共坚决反对苏联武装干涉波兰的时候，新华社传来消息说，苏联的一个代表团已经到达华沙与波兰谈判（其实，苏联这个代表团没有经过波兰的同意，就在赫鲁晓夫亲自率领下于10月19日晨飞往华沙。而其时波兰正在进行中央全会，选举产生新的领导机构。赫鲁晓夫的座机被华沙机场拒绝着陆，只好在空中盘旋达一两个小时之久）。于是，毛泽东决定说："事不宜迟，我们应马上警告苏方，坚决反对对波兰动武。会议到此结束，我马上约见苏联驻华大使尤金。"同时，毛泽东要求胡乔木和吴冷西留下来作陪。

这时，毛泽东还穿着睡衣，胡乔木说："主席，您是不是换上中山装？"

毛泽东说："就这样，没什么关系。"

半个小时后，毛泽东就在他的住处菊香书屋接见了尤金。毛泽东劈头盖脸地对尤金说："我们政治局一致认为苏联武装干涉波兰是违反无产阶级国际主义原则的。中共中央坚决反对苏共中央这样做，希望你们悬崖勒马。如果你们竟然不顾我们的劝告，胆敢冒天下之大不韪，中共中央和中国政府将公开谴责你们。就是这几句话，请你立即打电话告诉赫鲁晓夫同志。情况紧急，时间无多，谈话就此结束。请你赶紧去办。"

毛泽东的直截了当，令尤金紧张得满头大汗，一直不停地用手帕擦着脸上的汗，不断地说："是！是！"

在苏联和波兰关系爆发危机后，中共坚定地发挥了积极公正的作用，写下了闪亮的一笔。然而，一波未平，一波又起。就在苏波危机刚刚得到平息的时候，匈牙利事件爆发。在反革命分子和国外帝国主义的挑拨下，匈牙利的军警与示威群众发生冲突，甚至出现了军队叛乱和反革命复辟的局面，局势十分紧张。匈牙利政府无奈中请求苏联驻军协助恢复秩序。但在这关键时刻，苏共领导却错误地决定从匈牙利撤军。对苏共的这种决定，中共给予了强烈驳斥，指出："苏共的决定是对匈牙利人民的背叛。苏共中央如果抛弃社会主义匈牙利，将成为历史的罪人。"最终，在中共的强烈指责下，苏共接受了中共的意见，取消了撤军的决定，帮助匈牙利政府恢复国内局势。为此，赫鲁晓夫还亲自率苏共中央主席团全体成员到机场欢送中共代表团，感谢中国党在波兰问题和匈牙利事件上给了他们极大的帮助。

但是匈牙利事件还是给西方世界提供了口实和把柄，美国、英国和法国纷纷发表反苏言论。这种言论表面上看是对苏联的攻击，而实质上却是社会主义阵营与资本主义阵营之间对抗的公开化。中共为了顾全大局，11月3日在《人民日报》发表了胡乔木撰写的社论《社会主义各国的伟大团结万岁》。

11月4日，毛泽东在颐年堂主持中央政治局会议，讨论匈牙利局势。毛泽东再次强调说：我们早就指出，苏共二十大揭了盖子，也捅了娄子。揭了盖子之后，各国共产党人可以破除迷信，努力使马列主义的基本原理同本国革命和建设的具体实际相结合，寻求本国革命和建设的道路。我们党正在探索，其他兄弟党也没有解决。捅了娄子的后果是全世界出现反苏反共高潮。帝国主义幸灾乐祸，国际共产主义队伍思想混乱。我们要硬着头皮顶住，不仅要顶住，而且要反击。

　　中央八届二中全会一结束，毛泽东马上全身心地投入到如何回答当前世界出现的反苏反共浪潮中出现的问题，其中的核心问题就是"如何评价斯大林"。从赫鲁晓夫的秘密报告，到苏波关系危机，到匈牙利事件，再到铁托的反"斯大林主义"演说，这些问题像多米诺骨牌一样，已经发生了连锁反应。在西方世界疯狂的反苏反共叫嚣和东欧社会主义阵营中出现危机的形势下，中国作为一个新生的社会主义国家，该扮演什么角色？毫无疑问，如何处理这种纷繁复杂的国际关系，对中共来说，既是政治和外交上的挑战，又是提升国际地位和加强自身建设的机遇。

　　纵横捭阖的毛泽东在深谋远虑。

　　从1956年11月25日起，毛泽东接连四天在丰泽园召开政治局常委会议，广泛议论当前国际形势，从匈牙利事件到10月底英法侵略埃及，从东欧党到西欧党，从南斯拉夫的铁托到美国的杜勒斯。大家各抒己见，畅所欲言，对各种现象和观点，一边列举分析，一边研究回答。吴冷西回忆："会议大多数在菊香书屋毛主席卧室举行，有时也在颐年堂西边的小会议厅。在毛主席卧室开会时，毛主席通常都是穿着睡衣，靠着床头，半躺在床上。中央其他常委在床前围成半圆形。一般习惯是，靠近床头右边茶几坐的是小平同志，他耳朵有点背，靠近便于听主席说话；依次从右到左是彭真、少奇、总理、王稼祥、张闻天、陈伯达、胡乔木等，我坐在最左边，靠着毛主席床角的小书桌。一般都是十人左右。"①

---

　　① 吴冷西：《忆毛主席》，新华出版社1995年版，第17页。

76　　壹日谈·毛泽东谈理想信仰

会议大都是晚上召开的，一开就开到天亮。就如何评价斯大林问题，中共中央政治局常委一致认为铁托提出的反对斯大林的观点，"完全搬用了西方资产阶级的污蔑，是完全错误的。这种污蔑，是帝国主义分裂共产党、分裂社会主义阵营的阴谋"。毛泽东说：所谓斯大林主义，无非是斯大林的思想和观点。所谓斯大林主义分子，也无非是指赞同斯大林的人。那么请问，斯大林的思想和观点怎样？我们认为斯大林的思想和观点基本上是符合马克思列宁主义的，虽然其中有些错误，但主要方面是正确的。斯大林的错误是次要的。因此，所谓斯大林主义基本是正确的；所谓斯大林主义分子，基本上也是正确的，他们是有缺点有错误的共产党人，是犯错误的好人。必须把铁托的观点彻底驳倒，否则共产主义队伍就要分裂，自家人打自家人。斯大林主义非保持不可，纠正它的缺点和错误，就是好东西。这把刀子不能丢掉。

11月29日，经过四天的讨论，毛泽东把大家的意见进行了系统归纳。主要分为四个问题：第一，十月革命的道路是各国革命共同的道路，它不是个别民族现象，而是具有时代特征的国际现象。第二，各国有不同的具体情况，因此各国要用不同的方法解决各自的问题。第三，苏联建设时期，斯大林的基本路线、方针是正确的，应加以明确的肯定。他有缺点、错误是难免的，可以理解的。第四，区别敌我矛盾，不能用对待敌人的方法对待自己的同志。斯大林过去对南斯拉夫犯了错误，用对待敌人的方法对待铁托同志。但后来苏共改正了，用对待自己同志的方法对待铁托同志，改善了苏南关系。现在铁托同志不能采取过去斯大林对他的方法对待犯错误的同志。在我们共产党人之间，在社会主义内部，存在着矛盾，这是人民内部矛盾，不能用处理敌我矛盾的方法处理。

毛泽东说：我们的目的是加强全世界工人阶级和共产党人的团结。随后，在毛泽东的亲自指导下，由胡乔木执笔完成了《再论无产阶级专政的历史经验》，不仅回答了当时国际共产主义运动中最尖锐的问题，而且还对美、英、法等国垄断资产阶级代表人物及其舆论工具对社会主义的污蔑和攻击给予了强有力的反击。

现在中国人民已经组织起来了，是惹不得的

在国家领土主权和核心利益上，面对国际霸权，面对强敌，毛泽东从不妥协、绝不退让，毫不手软，"以血还血，以牙还牙"，真正如他少年时的那股霸气：人若犯我，我必犯人。

1950年6月25日，朝鲜战争爆发。对中国人来说，这确实是一场不期而遇的战争。志愿军入朝作战的决心，是中央在这年10月才最后确定的。是否要派兵抗美援朝，可以说是毛泽东一生中最费踌躇的一件事。新中国刚刚建立，百废待兴，一穷二白，敢不敢与世界头等军事强国较量，迎接前所未有的挑战，中共中央高层对此意见一开始也不统一。

在中共中央讨论的时候，毛泽东对美国气势汹汹的侵略行径表示了极大的蔑视。他说："无非是打第三次世界大战，而且打原子弹，长期地打，要比第一、第二次世界大战打得长。我们中国人民是打惯了仗的，我们的愿望是不要打仗，但你一定要打，就只好让你打。你打你的，我打我的，你打原子弹，我打手榴弹，抓住你的弱点，跟着你打，最后打败你。"①

但究竟出不出兵，毛泽东守住一个审慎的"底线"，那就是"美帝国主义如果干涉，不过三八线，我们不管，如果过三八线，我们一定过去打"。在毛泽东看来，出兵朝鲜之后，如果要避免中美关系出现严重的后果，关键就在于集中力量打败美军。只有打败美帝国主义，才使得他们不敢轻视中国。对出兵朝鲜，中共中央发扬民主，会议连续开了三天。为此，毛泽东几天几夜不能入睡。胡乔木回忆说："我在毛主席身边工作了20

---

① 《毛泽东文集》第六卷，人民出版社1999年版，第93—94页。

多年，记得有两件事使毛主席很难下决心。一件是1950年派志愿军入朝作战，一件就是1946年我们准备同国民党彻底决裂。"这确实是一次十分艰难的决策，非常不容易。后来，毛泽东对金日成说："我们政治局总是定不了，这么一翻，那么一翻；这么一翻，那么一翻。嗯！最后还是决定了。"对毛泽东出兵朝鲜的决策，彭德怀说："这个决心不容易定下，这不仅要有非凡的胆略和魄力，最主要的是具有对复杂事物的卓越洞察力和判断力。历史证明了毛主席的英明正确。"①

朝鲜战争也是一场艰苦的战争。在毛泽东"初战必胜"的思想指导下，中国人民志愿军粉碎了麦克阿瑟企图于感恩节前占领全朝鲜的计划，稳定了战局。毛泽东指示：打则必胜，以打促谈，立足于打，以打促和。在全国政协会议上，他说："这次战争，我们本来存在三个问题：一、能不能打；二、能不能守；三、有没有东西吃。能不能打，这个问题两三个月就解决了。敌人大炮比我们多，但士气低，是铁多气少。"可就在11月25日第二次战役刚刚打响的时候，毛泽东的爱子毛岸英牺牲了。但儿子的牺牲并没有动摇毛泽东继续打击美国侵略者的钢铁意志。战争的胜利，却让毛泽东对世界和新中国的前途更加充满信心。他说："抗美援朝，我们痛打了美帝国主义，打得它相当怕。这对我们建设有利，是我们建设的重要条件。最重要的是，我们的军队受到了锻炼。""帝国主义侵略者应当懂得：现在中国人民已经组织起来了，是惹不得的。如果惹翻了，是不好办的。"②

毛泽东毅然高举反侵略的旗帜，未雨绸缪，出兵与美国进行面对面直接较量，并将其打败。一方面让美国政府认识了毛泽东、认识了新中国，他们此后再也不敢轻视中国；另一方面毛泽东不信邪、不怕压、敢硬顶的斗争精神再一次在世界得到印证，中国人民不畏强暴、威武不屈的昂扬民族精神再一次得到发扬光大。而且，即使兵戎相见，中美之间并没有宣战。这正是毛泽东在新中国成立之初和此后智慧地处理中美大国关系的大

---

① 姚有志、陈宇主编：《毛泽东大战略》，解放军出版社2009年版，第256页。
② 《毛泽东军事文集》第六卷，军事科学出版社、中央文献出版社1993年版，第355页。

战略大境界。

对美帝国主义霸权，毛泽东始终是强硬的。同样，面对苏联"老大哥"的霸权主义，无论是斯大林还是赫鲁晓夫，毛泽东更是敢顶敢抗。1958年，毛泽东在北京与赫鲁晓夫一见面就进行了面对面的斗争。这次赫鲁晓夫访问中国的目的之一就是想要在中国建立中苏联合舰队和长波电台，破坏中国主权。

6月7日，毛泽东在关于苏联请示在中国建立特种长波无线电台的指示中指出：这个电台如果要建，也一定由中国出钱，不能由苏方出钱，可以共同使用。如果苏方以高压压人，则不要回答，拖一段时间再说。

7月21日，苏联驻华大使尤金又向毛泽东转达了赫鲁晓夫和苏共中央主席团关于苏联同中国建立一支共同潜艇舰队的建议，并希望周恩来、彭德怀去莫斯科具体商量。对此，毛泽东当即表示，首先要明确方针，是我们办，你们帮助？还是只能合办，不合办你们就不给帮助，就是你们强迫我们合办？第二天，毛泽东再次约见尤金，说：昨天你走了以后，我一直睡不着，也没有吃饭。昨天的问题我又想了一下，可能有误会，也可能我是正确的，经过辩论可以解决。苏方对我提供核潜艇技术援助的要求看来可以撤销。要不然就把全部海岸线交给你们，把过去的旅顺、大连加以扩大。如果要搞，不要混在一起搞，你们搞你们的，我们搞我们的。我们总要有自己的舰队，当二把手不好办。你们控制过旅顺、大连，后来走了。为什么控制？因为当时是国民党的中国。后来你们自动走了，因为是共产党领导的中国了。你们帮助我们搞海军可以，但是，要讲政治条件，连半个指头也不行。你可以告诉赫鲁晓夫，如果讲条件，我们双方都不必谈。在这个问题上，我们可以一万年不要援助。搞海军"合作社"，就是斯大林活着的时候，我们也不干。由此可见，毛泽东非常恼火，让赫鲁晓夫自己来谈。

7月31日，赫鲁晓夫来了。会谈后，对于毛泽东的强硬，赫鲁晓夫转而埋怨尤金没有说清楚他的意思，现在美国第七舰队在台湾海峡活动猖狂，苏联舰队进入太平洋就是为了对付美国第七舰队，需要在中国建一个长波电台，苏联的飞机也可以在中国的机场停留加油……他含含糊糊地说了半天，毛泽东很不耐烦，打断他的话，直接问他"联合舰队"是什么意思。赫鲁晓夫支支吾吾，改口说"共同舰队"。毛泽东继续追问，赫鲁晓夫就说共同舰队就是共同商量商量的意思。毛泽东越听越恼火，愤然站起身来指着赫鲁晓夫的鼻子说："什么叫共同商量？我们还有没有主权了？你们是不是想把我们的沿海地区都拿去？你们都拿去算了！"赫鲁晓夫说：我们没有这个意思，不要误解，我们是与你们商量，加强共同防御的力量。毛泽东说：打起仗来，苏联的军队可以到中国来，中国军队可以到苏联去，苏军可以到中国的任何一个地方，但两支军队绝没有什么联合可言。赫鲁晓夫退一步说：能不能达成某个协议，让我们的潜艇在中国有个基地，以便加油、修理、短期停留？毛泽东断然拒绝，说以后再也不想听到这件事。

看到毛泽东如此强硬，赫鲁晓夫也不高兴了。他说：北约国家还在相互合作，可是我们这里却连这样一件事都达不成协议，你们的潜艇也可以使用我们的摩尔曼斯克基地。毛泽东说：我们不要，也不想去那里搞什么名堂，也不希望你们来我们这里搞什么名堂。英国人、日本人，还有许多别的外国人已经在我们国土上待得太久了，现在已被我们赶走了，我们再也不能让任何人用我们的国土来达到他们自己的目的。经过激烈辩论，会谈不欢而散。

第二天，毛泽东与赫鲁晓夫在游泳池再次会谈，刘少奇、周恩来、邓小平等陪同。毛泽东身穿泳衣，脚穿拖鞋，在同赫鲁晓夫谈了一些国际问题之后，提议一起去游泳。赫鲁晓夫答应了。但他只会一些"狗刨"式的动作，在水中乱扑腾。毛泽东一会儿仰泳在水上"睡觉"，一会儿踩水凫于水中，潇洒自如。他们一边游泳，一边谈话。针对中共反对赫鲁晓夫在苏共二十大上批判斯大林，赫鲁晓夫说："你们为什么往我们后院抛石头？"

毛泽东笑着说："我们不是抛石头，我们是抛金子。"

"别人的金子我们是不要的。"赫鲁晓夫也很强硬。

"不是你要不要别人的金子的问题，是我们要助你一臂之力。"毛泽东还告诉他，中国人是最难同化的，过去有多少国家想打进中国，到我们中国来，结果呢？那么多打进中国的人，最后都站不住。

由此，中苏关系发生急剧转折。1959年9月，自以为国内政治地位已经巩固的赫鲁晓夫，在与美国总统艾森豪威尔进行戴维营会谈之后，顺道访问了中国。在庆祝新中国成立十周年国庆庆典上，他故意在天安门城楼上告诉毛泽东说，苏联决定把援助中国生产原子弹的专家全部撤回去。毛泽东好像不当一回事儿一样，淡然地说：由你们考虑决定。1960年6月，在布加勒斯特的各国共产党和工人党代表会议上，赫鲁晓夫发动了对中共的突然袭击，再次粗暴攻击中共内外政策，向中共进行全面攻击。7月，苏联政府单方面决定，一个月内撤走全部在中国的苏联专家，撕毁几百个协议和合同；不久又单方面决定关闭在中国的全部领事机构。这一系列事件的爆发，是苏共领导把苏中两党之间的思想和意识形态领域的分歧，扩大到了国家关系，以进一步给中国施压。但毛泽东毫不退缩，不卑不亢，对赫鲁晓夫推行的大国沙文主义和霸权主义给予了坚决的反击。

不怕压、不信邪、不怕死的毛泽东，更不怕骂。对敌人和对手的谩骂和诋毁，毛泽东向来泰然处之，还经常拿这些作为茶余饭后的笑料，或调侃或自嘲，轻松自如，"谈笑间，樯橹灰飞烟灭"。他说："国际修正主义者在不断地骂我们。我们的态度是，由他骂去。在必要的时候，给以适当的回答。我们这个党是被人骂惯了的。从前骂的不说，现在呢，在国外，帝国主义者骂我们，反动的民族主义者骂我们，各国反动派骂我们，修正主义者骂我们；在国内，蒋介石骂我们，地、富、反、坏、右骂我们。历来就是这么骂的，已经听惯了。我们是不是孤立的呢？我就不感觉孤立。"①

20世纪60年代，毛泽东还对一位外宾说：联合国已经对我做了判决，通过决议叫我是侵略者；赫鲁晓夫也对我做了判决，他给我戴的帽子很多，有教条主义、宗派主义、假革命、分裂主义、托洛茨基主义、民族主义、种族主义……这些封号，我一听见就高兴，原来我还值得人家骂。70年代，

①《建国以来毛泽东文稿》第十册，中央文献出版社1998年版，第38页。

毛泽东又诙谐幽默地说：过去美国骂我们比希特勒还要希特勒，蒋介石骂我们是共产主义土匪，林彪骂我是秦始皇、B-52。人不被骂不好。

"木秀于林，风必摧之；堆出于岸，流必湍之；行高于众，人必非之。"①毛泽东还引用这句古语来形容自己被敌人或对手谩骂的客观必然性。在他看来，被敌人谩骂，并不是什么坏事，而是一件好事。但他同时也实事求是地强调，世界上没有一个绝对的天不怕地不怕的人。不怕要建立在知彼知己的基础上，不能盲目地不怕。他说："美帝国主义希望我们怕它，我们也有点怕它，因为它通过它的走狗要杀人。它杀人多了，人民没有别的办法，只好抵抗。斗争的办法是它杀我，我也杀它，有了经验之后，我们不怕了，胆子大了。帝国主义没有什么可怕，它在十个指头中最多只有一个指头。"②但在与以美国为首的帝国主义进行斗争的过程中，毛泽东始终坚持不将"后门"完全关死，总是留有余地。"就是西方国家，只要它们愿意，我们也愿意同它们合作。我们愿意用和平的方法来解决存在的问题。"他说："第三次世界大战最好不打，如果打，结果不是对我们不利，不是对亚非国家不利，而是对西方国家不利。如果说这是吓人，那也可以，但是我们这样说是有根据的，我们是有两次世界大战的历史作为根据的。""几千年的历史证明，腐朽的人手里东西越多，倒得也越快。因此，结论还是一个：和平为上。"③

① （三国·魏）李康：《运命论》。
②《毛泽东外交文选》，中央文献出版社、世界知识出版社1994年版，第399页。
③《毛泽东外交文选》，中央文献出版社、世界知识出版社1994年版，第210—212页。

帝国主义既是真老虎，又是纸老虎

20世纪50年代中期，美国政府对中国奉行的是遏制和孤立政策，并无耻地把所谓"侵略狂热"的帽子戴在中国头上，而实质上正是它在侵略中国台湾，干涉中国内政。面对美国在台湾海峡的挑衅活动，毛泽东镇定自若地说："我们有两条：第一，我们不要战争，第二，如果有人来侵略我们，我们就予以坚决回击。"

与此同时，毛泽东指出："为了保卫祖国免受帝国主义者的侵略，依靠我们过去和较为落后的国内敌人作战的装备和技术是不够的了，我们必须掌握最新的装备和随之而来的最新技术。"①他把"建设正规化、现代化的国防部队"提上了国家日程。1958年，毛泽东正式把国防现代化和工业现代化、农业现代化、科学技术现代化并列，提出了"四个现代化"的概念。

面对世界霸权主义和强权政治，毛泽东毫不示弱，敢顶敢斗敢干，重申"美帝国主义是纸老虎"。他说：一切帝国主义，包括美帝国主义在内，它们既是真老虎，又是纸老虎，真老虎终究要转化为纸老虎。我们要看到它们的两面性，用两点论的办法看待它们。"帝国主义拿来吓唬我们的原子弹和氢弹，也没有什么可怕。世界上的事情，总是一物降一物，有一个东西进攻，也有一个东西降它。看《封神榜》就知道，哪有一个'法宝'是不能攻破的呀？那样多的'法宝'都破了。我们相信，只要依靠人民，世界上就没有攻不破的'法宝'。"②同时，毛泽东强调："我们说美帝国主义

---

① 《建国以来毛泽东文稿》第三册，中央文献出版社1990年版，第12页。
② 《毛泽东文集》第六卷，人民出版社1999年版，第404页。

是纸老虎，是从战略上来说的。从整体上来说，要轻视它。从每一局部来说，要重视它。"我们不怕原子弹，但是也要拥有它。拥有了它，就可以减轻帝国主义、霸权主义者的核讹诈。因此，我们也要搞点原子弹。1958年6月，他坚定地说："搞一点原子弹、氢弹、洲际导弹，我看十年工夫是完全可能的。"①

忘战必危。居安思危。对国防和军队建设，毛泽东主张不仅要有强大的国防，而且还要教育人民具备敢于斗争、敢于胜利的信心和勇气。要在精神上和物质上做好"两手准备"，突发事变发生时不至于措手不及。对具体的建设问题，毛泽东强调，落后就要挨打，中国人民要有志气，要有强烈的使命感和紧迫感，要把新中国建设成为一个伟大的社会主义的强大国家。1956年8月30日，在中共八大预备会议第一次会议上，毛泽东激情满怀地说："超过美国，不仅有可能，而且完全有必要，完全应该。如果不是这样，那我们中华民族就对不起全世界各民族，我们对人类的贡献就不大。"②

1959年8月23日，苏联单方面终止了两国国防技术协定，撤走全部专家，甚至连一张纸片都不留，致使中国250多个企业处于停产、半停产状态。赫鲁晓夫甚至讥讽说："离开外界的帮助，中国20年也搞不出原子弹。"毛泽东不信邪，对赫鲁晓夫的核讹诈不屈服，更加激发了加速推进"技术革命"的决心，号召："自己动手，从头做起，准备用八年时间，拿出自己的原子弹！"

1960年7月8日，毛泽东在北戴河会议上再次号召："要下决心搞尖端技术，赫鲁晓夫不给我们尖端技术，极好。如果给了，这个账是很难算的。"9月，中共中央提出了"调整、巩固、充实、提高"的八字方针，对国民经济进行整顿的同时，大刀阔斧地调整了国防工业体制。在毛泽东"技术革命"的指导下，经中国科学家的艰苦奋战，1964年10月16日，中国第一颗原子弹成功爆响；两年零八个月后，第一颗氢弹又成功爆炸。中

①《毛泽东军事文集》第六卷，军事科学出版社、中央文献出版社1993年版，第374页。
②姚有志、陈宇主编：《毛泽东大战略》，解放军出版社2009年版，第263—264页。

国成为世界上从原子弹到氢弹发展最快的国家,打破了美国、苏联的核垄断,彻底改变了历史上受帝国主义列强欺负的落后地位。随着"两弹一星"的研制成功,中国的战略导弹、战术导弹、运载火箭等先进武器,都自力更生地发展起来。毛泽东曾风趣地说:"应该给赫鲁晓夫发一个一吨重的大勋章。"

"生于忧患,死于安乐。"1958年9月,针对美国的战争边缘政策,毛泽东号召要准备反侵略战争。他说:"我们不怕打,要打就打。我们现在只有手榴弹跟山药蛋……他打原子弹,这个时候,怕,他也打,不怕,他也打。""我看,还是横下一条心,要打就打,打了再建设。"①

到了20世纪60年代中期,中苏关系恶化,美国在东南亚加紧建设军事基地,企图对中国形成新月形包围。面对帝国主义的战争威胁,全国全民积极备战,防备"美帝、苏修发动大规模侵略战争",准备大打,早打,打核战争。就战争的战略问题,毛泽东胸有成竹地阐述了自己的看法:打仗没有什么巧妙,简单说就是两句话,打得赢就打,打不赢就走。打得赢就是集中优势兵力消灭敌人,集中五个指头啃他一个指头,割掉一个,他就少一个。事物是可以分割的。以后有机会又可以啃一个,又少一个,只剩下八个了,然后有机会再割一个,总之要割掉。所谓割掉指头,就是把敌人搞过来,除打死打伤外,把官兵、枪支、弹药都夺过来,这就叫打得赢就打。那么打不赢呢?就走,走得远一点,使敌人不知道你到哪里去了。

那个时候,蒋介石在台湾叫嚣要"反攻大陆",印度也在边境挑起事端。更为严峻的是国内经济在遭遇"大跃进"挫折后,形势不太乐观。"打江山"的毛泽东在遭遇了"治江山"的重大教训后,不但没有灰心,反而头脑日趋冷静,作出了中国经济建设史上一项可圈可点的重大决策——进

---

① 《建国以来毛泽东文稿》第七册,中央文献出版社1998年版,第390页。

行"三线"建设。[①]1964年6月，毛泽东在中央工作会议上说：只要帝国主义存在，就有战争危险，我们不是帝国主义的参谋长，不晓得它什么时候打仗，决定战争最后胜利的不是原子弹，而是常规武器。他提出要抢时间、争速度，加快三线建设。要搞三线的基地建设，一线、二线也要搞点军事工业，做到有备无患。

毛泽东说，帝国主义是纸老虎，又是真老虎。因此，他从强国战略的高度，提出加强三线建设，其实就是做好两手准备——三线建设是一个系统工程，从地域来说，它覆盖了全国各地；从行业来说，它不仅包括国防工业，也包括重工业、轻工业、农业等整个国民经济体系，其主要目的是应付可能发生的侵略战争，但在客观上改变了中国工业集中在沿海地区不合理的畸形布局，奠定了国防经济建设雄厚的物质基础，大大增强了对战争打击的承受能力和支持反侵略战争的能力。[②]

针对三线建设具有"两手准备"的战略价值，毛泽东形象地说："两个拳头，一个屁股。农业是一个拳头，国防是一个拳头。要使拳头有劲，屁股就要坐稳。屁股就是基础工业。"而三线建设的重点就是基础工业。于是，毛泽东把目光投向三线建设的"两点一线"——即：西南三线中的攀枝花和西北三线中的酒泉两个钢铁工业基地，外加一条西南交通大动脉成昆铁路。1964年5月10日、11日，毛泽东在听取国家计委汇报第三个五年计划设想时，专门强调说：酒泉和攀枝花钢铁厂还是要搞，不搞我不放心，打起仗来怎么办？后来因为酒泉在地理位置上距离苏联较近，攀枝花基地的建设就成了毛泽东关注的重中之重。5月27日，他在谈到加强三线建设

---

① "三线"：按照地理区域划分，沿海地区为第一线，中部为第二线，后方为第三线。三线在地理位置上又分为两块，一块是西南三线，包括云、贵、川和湘鄂西地区；一块是西北三线，包括陕、甘、宁、青四省区大部和豫西、晋西。一般意义上的三线建设，主要是指大西南和大西北的后方建设。对三线的概念，周恩来总理认为："除了攀枝花（西南川滇交界处）以外，我国的周围各省都是第一线。东南沿海，舟山是最前边，东南几省是第一线。对东南亚来说，南边几省是第一线。对印度来说，西藏是第一线。对于修正主义（苏联），西北、东北各省是第一线。比如，西藏有事，内地都是三线。真正的三线是青海、陕南、甘南、攀枝花。"参见《周恩来传》，中央文献出版社1998年版，第197页。

② 姚有志、陈宇主编：《毛泽东大战略》，解放军出版社2009年版，第295页。

时，风趣地说：如果建设攀枝花没有钱，我拿出自己的工资。6月6日，他在中央工作会议上再次强调：三线建设的开展，首先要把攀枝花钢铁工业基地以及与此相联系的交通、煤、电建设起来，建设要快，但不要毛糙。攀枝花搞不起来，睡不着觉。你们不搞攀枝花，我就骑着毛驴去那里开会，没有钱，拿我的稿费去搞。①

历史已经证明，无论帝国主义是"真老虎"还是"纸老虎"，毛泽东在国防建设上的"两手准备"，不仅利国而且利民，不仅富国而且强军，意义非同凡响。后来的历史也正如毛泽东所预言的那样："封锁吧，封锁十年八年，中国的一切问题都解决了。中国人死都不怕，还怕困难吗？"②

---

① 《党的文献》1996年第3期。
② 《毛泽东选集》第四卷，人民出版社1991年版，第1496页。

世界上只有一个中国

　　台湾，是毛泽东的一块心病，也是毛泽东"解放全中国"之战略任务未竟的事业。台湾是中国神圣领土不可分割的一部分。台湾问题直接涉及中国的主权和领土完整。任何一个国家试图把台湾从中国分裂出去，必将碰得头破血流；任何一个中国人（包括台湾人），如果他把台湾从中国分离出去，搞"台独"，就会成为民族的罪人，就是中国人民的敌人。

　　台湾是现当代中国的痛。但台湾问题确实很复杂。

　　早在1949年2月，人民解放军还没有渡过长江，中国大陆还没有完全解放的时候，毛泽东在接见斯大林的代表苏共政治局委员米高扬时，就对台湾问题的复杂性和长期性作出了科学的预见。他说：中国还有一半的领土尚未解放。大陆上的事情好办，比较麻烦的有两处：台湾和西藏。"现在估计国民党的残余力量大概全要撤到那里去，以后我们隔海相望，不相往来。那里有一个美国问题，台湾实际上就是在美帝国主义的保护之下。这样，台湾问题比西藏问题更复杂，解决它更需要时间。"①十年后的1959年10月，毛泽东在与拉美17个国家共产党代表团谈话时指出：台湾问题很复杂，又有国际问题，又有国内问题。就美国来说，这是一个国际问题；就蒋介石来说，这是一个国内问题。

　　但是，无论台湾问题多么复杂，困难多么大，中共中央、毛泽东没有放弃，也不可能放弃。1949年3月15日，毛泽东和中央人民政府以新华社的名义发表了《中国人民一定要解放台湾》的时评，第一次提出了"中国

---

　　① 师哲：《在历史巨人身边》，中央文献出版社1991年版，第380—381页。

人民一定要解放台湾"的口号。尽管1950年1月5日,美国总统杜鲁门正式发表声明,重申1949年12月8日联合国有关尊重中国领土完整的原则和《开罗宣言》《波茨坦公告》中有关台湾归还中国的条款,并宣称美国"承认中国对该岛行使主权"。但"杜鲁门反对了杜鲁门的声明",他们一方面出兵干涉朝鲜内战,并使其演变为一场两极格局下爆发的最大规模的局部战争;一方面又制定所谓《保台意见书》侵略中国,意欲占领台湾,不久即命令海军第七舰队进入台湾海峡,在应该由中国国内国共两党之间解决的事情中间"插入多余的手",致使台湾问题复杂化和长期化。

为了早日解决台湾问题,实现祖国的完全统一,毛泽东在国际舞台上以军事手段为主导演了一场威武雄壮、史无前例的文武戏。1949年年初,毛泽东在提出以北平方式解放台湾的时候,就指出:和平的方式,是一种不流血的斗争方式,同时也是于我军于人民有利的,即是可以避免伤亡和破坏。"中国要和平,凡是讲和平的,我们就赞成。我们不赞成战争。"[①]在4月23日南京解放、10月14日广州解放、11月30日重庆解放之后,毛泽东一直都在不停地争取与蒋介石谈判,力图以和平方式解决台湾问题。"和为贵","爱国一家"。毛泽东反复强调:解决台湾问题是中国的内政,这点我们是要坚持的。虽然如此,我们不打。美国人在那里,我们去打吗?我们不打。美国人走后,我们就一定打吗?那也不一定。我们要用和平的方法解决台湾问题。1950年3月,毛泽东充分肯定了张治中所做的争取和平解决台湾问题的工作,认为他"现在从事之工作极为重要,尚希刻意经营,借收成效"。

朝鲜战争停战后,"美国加紧援助台湾进行骚扰性战争",致使海峡两岸却形成了对峙的局面。毛泽东认为:我们在朝鲜战争停战后没有及时提出"解放台湾"的任务是不妥的。现在若不进行此项工作,我们将犯严重政治错误。[②]毛泽东清醒地认识到,两岸分离的原因在于国共两党的政治对立和军事对抗。台湾问题是由于国民党在大陆失败后盘踞台湾而造成

---

① 《毛泽东外交文选》,中央文献出版社、世界知识出版社1994年版,第530页。
② 姚有志、陈宇主编:《毛泽东大战略》,解放军出版社2009年版,第321页。

的，而且国民党蒋介石也只承认一个中国。因此，解决台湾问题就应该从政治、军事、外交、经济等各个方面一起去做。对此，中共中央、毛泽东决定除了一方面向台湾蒋介石抛出橄榄枝，提出和谈倡议；另一方面敦促美国政府与中国政府谈判。从1955年8月至1970年，中美大使级会谈谈了136次，核心问题就是台湾问题。毛泽东说："在谈判中，我们只是向他们提出一点，就是要他们从台湾撤军，撤军就没事了嘛。剩下的就是我们同蒋介石的事了，我们可以同蒋介石谈判，可是美国不干，他们怕蒋介石同我们谈判。"①

1956年1月，毛泽东在第二次最高国务会议上说："台湾，那里还有一堆人，他们如果站在爱国主义立场，如果回来，不管个别的也好，部分的也好，集体的也好，我们都要欢迎他们为我们的共同目标奋斗。"为此，毛泽东指出，解决台湾问题要靠台湾实力派，要做台湾当局的工作。周恩来在听说蒋介石非常挂念家乡浙江奉化的情况时，就专门托人给蒋介石捎去奉化的照片，并请有关人士在照片上写道："溪口花草无恙，奉化庐墓依旧。"为了争取和平解决台湾问题，毛泽东极力推动国共两党的第三次合作，并初步形成了"一国两制"的设想。

1956年10月，毛泽东指出，如果台湾和平解放，"一切可以照旧，台湾现在可以实行三民主义，可以同大陆通商，但是不要派特务来破坏，我们也不派'红色特务'去破坏他们。谈好了可以订个协议公布"。毛泽东还特别提出和平统一后关于蒋介石、陈诚、蒋经国等人的安排问题，均要安排在中央、人大、政协任职。1957年，毛泽东提出，"台湾回归祖国后，除外交必须统一于中央外，所有军政大权、人事安排悉委于蒋。"当与蒋介石代表宋宜山商谈时，毛泽东和中共中央指示向对方提议：（一）国共两党对等谈判，实现和平统一；（二）台湾成为中国政府统治下的自治区，实行高度自治；（三）台湾地方政府归蒋介石领导，共产党不派人前去干预；（四）国民党可派人到北京参加对全国政务的领导，但外国军队一定要撤

---

① 《毛泽东外交文选》，中央文献出版社、世界知识出版社1994年版，第381页。

离台湾海峡。

在1958年炮击金门的激烈炮火中，毛泽东以彭德怀的名义起草发表了《告台湾同胞书》，再次提出和平解决台湾问题，说："我们都是中国人，三十六计，和为上计。"这年10月，毛泽东在会见《南洋商报》记者时真诚地说：台湾如果回归祖国，照他们自己的生活方式。水里的鱼都是有地区性的，毛儿盖的鱼到别的地方就不行。蒋介石不要怕我们同美国人一起整他。蒋同美国的连理枝解散，同大陆连起来，根还是他的，可以活下去，可以搞他的那一套，军队可以保存，我不压迫他裁军，不要他简政，让他搞三民主义。

1959年2月，毛泽东在一次会议上说："台湾是蒋介石当总统好？还是胡适好？还是陈诚好？还是蒋介石好。但是国际活动场合，有他我们就不去，至于当总统，还是他好……十年、二十年会起变化，给他饭吃，可以给他一点兵，让他去搞特务，搞三民主义，历史上凡是不应当否定的，都要作恰当的估计，不能否定一切。"但由于美国的干涉，海峡两岸形成了严重的军事对峙。毛泽东不畏强权、不惧威胁，在政治、外交、军事等各方面进行了有理有利有节的斗争，并提出了解决台湾问题的两种方式。他说："大家都明白，如果不是美国军队占领我国台湾……中国人民是不会和美国军队作战的。但是既然美国侵略者已经向我们进攻了，我们就不能不举起反侵略的旗帜，这是完全必要的和完全正义的。"而"正义的事业是任何力量也阻止不了的"。[1]10月2日，毛泽东在与赫鲁晓夫谈话时，更加明确地指出："我们历来讲，台湾问题是中国的内政。中国一定要解放台湾，解决台湾的办法有两个：一个是用和平的方法，一个是用战争的方法。"而由他亲自决策并指挥的炮击金门，表面上轰轰烈烈，但实质上是要通过强有力的军事行动向全世界表明，中国人民反对干涉、维护一个中国原则、实现祖国统一的决心。而从1955年8月开始的与美国大使级会谈中，就台湾问题的解决，毛泽东首先强调：中国政府在任何时候都不承诺

---

① 《毛泽东外交文选》，中央文献出版社、世界知识出版社1994年版，第199页。

放弃使用武力。而在会谈中，美方代表拒绝中方提出的所有建议，只要求中国政府承诺在台湾地区放弃使用武力，并威胁说只要中国不做出这样的承诺，就不考虑改善中美关系。面对美国的威胁，毛泽东针锋相对，一方面提倡以和平方式解决台湾问题，另一方面申明：我们和美国只在一点上有关系，就是要求你们从台湾撤军，也就是请美国从台湾"搬家"。①

1960年5月22日，毛泽东主持中共中央对台工作会议，研究并确定了对台工作总方针。周恩来对中共中央和平解放台湾设想作了较为系统的归纳，后经毛泽东同意，把这些设想概括为"一纲四目"。"一纲"即台湾必须与祖国统一，其他一切问题悉尊重蒋介石与陈诚的意见妥善处理；"四目"为：（一）台湾回归祖国后，除外交必须统一于中央外，当地所有军政大权、人事安排等，悉由蒋介石和陈诚全权处理；（二）台湾所有军政及经济建设一切费用不足之数，由中央政府拨付；（三）台湾之社会改革，可以从缓，必俟条件成熟，并尊重台湾人民和台湾当局意见协商决定，然后进行；（四）双方互约不派特务，不做破坏对方团结之举。

毛泽东从一开始就清醒地认识到，和平解决台湾问题的可能性只能从斗争中取得。而断断续续持续了20年的炮击金门，达到了"直接对蒋，间接对美"的目的，并变成了与蒋介石集团的一种特殊的对话方式，既惩罚了蒋介石，也迫使美国不得不走到了谈判桌前。1961年陈诚在访问美国时，美国国务院将1955年以来中美大使级会谈的记录给他看，想以此拉拢陈诚。陈诚看后说：中共拒绝美国一切建议，而坚持美舰队及武装力量退出台湾的做法，不受奸诈，不图近利，是泱泱大国风度。

1960年5月22日，毛泽东在中共中央政治局常委会议上指出：对蒋介石我们可以等，解决台湾问题的任务不一定要我们这一代来完成，可以留给下一代去做。毛泽东为什么这么说呢？因为他深知"我们同蒋介石有共同点"，即蒋介石、蒋经国父子始终坚持一个中国的立场，可是他们急于自保和"反攻大陆"，对美国分裂中国的盘算警惕不够。正因为美

---

① 《毛泽东外交文选》，中央文献出版社、世界知识出版社1994年版，第378页。

国的干涉，"现在蒋过来也有困难"。台湾宁可放在蒋介石手里，也不能落入美国人手中。毛泽东一再表示，只要蒋介石一天守住台湾，不使它从中国分裂出去，那么，我们就不改变目前对他们的关系，希望他们不要越过这条界。①但鉴于蒋介石顽固地拒绝和谈，毛泽东在1973年会见基辛格时说："至于我们与台湾之间的问题，就相当复杂。我不相信会有和平解决方案。他们是一批反革命分子，怎么可能会跟我们合作？我说我们可以暂时不要台湾，再过100年再去管它。对此事不要太急。有什么需要着急的呢？"1975年，毛泽东又说："现在那儿有非常多的反革命分子。100年的话，我们会要它，我们将会为得到它而打仗。"

1971年5月26日，毛泽东和中共中央在对美政策中再次表明了"一个中国"原则：台湾是中国的领土，解决台湾问题是中国内政，不容外人干涉；美国全部军事力量必须从台湾和台湾海峡地区撤走。这是恢复中美关系的关键；在加入联合国和与中国建交中反对任何形式的"两个中国"或"一中一台"。经过毛泽东、周恩来等第一代中共中央领导集体的长期、艰苦的斗争，正如时任美国总统尼克松所言：在联合国中，美国一国已无法再控制局面。在第26届联大上，中华人民共和国不但取得了在联合国的合法席位，而且驱逐了蒋介石集团在联合国及其机构的所有代表权。这也就以法律的形式表明：蒋介石与台湾问题成为中国的内政，中华人民共和国政府作为代表中国的唯一合法政府，不可能有"两个中国"或"一中一台"。1972年年初，美国终于在《上海公报》中第一次公开承认了新中国和含糊地承认了台湾是中国的一部分，从而肯定了中国只有一个，放弃了自杜鲁门、艾森豪威尔以来历届美国政府所坚持的"台湾地位未定论"，承认了"一个中国"原则。1987年3月5日，美国国务卿乔治·舒尔茨在上海发表"纪念上海公报15周年"讲演时指出，在《上海公报》中美国明白表示："我们的政策是基于'一个中国'的原则。"②

敢于斗争，敢于胜利，这是毛泽东的性格。为了维护民族解放、国家

---

① 姚有志、陈宇主编：《毛泽东大战略》，解放军出版社2009年版，第338页。
② 《华盛顿邮报》1987年3月6日。

独立、领土完整，毛泽东游刃于美蒋"同盟"之间，有效地防止了台湾当局的"独立"活动，成功地挫败了美国制造的"两个中国""一中一台"等阴谋，并为中共后来形成"一国两制"的思想奠定了基础，在云谲波诡的政治、外交和军事斗争中导演了一幕胸怀天下、威武雄壮的活剧。

是他改变了世界？我看，还是世界改变了他

就像一位西方记者所形容的那样，1971年前后的中国与美国，就像一对热恋的情人，在相互吸引、相互追求中享受着甜蜜和忧虑，对未来既怀有希望，又怀着恐惧……

1968年11月26日，中国外交部新闻司发言人就中美第135次大使级会谈的会期问题发表声明，宣布坚持两项原则：第一，美国政府保证立即从中国领土台湾省和台湾海峡地区撤出它的一切武装力量，拆除它在台湾省的一切军事设施；第二，美国政府同意中美两国签订和平共处五项原则的协定。但是美国政府一直拒绝这么做。至此，中美大使级会谈已经持续了整整15年。

也就在这一年，美国举行了第37任总统大选。出身寒微的共和党候选人尼克松一改过去顽固"反共"的姿态，在竞选演说中不止一次地说，不管是谁当选今后4年或8年的美国总统，"都必须服从这样一个假设出发：到头来必须同下一个超级大国共产党中国的领导人谈判"。他还十分明确地告诉记者："我将会访问中国，如果中国肯给我签证的话。我认为我们今后8年将看到同中国的对话。在今后8年内，中国问题一定要得到解决，不然的话，它将成为悬在头上的剑。"而早在1967年，他就在这年10月号的美国《外交季刊》上发表了一篇题为《越战之后的亚洲》的文章，说："从长远来看，我们简直经不起永远让中国留在国际大家庭之外……在这个小小星球上，容不得10亿最有才能的人民生活在愤怒的孤立状态之中。"这篇文章，引起了毛泽东的兴趣，认为尼克松如果上台将会改变美国对华政策，于是果断做出回应，批准并建议于1969年2月20日恢复中美大使级会

谈（后因美国给予在荷兰叛逃的一名中国外交人员政治避难权，中方取消了这次会谈）。

不出毛泽东所料，1969年1月，尼克松上任后对国家安全事务助理基辛格所做的第一道指示，就是要他"探索重新与中国人接触的可能性"。他还在20日的总统就职演说中有意识地针对中国说："我们寻求一个开放的世界……"经毛泽东批准，尼克松的演说在《人民日报》发表。与此同时，毛泽东还委托陈毅、叶剑英、聂荣臻、徐向前四位元帅组成战略问题小组，共商对美政策。四位元帅审慎讨论后认为，"在可以预见的时期内，美帝、苏修单独或联合发动大规模侵华战争的可能性不大"，在中、美、苏三大力量之间的斗争中，中苏矛盾大于中美矛盾，美苏矛盾大于中苏矛盾，因此"存在着利用美苏矛盾的可能性"。毛泽东认可四大元帅的观点。

也就是在这个时候，1969年3月，中苏之间在边境爆发了珍宝岛事件。尼克松和基辛格认为时机成熟，即在7月出访亚欧前夕，宣布对中国放宽人员来往和贸易交流的限制，并在出访的过程中，请巴基斯坦和罗马尼亚总统向中国领导人传话，希望与中国对话。对此，中国做出积极回应。12月，毛泽东亲自批准同美国恢复大使级会谈。

1970年1月20日和2月20日，中美举行了两次大使级会谈，但却因美国入侵柬埔寨而被迫中断。6月，美军撤出柬埔寨。9月27日，尼克松发出了要打破中美关系僵局的信号，公开对《时代》周刊记者发表谈话："如果说在我死以前还有什么事要做的话，那就是去中国。如果我去不了，我要我的孩子们去。"

几乎是同时，1970年10月1日，一个美国人罕见地与毛泽东一起站在了中国的天安门城楼上，检阅人山人海的国庆游行队伍。他就是美国著名记者埃德加·斯诺。这实在是独一无二，也实在是史无前例。12月25日，也就是毛泽东77岁生日的前一日，《人民日报》在第一版显著位置刊出了毛泽东在天安门上接见斯诺夫妇的照片，而且《人民日报》每天刊登"毛主席语录"的报眼位置，这一天却赫然变成了这样一句话："全世界人民包括美国人民都是我们的朋友。"

毛泽东、周恩来以这种委婉形式向美国发出的信息确实是一种象征，但是太含蓄了，基辛格后来回忆起来还觉得有些"拐弯抹角"，只怪自己反应迟钝没有看懂。好在尼克松似乎心有灵犀。这年10月，他借庆祝联合国成立25周年庆典之际，先后专门就中国问题，向巴基斯坦总统叶海亚·汗和罗马尼亚总统齐奥塞斯库寻求帮助，开辟通往中国的道路。11月中下旬，中国方面通过巴基斯坦和罗马尼亚渠道得到尼克松的"口信"。随后，周恩来也通过巴、罗渠道向美方提出了在台湾问题上的立场：台湾是中国不可分割的领土；解决台湾问题是中国内政，不容外人干涉；美国武装力量占领台湾和台湾海峡，是中美关系紧张的关键。现在尼克松总统表示要走向同中国和好。如果美方真有解决上述关键问题的愿望和办法，中国政府欢迎美国总统派特使来北京商谈，时机可通过巴基斯坦总统商定。周恩来并且说明，这条"口信"是得到毛泽东主席批准的。12月9日，美方正式获悉周恩来的"口信"。

12月18日，毛泽东在中南海会见了斯诺。毛泽东说："我欢迎尼克松上台。为什么呢？他的欺骗性有，但比较的少一点。你信不信？他跟你来硬的多，来软的也有。他如果想到北京来，你就捎个信，叫他偷偷地，不要公开，坐上一架飞机就可以来嘛。谈不成也可以，谈得成也可以嘛。何必那么僵着？"毛泽东还告诉斯诺："我喜欢世界上最反动的人。"毫无疑问，毛泽东以其政治家的远见、魄力和智慧，发出了改善中美关系的最直接最积极的信号，标志着中国对美政策的重大转变。

1971年4月7日凌晨，毛泽东圈阅同意外交部和国家体委联合起草的"关于不邀请美国乒乓球队访华的报告"后，突然改变主意，同意邀请他们和英国、加拿大代表队一起访华。

4月10日上午，美国乒乓球代表队一行15人和4名美国记者一起通过广东罗湖桥踏上了中国这片古老的土地。4月14日，周恩来总理在人民大会堂接见了他们。会见时，美国队队员"嬉皮士"青年科恩突然大声问周恩来："我很想知道周总理怎么看待今天美国青年中的嬉皮士？"周恩来回答说："我们同意青年人应该尝试各种不同方法，以求得真理。但是有一点，你应该经常设法找到和人类大多数的一些共同点，使大多数人获得进步和幸福。同样，如果经过自己做了之后，发现这样做不正确，那就应该改变。这也是寻求真理的途径。"周恩来的讲话通过电波传到美国。两天后，一束鲜红的玫瑰花送到了周恩来的办公室。玫瑰花是科恩远在美国加州的母亲辗转送来的，她感谢中国总理对他儿子讲了一段语重心长的话语。这是一束多么美丽的玫瑰花！

从此，在人类外交史上诞生了一个新词汇——"乒乓外交"。

就在周恩来接见美国乒乓球队的这一天，尼克松发表了一项声明，宣布采取五点对华新步骤，大幅度解除已经存在了20余年的对华贸易禁令，放宽对中国货币和航运的限制。

4月21日，根据毛泽东、周恩来的指示，中国方面立即通过巴基斯坦渠道向美国发出邀请："要从根本上恢复中美关系，必须从中国的台湾和台湾海峡地区撤走美国一切武装力量。而解决这一关键问题，只有通过最高级领导人直接商谈，才能找到办法。因此中国政府重申，愿意公开接待美国总统特使如基辛格博士，或美国国务卿，甚至美国总统本人来北京直接商谈。"

这是中国方面发出的正式外交邀请。

这是中美关系进一步发展的重大步骤。

可以想象尼克松此时此刻的高兴心情。随后，美国方面先后于4月29日、5月17日和22日三次捎来口信，尼克松表示十分重视"使我们两国关系正常化"，他为此准备访问北京，同中国领导人直接会谈。毛泽东表示欢迎尼克松访问中国。尼克松还建议由基辛格博士同周恩来或另一位适当的中国高级官员举行一次秘密的预备会议。

7月1日，基辛格开始了神秘的"波罗行动"。他先抵达泰国，在曼谷停留一天，于6日到印度新德里，7日到伊斯兰堡，然后高调宣布到巴基斯坦也只待两天。9日凌晨4时，他乘巴基斯坦民航班机707直飞北京。基辛格在北京的时间只有48小时，其中与周恩来会谈时间长达17小时。在双方会谈后的当天夜里，毛泽东听取了中美会谈的汇报。当周恩来讲到美国还想在台湾保留一点军队时，毛泽东又一次表现了伟大战略家的气魄。他说："猴子变人还没变过来，还留着尾巴。台湾问题也留着尾巴，它已不是猴子，是猿，尾巴不长。"当得知美国将从印度支那撤军的消息时，毛泽东说："美国应当重新做人。多米诺骨牌是什么意思？基辛格英文比我好。让那些骨牌倒了算了，这是进化嘛！当然不打它也不倒，不是我们打，是他们打。美国要从越南撤军，台湾不慌，台湾没打仗，越南在打仗，在死人啊！我们让尼克松来不能就为自己。"当汇报到日本问题时，毛泽东指示，要给基辛格吹天下大乱，形势大好，不要老谈具体问题。我们准备对付美国、苏联、日本一起来瓜分中国。我们就是在这个基础上邀请他来的。

7月11日，中美双方就公告的内容达成了协议。

7月15日，尼克松在美国发表电视讲话，宣布访问中国；中国同时也向世界发布了这一消息，震动了美国，也震动了世界。

1972年2月21日上午11时30分，尼克松乘坐"空军一号"抵达北京。周恩来前往机场迎接。周恩来说："你的手伸过世界上最辽阔的海洋来和我握——25年没有交往了啊！"

这天下午2时40分，毛泽东在他的书房会见了尼克松。

"台湾是小事，世界是大事。"毛泽东开门见山，不紧不慢地说。这简简单单的一句话，说出来却要多么大的气魄。毛泽东战略家的眼光和政治家的韬略在这里得到了印证。尼克松听了不由一怔，敬重又佩服。这是一个世界伟人才能说出来的思想。毛泽东微笑地看着尼克松，目光犀利，神态慈祥。因为患支气管炎与肺气肿，毛泽东毫不避讳地说："我说话不太利索了。"

尼克松后来回忆说："他伸出手来，我也伸出手去，他握住我的手约一分钟之久，这一动人的时刻在谈话的记录里大概没有写进去。显然，他有一种非凡的幽默感。他不断吸引亨利参加谈话。这次谈话本来料想只会进行10分钟或15分钟，却延续了将近一个小时。"

和尼克松一个小时的谈话，毛泽东是从哲学问题谈起的。对台湾问题、越南问题、亚洲及世界其他地区局势等，毛泽东指着周恩来对尼克松说："这些问题我不感兴趣，那是他跟你谈的事。"对中美关系，毛泽东说："来自美国方面的侵略，或者来自中国方面的侵略，这个问题比较小，也可以说不是大问题，因为现在不存在我们两个国家互相打仗的问题。你们想撤一部分兵回国，我们的兵也不出国。"

尼克松说："主席先生，我知道，我多年来对人民共和国的立场是主席和总理所完全不同意的。我们现在走到一起来了，是因为我们承认存在着一个新的世界形势。我们承认重要的不是一个国家的对内政策和它的哲学，重要的是它对世界上其他国家的政策以及对于我们的政策。"毛泽东说："就是啰。"[1]

尼克松称赞说："毛主席的著作感动了全国，改变了世界。"

毛泽东说："没有改变世界，只是改变了北京附近几个地方。"

尼克松说："主席，我们大家都熟悉你的生平。你出生于一个很穷的家庭，结果登上了世界上人口最多的国家、一个伟大国家的最高地位。我的背景没有那么出名。我也出生于一个很穷的家庭，登上了一个很伟大的国家的最高地位。历史把我们带到一起来了。我们具有不同的哲学，然而都脚踏实地来自人民，问题是我们能不能实现一个突破，这个突破将不仅有利于中国和美国，而且有利于今后多年的全世界。我们就是为了这个而来的。我们在一起可以改变世界。"

会谈结束，在尼克松告辞的时候，毛泽东说："你那本《六次危机》写得不错。"

尼克松微笑着摇摇头说："你读的书太多了。"

毛泽东陪尼克松走到门口，说："我不送你了。"

尼克松说："不过你气色很好。"

毛泽东微微耸了耸肩说："表面现象是骗人的。"

谈话过程中，毛泽东告诉尼克松："你当选我是投了一票的。我喜欢右

[1] 逢先知、金冲及主编：《毛泽东传（1949—1976）》，中央文献出版社 2003 年版，第 1636 页。

派。我比较高兴这些右派当政。"他又说："我们办事也有官僚主义。你们要搞人员往来这些事，搞点小生意，我们就死不肯。十几年，说是不解决大问题，小问题不干，包括我在内。后来发现还是你们对，所以就打乒乓球。"

最后，毛泽东告诉尼克松："我跟早几天去世的记者斯诺说过，我们谈得成也行，谈不成也行，何必那么僵着呢?"

尼克松感到"毛很活跃，紧紧抓住谈话中的每一个细微含义"。但他并不知道，就在他来北京前的一个多月，毛泽东曾经发生了休克，身体状况十分糟糕，整夜整夜地咳嗽。当时所有的医疗专家和护理人员都随时在门外等候，生怕毛泽东的身体出现情况，就连"把给他用的强心剂都抽在了针管里头"。

吴旭君回忆说："可是我们的毛主席，他又很顽强，他跟衰老跟疾病作斗争，表现得非常顽强，也很惊人。在他跟尼克松会谈的整个时候，他表现出伟人的气魄，统帅的风度，他的思维是敏捷的，他是在谈笑风生的。我想他也是在顽强地进行着斗争的。所以这一点，让我们所有的人看到了，都非常敬佩他，也很感动。当时外交部给主席安排只是接见15分钟，可是主席跟尼克松谈了65分钟，我觉得毛主席真是费尽了心啦。"①

会见结束后，毛泽东十分疲惫，先在沙发上休息了30分钟，才上床休息。

2月27日下午5时，中美双方经过艰苦谈判，终于在上海签署了举世瞩目的中美联合公报（即"上海公报"），并共同向世界发布。从此，以"乒乓外交"为标志的中美外交关系在隔绝了20多年后进入了一个新时代。"小球推动大球"，世界政治格局和国际秩序发生了历史性的变化。

这一天是星期天，中国政府为尼克松举行宴会。尼克松端着酒杯激动不已地走到麦克风前，作了这次访问的唯一一次公开讲话。他说：我们要建立一座跨越16000英里和25年敌对情绪的桥梁，可以说，"上海公报"搭

---

① 《毛泽东》（大型纪录片解说词），人民出版社1995年版，第146—147页。

起了这座通向未来的桥梁。或许因为茅台酒的缘故，他的脸上泛出红光，十分兴奋地说："美国人民要和中国人民一起，将世界牢牢地握在手中。"这话让基辛格听起来觉得很敏感，他感到总统是不是有些得意忘形了。

最后，尼克松还说了一句："我们访问中国这一周，是改变世界的一周。"

周恩来回到北京后，向毛泽东报告了签署公报的情况。当毛泽东听到尼克松用"改变世界的一周"来形容他的中国之行时，不禁哑然失笑，说："哦，是他改变了世界？"他深深吸了一口香烟，对周恩来说："我看，还是世界改变了他。要不，他隔海骂了我们好多年，为什么又要飞到北京来？"

和平转变谁呢？
就是转变我们这些国家，搞颠覆活动

第二次世界大战之后，以美国为首的西方帝国主义国家推行强权战略和霸权主义，对社会主义国家进行长期的冷战和经济遏制，甚至采取武装侵略、干涉手段，但在当时都没有达到其颠覆社会主义国家的目的。

1953年1月，美国国务卿杜勒斯提出了"和平演变"战略，声称应该使社会主义国家"被奴役的人民"得到"解放"，成为"自由的人民"，而"解放可以用战争以外的方法达到"，"它必须而且可能是和平的方法"。他对社会主义国家内部出现的"要求自由化的力量"感到满意，并把希望寄托在社会主义国家第三代、第四代的身上，说社会主义国家领导人"如果他继续要有孩子的话，而他们又有孩子的孩子，他的后代将获得自由"，并攻击"中国共产主义是一致命的危险"，要"用和平的方法使全中国得到自由"。

1956年，赫鲁晓夫在苏共二十大上反斯大林，引发了国际上一股反共反苏反社会主义的浪潮，波兰、匈牙利事件接连发生。随后，1957年，美国总统艾森豪威尔又提出"和平取胜战略"，鼓吹"和平演变"，以促进"苏联世界内部的变化"。

针对苏联出现的问题和国内的实际情况，毛泽东对杜勒斯的"和平演变"战略给予了高度重视。1958年11月30日，毛泽东在对各协作区主任的谈话中说：杜勒斯这个人比较有章程，是美国掌舵的。这个人是个想问题的人，要看他的讲话，一个字一个字地看，要翻英文字典。杜勒斯是真正掌舵的，省委要指定专人看《参考资料》。毛泽东要求别人做的，自己首先做到。他每天都坚持阅读《参考资料》，密切注视国际形势和国内社会矛盾与斗争的发展，审时度势，见微知著，以利做到心中有数，未雨绸缪，一旦有事，才能头脑清醒，从容应对，"任凭风浪起，稳坐钓鱼船"。

1959年11月12日，毛泽东在杭州与华东各省市第一书记谈话时，第一次明确提出要防止"和平演变"问题。他说："杜勒斯的路线，在他在世的时候就有了。比如他在今年1月28日在众议院外交委员会作证时说：'基本上我们希望果然苏联世界内部起变化。'这个所谓苏联世界，并不讲苏联一个国家，是社会主义阵营，是我们内部起变化。'从而使苏联世界不再成为对世界的自由的威胁，只管他们自己的事情，而不去设想实行共产主义化的目标和野心。'他在众议院外交委员会另一次发言中讲：'决不结束冷战。'看来，冷战全部结束，对他们是不利的。还是这次演说，他说：'用正义和法律代替武力。'仗不打，要搞法律同正义。他又说：'在这方面极为重要的，是要认识到，在这种情况下放弃使用武力并不意味着维持现状，而是意味着和平的转变。'和平转变谁呢？就是转变我们这些国家，搞颠覆活动，内部转到合乎他的那个思想……就是说，他那个秩序要维持，不要动，要动我们，用和平转变，腐蚀我们"。①

毛泽东在这个时候敏锐地提出防止"和平演变"问题，对于社会主义国家来说是具有重大战略意义和深远历史眼光的，是对国际共产主义运动的一个重大贡献。如果再联系到20世纪80年代末90年代初东欧剧变、苏联解体等国际国内的历史现实来看，毛泽东的思想真可谓高瞻远瞩、远见卓识。保证国不变色、党不变质，防止"和平演变"，至今仍然是中国共产党和中国政府必须长期坚持的一项战略方针。而在当年，为了防止"和平演变"，毛泽东除了发动一系列的政治运动和具体措施之外，还提出要大力培养革命事业的接班人的问题，并从两个方面采取措施：一是大胆提拔新生力量到各级领导岗位；二是进行教育制度的改革。遗憾的是，他提出的防止"和平演变"的战略方针在实施的过程中受当时阶级斗争扩大化

---

① 逄先知、金冲及主编：《毛泽东传（1949—1976）》，中央文献出版社2003年版，第1027页。

的影响，发生了"左"的偏差，在"文化大革命"中走向了极端。

对于当时的教育制度，毛泽东是非常不满意的。1964年2月13日，毛泽东在春节座谈会上指出："只是死读书，考试用对付敌人的办法对付学生，害死人，要改。现在这种做法是摧残人才，摧残青年，我很不赞成。"他还说："课程太多，压得太重，是很摧残人的。学制、课程、教学方法、考试方法这几方面都要改。"8月20日，薄一波在向毛泽东汇报计划工作革命化问题时，毛泽东说：我跟一个军事学校的学生毛远新讲，你啥事情也不懂，马牛羊，鸡犬豕，稻粱菽，麦黍稷，什么都不懂。你们到农村搞一个冬春。毛远新是我的侄儿，成了大老爷了，不好。同月29日，毛泽东在接见尼泊尔教育代表团时，说：千万不要迷信中国的教育制度，不要以为它是好的。

1965年11月15日，反对关门办学、关门读书的毛泽东，在安徽蚌埠听取李葆华汇报时，再次指出：现在学生连马牛羊鸡犬豕都不识，没有受到实际锻炼，怎么不出修正主义？总之，教育制度非改革不行。要让青年学生在学校学习期间，就接触一些社会实践，了解工人、农民是怎么生产和生活的，具有起码的社会生活的实际知识，这一点很有必要，也很重要，对于青年的健康成长以及他们一生的工作大有益处。

根据毛泽东的意见，教育在当时进行了适当的改革，采取了四项措施：一是改进招生工作，更加强调政治标准，并招收一定数量的优秀知识青年、退伍士兵、在职干部入学；二是增设政治理论课程，加强政治思想教育；三是让青年学生参加"四清"运动，在实际斗争中接受锻炼；四是组织学生到部队参加军事训练。

1966年5月7日，毛泽东在"五七指示"中进一步提出：学生要"以学为主，兼学别样，即不但学文，也要学工、学农、学军，也要批判资产阶级。学制要缩短，教育要革命，资产阶级知识分子统治我们学校的现象，再也不能继续下去了"。同年11月17日，中共中央发出了《关于发展半工（耕）半读教育制度问题的批示》；第二年7月14日又发出了《关于半工半读教育工作的指示》。

培养革命事业的接班人，直接关系到党和国家的长治久安，关系到社会主义事业的兴旺发达。尽管受当时"以阶级斗争为纲"等"左"的指导思想和历史条件的制约，中共中央在选择接班人问题上遭遇了挫折，走了弯路，但毛泽东在当年针对防止"和平演变"郑重地提出这个问题，并要求改革教育制度和教育方法，目的是培养社会主义事业的新人，是富有远见的。诚如邓小平在1992年南方谈话中所指出的："帝国主义搞和平演变，把希望寄托在我们以后的几代人身上……中国要出问题，还是出在共产党内部。对这个问题要清醒，要注意培养人，要按照'革命化、年轻化、知识化、专业化'的标准，选拔德才兼备的人进班子。"

我想把整个中国要紧的事情办定

毛泽东是一个想大事、干大事的人。

青年时代就立志要"改造中国与世界"的他，在自己理想和信仰的道路上不断求索，历尽千辛万苦，带领中国共产党走出了一条中国特色的革命道路，带领中国人民开创了中国社会主义建设道路。毛泽东实现了自己的志向，他改造了中国，也改造了世界。而他改造中国的本身，就是改造世界。

1951年秋天，几个在北京学习的湖南老同学去看望毛泽东，谈起青年时代在长沙学习的生活时，毛泽东十分兴奋地谈起了他在图书馆看到世界地图的往事。他说："说来也是笑话，我读过小学、中学，也当过兵，却不曾看见过世界地图，因此就不知道世界有多大。湖南图书馆的墙壁上，挂有一张世界大地图，我每天经过那里，总是站着看一看。过去我认为湘潭县大，湖南省更大，中国自古就称为天下，当然大得了不得。但从这个地图上看来，中国只占世界的一小部分，湖南省更小，湘潭县在地图上没有看见，韶山冲当然更没有影子了。世界原来有这么大！世界既大，人就一定特别多。这样多的人怎样过生活，难道不值得我们注意吗？从韶山冲的情形来看，那里的人大都过着痛苦的生活，不是挨饿，就是挨冻。有无钱治病看着病死的；有交不起租谷钱粮被关进监狱活活折磨死的；还有家庭里、乡邻间，为着大大小小的纠纷，吵嘴、打架，闹得鸡犬不宁，甚至弄得投塘、吊颈的；至于没有书读，做一世睁眼瞎子的就更多了。在韶山冲里，我就没有看见几个生活过得快活的人。韶山冲的情形是这样，全湘潭县、全湖南省、全中国、全世界的情形，恐怕也差不多！我真怀疑，人生在世间，难道都注定要过痛苦的生活吗？决不！为什么会有这种现象呢？这是制度不好，政治不好，是因为世界上存在人剥削人、人压迫人的制度，所以使世界大多数的人都陷入痛苦的深潭。这种不合理的现象，是不应该永远存在的，是应该彻底推翻、彻底改造的！总有一天，世界会起变化，一切痛苦的人，都会变成快活的人，幸福的人！世界的变化，不会自己发生，必须通过革命，通过人的努力。我因此想到，我们青年的责任真是重大，我们应该做的事情真多，要走的道路真长。从这时候起，我就决心要为全中国痛苦的人、全世界痛苦的人贡献自己全部的力量。"①

1959年4月，毛泽东在上海对身边工作人员说："我想把整个中国要紧的事情办定，建设社会主义从欧洲到中国还不是很清楚的，我们不能吃人家吃过的馍馍。活着，多搞一点，比少搞一点好。我有信心，但是大家想的是否一样，我有顾虑。"他还说："我把问题交给少奇、恩来他们办，自己退出二线。但过一段后又'不安分'，实际上还是一线。""张文白（即张治中）先生在湖北时建议我少过问具体事，多考虑方向性的问题，不要以个人的意志代替大多数人的思考，但我不放心。"②

毛泽东说的都是心里话。为了新中国的社会主义建设，他夙夜在公，殚精竭虑，着急啊！这着急，是责任感，是使命感，是紧迫感，也是忧虑、忧患。

毛泽东"想把整个中国要紧的事情办定"，可以从国际和国内两个方面来看。在国际上，毛泽东要使中国在世界战略格局中拥有属于自己的正确位置，成为独立自主的大国；在国内，毛泽东要让每一个中国人不仅活得幸福健康，而且活得有尊严。

先来看看，毛泽东是如何把握国际战略机遇，让新中国在纷繁复杂的国际形势中始终处于有利态势和有利地位的。这就不能不讲一讲毛泽东国际战略中最重要的至今仍然管用的"三个世界"理论。

1974年2月，毛泽东在会见赞比亚总统卡翁达时，正式提出了"三个

---

① 周世钊：《毛主席青年时期的几个故事》，《新苗》1958年第9期。
② 胡哲峰、孙彦编著：《毛泽东谈毛泽东》，中共中央党校出版社2008年版，第219页。

世界"的理论。他说:"我看美国、苏联是第一世界。中间派,日本、欧洲、加拿大,是第二世界。咱们是第三世界。""美国、苏联原子弹多,也比较富。第二世界,欧洲、日本、澳大利亚、加拿大,原子弹没有那么多,也没有那么富;但比较第三世界要富。""第三世界人口很多。""亚洲除了日本,都是第三世界。整个非洲都是第三世界,拉丁美洲也是第三世界。"[1]

毛泽东"三个世界"理论主要根据每个每类国家在国际社会中的经济地位、军事实力、在国家事务中实行的政策,以及对霸权和战争的态度为标准而确立的,堪称是分析世界力量对比和世界战略格局的一个典范。它对世界政治、经济、军事版图进行了重新解构,彻底改变了战后两极体系的观念,使世界多极化的面貌清晰地展现在人们的面前。"三个世界"理论一提出,原先"资本主义阵营"和"社会主义阵营"的概念就不再存在,代之而起的是"霸权主义与反霸权主义""控制与反控制""剥削与反剥削"等非意识形态的划分。这样,在整个多极化的世界结构中,国家与国家之间完全抛掉了意识形态的藩篱,既是朋友也是对手,斗争与联合的根本性标准变成了维护各国的国家利益与安全。

毛泽东提出"三个世界"理论,希望以第三世界为主体,建立最广泛的国际反霸统一战线,维护世界的和平发展。毛泽东在划分时,明确把中国划归第三世界。其实,早在1973年6月22日,毛泽东在会见马里国家元首特拉奥雷时就指出:"我们都叫第三世界,就是叫做发展中国家。"1974年2月,毛泽东在同布迈丁的谈话中再次指出:"中国属于第三世界,因为政治、经济各方面,中国不能跟富国、大国比,只能跟一些比较穷的国家在一起。"随后在同月会见卡翁达时正式提出了"三个世界"理论,特别指出"中国是发展中国家,属于第三世界"。此后,毛泽东又多次强调,中国是发展中的大国,中国决不谋求霸权。根据毛泽东的这一理论,第三世界不仅仅是需要中国同情、支持的国家集团,而且是一个中国也置身其

---

[1]《毛泽东外交文选》,中央文献出版社、世界知识出版社1994年版,第600页。

中，具有共同利益的整体。

1974年4月10日，邓小平代表中国政府在联合国大会第六届特别会议上，第一次全面系统地阐述了毛泽东的"三个世界"理论。邓小平的发言是按照中共中央政治局讨论并经毛泽东审阅定稿的。邓小平指出："从国际关系看，现在的世界实际上存在着互相联系又互相矛盾着的三个方面。三个世界，美国、苏联是第一世界。亚非拉发展中国家和其他地区发展中国家，是第三世界。处于这两者之间的发达国家是第二世界。"从历史的角度看，"三个世界"理论为中国制定国际政策提供了理论依据，从而为中国处理国际事务增添了活力，拓展了中国在国际事务中的广阔空间，奠定了中国外交的立足点，使得中国在与第一世界和第二世界国家的外交中始终处于以我为主的主动地位，并加强了与第三世界国家的团结协作，大大提高了中国在第三世界中的威信。

毛泽东"想把整个中国要紧的事情办定"，提出"三个世界"理论，使新中国的外交工作有了科学的理论指导。但对内的工作，也就是如何建设社会主义？毛泽东依然在上下求索。

1958年，是新中国第二个五年计划的头一年，也是实践15年赶超英国目标的头一年。回顾新中国走过的8年历程，展望未来，毛泽东感到十分欣慰，他说："我们的革命是一个接一个的。从一九四九年在全国范围内夺取政权开始，接着就是反封建的土地改革，土地改革一完成就开始农业合作化，接着又是私营工商业和手工业的社会主义改造。社会主义三大改造，即生产资料所有制方面的社会主义革命，在一九五六年基本完成。接着又在去年进行政治战线上和思想战线上的社会主义革命，这个革命在今年七月一日前可以基本上告一段落……现在要来一个技术革命，以便在十五年或者更多一点的时间内赶上和超过英国。中国经济落后，物质基础薄弱，使我们至今还处在一种被动状态，精神上感到还是受束缚，在这方面我们还没有得到解放。要鼓一把劲。再过五年，就可以比较主动一些了；十年后将会更加主动一些；十五年后，粮食多了，钢铁多了，我们的主动就更多了。我们的革命和打仗一样，在打了一个胜仗之后，马上就要提出新任务。这样就可以使干部和群众经常保持饱满的革命热情，减少骄傲情绪，想骄傲也没有骄傲的时间。新任务压来了，大家的心思都用在如何完成新任务的问题上面去了。"①

毛泽东还把自己的这个思想概括为"不断革命"。而从1956年起，他就不断地在讲：做事情，至少有两种方法。一种，达到目的比较慢一点，比较差一点；一种，达到目的比较快一点，比较好一点。一个是速度问题，一个是质量问题。不要只考虑一种方法，经常要考虑两种方法。在1956年1月召开的知识分子会议上，他概括出两种领导方法：一为又多、又快、又好、又省；一为又少、又慢、又差、又费。"多快好省"作为一个方针，成为毛泽东当时批评右倾保守、批评反冒进的主要武器。②

在20世纪世界历史上最不可思议的事情，或许就是中国共产党、毛泽东竟然用"小米加步枪"打败了国民党蒋介石的"飞机加大炮"。这让毛泽东产生了无与伦比的自信。因此，他相信，最艰苦的战争年代都闯过来了，和平年代建设祖国的任务就没有过不去的坎。因此他说"我们的革命和打仗一样"，其实他不知道现在的社会主义建设事业，真的和打仗不一样了。尽管毛泽东公开承认自己搞工业、搞科技、搞经济建设没有经验，搞农业也只有一点经验，但他真的没有想到自己犯了"大跃进"的错误，真的是"冒进"了。

20世纪60年代初，当他在中南海手捧着身边工作人员从老家带回的一个黑窝窝头时，一边吃一边流着眼泪，哭着说："为什么是这样呢？为什么？……人民当家做主了，不再是为地主种田，是为人民群众自身搞生产，生产力应该获得解放么……"毛泽东百思不得其解，他觉得自己这个主席做得不好，老百姓还吃不饱穿不暖，没有让老百姓过上好日子，他觉得惭愧啊！他感到对不起与他一起推翻三座大山的人民啊！他常常思考这个问题："我们是社会主义么，不应该是这样。要想个办法……"

1970年12月，毛泽东对斯诺说："我对中国的进步不满意，历来不满

①《毛泽东文集》第七卷，人民出版社1999年版，第349—350页。
②逢先知、金冲及主编：《毛泽东传（1949—1976）》，中央文献出版社2003年版，第764页。

意。"

1974年6月，他对英国首相希思说："我们有了进步，但实事求是，这种进步太慢了。我们总得想办法让这种进步更快一些。"

"一万年太久，只争朝夕。"为了尽快加快社会主义建设的步伐，理想主义使毛泽东头脑发热了，精神超越了物质，现实超越了梦想，主观超越了客观，个人理想超越了社会规律，自然酿造了悲剧。当毛泽东发现亲手缔造的共和国发展太慢的时候，当他发现他领导的政党存在官僚主义和腐败的时候，他开始担心中国会不会"和平演变"，红色政权会不会变色？在坚定的信仰面前，他开始急躁了，他要"防修反修"。为了"把整个中国要紧的事情办定"，他一直在寻找"办法"，于是搞"大跃进"，搞人民公社，搞"文化大革命"。结果，这位伟大的政治家超越了历史和社会发展的客观规律，遭遇了失败。但他最初和最终的理想，是伟大而高尚的。因为，他真的是想"把整个中国要紧的事情办定"啊！

1955年3月，毛泽东在与达赖喇嘛谈话时，说："我们再把眼光放大，要把中国、把世界搞好。佛教教义就是这个思想。佛教的创始人释迦牟尼主张普度众生，是代表当时在印度受压迫的人讲话。为了免除众生的痛苦，他不当王子，出家创立佛教，因此，信佛教的人和我们共产党合作，在为众生即人民群众解除压迫的痛苦这一点上是共同的。"[①]

1956年，毛泽东在中共八大上说："中国的前途就是搞社会主义。要使中国变成富强的国家需要五十年至一百年的时光。中国是一个大国，它的人口占全世界人口的四分之一，但是它对人类的贡献是不符它的比重的。将来这种状况会改变的。可是，这已不是我这一辈子的事。将来要变成什么样子，是要看发展的。中国也可能犯错误，也可能腐化。腐化、官僚主义、大国主义、骄傲自大都可能犯，由现在较好的阶段发展到不好的阶段，然后又由不好的阶段发展到好的阶段。当然不好总不会像蒋介石时代那样黑暗。历史的发展是辩证的，肯定，否定，否定之否定，这样曲折地

---

① 陈晋主编：《毛泽东读书笔记解析》（上），广东人民出版社1996年版，第642页。

发展下去。"毛泽东的话多么深邃，又给了我们怎样深深的思考，警钟长鸣啊！

"老骥伏枥，志在千里；烈士暮年，壮心不已。"毛泽东不会想到，晚年的自己为了"把整个中国要紧的事情办定"，因急于求成想"跑步进入共产主义"而违背了毛泽东思想。诚如黄克诚所说："毛主席晚年不谨慎了，接触实际、接触群众少了，民主作风差了等等，这都是他犯错误的原因，也是我们全党所必须引以为戒的教训。还有一点同志们要知道，毛主席为人民事业是紧张操心了一辈子的。从大革命失败以后，他就苦心焦虑，经常昼夜不眠地考虑问题。1958年我同他接触时，就感到他脑子已经紧张过度了。脑子紧张过度了，就容易出差错。我现在就有这个体会，脑子一紧张，说话就缺少分寸了。毛主席晚年的雄心壮志仍然非常之大，想在自己这一生中把本来要几百年才能办到的事情，在几年、几十年之内办到，结果就出了一些乱子。尽管这些乱子给我们党和人民带来了不幸和创伤，但从他的本意来讲，还是想把人民的事情办好，把革命事业推向前进。他为了这个理想操劳了一辈子。毛主席所犯的错误是一个伟大革命家的错误。因此，我们来纠正他所犯的错误，总结经验时，还是应该抱着爱护、尊敬的心情来谅解他老人家。"[1]

"改造中国与世界"的毛泽东，其实也是在改造人。陈云说："从遵义会议到抗日战争胜利，毛泽东同志的一个无可比拟的功绩，是培养了一代人，包括我们在内的以及'三八式'的一大批干部。"[2]最后，还是让我们听一听毛泽东自己是怎么说的吧——"人不应该自私自利，为自己干活就有劲，为人民服务就缺少干劲。"毛泽东希望教育出大公无私的新人来，都能具有为人民服务的自觉性和积极性。他说："人类有几千年的私有制，要改变私有制是很难很难的啊。越是难，我们越是要做，否则还要我们这些共产党人干什么？"1959年，他在读苏联《政治经济学》教科书谈话中

---

① 黄克诚：《关于对毛主席评价和对毛泽东思想的态度的问题》，1980年黄克诚在中央纪委召开的一次座谈会上的讲话。

② 见陈云1981年3月就起草《关于建国以来党的若干历史问题的决议》和邓力群的谈话。

指出:"我们要教育人民,不是为了个人,而是为了集体,为了后代,为了社会前途而努力奋斗。"他还说:在社会主义社会里,个人进学校,学文化,学技术,首先是应该为了建设社会主义,为了工业化,为了人民服务,为了集体利益,而不应该是为了高工资。他在1958年的一次谈话中还曾说:"人活着只搞点饭吃,不是和狗搞点屎吃一样吗?不搞点帮助别人,搞点共产主义,有什么意思呢?"

这就是毛泽东的理想,这就是毛泽东的信仰。而他自己就是这样的人,并推己及人,希望人人大公无私,但这怎么可能呢?在权力、功名面前,人是有二重性的,在政治人物的政治斗争上更是如此。毛泽东思想是马列主义同中国革命实际相结合的产物,但晚年的毛泽东太理想主义了,甚至把自己的信仰构建成了一个乌托邦式的梦想,这就导致思想与实际的背离,晚年毛泽东违背了毛泽东思想,上演了一幕毛泽东的政治悲剧。1958年,在发动"大跃进"的时候,他曾说:"一点不怕,无忧无虑真正单纯的乐神,从来没有。每一个人都是忧患与生俱来。"毛泽东不是神,他从来就不是盲目的乐观主义者,他深信"生于忧患,死于安乐"的道理。越是追求完美的理想,就越发对现实感到忧患,越是感情激越,就越发感到暮年的悲壮苍凉。在毛泽东的晚年,这种忧患具有特定的内涵。他担心"党变修""国变色",他和无数先烈打下的江山有毁于一旦的危险。他毕生信仰和捍卫马克思主义的纯洁性,他感到目前国际上众多的共产党,真正建成马克思主义的不多,认为中国党内懂得马克思主义的人也不多,这便是毛泽东暮年感到的忧患。①

是的,毛泽东晚年的确犯了不可否认的错误,但是,这是他在"我想把整个中国要紧的事情办定"的理想主义实践中犯了错误,是犯了前进道路上的错误,是犯了发展中的错误,就像一个人成长道路上所犯的错误一样。而他的错误也为后来的解放思想、改革开放提供了殷鉴和经验。

---

① 林克:《我所知道的毛泽东》,中央文献出版社2000年版,第47页。

贰日谈

毛泽东谈个性情操

"老子不信邪"

【导语】

"人生自信二百年，会当水击三千里。"

"问苍茫大地，谁主沉浮？"

"指点江山，激扬文字，粪土当年万户侯。"

"数风流人物，还看今朝。"

——这是毛泽东的诗歌，也是诗歌中的毛泽东。这是毛泽东的个性，也是个性的毛泽东。毛泽东的确是个性鲜明的人，也是性格多元的人，我们很难用某一个词语或者某一句话来概括他。毛泽东说："我身上有些虎气，是为主，也有猴气，是为次。"

无论是"虎气"，还是"猴气"，都反映了毛泽东是一个有血性的人，是一个有血有肉、有棱有角、有爱有恨、有情有义、有荣有辱、有悲有喜、有苦有乐的人，是一个耐大饥大渴、负大劳大苦、沐大风大浪、笑大生大死的大男人、大丈夫、大英雄。毛泽东一生不服输、不信邪、不怕鬼、不食言、不怕死，是一个自觉、自尊、自信、自主、自爱、自强、自律、自由的人。

在中国历史上，毛泽东确实是一个惊天地泣鬼神、可歌可泣的人，一个独立的大写的人。

军民团结如一人，试看天下谁能敌。

毛泽东

敌进我退，敌驻我扰，敌疲我打，敌退我追。

毛泽东

西江月·井冈山

山下旌旗在望，山头鼓角相闻。敌军围困万千重，我自岿然不动。

早已森严壁垒，更加众志成城。黄洋界上炮声隆，报道敌军宵遁。

丈夫要为天下奇

有人说"性格决定命运"。这话如果搁在毛泽东身上，似乎还要用辩证法的眼光重新审视。毛泽东的性格是什么？似乎很难用一个词语来做准确的回答。但毛泽东的性格的确与众不同，堪称奇崛。

和中国农村任何地方的农民一样，毛泽东的父亲母亲都是普通得不能再普通的农民，精打细算、克勤克俭，勤劳善良。他毫无历史背景的家庭，也普通得不能再普通，既不是高官显贵，也并非书香门第。但令农民父亲万万没有想到的是，儿子毛泽东的性格从小就叛逆、倔强、顽强，甚至还有些暴躁。而最让他受不了的是，自从儿子读了私塾以后，竟然也引经据典地来反对他这个父亲！毛泽东回忆说："有一件事，我特别地记得。当我在13岁左右时，有一天我的父亲请了许多客人到家中来。在他们的面前，我们两人发生了争执。父亲当众骂我。说我懒惰无用。这使我大发其火。我愤恨他，离开了家。我的母亲在后面追我，想劝我回去。我的父亲也追我，同时骂我，命令我回去。我走到一个池塘的边上，对他威胁，如果他再走近一点，我便跳下去。在这个情形之下，双方互相提出要求，以期停止'内战'。我的父亲一定要我赔不是，并且要磕头赔礼，我同意如果他答应不打我，我可以屈一膝下跪。这样结束了这场'战事'。从这一次事件中，我明白了当我以公开反抗来保卫我的权利时，我的父亲就客气一点；当我怯懦屈服时，他骂打得更厉害。"

从因为带领同学去池塘游泳而顶撞塾师，受到父亲的责骂离家出走"罢课"；到父亲当众责骂他"懒惰无用"，再次离家并以投水自杀相威胁，引经据典地说什么"经书上说'父慈子孝'，可见'父慈'在前，'子孝'

在后，哪有父不慈而子能孝的呢？"最后仅勉强地"只屈一膝下跪"向父亲道歉。"叛逆"精神在13岁的毛泽东心中已经像撒下的冬小麦，开始迎接春天。毛泽东自己回忆说："父亲常常喜欢责备我不孝和懒惰。我则引用经书上的话来和他相对，说为上的应该慈爱。至于说我懒惰，我的辩解是大人应较年轻的人多做工作，而父亲的年纪既然比我大上三倍，他应该做更多的工作。并且我说我到了他那样大的时候，我一定比他更出力地工作。"

面对这个既聪明又顽皮的儿子的反抗，毛顺生有些无奈。他只有妥协，毕竟儿子才13岁，再说棍棒下面也不一定真的就出孝子。尤其是当被自己骂作"没有王法"的儿子离家出走，在山谷中流浪了三天后，还是一个砍柴的老人帮助给送了回来，这多少让毛顺生感到有些后怕。渐渐地，他明白了靠拳脚这种简单粗暴的办法管教儿子已经不合时宜。这是毛泽东没有想到的，他说："回家之后，出乎我的意料之外，情形反而好了一点。父亲比较能体谅我了，而塾师也较前来得温和。我这次反抗行为的结果，给我的印象极深。这是我第一次胜利的'罢工'。"

在长沙读书期间，胸怀天下的毛泽东不仅加强体育锻炼，也刻意锻炼意志。走千里路，读万卷书，毛泽东不是一个坐在书斋或图书馆里的书呆子，他是一个天才的组织家和社会活动家。为了学校的安全，他曾担任队长成功地组织了学生自愿军吓退了北洋军阀的溃军，保卫了学校；为了保护学生的利益，反对学校乱收费，他曾组织同学与清规戒律、迂腐顽固的校长张干进行斗争；为了反对日本的"二十一条"，他在看到揭露袁世凯卖国罪行的《明耻篇》时，愤然在封面上写下："五月七日，民国奇耻，何以报仇，在我学子。"为了提高普通工人的文化，毛泽东用大白话在大街上张贴《夜校招学广告》，在长沙办起了夜校；为了探求真理团结同志，他和志同道合的同学一起下乡调查研究，在大自然里沐风栉雨……

那个时候，毛泽东觉得："力拔山兮气盖世，猛烈而已！不斩楼兰誓不还，不畏而已！八年于外，三过家门而不入，忍耐而已！"他常对同学们说："丈夫要为天下奇，即读奇书，交奇友，著奇文，创奇迹，做个奇男子。"于是，同学们就送给他一个响亮的外号叫"毛奇"。毛奇是德意志建国时普鲁士的著名将领，在普法战争中功勋卓著。同学们之所以这么称呼他，就是夸赞他智勇兼备。1917年6月，学校开展了一次有400名学生参加的"人物互选"活动，包括德、智、体三个方面近20个项目，当选者34人，毛泽东得票率最高。而在德、智、体三方面都得票者只有他一人，评价是"冒险进取，警备非常"。有同学评价说："我们的'毛伟人'真有'咬菜根'的精神，不讲吃，不讲穿，心里想的，嘴里谈的，都是怎样改造国家社会的大事。可惜人物互选的项目，就没有哪一项包括得了。"

天降大任，舍我其谁？在毛泽东看来，一个人的自信力就是与天地相容，相信自己，紧紧扼住命运的咽喉，那么自己就是无所不知无所不晓无所不能的主宰。只有这样，沧海横流，才能在险境见本色，在绝境显风流。他说："独立不惧，遁世不闷。狂澜滔滔，一柱屹立。醉乡梦梦，灵台昭然。泰山崩于前而色不动，猛虎躯于后而魂不惊，独立不惧之谓也。邦无道则愚，邦无道贫且贱焉可也；一箪食一瓢饮，在陋巷不改其乐，遁世不闷之谓也。"

1918年8月19日，毛泽东来到北京。这也是毛泽东第一次离开湖南，走向全国。在北京的消费很高，因为毛泽东是向朋友借钱来的，所以一到北京就得找事挣钱糊口。在杨昌济教授的帮助下，毛泽东被介绍给北大图书馆馆长李大钊，谋了一份佐理员的差事，工作倒也简单，只是负责新到的报刊和阅览人姓名的登记。而薪俸自然也就不高，每月八块大洋。他回忆说："我的职位如此之低，以致人们都不屑和我来往。我的工作之一就是登记来馆读报的人名，不过这般人大半都不把我放在眼里。在这许多人名之中，我认得有几个是新文化运动著名的领袖，是我十分景仰的人。我很想和他们讨论关于政治和文化的事情，不过他们都是极忙的人，没有时间来倾听一个南边口音的图书馆佐理员所讲的话。但是，我并不因此而丧气，我仍然参加哲学研究会和新闻学研究会，想借此能听大学里的课程。"这个时候，毛泽东与蔡和森、萧子升（萧瑜）、罗章龙等人租房住在景山东街三眼井吉安东夹道七号（今吉安所左巷八号）的一间不过10平方米的房间里，开始了他们的"蜗居"生活。晚上睡觉时，他们在一张大通铺上紧紧地挨在一起，挤得几乎透不过气来，连翻身都要跟别人打招呼。毛泽东在1920年写的《新民学会会务报告》中形容说是"隆然高炕，大被同眠"。据说，为了生活，毛泽东还当起了"洗衣工"，给别人洗衣服挣钱，可见其求学生活之艰难。但他从不怨天尤人，默默奋斗。

1936年，他在陕北保安的窑洞里对斯诺说："1919年初，我到上海去，和准备赴法的学生一起，我只有到天津的车票，也不知道怎样可以走下去。不过，中国有句老话，'天无绝人之路'，一位同学借了十块钱给我，使我能买票到浦口。旅途中，我在曲阜下车访孔子墓。我去看了孔子和门徒濯足的溪水，圣人幼时所居的小村，我看见孔子手植的树。我又访问颜回的住处和孟子的生地。在旅途中，我还登游过泰山，就是冯玉祥将军退隐时写爱国诗的地方。不过当我到达浦口以后，又是一文不名了，而且车票也没有。没人有钱借给我，也不知道怎样才可以离开这个地方。不过最倒霉的就是一个贼偷去了我仅有的一双鞋子！啊呀！怎么办呢？可是'天无绝人之路'，我的运气非常好。在车站外面，我碰到一个湖南的老友，他借给我足够买一双鞋子和到上海车票的钱。到了上海后，我才知道已募有一大笔款子资助学生留法，并且可以资助我回湖南。"

"天无绝人之路"。毛泽东接二连三地用这句话来说明"艰难困苦，玉汝于成"的道理。在他看来，人生如同"山重水复疑无路，柳暗花明又一村"，只要你艰苦奋斗，必将绝处逢生，必将置之死地而后生。

少年毛泽东曾抄录古诗《咏蛙》，以诗明志。诗曰："独坐池塘如虎踞，绿杨树下养精神。春来我不先开口，哪个虫儿敢做声。"

诗言志。是狂妄，更是自信！敢为天下先的毛泽东说："老先生最不喜欢的是狂妄。岂不知古今真确的学理，伟大的事业，都系一些被人加着狂妄名号的狂妄人所发明创造出来的。"

为人所不敢为，说人所不敢说。这是青年毛泽东叛逆独立、敢作敢为、自尊自信的品格。他在《讲堂录》中更加直接地表达了自己这种英雄主义的气概和梦想。他说："横尽空虚，山河大地，一无可恃，而可恃惟我

（贵我）。"毛泽东还说："吾从前固主无我论，以为只有宇宙，今知其不然，盖我即宇宙也。若除去我，即无宇宙；各我集合，而成宇宙。而各我又以我而存，苟无我，何有各我哉！是故，宇宙可尊者，惟我也；可畏者，惟我也；可服从者，惟我也。我以外无可尊，有之亦由我推之；我以外无可畏，有之亦由我推之；我以外无可服从，有之亦由我推之也。"

在湘江，在橘子洲头，"自信人生二百年，会当水击三千里"的毛泽东，"恰同学少年，风华正茂"，"指点江山，激扬文字，粪土当年万户侯"。

正是因为有了这份浪漫的自信，在大革命失败前夕，毛泽东在郁郁不得志的境遇中没有沉沦彷徨，他登上黄鹤楼，唱出了"茫茫九派流中国，沉沉一线穿南北"，"把酒酹滔滔，心潮逐浪高"的气概。

正是因为有了这份勇敢的自信，在秋收起义失败后，毛泽东信心百倍地率部走上井冈山结交绿林好汉，谱写了"山下旌旗在望，山头鼓角相闻。敌军围困万千重，我自岿然不动"的壮丽诗篇。

正是因为有了这份豪迈的自信，毛泽东在妻子杨开慧壮烈牺牲家破人亡之痛中，不屈不挠，战斗到底，领导"百万工农齐踊跃"，"万丈长缨要把鲲鹏缚"，以致"国际悲歌歌一曲，狂飙为我从天落"。

正是因为有了这份从容的自信，在敌人大军重重围追堵截的长征路上，毛泽东"雄关漫道真如铁，而今迈步从头越"，安之若素，以"不到长城非好汉，屈指行程二万"的英雄气，让"三军过后尽开颜"。

正是因为有了这份超人的自信，在陕北的黄土高原上，毛泽东高唱"江山如此多娇，引无数英雄竞折腰。惜秦皇汉武，略输文采；唐宗宋祖，稍逊风骚。一代天骄，成吉思汗，只识弯弓射大雕。俱往矣，数风流人物，还看今朝"。

"丈夫要为天下奇"。毛泽东不愧是一个奇伟的大丈夫！

要我做八面美人，四方讨好，我办不到

毛泽东本色做人，耿直执拗，不卑不亢，从不掩饰自己的好恶而人云亦云，从不放弃自己的主张而随波逐流。做人如此，革命工作亦如此。忠于理想，忠于信仰，忠于革命的毛泽东，在大是大非面前，坚持原则，一就是一，二就是二，即使在逆境中，也从不装傻卖傻搞"你好我好大家好"那一套。毛泽东说鲁迅的骨头是最硬的，其实他的骨头比鲁迅更硬。而且他的骨头里天生就具有一种反抗意识。在转变为马克思主义者后，毛泽东首先接受的是马克思的阶级斗争理论。用他自己的话说就是："看到'革命'两个字就高兴。"革命和斗争是毛泽东历史观的两大主题。他说：马克思主义的道理千头万绪，归根结底就是一句话，造反有理。根据这个道理，于是就反抗，就斗争，就干社会主义。在"文化大革命"期间，这段"毛主席语录"被谱成歌曲传唱神州大地。后来，他用《红楼梦》中王熙凤的一句话，将造反者的志气、勇气，浓缩成了一句名言警句，就是："舍得一身剐，敢把皇帝拉下马。"

"将军额前能跑马，宰相肚里能撑船。"作为人民领袖，毛泽东同样具有"海纳百川"的胸怀和品格。为了实现革命事业的共同理想信仰，他一方面始终以革命工作的大局为重，搞五湖四海，不计较个人得失，善于团结曾反对过自己的人一道工作；另一方面他不隐讳自己的错误，勇于作自我批评，敢于承担责任。1945年4月，毛泽东在中共六届七中全会上说：党是政治团体，不是家族或职业团体，都是来自五湖四海，因为政见相同而结合起来的。政见不同就要有争论，争论时分清界限是必要的，但今后要少戴帽子为好。凡是过去政治上犯过错误的同志，现在都改正了，都要如《决议》所说的像一个和睦的家庭一样。

1929年，红四军领导人在建军思想和建军原则问题上发生了分歧。这场争论首先是在林彪和从苏联回国不久的刘安恭两个人之间爆发的，他们一个人把矛头指向朱德，一个人把锋芒指向毛泽东，唇枪舌剑。6月22日，作为代理前委书记的陈毅主持召开了中共红四军第七次代表大会，由于担心红军分裂，他决定采取折中调和、息事宁人的办法，化解分歧，实现团结。但会议开始后，双方的矛盾更加激化，谁也说服不了谁。最后，陈毅在工作报告中，对毛泽东和朱德都进行了批评："你们朱、毛吵架，一个晋国，一个楚国，两个大国天天吵，我这个郑国在中间简直不好办。我是进出之间为难，两大之间为小，我跟哪个走？站在哪一边？就是怕你们分裂，希望你们两方面团结起来。"

毛泽东对陈毅这种"各打五十大板"的做法非常失望。但他克制自己，采取了保留意见的办法。他说：会议对我个人有许多批评，我现在不辩，如果对我有好处，我会考虑的，不正确的，将来自然会证明他这个不正确。这次会议错误地批评了毛泽东提出的党对红军领导必须实行"集权制"（即民主集中制）和必须反对不要根据地的流寇思想。而且，原先由中央指定的前委书记毛泽东只当选为前委委员，陈毅当选为前委书记。这是毛泽东一生中唯一一次由下级"造反"而被"夺权"的经历。为此，毛泽东愤而要求离开红四军到闽西去做地方工作。

这年9月，红四军召开八大，前委致信要求他来参加。因争论的问题没有解决，毛泽东不愿回去工作，回信说："我平生精密考察事情，严正督促工作，这是陈毅主义的眼中之钉。陈毅要我做八面美人，四方讨好，我办不到。我不能随便回来，这个路线问题不解决，我就不能回来。"[1]尽管身体患病严重，毛泽东的情绪依然很大，火气冲天，在信中还写了一些伤感情的话。为此，事后他专门向朱德、陈毅作了自我批评。他说：七大不能怪陈毅，那时就是那个氛围。因为已经造成那种形势，他只能那样。但

---

[1] 丹淮：《红军时期：陈毅与毛泽东的友谊》，《光明日报》1992年5月30日。

毛泽东坚持不做"八面美人，四方讨好"，在重大原则问题上坚决反对采取息事宁人、折中调和的模棱两可的工作作风，却是千真万确的。他一贯坚持认为："党内争论问题发生是党的进步，不是退步，只有赶快调和敷衍了事，抹去两方的界线，以归到庸俗的所谓大事化为小事才是退步。"这年10月，陈毅向中央汇报后，带来周恩来起草的"九月来信"回到红四军，肯定了毛泽东的正确路线，要求红四军维护朱德、毛泽东的领导，明确"毛同志仍应为前委书记"。根据指示，朱德、陈毅派部队专程迎接毛泽东回到红四军，生死与共的战友冰释前嫌，结下了一辈子的友谊，为召开古田会议奠定了基础。

1932年，在宁都会议上，毛泽东受到"左"倾机会主义的攻击，被迫交出军权，离开红军。在这次会议上，毛泽东按照组织原则办事，服从会议决议，到福建长汀福音医院疗养。临行前，他对王稼祥说：算了吧，我们是少数，还是服从多数吧！同时对前来送行的周恩来说：前方军事急需，何时电召何时回来。

毛泽东重视"五湖四海"，他实事求是地认为，我们党内、军内有各个山头的，这是历史形成的，只有承认山头，才会消灭山头。因此，在工作中，毛泽东永远把革命事业放在第一位，非常注意不搞小圈子、不搞亲疏厚薄、不搞山头。在人事安排和待人接物上，他都以大局为重，团结一切可以团结的人一道干革命。像张闻天、任弼时、王稼祥、博古、凯丰等都曾经反对过毛泽东的正确主张，甚至在工作上排挤、打击过他，但当他们在认识到自己的错误之后，毛泽东就不计前嫌，仍然和他们一起团结奋斗。诚如他1921年写给朋友彭璜的信中所言："做事论理论法，私交论情""吾人惟有主义之争，而无私人之争，主义之争，出于不得不争，所争者主义，非私人也。私人之争，世亦多有，则大概是可以相让的。"[①]

在1941—1943年的延安整风运动中，中共中央对"王明路线"进行了批判。那时，王明以"中共中央理论权威"自居，与毛泽东分庭抗礼，不

---

①《毛泽东书信选集》，人民出版社1983年版，第18—19页。

仅不承认自己所犯下的错误导致中国革命遭受重大损失，甚至还造谣说毛泽东派医生给他下毒。"道不同，不相为谋"。而王明死不认错的态度并且在背后不断搞小动作的行为，令毛泽东非常气愤，两人经常为此吵个没完。毛泽东期待王明能够认识到自己的错误，然后一起继续干革命。"有过是一过，不肯认过，又是一过。"这是王明的悲剧。即使王明根本听不进去毛泽东的劝告，坚持不改变自己的错误立场、不承认错误，但毛泽东并不计较。1945年延安举行中共七大时，毛泽东提议要把几个犯了严重错误的同志包括王明，选进中央委员会。毛泽东说：他们的错误，是在一定历史条件下犯的，特别是中国的小资产阶级像一片汪洋大海，而中国还没有什么小资产阶级政党，他们之中革命的人都加入了中国共产党，当然也把他们的思想情绪带了进来，这是不足为怪的。现在经过整风，惩前毖后，治病救人，已经把是非弄清楚了，就不应当太重个人的责任。选举的那天，代表投票后，大会宣布：唱票时可以自由活动，可是毛泽东不走，坐在台上听唱票，一直等到票快唱完了，王明的票过了半数，他才放心地起身走了。后来他说，如果选不上，大家心中都会不安的。一人向隅，满座为之不欢。①

1956年，在北京举行的中共八大上，毛泽东再一次动员和说服代表们在选举中央委员时投王明一票。后来，王明携妻儿寄居苏联治病后，依然享受高级干部的待遇，且留在北京的父母和岳父母均由国家养老送终。后来，王明在苏联撰写文章"反毛反共"，留下遗著《中共五十年》，弃忠诚于党，忘信义于国家，但毛泽东和中共中央并没有开除他的党籍。

毛泽东说："我和王明之间的斗争，不是个人之争，而是原则之争。王明是俄国马克思主义在中共党内的主要代表，而我则是中国马克思主义的主要代表。因此，我们之间的斗争是两种意识形态、两种理论、两条路线和中国革命的两种方法之间的斗争。不同王明作斗争，就不能结束俄国马克思主义在我党的领导地位；不结束俄国马克思主义在中共党内的统治，就不能确立中国马克思主义在中共党内的领导地位。"对此，就连王明自己也不得不承认。

---

① 苏扬编:《中国出了个毛泽东》，解放军出版社1991年版，第232—233页。

整个延安犯了许多错误。谁负责？我负责

1943年3月，延安整风运动转入审查干部、清理队伍为主要内容的第二阶段。4月28日，中央政治局会议决定成立以刘少奇为主任的"中央反内奸斗争委员会"，委员包括康生、彭真和高岗。鉴于历史的经验教训，毛泽东向有关负责人强调："我们过去在肃反中有很沉痛的教训。我们这次无论如何不要搞逼供信，要调查研究，要重证据。"但在实际工作中，由于过分严重地估计了敌情，毛泽东的意见没有得到落实。

7月15日，随着康生在中央直属机关大会上作了危言耸听的《抢救失足者》报告后，出现了更加普遍地大搞"逼供信"的过火斗争，使整风运动中的审干工作变成了"抢救失足者运动"，混淆了敌我界限的错误进一步扩大，造成了大批冤假错案。审干运动实际上成了"抢救运动"。在延安，仅半个月就骇人听闻地揪出所谓特务分子1400多人，许多干部惶惶不可终日。

看到审干工作大大偏离了正确的轨道，毛泽东非常焦急。中央党校副校长彭真和中央社会部副部长李克农，再次向毛泽东报告了审干问题的严重性。毛泽东听完后说：我看是扩大化了。我们要很快纠正这一种错误做法。我们的政策是一个不杀，大部不抓。这些同志的问题是会搞清楚的，现在可不能随便作结论。我们如果给哪一个同志做错了结论，那就会害人一辈子。现在做错了我们要给人家平反，给受害的同志道歉。要彻底纠正这种"左"倾扩大化的错误。他后来总结审干工作的教训时指出，发生错误的原因主要是两条：一条是缺乏调查研究；一条是没有区别对待。12月22日，中央书记处召开工作会议，听取康生关于反特斗争的汇报。此后，

延安审干活动转入甄别是非轻重的阶段。

中央军委所属的通信部门，因所属干部1000多人被"抢救"成"特务"，无法进行工作。1944年元旦，该部负责人王诤就带着一批挨整的干部来到毛泽东的家门口，站得整整齐齐地给毛泽东拜年。毛泽东出门一看，明白了，幽默地说："这次延安审干，本来是想让大家洗个澡，结果灰锰氧放多了，把你们娇嫩的皮肤烫伤了，这不好。今天，我向你们敬个礼。你们回去要好好工作，你们还有什么意见？如果没意见，也向我敬个礼！你们不还礼，我怎么放下手呢？"毛泽东的这番话，等于宣布挨整的同志解放了，大家高高兴兴地回去工作去了。

对审干工作出现扩大化的错误，毛泽东主动承担了责任，进行了自我批评，并多次向受到错误伤害的同志脱帽鞠躬，赔礼道歉。仅在中央党校，毛泽东就讲了三次。第一次是在1944年5月。他说，在整风审干中有些同志受了委屈，有点气是可以理解的，但已经进行了甄别。是则是，非则非，搞错了的，摘下帽子，赔个不是。说到这里，他向大家行礼赔不是。第二次是同年10月，他说，去年审查干部，反特务，发生许多毛病，特别是在"抢救运动"中发生过火，认为特务如麻，这是不对的。去年"抢救运动"有错误，夸大了问题，缺乏调查研究和分别对待。第三次是在1945年2月，他说，这两年运动有许多错误，整个延安犯了许多错误。谁负责？我负责，因为发号施令的是我。别的地方搞错了谁负责？也是我，发号施令的也是我。我是党校的校长，党校也搞错了，如果在座有这样的同志，我赔一个不是。凡是搞错了的，我们修正错误。毛泽东坦诚地承担责任，主动赔礼道歉，令许多受过冤屈的人不仅气消了，而且感到不安，对过去的事也不计较了，心情也舒畅了，同志间的团结也增强了。

在中共七大的结论中，毛泽东再次诚恳地说："过去我们有盲目性，做过一些不好的事情……今天，当着大会代表们的面我再讲几句，就是凡是我们做的对不起人的事情，不论是我亲自做的还是别的同志做的，都应该承认错误，并且加以改正。军队的同志，地方的同志，凡是过去我们没有搞好的，估价不适当的，让你们怄气的，我们都应该承认错误，修正错误。"在这里,毛泽东就整风运动中审干扩大化的错误,再次道歉。他说:"审干中搞错了许多人,这很不好,使得有些同志心里很难过,我们也很难过……对搞错的同志,应该向他们赔不是,首先我在这个大会上向他们赔不是。"毛泽东还坦诚地承认"内战时期,我就打过AB团";"我们讲不要搞肉刑,结果还是搞了。那时候杀了许多人,应该肯定地说,许多人都杀错了";"在当着共产党还没有成熟的时候,在肃反问题上搞错了很多人,走过这样一段弯路,包括我自己在内"。①

---

①《毛泽东文集》第三卷,人民出版社 1996 年版,第 408 页。

人没有压力是不会进步的

有人说压力是磨刀石，有人说压力是试金石。人生在世，每个人在生活中都会不可避免地与压力不期而遇。狭路相逢，勇者胜。毛泽东就是一个变压力为动力的大师。他有一句名言被人们引用了无数遍——"与天奋斗，其乐无穷；与地奋斗，其乐无穷；与人奋斗，其乐无穷。"他的这种"敢教日月换新天"的奋斗精神，这种渴望"让暴风雨来得更猛烈些"的战斗精神，是他的性格，更是他的品格。

青年时代的毛泽东，不仅希望自己"到中流击水，浪遏飞舟"；还希望将自己置于"以五千之卒，敌十万之军，策罢乏之兵，当新羁之马，如此而欲图存，非奋斗不可"的险境绝境之中突出重围。他在泡尔生《伦理学原理》一书关于"无抵抗则无动力，无障碍则无幸福"的论述处批注道：

> 河出潼关，因有太华抵抗，而水力益增其奔猛。风回三峡，因有巫山为隔，而风力益增其怒号。
>
> 盖人类之势力增加，外界之抵抗亦增加，有大势力者，又有大抵抗在前也。大抵抗对于有大势力者，其必要乃亦如普通抵抗之对于普通人。
>
> 至真之理，至澈之言。

1956年9月10日，他在中共八大预备会议第二次全体会议上的讲话中，针对有的同志德才兼备却没有列上中央委员名单是否公正的问题时，他专门以自己为例推心置腹地说了这样一番话：

"有些话我过去也没有讲过，想在今天跟你们谈一谈。我在第五次代表大会上只有发言权，没有选举权。我这个人也是犯错误不少，但是当时他们又不讲我的错误在哪个地方，只让当个候补代表。第一次代表大会我到了。第二次代表大会没有到。第三次代表大会是在广州开的，又到了，被选为中央委员。第四次代表大会又没有到，丢了中央委员。大概我这个人逢双不吉利。第五次代表大会到了，当候补代表，也很好，被选为候补中央委员。这对于我有坏处没有呢？我说是有好处，没有什么坏处。至于其他，主要是三次'左'倾路线时期，给我的各种处分、打击，包括'开除党籍'、开除政治局候补委员、赶出红军等，有多少次呢？记得起来的有二十次。比如，不选作中央委员，只给发言权不给表决权；撤销一些职务，如中央农民委员会书记、党代表（井冈山时候）、前委书记等。'开除党籍'了又不能不安个职务，就让我当师长。我这个人当师长，就不那么能干，没有学过军事。因为你是个党外民主人士了，没有办法，我就当了一阵师长。你说开除党籍对于一个人是高兴呀，我就不相信，我就不高兴。井冈山时期一个误传消息来了，说中央开除了我的党籍，这就不能过党的生活了，只能当师长，开支部会我也不能去。后头又听说这是谣传，是开除出政治局，不是开除党籍。啊呀，我这才松了一口气！……那个时候他们认为山头没有马克思主义，因为我们在山头里，城市里头就有马克思主义。他们就忘记了，他们也来到山上了，而我们从前也是在城里的。我们早到山上两三年，就没有马克思主义了，他们刚刚来，因为是在城市里待的时间长，就有那么多马克思主义。填表的时候不是要填过去受过什么处罚吗？这些事情，现在填表我都不填，因为这样多，要填一大堆，而且这些没有一条是我承认的。"[1]

　　对自己遭受排挤"靠边站"的历史，毛泽东记忆深刻。在1959年8月的庐山会议中央政治局常委会上和1960年与越南共产党领导人胡志明谈话中，他也曾提及这些挨整的经历。但他每次跟人说起这段不平的历史，不

---

[1]《毛泽东文集》第七卷，人民出版社1999年版，第104—106页。

是发牢骚生怨恨，也不是借题发挥以此来攻击曾经迫害过他的人，而是强调党内斗争受排挤时应当"采取合法的手段和态度来解决问题"，旨在告诫人们不要迷信所谓的权威，要独立自主地解决自己的问题，正确面对不公正的待遇和批评。

1960年12月25日，毛泽东与亲属和身边工作人员聚餐，为即将到基层搞社会调查的同志饯行。面对因"大跃进"带来的农村大面积饥荒和非正常死人等严峻问题，毛泽东十分揪心。在餐桌上，他心情十分沉重，跟身边工作人员说起了自己的伤心事。他难过地说，"人没有压力是不会进步的"，"我就受过压，得过三次大的处分，'被开除党籍'，撤销过军职，不让我指挥军队，不让我参加党的领导工作。我就在一个房子里，两三年一个鬼也不上门。我也不找任何人，因为说我搞宗派主义，什么邓毛谢古。其实，我连邓小平同志的面都没有见过。后来说在武汉见过，但是我一点印象也没有，可能见过没有谈过话吧！那时，给我戴的'帽子'就多了。说什么山上不出马列主义，他们城里才出马列主义，可是他们也不调查研究，我又不是生来在山上的，我也是先在城市里，后来才到山上来的。说实在的，我在山上搞了几年，比他们多了点山上的经验。他们说我一贯右倾机会主义、狭隘经验主义、枪杆子主义等等。"①"总之，我成了一个很丑的人，像被抛到大粪坑的木头菩萨那样"，"我的任务是吃饭、睡觉和拉屎。还好，我的脑袋没有被砍掉"。1975年，针对身边一位工作人员对在"文化大革命"中受到不公正待遇而苦恼时，毛泽东劝说道："我的历史上，也曾被戴上过不少帽子，挨整比你挨得还要狠呢，鬼都不上门，没有人给我平反，那些帽子早不翼而飞了。"后来，又说："我这一辈子就是在刺激中过来的，受刺激也未必不是好事嘛！"

俗话说：井无压力不出油，人无压力不上进。面对排挤，面对挨整，面对种种人生的压力，毛泽东选择的既不是自暴自弃，也不是怨天尤人，而是迎难而上，不抛弃不放弃，在逆境中奋斗。在延安，他在接受英国记

---

① 毛泽东：《人没有压力是不会进步的》，《党的文献》1993年第4期。

者冈瑟·斯坦因采访时，说："我曾是少数派。这种时候，我所做的唯一的事情就是等待。"那么，在中央苏区受到王明"左"倾路线排挤的时候，毛泽东是如何度过这段"连鬼都不上门"的逆境来"等待"的呢？1957年，他对当年曾一同战斗的战友曾志说："我没有吃过洋面包，没有去过苏联，也没有留学别的国家。我提出建立以井冈山根据地为中心的罗霄山脉中段红色政权，实行红色割据的论断，开展'十六字诀'的游击战术和采取迂回打围战术，一些吃过洋面包的人不信任我，认为山沟子出不了马克思主义。1932年秋开始，我没有工作，就从漳州以及其他地方搜集来的书籍中，把有关马恩列斯的书通通找了出来，不全不够的就向一些同志借。我就埋头读马列著作，差不多整天看，读了这本，又看那本，有时还交替着看，扎扎实实下工夫，硬是读了两年书。""后来写成的《矛盾论》《实践论》，就是在这两年读马列著作中形成的。"[1]

"人没有压力是不会进步的"。毛泽东的人生如大海一样波澜壮阔，在波峰浪谷的起起伏伏之间，他屡遭打压和挫折。但他面对压力不低头、不弯腰，忍常人所不能忍，耐常人所不能耐，不屈从，不盲从，坚持自己，奋斗向上，奋发有为，最终战胜了自己，也战胜了对手，赢得了胜利。

---

[1] 中央文献研究室第一编研部：《缅怀毛泽东》（上），中央文献出版社1993年版，第401—402页。

人的生活是矛盾的，感情上不愿写，
但理智上不这样不行

　　作为政治家和战略家，毛泽东在军事、外交上始终以一个"无法无天"的强者、硬汉姿态屹立于世界。但毛泽东绝非是外强中干的鲁莽，他更懂得刚柔相济，在关键时刻一定要采取适当的妥协和退让。"忍一时风平浪静，退半步海阔天空"，毛泽东深谙其中的奥妙，在必要时他也不得不"牺牲真我"，理智战胜了情感。

　　1956年，赫鲁晓夫在苏共二十大上作了全盘否定斯大林的"秘密报告"，引起社会主义阵营一片混乱。毛泽东获悉后，立即主持中央会议展开讨论，研究对策。他说：批判斯大林，我们一则以喜，一则以惧。揭掉盖子，破除迷信，去掉压力，解放思想，完全必要。但一棍子打死，我们就不赞成。

　　对赫鲁晓夫全盘否定斯大林，毛泽东并不赞同。尽管从个人情感上来说，他对斯大林并没有什么好感。他说："我并不认为斯大林一贯正确，这个话过去不好讲。他对中国革命的指导，出的主意，有许多是错的。过去我们只讲是我们自己错了，没有联系到斯大林。那时我们党采取这样的方针是对的。斯大林的错误是明摆着的，问题是如何评价斯大林的一生。是二八开，三七开，还是倒二八，倒三七，还是四六开？我看三七开比较合适。正确是七分，是主要的；错误是三分，是次要的。"

　　从个人情感角度，毛泽东对斯大林确实有意见。3月24日，毛泽东在中央会议上先后谈到了斯大林在抗日战争开始时支持王明的"一切通过统一战线、一切服从统一战线"的右倾路线，在抗日战争结束后又要中国党不要反击国民党发动的内战，自己在1949年年底访苏期间开始时斯大林不愿签订中苏友好同盟条约，直到中国志愿军抗美援朝后才相信中国党是国际主义的共产党。对斯大林的这些做法，毛泽东说出了自己六年来一直藏在心里的话，还说："这些事我想起来就有气。"为此，他也曾当着苏联驻华大使尤金的面，数落斯大林在中国革命问题上所犯的错误。他说："斯大林支持王明路线，使我们的革命力量损失了百分之九十以上。当革命处在关键的时候，他不让我们革命，反对我们革命。革命胜利后，他又不信任我们。他大吹自己，说什么中国的胜利是在他的理论指导下取得的。"①

后来，毛泽东还在其他不同场合谈起自己对斯大林的复杂感情。1956年9月，他在与南斯拉夫共产主义联盟代表团会谈时，再次毫不掩饰地说："我在见斯大林之前，从感情上说对他就不怎么样。我不太喜欢看他的著作，只看过《论列宁主义基础》、批判托洛茨基的一篇文章②、《胜利冲昏头脑》等。他写的关于中国革命的文章我更不爱看。他和列宁不同，列宁是把心给别人，平等待人，而斯大林则站在别人的头上发号施令。他的著作都有这种气氛。我见他以后就更不高兴了，在莫斯科的时候和他吵得厉害。斯大林有脾气，有时冲动起来，讲一些不大适当的话。"

尽管感情上不能接受斯大林，但从世界政治形势和社会主义阵营的大局出发，毛泽东对斯大林的历史地位、作用和贡献还是作出了十分理智、客观和公正的评价。毛泽东说："人的生活就是这样矛盾的，感情上不愿写，但理智上不这样不行。"11月29日，在中央会议上，毛泽东在谈到如何评价斯大林时，点了一根烟，深沉地吸了一口，意味深长地说了一大段话：

　　　　现在还是离不开斯大林的问题。我一生写过三篇歌颂斯大林

---

① 《毛泽东外交文选》，中央文献出版社、世界知识出版社1994年版，第331页。
② 即《托洛茨基主义还是列宁主义》。——引者注

的文章①。头两篇都是祝寿的，第一篇在延安，一九三九年斯大林六十寿辰时写的；第二篇在莫斯科，是一九四九年在他七十大寿时的祝词；第三篇是斯大林去世之后写的，发表在苏联《真理报》，是悼词。这三篇文章，老实说，我都不愿意写。从感情上来说我不愿意写，但从理智上来说，又不能不写，而且不能不那样写。我这个人不愿意人家向我祝寿，也不愿意向别人祝寿。第一篇我抛弃个人感情，向世界上第一个社会主义国家的领袖祝寿。如果讲个人感情，我想起第一次王明"左"倾路线和第二次王明右倾路线都是斯大林制定和支持的，想起来就有气。但我以大局为重，因为那时欧战已经爆发，苏联为和缓苏德关系而同希特勒德国签订了互不侵犯条约，受到西方国家舆论的攻击，很需要我们支持。因此那篇文章写得比较有生气。抗日战争结束后，国民党发动内战，斯大林要我们不要自卫反击，否则中华民族会毁灭。新中国成立后，斯大林还怀疑我们是不是第二个铁托。一九四九年我去莫斯科祝贺斯大林七十大寿，不歌颂他难道骂他吗？我致了祝词，但斯大林仍对我们很冷淡。后来我生气了，大发了一顿脾气，他才同意签订中苏友好互助同盟条约。斯大林去世以后，苏联需要我们支持，我们也需要苏联支持，于是我写了一篇歌功颂德的悼文。斯大林的一生，当然是丰功伟绩，这是主要的一面，但还有次要的一面，他的缺点和错误。但在当时情况下，我们不宜大讲他的错误，因为这不仅是斯大林个人的问题，更重要的是对苏联人民和苏联党的问题，所以还是理智地那样写了。现在情况不同了，赫鲁晓夫已经揭了盖子，我们在四月间的文章，就不单歌功颂德，而是既肯定了斯大林主要的正确的方面，又批评了他次要的错误方面，但并没有展开讲。现在要写第二篇文章，就是进一步把问题讲透，既肯定他的功绩，也分析他

———————————
① 这三篇文章分别是《斯大林是中国人民的朋友》《在莫斯科庆祝斯大林七十寿辰大会上的祝词》《最伟大的友谊》。

的错误，但又不是和盘托出，而是留有余地。①

对于赫鲁晓夫的秘密报告，毛泽东就如何撰写《再论无产阶级专政的历史经验》一文，语重心长地说道："赫鲁晓夫一棍子把斯大林打死，结果他搬起石头打了自己的脚，帝国主义乘机打他一棍子，无产阶级又从另一边打他一棍子，还有铁托和陶里亚蒂也从中间打他一棍子。斯大林这把刀子，赫鲁晓夫丢了，别人就捡起来打他，闹得四面楚歌。我们现在写这篇文章，是为他解围，方法是把斯大林这把刀子捡起来，给帝国主义一刀、给修正主义一刀，因为这把刀子虽然有缺口，但基本上还是锋利的。"

在如何评价斯大林问题上，毛泽东用理智战胜了情感。但他一生中有没有做过"违心"的事情呢？有。那是什么事情呢？

1966年5月18日，林彪在中央工作会议上突然作了一次内容极为广泛的讲话，以其独特的革命腔调和政治语言，引用大量古今中外的政变事例，深入阐述了自己总结的所谓政变理论。林彪说："政变，现在成了一种风气，世界政变成风。""搞政变，有两个东西必须搞，一个是宣传机关……另一个是搞军队，抓枪杆子。"林彪的"政变理论"，令参加会议的中央领导大吃一惊。事后看来，这篇讲话不是空穴来风，暗藏杀机。毛泽东对此也忧心忡忡。但在当时中国党内、国内的政治氛围和历史背景下，毛泽东需要林彪政治上的支持。这年7月，他在给江青的信中，十分无奈地说："我的朋友的讲话，中央催着要发，我准备同意发下去，他是专讲政变问题的。这个问题，像他这样讲法过去还没有过。他的一些提法，我总感觉不安。我历来不相信，我那几本小书，有那样大的神通。现在经他一吹，全党全国都吹起来了，真是王婆卖瓜，自卖自夸。我是被他们逼上梁山的，看来不同意他们不行了。在重大问题上，违心地同意别人，在我一生还是第一次，叫做不以人的意志为转移吧。"②

① 吴冷西：《忆毛主席》，新华出版社1995年版，第20页。
② 《建国以来毛泽东文稿》第十三册，中央文献出版社1998年版，第71页。

要学项羽，但不自杀，要奋斗到底

"意志也，固人生事业之先驱也。"①毛泽东青少年时代就认识到意志是事业成功的奠基。因此，他常常审视自己的意志够不够坚定，也时常自讼自己意志力太弱。1921年1月28日，他在给好朋友彭璜的信中就深刻地检讨自己，说："弟有一最大缺点而不好意思向人公开者，即意弱是也。兄常谓我意志强，实则我有自知之明：知最弱莫如我之意志！我平日态度不对，向人总是断断，讨人嫌恶，兄或谓为意强，实则正是我弱的表现。天下惟至柔者至刚，久知此理，而自己没有这等本领，故明知故犯，不惜反其道而行之，思之悚栗！略可自慰者，立志真实（有此志而已），自己说的话自己负责，自己做的事自己负责，不愿牺牲真我，不愿自己以自己做傀儡。"②

这个时候，28岁的毛泽东正与彭璜、易礼容等人一起在湖南创办文化书社，并组织俄罗斯研究会。因为性格、观点的不同，毛泽东常与他们发生一些争执。但正如他自己所言："一个人总有缺点，君子只是能改过，断无生而无过。"其实，一个人能认识到自己的缺点，也是相当不容易的。正是因为清醒地看到自己意志力很弱，毛泽东从青年时代就改变自己，加强意志力的培养和锻造。为此，他和他的同学们经常去爬山、露宿、游泳，在风吹雨打中接受大自然的磨砺。

道路由来曲折，征途自古艰难。毛泽东投身革命后，经历过无数挫折失败，但他总是在什么地方跌倒就在什么地方站起来，拿得起，也放

---

① 毛泽东：《体育之研究》，《新青年》第3卷第2号。
② 《毛泽东书信选集》，人民出版社1983年版，第18页。

得下，愈战愈勇，正如恩格斯形容马克思那样，"斗争是他得心应手的事情"[①]。也正像毛泽东号召党员干部要学习鲁迅的战斗精神和斗争方法一样，他勇往直前，敢于斗争，善于斗争。他说："鲁迅的战斗方法的一个重要特点是，把所有向他射的箭，统统接过来，抓住不放，一有机会就向射箭的人进攻。人家说他讲话南腔北调，他就出《南腔北调集》。梁实秋说他背叛了旧社会，投降了无产阶级，他就出《二心集》。人家说他的文章用花边框起来，他就出《花边文学》。《申报》的《自由谈》编者受到国民党的压力，发牢骚说，《自由谈》不要谈政治，只准谈风月，他就出了《准风月谈》。国民党骂他是堕落文人，他的笔名就用隋洛文。他临死时还说，别人死前要忏悔，宽恕自己的敌人，但他对自己的'怨敌'，'让他们怨恨去，我也一个都不宽恕'。"

1958年2月3日，正在参加一届人大五次会议的毛泽东，给因病住院心情不佳的女儿李讷写了一封信，说："害病严重时，心旌摇摇，悲观袭来，信心动荡。这是意志不坚决，我也常常如此。病情好转，心情也好转，世界观又改观了，豁然开朗。意志可以克服病情。一定要锻炼意志。你以为如何？"同时，他还在信中抄录诗一首："青海长云暗雪山，孤城遥望玉门关。黄沙百战穿金甲，不斩楼兰誓不还。这里有意志"。

而在"掌上明珠"女儿李讷中学毕业的时候，毛泽东专门送给她自己最喜欢的四句话："一，天将降大任于斯人也，必先苦其心志，劳其筋骨，饿其体肤，空乏其身，行拂乱其所为，所以动心忍性，增益其所不能。二，彻底的唯物主义者是无所畏惧的。三，道路是曲折的，前途是光明的。四，在命运的迎头痛击下头破血流但仍不回头。"这四句话，可谓是毛泽东对意志力的精确诠释，而他的一生不正是这样勇敢地迎接一个又一个挑战，百折不挠，宁折不弯，最终赢得了成功吗？

意志不仅是一种品格精神，也是一种品德气节。在抗日战争的艰苦岁月中，毛泽东积极倡导"宁为玉碎，不为瓦全"的革命气节。1938年春，

---

① 《马克思恩格斯选集》第3卷，人民出版社1972年版，第575页。

张国焘借祭黄帝陵之机，逃离延安，脱党叛变，投靠国民党。毛泽东借此教育全党："每个共产党员应该不像他那样，半途放下旗子，要坚定政治方向，牺牲一切而奋斗到底，反对开小差。"

意志，是理想和信仰的试金石。革命的意志，既是革命立场，也是人格操守。毛泽东青年时期就认为："有人格的得生第一，奋斗被杀第二，自杀第三，屈服第四。"屈服投降，这是毛泽东最鄙视最深恶痛绝的。1939年4月8日，毛泽东在抗日军政大学总结大会上发表演讲时指出："参加共产党，我们就要为抗日干到底，如果抗日没有胜利，不管多大的困难都要干下去。为共产主义奋斗要一直达到共产主义的胜利，每个人在政治上不要开小差。将来在其他方面见面的时候，可以见得面，就是可以见江东父老，不作丑媳妇见不得娘家。东三省的人抗战一定要到鸭绿江，抗到底。楚霸王项羽在中国是一个有名英雄，他在没有办法的时候自杀，这比汪精卫、张国焘好得多。从前有一个人在他自杀的地方做了一首诗①，问他为什么要自杀，可以到江东去再招八千兵来打天下。我们不学汪精卫、张国焘，要学项羽的气节，但不自杀，要干到底。"

毛泽东倡导"要学项羽的气节，但不自杀，要干到底"，意思就是说，要坚持奋斗到底，直至战死被杀也不自杀。关于"自杀"的话题，毛泽东早在1919年11月就在《非自杀》一文中做了精辟的总结。他说："自杀所以全人格，而为心理、生理、伦理、生类之变，非自然状态，即非他自然的本心。与自杀而死，宁奋斗被杀而亡。奋斗的目的，不存在'欲人杀我'，而存在'庶几有人格的得生'。及终不得，无所用力，截肠决战，玉碎而亡，则真天下之至刚勇，而悲剧之最足以印人脑府的了。"②

毛泽东崇尚气节、崇尚荣誉、崇尚英雄主义。他在延安对广大红军干部说："多少共产党员被捕杀头，这是威武不屈。但是尚有一部分叛徒起先信仰马克思主义，而且做工作，但一旦威武来了，就屈服，带路捉人，什

---

① 此诗为唐代诗人杜牧所作的《题乌江亭》，原诗为："胜败兵家事不期，包羞忍耻是男儿。江东弟子多才俊，卷土重来未可知。"

② 《毛泽东早期文稿》，湖南出版社1995年版，第433页。

么都做。一种人被捉了，要杀就杀，这种英雄的人中国历史上很多，有文天祥、项羽、岳飞，决不投降，他们就有这种骨气。这些叛徒就没有这种骨气，所以平素讲得天花乱坠，是没有用的。"①随后，他又在"抗大"开学典礼上发表演讲，慷慨激昂地激励红军将士：革命的信仰，到老到死，都不动摇，不退缩。革命的过程，像在波涛汹涌的江河中行船。怯懦者常常会动摇起来，不知所措。在革命的大潮中遇到困难便动摇退缩的人在历史是有的。但我们中国共产党人应该勇往直前，为了全国四万万五千万同胞牺牲一切。第一个决心是要牺牲升官，第二个决心是要牺牲发财，第三要下牺牲自己生命的最后决心。毛泽东在其他场合还强调说："要奋斗到死，没有死就还没有达到永久奋斗的目标"；"永久奋斗，就是要奋斗到死"。②

---

① 《党史研究资料》1989 年第 10 期。
② 《毛泽东文集》第二卷，人民出版社 1993 年版，第 191 页。

一不怕苦，二不怕死

　　青年时代的毛泽东行为特立独行，人格气势豪迈，意气风发，"指点江山，粪土当年万户侯"之气概，真是天不怕、地不怕，壮胆横三秋，令人油然而生敬意。他在《湘江评论》的"创刊宣言"中说："世界什么问题最大，吃饭问题最大。什么力量最强？民主联合的力量最强。"同时，他还自问自答提出"什么不要怕？"曰"六不怕"，即："天不要怕，鬼不要怕，死人不要怕，官僚不要怕，军阀不要怕，资本家不要怕。"

　　历史已经证明，中国革命之所以能够从小到大、由弱到强，经过22年的武装斗争从胜利走向胜利，最终打败强大的敌人，推翻了压在中国人民身上的三座大山，挫败帝国主义的侵略和封锁，建立了人民自己的政权，让中华民族独立自主地屹立于世界民族之林，就是因为有一支不怕困难、不怕牺牲的革命队伍，而这支队伍正是用毛泽东思想武装起来的。毛泽东说：中国人民是有骨气的，向有不怕牺牲的光荣传统，有同自己的敌人血战到底的英雄气概，中国共产党人更富有无所畏惧的自我牺牲精神。

　　在《论联合政府》一文中，毛泽东这么写道：以中国最广大人民群众的最大利益为出发点的中国共产党人，相信自己的事业是完全符合正义的，而正义的事业是必然要胜利的。所以，不惜牺牲个人的一切，随时准备拿出自己的生命去殉我们的事业，"不论在任何艰难困苦的场合，只要还有一个人，这个人就要继续战斗下去。"[①]他说，1927年国民党背信弃义，进行反革命大屠杀，"但是，中国共产党和中国人民并没有被吓倒，被

---

①《毛泽东选集》第三卷，人民出版社1991年版，第1039页。

征服，被杀绝。他们从地下爬起来，揩干净身上的血迹，掩埋好同伴的尸首，他们又继续战斗了"。[①]

中国革命的艰巨复杂，在人类斗争史上绝无仅有。面对封建主义、官僚资本主义、帝国主义的强大敌人，要想夺取革命的胜利，必须发扬不怕困难、不怕牺牲的视死如归的精神。1945年6月11日，毛泽东在中共七大闭幕词《愚公移山》中号召："下定决心，不怕牺牲，排除万难，去争取胜利。"1947年12月，在中国人民解放战争由防御转入全国大规模战略进攻的历史转折关头，毛泽东在《目前形势和我们的任务》中号召："发扬勇敢战斗，不怕牺牲，不怕疲劳和连续作战（即在短期内不休息接连打几仗）的作风。"1949年8月，针对帝国主义的封锁，毛泽东在《别了，司徒雷登》一文中写道："中国人死都不怕，还怕困难么？"

毛泽东所倡导的这种不怕困难、不怕牺牲的革命精神，是对中华民族革命风骨和中国共产党人生死观、荣辱观的高度概括。这种不怕死的革命精神，在战争年代，鼓舞着无数革命先烈前仆后继，英勇奋斗，造就了一支一往无前、无坚不摧的钢铁队伍。在社会主义建设时期，死人的事情也是不可避免的。国际国内的斗争形势发生了新的变化，国内还有反共反社会主义势力、宗教极端势力和民族分裂势力依然存在，国际敌对势力的渗透、颠覆等"和平演变"活动也将长期存在，在社会主义建设和改革开放中，也必然要为此付出一些血的代价。所以，毛泽东说："我赞成这样的口号，叫做'一不怕苦，二不怕死'。"而他本人也是中国共产党人不怕死精神的杰出典范。战争年代，他不怕死，置生死于度外；社会主义建设时期，他夙夜在公废寝忘食，呕心沥血艰苦开拓，生命不息战斗不止。

"为有牺牲多壮志，敢教日月换新天。"毛泽东赞成"一不怕苦，二不怕死"，但他同时认为，即使同样为了党和人民的利益，为了国家和民族的利益，在应当作出牺牲时，也"应当尽量地减少那些不必要的牺牲"。这正如鲁迅劝告青年在同敌人作斗争时，不应像许褚那样赤膊上阵，付出

---

① 《毛泽东选集》第三卷，人民出版社1991年版，第1036页。

的代价太大而收获却又太小。尤其是到了和平建设年代，毛泽东将"一不怕苦，二不怕死"的精神又赋予了新的内容，对党的高中级领导干部提出了新的要求、新的责任和新的使命。

1957年6月13日晚上，毛泽东把胡乔木和吴冷西叫到菊香书屋，就如何加强《人民日报》的新闻宣传工作进行研究。他说："领导的任务不外是决策和用人，治理国家是这样，办报纸也是这样。"并由此评说了汉代几个皇帝的优劣，称赞刘邦会用人。接着，他又把话题转到调吴冷西去人民日报社工作的问题，十分严肃地说："要政治家办报，不是书生办报，就得担风险。你去人民日报工作，会遇到不少困难，要有充分的思想准备，要准备碰到最坏的情况，要有五不怕精神的准备。"说着，毛泽东掰着手指头说，"这五不怕是：一不怕撤职，二不怕开除党籍，三不怕老婆离婚，四不怕坐牢，五不怕杀头。有了这五不怕的准备，就敢于实事求是，敢于坚持真理了。"

1958年3月，毛泽东在成都会议上，号召党员干部尤其是高级领导干部要讲真话，要听真话。他说：历史上讲真话的如比干、屈原、贾谊等，这些人都是不得志的，为原则而斗争的。不敢讲真话无非是"六怕"：一怕封为机会主义，二怕撤职，三怕开除党籍，四怕老婆离婚（面上无光），五怕坐班房，六怕杀头。"我看只要准备好这几条，看破红尘，什么都不怕了。没有精神准备就不敢讲话，难道可以牺牲真理，封住我们的嘴巴吗……先进分子应该不怕这一套，要有王熙凤的'舍得一身剐，敢把皇帝老子拉下马'的精神。"

在中共八届七中全会上，毛泽东大力提倡列宁说的"反潮流精神"。他说：在党内要造成有话讲，有缺点要改进的空气。不敢讲话无非是"六怕"：怕警告、怕降级、怕没有面子、怕开除党籍、怕杀头、怕离婚。杀头，岳飞就是杀头才出名的，要言者无罪，按照党章可以保留自己的意见。过去朝廷有廷谏的制度，不知打死多少人，但还有很多人冒死去廷谏。与此同时，毛泽东号召共产党的干部要坚持真理，即使遇到了错误的对待和不公正的批评时，也一定要沉住气，不要灰心。他还引用司马迁的话教育大家："文王拘而演周易，仲尼厄而作春秋。屈原放逐，乃赋离骚。左丘失明，厥有国语。孙子膑足，兵法修列。不韦迁蜀，世传吕览。韩非囚秦，说难孤愤。诗三百篇，大抵圣贤发愤之所为作也。"

1963年4月25日，国防部批准授予驻守上海某部八连"南京路上好八连"荣誉称号。因为该连队自1949年5月进驻上海最为繁华的南京路后，14年来身居闹市，一尘不染，勤俭节约，克己奉公，助人为乐。8月1日，适逢八一建军节，毛泽东即兴挥毫，写下了杂言诗《八连颂》，又提出了"八不怕"。我们不妨抄录下来重温一遍：

> 好八连，天下传。为什么？意志坚。为人民，几十年。
> 拒腐蚀，永不沾。因此叫，好八连。解放军，要学习。
> 全军民，要自立。不怕压，不怕迫。不怕刀，不怕戟。
> 不怕鬼，不怕魅。不怕帝，不怕贼。奇儿女，如松柏。
> 上参天，傲霜雪。纪律好，如坚壁。军事好，如霹雳。
> 政治好，称第一。思想好，能分析。分析好，大有益。
> 益在哪？团结力。军民团结如一人，试看天下谁能敌。

世界上有人怕鬼，也有人不怕鬼

　　毛泽东不仅不怕威胁，而且敢于挑战。

　　1959年5月6日，毛泽东在同苏联等11个社会主义国家的代表团和驻华使节谈话中，在谈到对帝国主义和一切反动派的态度时，以其特有的幽默，笑着说：今天世界上鬼不少。西方世界有一大群鬼，就是帝国主义。在亚洲、非洲、拉丁美洲也有一大群鬼，就是帝国主义的走狗、反动派。这些帝国主义及其帮凶，手中握有原子弹，在全球范围内对社会主义国家和人民革命力量进行镇压，气焰嚣张、咄咄逼人。对此，有人开始害怕，怕对帝国主义的斗争会引起第三次世界大战，对人民的力量、进步的力量估计不足。针对这种情况，毛泽东明确指出："世界上有人怕鬼，也有人不怕鬼。我们共产党人是不怕鬼的。经验证明鬼是怕不得的。越怕鬼就越有鬼，不怕鬼就没有鬼了。"

　　说起不怕鬼，毛泽东还饶有兴趣地讲起了"鬼"故事。他引用蒲松龄《聊斋志异》中的故事来生动地论述自己"不怕鬼"的观点。"有一天晚上，狂生坐在屋子里。有一个鬼站在窗外，把头伸进窗内来，很难看，把舌头伸出来，头这么大，舌头伸得这么长。"毛泽东一边说一边兴高采烈地用手比画着，"狂生怎么办呢？他把墨涂在脸上，涂得像鬼一样，也伸出舌头，面向鬼望着，一小时，两小时，三小时，望着鬼，后来鬼就跑了。"大家听了毛泽东讲的鬼故事，都哈哈大笑。毛泽东从这个故事得出结论说：作者蒲松龄是在告诉我们，不要怕鬼，你越怕越不能活，鬼就要跑出来把你吃掉，狂生不怕鬼，就把鬼征服了。他对秘书林克说："遇到尖锐的问题时，要坚持原则，旗帜鲜明，不能怕丢失选票，而保持两边不得罪的中立态度。结果反要丧失选票，失去人民的信任的。"

无论是面对美帝国主义的讹诈，还是应对苏联霸权主义的压力，毛泽东始终把这一切国际强权政治当作"鬼"，直面斗争，敢于胜利。他强调，与人民群众的力量相比，一切反动派都是纸老虎、假老虎，最终必然会成为失败的老虎。

20世纪60年代初，由于国内在建设社会主义道路指导思想上出现偏差，国际上美国和苏联的包围打压，再加上自然灾害的发生，这"天灾人祸"一时间让中国面临着极为严峻的困难。为提高人民群众"不信邪""不怕鬼"的信心，毛泽东提议由中国科学院文学所编辑一本《不怕鬼的故事》。在出版前，毛泽东审阅了书稿，并对该书序言进行了修改，加上了这么几句话："世界上并没有过去的故事里所说的那种鬼，但是世界上又确实存在着许多类似鬼的东西。大而至于国际帝国主义及其在各国的走狗……小而至于一般工作中的困难、挫折等等，都可以说是类似鬼的东西。"对待这种鬼，我们不要害怕，要坚决与之斗争。"难道我们越怕'鬼'，'鬼'就越喜爱我们，发出慈悲心，不害我们，而我们的事业就会忽然变得顺利起来，一切光昌流丽，春暖花开了吗?"[1]

---

[1]《建国以来毛泽东文稿》第九册，中央文献出版社1998年版，第425—426页。

我身上有些虎气，是为主，也有猴气，是为次

对毛泽东的性格，美国前总统尼克松曾在自己的著作《领导者》一书中这么写道："毛泽东在讲到自己的性格时说过，他一半是虎，一半是猴。无情的一面和狂热的理想主义的一面在他身上交替出现。他没有像周恩来那样把自己的各种性格特征融为一体，而是任其发展，把毛泽东本人推向各个不同的方向。"

显然，在尼克松看来，毛泽东性格中的"虎"是指"无情的一面"，而"猴"则是指"狂热的理想主义"。应该说，尼克松分析得对，但也不对。我们不妨听一听毛泽东自己是怎么说的。1966年夏天，毛泽东在故乡自称为"西方山洞"的滴水洞里一住就是11天，随后于7月8日在武汉给江青写了一封至今令史学界捉摸不透的信。信中说：

"晋朝人阮籍反对刘邦，他从洛阳走到成皋，叹道：世无英雄，遂使竖子成名。鲁迅也曾对于他的杂文说过同样的话。我跟鲁迅的心是相通的。我喜欢他那样直率。他说，解剖自己，往往严于解剖别人。在跌了几跤之后，我亦往往如此。可是同志们往往不信。我是自信而又有些不自信。我少年时曾经说过：自信人生二百年，会当水击三千里。可见神气十足了。但又不很自信，总觉得山中无老虎，猴子称大王，我就变成这样的大王了。但也不是折中主义，在我身上有些虎气，是为主，也有些猴气，是为次。我曾举了后汉人李固写给黄琼信中的几句话：峣峣者易折，皦皦者易污。阳春白雪，和者盖寡。盛名之下，其实难副。这后两句，正是指我。我曾在政治局常委会上读过这几句。人贵有自知之明。"

因此，在"虎气"和"猴气"上，毛泽东认为自己的性格是"虎气"

多一些，为主；"猴气"少一些，为次，而不是一半一半。在毛泽东这封信中，可以看到他的"虎气"是指"自信"的一面，"猴气"是指"不自信"的一面。但就毛泽东整个人生的性格世界来说，其实他所说的"虎气"和"猴气"应该是一个矛盾的对立统一体，如同一个硬币的两面。"虎气"包含着阳刚、威武、坚强、豪放、粗犷、狂狷、高傲、强硬的一面，"猴气"则包含着阴柔、儒雅、脆弱、婉约、细腻、低调、谦逊、柔和的一面。"虎气"是严肃、严厉、严格、严明的一面，"猴气"是活泼、可爱、轻松、灵活的一面。

"虎气"和"猴气"，其实就是一个事物的两个方面，即二重性，对立统一，相互依存，互为影响。1965年12月，毛泽东自己也曾这样评价自己："我这个人就有二重性。"不仅毛泽东的性格如此，人类甚至有灵性的生物之性格，也莫不如此。可以说，这是一种社会现象，也是一种自然现象。

1944年春，毛泽东在对南下支队干部讲话时，曾以柳树和松树的性格来教育大家既要有原则性又要有灵活性。他说：我们共产党人要学会两种本领，头一种是松树的本领，第二种是柳树的本领。松树发育生长，不怕风吹雨打，严寒之中依旧巍然屹立。松树有"原则性"。柳树插到哪儿都能活，一到春天，枝长叶茂，随风摇曳，十分可爱。柳树有"灵活性"。一个共产党员就应该既具备松树的原则性，又具备柳树的灵活性，缺一不行。如果从这个角度来分析，把毛泽东的"虎气"也可比作"松树"的原则性，"猴气"则可比作"柳树"的灵活性。同年10月25日，毛泽东在中共中央党校礼堂对即将去前线的干部作报告时，在强调要加强党内外团结的问题时，说：共产党要团结各阶层人士。共产党员好像柳树一样，到处插下去就可以活，长起来。但柳树也有缺点，容易顺风倒，所以还要学松树，挺而有劲。柳树有机动性，松树有原则性，柳树可亲，松树可靠，我们共产党人就是要可亲、可靠。①

对于毛泽东的这种性格，一位西方研究毛泽东的学者曾经惊讶地认

---

① 《毛泽东年谱》(1893—1949)中卷，中央文献出版社2002年版，第553页。

为：毛泽东不是一种而至少是五种类型的人。他是农民运动的领袖，发起了遍布全国的暴动；他是哲学家，赋予马克思主义一种东方精神的新形式；他是军事指挥家，将游击战与运动战实现了最佳结合，把人民战争挥洒得淋漓尽致；他是放荡不羁的浪漫主义诗人；他是全球最大的机构中的政治领袖。无疑，毛泽东的诗人身份与诗人气韵，也深刻影响了他的战略运筹。作为诗人，毛泽东是集军事家的机敏气魄、政治家的胆识圆通、思想家的深邃智慧于一身的诗人；作为军事家、政治家，毛泽东是充满革命理想主义激情和浪漫主义诗人气质的军事家、政治家。因此，从某种意义上说，毛泽东所谓的"虎气"当然是那种俯瞰天下、傲视群雄、内圣外王的伟大气概；而所谓"猴气"，应该是那种举重若轻、不拘一格、超凡脱俗、四两拨千斤的灵性与智慧。

当然，关于毛泽东的"虎气"和"猴气"，或许还有更多种更多重的解读，但毛泽东遇强更强的无畏斗志和顽强毅力，在这二气中都是共同的。1964年1月，毛泽东在同安娜·路易斯·斯特朗谈话时指出：同修正主义斗争的转折点是1963年7月14日苏共公开信对中国的攻击。他说："我们就像孙悟空大闹天宫一样，我们丢掉了天条！记住，永远不要把天条看得太重了，我们必须走自己的革命道路。"同时，毛泽东的"虎气"和"猴气"中还包含着相信自己、科学求实、大胆创新、反对迷信的态度。他说："马克思主义本身也是创造出来的，对于经典著作要尊重，但不要迷信，一有迷信，就把我们的脑子压住了，不敢跳圈子想问题，那很危险。"他指出：对于马克思主义也不要怕，马克思也是人。

我自欲为江海客，更不为昵昵儿女语

行万里路，读万卷书。这是毛泽东少年时代就立下的志愿。敢想、敢干、敢为、敢于担当，这是毛泽东与生俱来的性格。坚定的意志，强烈的自信，忘我的精神，毛泽东性格中所散发的这种领袖气质，在青年时代就咄咄逼人。

"我自欲为江海客，更不为昵昵儿女语。"① 这是毛泽东早年写的《贺新郎·别友》中的两句，可谓写尽了自己愿意壮游天下的雄心壮志。在那峥嵘岁月，他"恰同学少年，风华正茂；书生意气，挥斥方遒"，一边埋头读书学习，一边偕侣于岳麓山下或橘子洲头，湘江北去，看万山红遍，层林尽染；看漫江碧透，百舸争流；看鹰击长空，鱼翔浅底；再"指点江山，激扬文字，粪土当年万户侯"，向世界发出了一个中国式的反问——苍茫大地，谁主沉浮？

"野蛮其体魄，文明其精神。"毛泽东希望行走天下，饱览祖国的大好河山。因此，他特别重视体育锻炼，相信生命在于运动。他喜欢日光浴、冷水浴、雨浴、风浴，还喜欢登山、露宿、远足，尤其喜爱游泳。而在一生大部分的时间里，强健的体魄一直是毛泽东最无价的财富。身高达1.82米的毛泽东，异乎寻常地比同时代的领导人都要高一些。他的身体仿佛是铁打的，周身充满活力。

20世纪50年代，毛泽东在接见美国朋友杜波依斯夫妇和斯特朗时，就谈及了自己一生热爱游泳。他指着陪同的湖北省委书记王任重说，他是我

---

① 毛泽东在晚年将这两句诗改为："要似昆仑崩绝壁，又恰像台风扫寰宇。"

的泳伴，而不是舞伴。我游过好几条江，除长江外，游过广州的珠江、杭州的钱塘江、湖南的湘江。还有几条江，也准备游，黄河、松花江、黑龙江。紧接着，他问三位美国客人：你们美国有一条密西西比河，我能去游泳吗？如果你们不反对，我愿意去游密西西比河。1960年10月22日，毛泽东在接见美国记者斯诺时，斯诺问毛泽东："主席先生，我记得，在保安时，你就告诉我很想亲自去美国看看大峡谷和黄石公园，到密西西比河去游泳的。现在还想去吗？"毛泽东回答说："是啊！我的确希望我能在还不太老之前，到美国去一趟，在密西西比河和波达麦河去畅游一番。但是，华盛顿不可能同意我到波达麦河去的，不过，他们或许会同意我到密西西比河中去游泳。也只是在河口而已，那里有50英里宽。"

毛泽东频频跟美国朋友表达希望到美国密西西比河游泳，一方面是说明他自己热爱游泳，另一个方面也表达了中国愿意与美国建立友好关系。但毛泽东的游泳水平，确实不是一般人可比的。

1956年夏天，毛泽东在广州提出要游长江。当时罗瑞卿等人反复规劝，但毛泽东执意要游，怎么都无法说服，甚至把警卫队长都赶走了。随后，毛泽东从广州奔赴武汉，于5月31日第一次畅游长江。他从武昌造船厂码头下水，仰泳顺流而下，过了长江大桥之后，就钻进滔天白浪之中，忽而潜泳，忽而仰泳，忽而侧泳，忽而"端坐"于波峰浪谷之尖，忽而踩水站立于中流暗涌之上，与同游的年轻人一起谈心，搏风击浪，谈笑间全然不像是一个63岁的老人。随后，在6月1日、3日，他又两次畅游长江。他说长江是一个天然的最好游泳池，并激情满怀地写下了《水调歌头·游泳》：

才饮长沙水，又食武昌鱼。万里长江横渡，极目楚天舒。不管风吹浪打，胜似闲庭信步。今日得宽余。子在川上曰：逝者如斯夫！风樯动，龟蛇静，起宏图。一桥飞架南北，天堑变通途。更立西江石壁，截断巫山云雨，高峡出平湖。神女应无恙，当今世界殊。

当有人问他怎么样才能做到"胜似闲庭信步"时，毛泽东伸出三个手指头，说了三个字："不怕水。"接着又说了一个字："松"。他还深有体会地说：不能怕水，要驾驭水。怕水，太紧张，就要喝水；"光说不练不行，要在游泳中学会游泳"。

据不完全统计，从1956年到1966年间，毛泽东先后13次畅游长江。具体数据如下表所示。

序号	时间	地点	里程（公里）	气象（水温）	时长（分钟）
1	1956年5月31日	武汉		水温21—22℃	124
2	1956年6月1日	武汉	武昌至汉口		
3	1956年6月3日	武汉	14		120
4	1957年9月5日	武汉		水温27℃，风速4级	30
5	1958年8月	九江	13	水温23℃，风速3级	50
6	1958年9月1日	武汉	5	水温28℃	37
7	1958年9月10日	武汉			
8	1958年9月12日	武汉	5	水温28℃	30
9	1958年9月13日	武汉			20
10	1958年9月14日	武汉			
11	1958年9月15日	黄石		大雨，风速4—5级	40
12	1958年9月16日	安庆	8	水温23℃，风速6级	30
13	1966年7月16日	武汉	15	风速5级	75

"到中流击水，浪遏飞舟。"挑战长江，其实就是挑战自我。他说："长江水深流急，可以锻炼身体，可以锻炼意志。"毛泽东最后一次游长江时已经73岁高龄，在75分钟里游了15公里，不可谓不是畅游。如此的体魄，如此的气魄，如此的魂魄，人世间又有几人能与之媲美呢？

除了畅游长江，毛泽东在大海中同样也是"水击三千里"。他跟身边警卫们说："你们正年轻，要经历风雨见世面。不要做温室里的花草，要到大风大浪里去锻炼自己。"在北戴河，毛泽东在波涛汹涌的大海里找到了更大的自信和舞台，读一读他的诗歌《浪淘沙·北戴河》就能感受到大海的气息迎面扑来:"大雨落幽燕,白浪滔天,秦皇岛外打鱼船。一片汪洋都不见,知向谁边?往事越千年,魏武挥鞭,东临碣石有遗篇。萧瑟秋风今又是,换了人间。"毛泽东一边游泳一边作诗,其"江海客"的浪漫与豪迈,又岂是文字能表达得了的呢?

人是要有点精神的

　　什么是精神？精神是人的一种品格，一种气质，也是一种修养，是由内而外的一种高尚性情的美好表达。

　　在中共八届二中全会上，毛泽东深有感触地说过这样一段话："锦州那个地方出苹果，辽西战役的时候，正是秋天，老百姓家里很多苹果，我们战士一个都不去拿。我看了那个消息很感动。在这个问题上，战士们自觉地认为：不吃是很高尚的，而吃了是很卑鄙的，因为这是人民的苹果。我们的纪律就建筑在这个自觉性上边。这是我们党的领导和教育的结果。人是要有一点精神的，无产阶级的革命精神就是由这里头出来的。"[1]

　　大事显风流，小事见精神。1945年8月，毛泽东应邀参加重庆谈判。在长达43天的谈判中，毛泽东与蒋介石共谈了十次。事后，蒋介石与其智囊陈布雷谈起对毛泽东的印象，发自内心地说：毛泽东此人不可轻视。他嗜烟如命，手执一缕，绵绵不断，据说一天要抽50支。但他知道我不抽烟，在同我会谈期间，竟然决不抽一支烟。对他的决心和精神不可小视啊！细节决定命运，小节凸显精神。由此可见毛泽东的英勇忠诚和超人的忍耐力。一代枭雄蒋介石也不得不佩服他的对手是一个了不起且不好对付的角色。

　　1938年1月，国民党右翼势力的反共活动猖獗，国民党军方机关报《扫荡报》以及《血路》《民意》《抗战和文化》等刊物，掀起所谓"一党运动"。一时间，"一个领袖、一个主义、一个政党"的喧嚣铺天盖地，在武

---

①《毛泽东军事文集》第六卷，军事科学出版社、中央文献出版社1993年版，第367页。

汉三镇闹得满城风雨。他们还指使《武汉日报》《扫荡报》发表社论，指责陕甘宁边区是西北新的封建割据、红军改易旗帜却不服从中央，影响全国统一。显然，蒋介石想采取"溶共"的手段，达到其独裁的目的。但毛泽东坚定信念，毫不动摇，坚决反对王明提出的"一切通过统一战线、一切服从统一战线"的右倾路线。在延安，毛泽东说："蒋先生以为'天无二日，民无二王'，我不信邪，偏要出两个太阳给他看看。"

毛泽东坚持斗争到底不屈不挠的气概，就是把精神转化成一种向上向前的力量，正如他战争年代常说的那句话"老子不信邪"一样，精神成为人生为理想和信仰而发愤图强的催化剂。那是1947年8月，转战陕北的毛泽东率领中央机关200多人组成的"昆仑纵队"（后改名"三支队"），在王家湾被国民党第二十九军刘戡率四个半旅两万多人追击。天降大雨，后有追兵，形势严峻，危在旦夕，毛泽东点燃一支香烟，从容地说：他走他的大川，我走我的沙漠，不消灭胡宗南，决不过黄河！老子不信邪！谁消灭谁，咱们走着瞧！

毛泽东的个性鲜明，既有刚烈耿直、宁折不弯、倔强好胜的一面，也有谦虚谨慎、豁达宽容、洒脱开朗的一面。政治上的毛泽东有他敢想敢说敢干"造反有理"的一面，生活中的毛泽东却是一个没有功利之心的人。在延安，作为中共最高领导人，他也会经常听到一些怪话、闲话甚至骂他的话。但毛泽东都能保持清醒的头脑，能团结人、会团结人，表现了一个伟大政治家的气质和精神。1945年5月31日，他在中共七大作总结谈到干部关系问题时说："我就有这个经验，许多话就是从闲话中听到的。例如，说什么陕北人只能创造苏区不能当红军，为什么陕北红军不编一个师？说什么张国焘学问好，毛泽东学问不好。说什么雷公为什么不打死毛泽东？这些都是闲话，对这些话我怎么看呢？""为什么说张国焘的学问比我好呢？就是因为批判张国焘路线把人家整苦了，"抗大"派去的十八岁娃娃当指导员，把什么都说成是张国焘路线，拿老百姓一个鸡蛋也是张国焘路线。三八五旅的旅部打电报给留守兵团司令部反映这些情况。我说再也不要整人家的张国焘路线了。那个张国焘路线好不好呢？我说当然不好。但三八五旅的同志们他们从另一方面想，张国焘没有整他们的张国焘路线，毛泽东就整了他们的张国焘路线，所以张国焘的学问就好，毛泽东的学问就不好。我是不是也承认了这一条呢？我承认了这一条，必须要承认这一条。说雷公为什么不打死我是有原因的，说我的学问比张国焘差也是有原因的，要分析这些原因，要解决问题。"①

创业艰难百战多。毛泽东一生都是在惊涛骇浪中前进的，但无论遇到怎样的困难、挫折、打击和挑战，他从未动摇过自己的信心、决心和斗志。这就是他的奋斗精神。但毛泽东不是一个盲目的乐观主义者。他毕生的目的就是想破除迷信、解放思想、冲破束缚，坚信人定胜天，力求把现实社会改造得比天堂还美好。但越是追求完美，就越发对现实感到忧患；越是情感激越，就越发感到悲壮苍凉。1961年，他在《七律·和郭沫若》中，充满激情地发出"今日欢呼孙大圣，只缘妖雾又重来"的呼喊，渴望"金猴奋起千钧棒，玉宇澄清万里埃"，表明了自己要同修正主义作斗争的意愿。

中苏关系恶化导致中苏两党两国之间进行了长达十年的公开论战。从论战一开始，毛泽东就告诉传递苏共中央信件的苏联人士说："别着急，笔墨官司是死不了人的。起码有四件事我可以保证，不管你们怎么批评我们，天照样下雨，女人照样生孩子，草木照样生长，鱼照样在河里游。"毛泽东的这种精神和气概，真可谓是"乱云飞渡仍从容"。而对于国内的形势，毛泽东在1966年3月30日的一次谈话中提出："打倒阎王，解放小鬼。""要把十八层地狱统统打破。孙悟空闹天宫，你是站在孙悟空一边，还是站在天兵天将、玉皇大帝一边？""如果中央出修正主义，地方要造反。"他对当时党内和国家的政治形势作出了错误的估计，在5月16日发出《中国共产党中央委员会通知》（即"五一六通知"），发动了"文化大革命"。为此，他在当时和胡志明的一次谈话中，这么说道："我们都是70岁以上的人了，总有一天被马克思请去，接班人究竟是谁，是伯恩斯坦、考茨基，还是赫鲁晓夫，不得而知。要准备，还来得及。"

①《毛泽东文集》第三卷，人民出版社1996年版，第403—404页。

作为执政党的领袖，毛泽东对党和国家前途的忧患、对人民政权巩固的忧患，对资本主义复辟危险性的忧患，对消极腐败和脱离人民群众现象的忧患，以及他希望"公开地、全面地、自下而上地揭发我们的黑暗面"，从而建立公正、纯洁、理想的社会，其主观愿望是好的，也深受党和群众的拥护和支持，但遗憾的是，他采取群众运动的办法，采取人治而不是法治的办法，把事情扩大化了、搞乱了，失去了控制，造成了"大跃进"、人民公社，特别是"文化大革命"的悲剧结果。

舍我其谁。与其说这是毛泽东青年时代"苍茫大地，谁主沉浮"的英雄气概，不如说是毛泽东晚年对革命事业后继乏人的深沉忧患。尤其是1971年林彪"九一三事件"的沉重打击，几乎击碎了他所有的光荣和梦想。但不管风吹浪打，胜似闲庭信步，毛泽东骨子里就有一种钢铁般的自傲和坚毅。

人是要有点精神的。晚年的毛泽东尤其喜欢阅读慷慨悲壮的南宋豪放派诗词，尤爱辛弃疾的《稼轩长短句》、张孝祥的《于湖词》、张元幹的《芦川归来集》以及陆游、陈亮的作品。比如辛弃疾的"醉里挑灯看剑，梦回吹角连营……了却君王天下事，赢得生前身后名，可怜白发生"；"千古江山，英雄无觅……想当年，金戈铁马，气吞万里如虎"。再比如张孝祥的"念腰间箭，匣中剑，空埃蠹，竟何成！时易失，心徒壮，岁将零……"多少苦难和辉煌，多少光荣和梦想，在这样壮怀激烈的意境中，跳动的是壮心不已。

"风云帐下奇儿在，鼓角灯前老泪多。"[1]毛泽东晚年深受白内障的困扰，在长达近一年的时间里几乎处于失明状态。1975年8月，在做手术时，他提出了唯一的要求，就是在手术进行时播放岳飞的《满江红》——"怒发冲冠，凭栏处，潇潇雨歇。抬望眼，仰天长啸，壮怀激烈。三十功名尘与土，八千里路云和月。莫等闲，白了少年头，空悲切。"诚如周恩来所说："毛泽东身上有着中华民族的谦虚实际、中国农民的勤劳朴实、知识分子的好学深思、革命军人的机动沉着、布尔什维克的坚忍顽强。"

---

① （清）严遂成：《三垂冈》。

与毛泽东一生接触最多，且最受其信赖的美国记者埃德加·斯诺说：毛泽东是一个"生活朴素的人，身体健壮；他自信但不说大话；他自尊心很强；他对人和历史的估计是精辟的；他具有坚忍不拔的意志；他对中国历史、政治和哲学具有渊博的知识，对外部世界有一定的了解，很想知道外国和各国人民的情况；很受军民的拥护；他是一个始终努力工作的人；不无幽默感，又是一位富有想象力和很含蓄的人"。

1975年12月31日，毛泽东会见了美国前总统理查德·尼克松的女儿朱莉·尼克松和女婿戴维·艾森豪威尔，与两位美国年轻人一起迎来了人生最后一个新年。毛泽东给他们留下了深刻印象，朱莉说："我坚决相信，尽管这位主席经过82年的艰苦生活已经衰老，但是他的头脑却比中国的年轻一辈更充满活力，更渴望斗争。"而且"令人惊异的是，毛泽东是我们在中国遇到的第一位不伪称人民共和国是一个乌托邦式的完美社会的人。实际上，从他的话里我们可以听出，他对他本国人民尤其是没有受过考验的青年一代，抱着怀疑态度，并感到失望。'青年人是软弱的，必须提醒他们斗争的需要'"。毛泽东告诉他们："除了斗争是肯定的之外，其他都是不肯定的。"他使劲用两手的食指相戳来强调这种斗争，说"很可能要斗二三百年"。这次见面，尼克松的女儿得出了这样的结论："毛的一生，也许超过所有其他人，已经使全世界的穷人产生了强烈的和日益增长的革命要求。他发动了全球性的斗争。这种斗争已经并且将继续带来巨大的动乱和变化、死亡和天翻地覆。但是，不论历史如何下结论，毛的一生肯定将成为人类意志的力量的突出证明。"①

谈话结束，朱莉·尼克松和戴维·艾森豪威尔走出毛泽东的书房，深深吸了一口北京冬夜的空气时，情不自禁地吐出一句话："十里之外就能够呼吸到毛泽东的个性。"个性就是精神。正如他们的父亲尼克松所说："无论人们对毛有怎样的看法，谁也不能否认他是一位战斗到最后一息的战士。"

人是要有一点精神的。精神犹如脊梁，支撑人生。

---

① 丁晓平、方健康编著：《毛泽东印象》，中国青年出版社 2011 年版，第 208—209 页。

叁日谈

毛泽东谈德政亲民

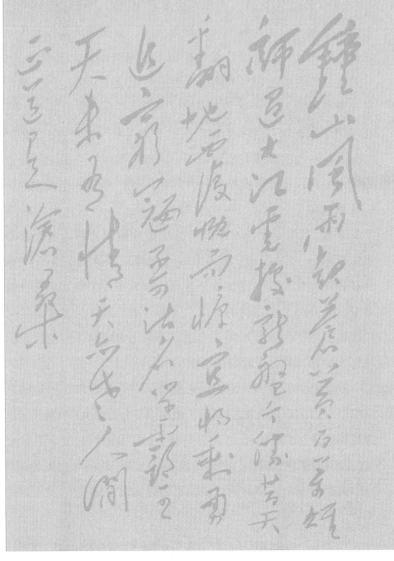

钟山风雨起苍黄，百万雄师过大江。虎踞龙盘今胜昔，天翻地覆慨而慷。宜将剩勇追穷寇，不可沽名学霸王。天若有情天亦老，人间正道是沧桑。

"归根结底就是群众路线四个字"

3

【导语】

毛泽东把中国人民伟大的抗日战争和解放战争称之为"人民战争"，把中国共产党领导的军队称之为"人民军队"，把和中国人民一起创建的新中国定名为"人民共和国"，把中国共产党执政的政府机构定名为"人民政府"，把中国共产党及其军队唯一的宗旨确定为"全心全意为人民服务"。毛泽东是人民的儿子，来自人民，时时刻刻与人民在一起，与人民手拉手心连心。人民歌颂他是"人民的大救星"，他赞颂"人民群众是真正的英雄"；人民高呼"毛主席万岁"，他却高喊"人民万岁"……

毛泽东一生最满意的称呼是陕甘宁边区人民称他为"人民领袖"。

毛泽东离不开人民，人民也永远不会忘记毛泽东。

毛泽东把人民放在心上，人民把毛泽东记在心里。

毛泽东和人民永远在一起。毛泽东永远属于人民。

毛泽东说："人民，只有人民，才是创造世界历史的动力。"

执政为民、勤政爱民、廉政惜民、德政亲民，这是毛泽东夙夜在公全心全意为人民服务的政治之道。从战争年代到和平年代，毛泽东对人民是怎么说又是怎么做的呢？毛泽东到底为人民做了什么呢？

六盘山上高峰，红旗漫卷西风。今日长缨在手，何时缚住苍龙？

毛泽东

清平乐

六盘山

天高云淡，望断南飞雁。不到长城非好汉，屈指行程二万。

谁赢得农民，谁就能赢得中国

农民问题，是中国革命的基本问题，也是根本问题。农民、农业和农村的"三农"问题，至今依然是中国国家建设的基本问题。毛泽东成功地将马克思主义同中国具体实际相结合，解决了不同时期的农民问题，是其一生最富创造性的伟大贡献之一。

在革命战争年代，毛泽东认为"农民是中国民主革命的主力军"。他说，农民"是中国工人的前身"，"是中国工业市场的主体"，"是中国军队的来源"，"是现阶段中国民主政治的主要力量"，"除了无产阶级是最彻底的革命民主派之外，农民是最大的革命民主派"。[1]他从中国革命成败的战略高度，指出农民问题是中国革命的中心问题。农民阶级只要在无产阶级的领导下，就能形成强大的政治力量，成为中国革命的主力军，是左右中国革命全局的决定性力量。"中国共产党的武装斗争，就是在无产阶级领导之下的农民战争"[2]；"中国的民主主义者如不依靠三亿六千万农民群众的援助，他们就将一事无成"[3]。在中共七大的一次口头报告中，毛泽东再次强调：所谓人民大众，最主要的部分是农民；所谓人民战争，就是农民战争。忘记了农民就没有民主革命，也就没有一切革命。"马克思主义的书读得很多，但是注意不要把'农民'这两个字忘记了。这两个字忘记了，就是读一百万册马克思主义的书，也是没有用处的。"[4]

---

① 《毛泽东选集》第三卷，人民出版社 1991 年版，第 1075—1078 页。
② 《毛泽东选集》第二卷，人民出版社 1991 年版，第 609 页。
③ 《毛泽东选集》第三卷，人民出版社 1991 年版，第 1078 页。
④ 胡乔木：《胡乔木回忆毛泽东》，人民出版社 1994 年版，第 377 页。

1936年夏天，美国记者埃德加·斯诺在陕北保安采访毛泽东后，写了名著《红星照耀中国》。但红星为什么照耀中国呢？毛泽东为什么能打败蒋介石呢？斯诺在自传体著作《复始之旅》①中这么写道："与美国人的看法相反，国民党从来没有明确地提出要与共产党人在道义上较短长，而只是与共产党人在使用武力方面比高低。知识青年参加共产党只是因为他们作出了切合实际的判断：不论是解决个人的问题，还是迅速填补中国和先进国家在工业科学方面的惊人差距，他们的办法是唯一的办法。那些早期就开始相信这一点的人们发现了一个以前的马克思主义全部理论都不能解释的真理。他们发现，他们可以不经过城市起义，就能使'无产阶级革命'取得政权。客观经验使毛相信农民是社会革命的主要动力，但俄国人始终不同意这一看法。其他国家的正统马克思主义者还是相信，没有先进的工业无产者做主力，共产主义运动是不可能成功的。开初，中国人也曾这样认为。在早期的城市起义（1927—1930）惨败之后，当时共产党已被摧毁殆尽，他们只有退回农村，别无选择。毛泽东和朱德在农村里建立了第一批根据地。此后，事态的发展使农民实际上成了他们人力物力的唯一支援者。他们拧成了一股力量，终于使共产党人在全国取得政权，在警察严密防范下的城市工人阶级或俄国人对农民的帮助极少。"

　　"谁赢得农民，谁就能赢得中国，"毛泽东在保安对斯诺说，"谁能解决土地问题，谁就能赢得农民"。

　　毛泽东在他一生的伟大实践中，始终相信人民群众尊重人民群众。大革命时期，当反动势力和国民党右派大肆攻击、污蔑农民运动是"痞子运动""糟得很"时，他在《湖南农民运动考察报告》中热情歌颂农民运动的伟大功绩，称赞农民运动"好得很"，是"革命先锋"。土地革命时期，毛泽东坚定地说："真正的铜墙铁壁是什么？是群众，是千百万真心实意地拥护革命的群众。"抗日战争时期，他在《论持久战》中指出："兵民是胜利之本"，"战争的伟力之最深厚的根源，存在于民众之中"。在中共七大政治

---

　　①*Journey to the Beginning*，1958 年由美国出版公司出版。

报告中，毛泽东说："人民，只有人民，才是创造世界历史的真正动力。"他说："紧紧地和中国人民站在一起，全心全意地为中国人民服务，就是这个军队的唯一宗旨。"他把人民比作上帝，共产党人要有"愚公移山"的精神去感动人民这个上帝。新中国成立后，毛泽东经常强调要走群众路线。他说："知识来源于群众。什么叫正确解决人民内部矛盾？就是实事求是，群众路线。归根结底就是群众路线四个字。不要脱离群众，我们跟群众的关系，就像鱼跟水的关系，游泳者跟水的关系一样。"他还指出："所谓正确处理人民内部矛盾问题，就是我党从来经常说的群众路线的问题。共产党员要善于同群众商量办事，任何时候也不要离开群众。党群关系好比鱼水关系。如果党群关系搞不好，社会主义制度就不可能建得成；社会主义制度建成了，也不可能巩固。"①

　　1941年6月3日，边区政府召开县长联席会，讨论征粮工作。忽然，暴风骤雨，电闪雷鸣，一个霹雳突然击中会场的屋角，击伤数人，其中延川县代县长李彩荣因伤势过重经抢救无效死亡。当时，《解放日报》对这一起偶然的雷击事件也做了报道，有关部门还专门为李彩荣召开了追悼会。消息传开后，老百姓一时间议论纷纷。其中一个赶集的农民在集贸市场上当街骂道："老天爷不睁眼，咋不打死毛泽东！"保安部门闻讯后，以反革命拘留了这位农民。毛泽东获悉真实情况后，立即指示赶快放人。但这个农民的话却引起了毛泽东的深思，他躬身自问：一个农民为什么会说出这种话来，肯定是心中有什么不满才骂我毛泽东的，它反映我们的工作中肯定是出了问题，老百姓有怨气。后来，他在中共七大上作总结时说："为什么有人希望雷公打死我呢？当时我听到这个话是很吃惊的。说这个话的时间是一九四一年，地方是边区，那年边区公粮征收二十万石，还要运公盐六万驮，这一下把老百姓搞得相当苦，怨声载道，天怒人怨，这些事还不是毛泽东搞的？因为我也主张征收二十万石公粮，主张去运盐。当时不运盐也不行，但是运得久了就不好。这就迫使我们研究财政经济问题，下决

<hr />

　　①《建国以来毛泽东文稿》第六册，中央文献出版社1988年版，第547页。

心搞大生产运动，一九四二年公粮减少了，一九四三年也减少了，这就解决了问题。"①

毛泽东的做法不但受到了人民群众的拥护，而且对全党也是一个很好的教育。为了减轻人民群众的负担，毛泽东和党中央立即采取了两项重要措施，一是发动党政军机关、学校、部队都动手开展大生产运动，提出了"自己动手，丰衣足食"的口号；二是实行精兵简政。毛泽东借此告诫全党，我们共产党及其领导的人民政权，是为人民服务的，做错了事，遭到群众的反对，就要从群众的反对和批评中寻找自己工作的问题，承认错误，改进工作。他批评那种"不顾人民困难，只顾政府和军队需要"而加重人民负担的做法是"竭泽而渔"，"如果我们做地方工作的同志脱离了群众，不了解群众的情绪，不能够帮助群众组织生产，改善生活，只知道向他们要救国公粮，而不知道首先用百分之九十的精力去帮助群众解决他们'救民私粮'的问题，然后仅仅用百分之十的精力就可以解决救国公粮的问题，那末，这就是沾染了国民党的作风，沾染了官僚主义的灰尘。"②

对于损害群众利益的事，毛泽东绝不姑息迁就。在延安，驻于小砭沟口的中央警备团想盖一座平房，在延河边占了农民二亩平地。要知道，陕北高原大多是山坡地，二亩平地那可是老乡的心尖子。被占地的农民表示抗议，但警备团却置之不理。于是，这位农民就给毛泽东写信反映。毛泽东收到信后，立即命令警备团停止建房，将土地归还农民。为此，他专门批评了警备团，说：作为警备团，应该最体贴人民群众，最能为人民利益服务，怎么能干出这样的蠢事来！按照毛泽东的指示，警备团退回了二亩平地，并向农民赔礼道歉。群众高兴地说："毛青天来了！"

毛泽东来自农村，出身农民之家，是农民的儿子。无论在任何时候，他总是想人民所想，急人民所急。早在1919年7月，他就在《湘江评论》的"创刊宣言"中开宗明义地提出："世界什么问题最大？吃饭问题最大。"③

---

① 《毛泽东文集》第三卷，人民出版社1996年版，第404页。
② 《毛泽东选集》第三卷，人民出版社1991年版，第933页。
③ 《毛泽东早期文稿》，湖南出版社1995年版，第292页。

战争年代，他说："一切群众的实际生活问题，都是我们应当注意的问题。假如我们对这些问题注意了，解决了，满足了群众的需要，我们就真正成了群众生活的组织者，群众就会真正围绕在我们的周围，热烈地拥护我们。"①动员群众参加革命战争，就必须通过解决群众关心的实际问题。"我们对于广大群众的切身利益问题，群众的生活问题，就一点也不能疏忽，一点也不能看轻。"帮助群众解决了实际问题，就会得到群众真心实意的拥护，"这是真正的铜墙铁壁，什么力量也打不破的，完全打不破的"。②

新中国成立后，毛泽东始终把解决人民群众的实际困难，保障人民群众的合法权益，作为一个关系到能否保持党与人民群众血肉联系的重大课题。20世纪50年代，河南某地要修建飞机场，因为事先没有做好说服和安置工作，强迫搬迁，因而遭到当地农民的反对，把到那里的测量技术人员赶走了。后来，当地政府经过耐心做工作，向乡亲们说清了道理，并妥善地做好安置工作，得到了乡亲们的支持，他们愉快地搬了家，飞机场终于建成了。毛泽东知道后，深有感触地说："这样的事情不少。现在，有这样一些人，好像得了天下，就高枕无忧，可以横行霸道了。这样的人，群众反对他，打石头，打锄头，我看是该当，我最欢迎。而且有些时候，只有打才能解决问题。共产党是要得到教训的。"如何处理群众矛盾和干群纠纷？毛泽东指出："不能跟群众对立，总要跟群众一道。群众也可能犯错误。他犯错误的时候，我们要好好讲道理，好好讲他不听，就等一下，有机会又讲。""必须采取民主的说服教育的方法，决不允许采取命令主义态度和强制手段。""如果由于我们的工作做得不好，闹了事，那就应当把闹事的群众引向正确的道路，利用闹事来作为改善工作、教育干部和群众的一种特殊手段，解决平日没有解决的问题。"③

毛泽东的话发人深省啊！

"备战、备荒、为人民。"这是20世纪60年代毛泽东提出的重要战略

---

① 《毛泽东选集》第一卷，人民出版社1991年版，第137页。
② 《毛泽东选集》第一卷，人民出版社1991年版，第136、139页。
③ 姚有志、陈宇主编：《毛泽东大战略》，解放军出版社2009年版，第86页。

思想。1965年6月16日，毛泽东在杭州听取有关三线建设的规划汇报时，着重强调要充分考虑人民的承受能力。他说：五年基本建设投资控制在八九百个亿，不要太多。向老百姓征税、征粮闹多了，会闹翻。对老百姓不要搞得太紧张，把老百姓搞翻了不行，这是个原则问题。总之，第一是老百姓，不要丧失民心；第二是打仗；第三是备荒。计划要考虑这三个因素。根据毛泽东的指示，国家计委将原定的1080个亿的建设规模压缩减少了230个亿，实际投资为850个亿。而三线的具体建设，遵照毛泽东"不与民争利"的原则和"大分散、小集中""依山傍水扎大营"的指示精神，采取了"山、散、洞"的方针，防止占用大量耕地，避免了"与民争利"，得到了人民的拥护和支持，取得了历史性的成就，对中国的战备和长远经济建设产生了深远的影响。

提高警惕，保卫祖国。新中国成立后，毛泽东先后决策并成功指挥了"抗美援朝，保家卫国"的朝鲜战争、中印边境自卫反击战、中苏边境珍宝岛自卫反击作战。毛泽东对战争问题有两条基本观点："第一条，反对；第二条，不怕。"毛泽东不怕战争，并不是他不重视战争，而是他对战争胜负规律有着科学的认识。在他看来，兵民是胜利之本；决定战争胜负的是人民，而不是一两件新式武器。不可否认武器装备的多少、优劣，对战争的进程和结局有着重要的影响，但最终决定战争胜负的是人而不是物。因为战争不是机器与机器打，而是为了人的利益、为了政治而打的。战争与人民、士兵群众的利害关系，从根本上决定民心士气的高低和人心的向背。所谓"得人心者，得天下"。从21世纪伊拉克萨达姆政权到利比亚卡扎菲政权的倒台中，也都可以得到印证——堡垒总是从内部攻破的。

我不能搞特殊，你也不能搞

在延安，有一个冬天的下午，萧劲光到毛泽东那里去。一进窑洞，看见毛泽东半躺在床上办公。他知道毛泽东是个"夜猫子"，有晚上办公、上午睡觉的习惯，但这都半下午了，毛主席还躺在床上，萧劲光就担心地问道："毛主席，您是不是生病了？"毛泽东笑了，指着火墙上正烘烤的湿棉裤说："江青爱干净，把我那条棉裤洗了，我哪里起得了床？起来就要光屁股了。"

毛泽东一句玩笑话，说得萧劲光鼻子一酸。他没有想到这位统率几十万党员和军队的最高统帅、被边区人民歌颂为"人民大救星"的人民领袖，生活竟然是如此的艰苦。萧劲光马上把警卫员叫过来，让他赶紧给毛泽东再去领一床棉被、一套新棉衣。谁知，毛泽东坐在床上发火了，说："不行！你领我不要。我从小就在农村长大，什么苦没吃过？"

说着，毛泽东让萧劲光坐下来，给他讲了个"愚公移山"的故事："有段古话你听过没有？叫'愚公移山'，愚公挖山不止，最后感动上帝，把山背走了。我们现在所做的就是感动上帝的事呢！我现在若要特殊，人家群众就会不相信你，你的话就是放屁，他们就会说你不是真革命者，是蒋介石，是皇帝……"说着，毛泽东拉着萧劲光的手说："劲光啊，你要记住我的话。我不能搞特殊，你也不能搞。今天多弄点油，明天多弄点蛋，后天再弄套衣服，两三回之后就成了习惯。但群众都有本账。这样搞，只会搞垮自己，忘本不行呢！"①

---

① 徐肖冰、侯波、李蒙:《毛泽东之路》，长江文艺出版社 2009 年版，第 44 页。

1937年，为抵抗日本侵略者，国共再次合作，毛泽东在陕北领导着抗日救亡运动，成为中国红区的领袖。就是在这时，毛泽东的表兄文运昌托前往延安参加革命的长沙青年学生莫立本给毛泽东捎去一封信。文运昌在信中倾诉了兄弟别离后的思念，讲述了家中的情况，并希望到延安谋取一份工作。烽火连三月，家书抵万金。毛泽东立即给表兄回了封热情洋溢的长信：

　　运昌吾兄：

　　莫立本到，接获手书，本日又接十一月十六日详示，快慰莫名。八舅父母仙逝，至深痛惜。诸表兄嫂幸都健在，又是快事。家境艰难，此非一家一人情况，全国大多数人皆然，惟有合群奋斗，驱除日本帝国主义，才有生路。吾兄想来工作甚好，惟我们这里仅有衣穿饭吃，上自总司令下至伙夫，待遇相同。因为我们的党专为国家民族劳苦民众做事，牺牲个人私利，故人人平等，并无薪水。如兄家累甚重，宜在外面谋一大小差事俾资接济，故不宜来此。道路甚远，我亦不能寄旅费。在湘开办军校，计划甚善，亦暂难实行，私心虽想助兄，事实难于做到。前由公家寄了二十元旅费给周润芳，因她系泽覃死难烈士（泽覃前年被杀于江西）之妻，故公家出此，亦非我私人的缘故，敬祈谅之。我为全社会出一些力，是把我十分敬爱的外家及我家乡一切穷苦人包括在内的，我十分眷念我外家诸兄弟子侄，及一切穷苦同乡，但我只能用这种方法帮助你们，大概你们也是已经了解了的。

　　虽然如此，但我想和兄及诸表兄弟子侄们常通书信，我得你们片纸只字都是欢喜的。不知你知道韶山情形否？有便请通知我乡下亲友，如他们愿意和我通信，我是很欢喜的。但请转知他们不要来此谋事，因为此处并无薪水。

　　刘霖生先生还健在吗？请搭信慰问他老先生。

　　日本帝国主义正在大举进攻，我们的工作是很紧张的，但我们都很快乐健康。我的身体比前两年更好了些，请告慰唐家圫诸位兄嫂侄子儿女们。并告他们八路军的胜利就是他们大家的胜利，用以安慰大家的困苦与艰难。

谨祝兄及表嫂的健康！

毛泽东

一月二十七日

毛泽东润墨挥毫，一口气写了五页纸，是毛泽东写给故乡亲友家书中最长的一封。在这600余字的信中，毛泽东不厌其烦地反复表达了自己的思乡之情，字里行间无不充满着对亲人们的思念和眷恋，比如："快慰莫名""至深痛惜""十分敬爱""十分眷念""得你们片纸只字都是欢喜的""我是很欢喜的"。对文运昌反映的"家境艰难"，希望来延安工作的问题，毛泽东告诉表兄，共产党领导的八路军是有别于中国历史上的任何军队的一支新型军队，"惟我们这里仅有衣穿饭吃，上自总司令下至伙夫，待遇相同。因为我们的党专为国家民族劳苦民众做事，牺牲个人私利，故人人平等，并无薪水。"毛泽东以此来劝告表兄和韶山的亲友们不要为薪水"来此谋事"。而对表兄开办军校之事，毛泽东也明确说："计划甚善，亦暂难实行，私心虽想助兄，事实难于做到。"

千里之外，细心的毛泽东怕亲人们的误解，还向表兄解释："前由公家寄了二十元旅费给周润芳，因她系泽覃死难烈士（泽覃前年被杀于江西）之妻，故公家出此，亦非我私人的缘故，敬祈谅之。"周润芳即毛泽覃的夫人周文楠。为了表明自己的这些态度和意见，毛泽东动之以情，晓之以理，希望表兄理解他，支持他，他深情地说："我为全社会出一些力，是把我十分敬爱的外家及我家乡一切穷苦人包括在内的，我十分眷念我外家诸兄弟子侄，及一切穷苦同乡，但我只能用这种方法帮助你们，大概你们也是已经了解了的。"国难当头，中国每一个老百姓的日子都不好过，那该怎么办？毛泽东耐心分析说："此非一家一人情况，全国大多数人皆然，惟有合群奋斗，驱除日本帝国主义，才有生路。"他希望以"八路军的胜利就是他们大家的胜利，用以安慰大家的困苦与艰难"；"虽然如此，但我想和兄及诸表兄弟子侄们常通书信，我得你们片纸只字都是欢喜的。"

"先天下之忧而忧，后天下之乐而乐。"毛泽东爱家爱亲人，但更爱国家、更爱身处水深火热中的人民。

自觉地放下架子，拜人民为师，这就灵了

"我是个学生出身的人，在学校养成了一种学生习惯，在一大群肩不能挑手不能提的学生面前做一点劳动的事，比如自己挑行李吧，也觉得不像样子。那时，我觉得世界上干净的人只有知识分子，工人农民总是比较脏的。知识分子的衣服，别人的我可以穿，以为是干净的；工人农民的衣服，我就不愿意穿，以为是脏的。革命了，同工人农民和革命军的战士在一起了，我逐渐熟悉他们，他们也逐渐熟悉了我。这时，只有在这时，我才根本地改变了资产阶级学校所教给我的那种资产阶级的和小资产阶级的感情。这时，拿未曾改造的知识分子和工人农民比较，就觉得知识分子不干净了，最干净的还是工人农民，尽管他们手是黑的，脚上有牛屎，还是比资产阶级和小资产阶级知识分子都干净。这就叫做感情起了变化，由一个阶级变到另一个阶级。"①

——上面这段话，是毛泽东在延安文艺座谈会上与作家、艺术家座谈时，发自肺腑地剖析自己思想发展变化时公开说给大家听的。

延安文艺座谈会是1942年5月2日开幕，5月23日结束的。毛泽东为什么要组织召开这样一次会议呢？这有一定的政治背景。当时，随着丁玲、萧军等一大批知名作家、艺术家从国统区和大后方赶来，革命圣地延安的文艺有了新发展。但由于各自的文艺观点不同，文艺界出现了不团结的现象，互相看不起，不是你说我的长诗像"盲肠"，就是我说你的杂文是为了"发泄"。甚至为了生活待遇和名誉地位，还动不动就骂人、打人。

① 《毛泽东选集》第三卷，人民出版社1991年版，第851页。

许多文艺工作者没有了刚开始到延安的那种热情，理想与现实发生了冲突，开始对延安的生活不习惯，"对于工农兵群众则缺乏接近，缺乏了解，缺乏研究，缺乏真心朋友"。在这些层出不穷的纠纷面前，毛泽东开始专门研究作家们在报刊上发表的文章，并和一些同志交谈和书面交换意见。随后接受艾青等人的意见，决定召开这样一次文艺座谈会，统一思想。

5月2日，当毛泽东穿着1938年下发的、上衣袖口和裤子膝盖上都补着巨大补丁、洗得发白却十分整洁的粗布棉袄，从"飞机楼"中央大礼堂后面不远处枣园的家中，信步向山下走来时，多年不见毛泽东的一些艺术家们发现他变了：一是胖了，二是精神了。

毛泽东走进会场，与大家一一亲切握手。毛泽东第一个讲话，他开门见山地说："我们的革命有两支军队，一支是朱总司令的，一支是鲁总司令的。""朱总司令"就是朱德，"鲁总司令"就是鲁迅。一武，一文，毛泽东生动形象的开场白，赢得了大家的掌声和笑声。在毛泽东讲话中间，外面炮声隆隆。那是国民党军队在洛川向红军进攻。当时好多人刚从重庆来，听到枪炮声有些紧张，就有人递条子给毛泽东，问有没有危险。毛泽东看了条子后说："我们开会，听到炮声，你们不要害怕。前方也有我们的部队，能顶住。我提几个建议：第一，你们的母鸡不要杀了，要让它下蛋；第二，你们的孩子要自己养着，不要送给老百姓；第三，我们的部队在前面顶着，万一顶不住，我带你们钻山沟。"毛泽东的话又赢得一片掌声和笑声。大家又安心开会了。

在延安文艺座谈会上，毛泽东根据文艺工作本身的任务和延安文艺界的状况，提出了立场、态度、工作对象、转变思想感情、学习马列主义和学习社会等五大问题，要大家讨论。他以深刻的洞察力和高度的概括力，把全部问题归结为一个"为什么人"的问题，即文艺要为工农兵服务和如何服务的问题。围绕这个中心问题，毛泽东具体讲了"文艺是为什么人的""如何去服务""文艺界统一战线""文艺批评"和作风等五个方面的问题，并号召"一切共产党员，一切革命家，一切革命的文艺工作者，都应该学鲁迅的榜样，做无产阶级和人民大众的'牛'，鞠躬尽瘁，死而后已"。[1]

有一次，师哲陪毛泽东从杨家岭到延河边散步，正好碰上一位作家从延安城里回来经过这里。那位作家手里拿着一根拐杖，边走边在空中打转转，见到毛泽东，他一边打招呼一边仍然将手里的拐杖挥舞不止。这时，老乡赶着运盐的毛驴队走过来了，那位作家视而不见似的，仍然把手中的拐杖挥舞着，将老乡和毛驴队挤到道路的最边沿上，一派旁若无人、若无其事的二流子样子。毛泽东看了，十分生气地对师哲说："这是流氓行径，目中无人！他看不起劳动人民，只是因为他认识几个方块字，就不把老百姓放在眼里，坐在人民头上显威风。他们只比老百姓多这么一点知识，就骄傲自大，目空一切，摆臭架子！根本不想他日常吃的用的是哪儿来的，谁供给的！"

师哲听了很受感动，像上了一堂课，受到生动的教育。他回忆说："主席生活朴素，平易近人。他经常带着一两个警卫员，有时带着小女儿李讷，出去走走，到处看看，和群众随便聊聊。无论他住在杨家岭、枣园，还是王家坪，逢年过节，总是把左邻右舍的老乡请来一起欢度佳节。"

1954年的一天，毛泽东邀请国防委员会委员郑洞国到中南海做客。席间，郑洞国突然好奇地问道："我有一个问题，您的马列主义为什么学得这样好？"毛泽东听罢，先是一愣，然后笑着说："我当年接受马列主义之后，总以为自己已经是革命者了，哪知道一去煤矿，和工人打交道，工人不买账。因为我还是那么一副'学生脸'、'先生样'，也不知道怎样做工人的工作。那时，我成天在铁道上转来转去，心想这样下去怎么行呢？想了很长时间，才有些明白，自己的思想立场还没有真正转变过来嘛！……看来，我也不是什么生而知之的'圣人'，而是在向社会学习、向群众学习的过程中，逐步走上革命道路的。"接着，毛泽东意味深长地说："一个人的思想总是发展的，立场是可以转变的。只有立场转变了，自觉地放下架子，拜人民为师，这就灵了，学马列主义也就容易学了。"

---

[1]《毛泽东选集》第三卷，人民出版社1991年版，第877页。

我们决不当李自成，我们都希望考个好成绩

1949年3月5日，西柏坡，中共中央机关食堂。河北平原虽然还有些春寒料峭，但下午3点钟的灿烂阳光照在身上，让人感到暖洋洋的。这间西柏坡最大的长方形的机关伙房是中共中央机关干部自己动手盖起来的。今天它将作为中共中央七届二中全会的会议室，见证辉煌历史又被历史见证。

说是开会，总应该有个主席台。这里没有，就是在伙房一头的墙上挂着一面锤子镰刀组成的中共党旗，旗下摆放着一张长桌，后面跟着一把旧藤椅。在它的两侧也各有一张小桌，那是会议记录人员的座位。会场上没有麦克风，没有录音机，也没有记者，没有频频闪烁晃眼的镁光灯和装有像炮筒似的长镜头照相机或摄像机，也没有沙发，没有茶水矿泉水，更没有热毛巾。

——这是一次朴素的会议，是一个抛弃了任何形式只剩下内容、只剩下思想的会议。出席会议的代表共有34名中央委员、19名候补中央委员和12名列席人员。会议由毛泽东主持。他就坐在那张旧藤椅上。会议代表都坐在台下。其实也没有所谓的台上台下之分，都是平地。台下没有椅子，他们屁股底下坐着的那些或高或矮的凳子，大多是各自从自己家中或办公室带来的，散了会又带回去。轮到谁讲话了，谁就走到那张长桌的后面，站在那里给大家讲。讲完了，又回到自己的凳子上坐好，听别人讲。

毛泽东先讲，他的报告很重要，一共讲了十个问题。毛泽东说：这次全会是"城市工作会议"。委员们在这里热火朝天地讨论了军事、政治、党务、经济、政权接收，甚至还谈到了新中国的外交。这都是国家大事。毛泽东认真听，也认真记，还不时插话。在山沟在窑洞里住了20年的毛泽东，在这

里安安静静地讨论的是进城的问题。在这种胜利的气氛中大家已经强烈地感受到，中共当务之急是党的中心工作正面临着转变——这是一个由革命战争向和平建设的转变，工作重心由乡村向城市的转变，而且更长远来看就是由新民主主义革命向社会主义的转变，由几千年的封建农业社会向新的工业国家的转变。此时此刻，西柏坡的这间普通得不能再普通的民房里正决定着中国革命的命运，也决定着中共在历史转折关头该如何做出抉择！

历史就这样选择了西柏坡这个小山村，成为中国命运的一个枢纽！

中共就这样选择了西柏坡这个小山村，把它的"座右铭"写在历史的教科书上："务必使同志们继续保持谦虚、谨慎、不骄、不躁的作风，务必使同志们继续保持艰苦奋斗的作风。"毛泽东说："因为胜利，党内的骄傲情绪，以功臣自居的情绪，停顿起来不求进步的情绪，贪图享乐不愿再过艰苦生活的情绪可能生长。因为胜利，人民感谢我们，资产阶级也会出来捧场。敌人的武力是不能征服我们的，这点已经得到证明了。资产阶级的捧场则可能征服我们队伍中的意志薄弱者。"因此，毛泽东警告全党：要警惕"糖衣炮弹"的袭击，"不要在糖弹面前打败仗"，"夺取全国胜利，这只是万里长征走完了第一步"。

会议开幕的这天，墙上还挂着"马恩列斯毛"的画像，可到了3月13日大会闭幕的时候，五张画像不这样挂了。会议一致通过了五项决定：不以个人命名；不祝寿；中国同志不与马恩列斯并列；少拍巴掌；少敬酒。

蓝图在握，新中国的雏形已经出现。会议就这样平平静静地开了整整八天。结束的时候，与会的代表们真的都没有鼓掌，也没有敬酒。因为他们知道，历史将会替他们为自己鼓掌！人民将会为他们鼓掌！因为他们知道，这一切，才只是1949年春天的一个序曲。

十天后的3月23日，新华社播发了一篇1500字的新闻《中共召开七届二中全会》。这篇新闻罕见地打破了中共多年来一直在新闻稿中保密中央所在地的禁区，由毛泽东本人公开了中共七届二中全会"在石家庄附近"举行。可也就在这一天的上午，当新华社"陕北新华广播电台"的电讯刚刚发出这篇新闻稿的时候，毛泽东、刘少奇、朱德、周恩来、任弼时中共

"五大书记"，已经"在石家庄附近"整理好行装。他们又要出发了。他们要到哪儿去?

停在西柏坡村口的汽车已经发动了引擎，在有节奏的"突突突"声中，毛泽东站在村口通往北平方向的黄土路上，深情地环顾着这个生活了十个月的北方小山村。与两年前的这个时候他被迫主动放弃生活了十年的延安相比，这个时刻的毛泽东已经没有了依依不舍，内心里升腾起来的已经是雄赳赳的我主沉浮的英雄气!

出发的时刻到了。站在村口，毛泽东对周恩来说：今天是进京的日子，进京赶考去。

周恩来笑着回答：我们应当都能考及格，不要退回来。

毛泽东说：退回来就失败了。我们决不当李自成，我们都希望考一个好成绩。

为了警醒全党不要被"胜利冲昏了头脑"，毛泽东在革命战争年代就曾不断地告诫全党，要记取明代末年农民起义领袖李自成的历史教训。

延安整风时期，他曾在《学习与时局》的报告中指出："我党历史上曾经有过几次表现了大的骄傲，都是吃了亏的。""近日我们印了郭沫若论李自成的文章，也是叫同志们引为鉴戒，不要重犯胜利时骄傲的错误。"当时，毛泽东在阅读郭沫若《甲申三百年祭》后，为李自成的失败唏嘘不已：实则自秦国以来两千余年推动社会向前进步者因骄傲而腐败，因腐败而亡国。一个含辛茹苦冲锋陷阵、流血流汗打出来的政权，居然没几天就糟蹋殆尽，真可谓"打江山18年，坐江山18天"。这个悲惨的结局令人胆寒，这种"错误"谁犯得起? 后来，毛泽东还专门致信郭沫若，说："你的《甲申三百年祭》，我们把它当做整风文件看待。小胜即骄傲，大胜更骄傲，一次又一次吃亏，如何避免此种毛病，实在值得注意。倘能经过大手笔写一篇太平军经验，会是很有益的。"[①]

"我们决不当李自成!"这是毛泽东的誓言，也是中国共产党的执政宣言。

---

① 《毛泽东书信选集》，人民出版社1984年版，第241页。

我们共产党能够跳出这种始兴终亡的周期率

执政党的党风问题是攸关党的生死存亡的大问题。历史已经证明，执政党的党风的好坏，直接影响政风、民风的好坏。各种不良社会风气，虽然会影响和侵蚀党风，但外因终究是经过内因起作用，如果党风坚强，不仅会抵制各种不良社会风气，而且还会提高社会正气。1942年，毛泽东在中央党校开学典礼上的演说《整顿党的作风》中说："反对主观主义以整顿学风，反对宗派主义以整顿党风，反对党八股以整顿文风，这就是我们的任务。"他说："学风和文风也都是党的作风，都是党风。"

端正党风，最核心的就是坚持民主集中制。在抗日战争中，蒋介石大搞一党专制的独裁统治，他自己在抗战后期就担任国民政府主席、行政院长、国防最高委员会委员长等27个要职，而其五花八门的兼职竟然多达1000多个，连他自己也说不清。而在陕甘宁边区，毛泽东提出了要建"三三制"政权，就是在参政人员的名额分配上，"共产党员占三分之一，非党的左派进步分子占三分之一，不左不右的中间分子占三分之一"，建成一个爱国民族统一战线的联合政权。在边区的选举中，结果多数地区共产党员都超过了三分之一，就申请退出，其中徐特立就曾申请退出后由非党人士递补。

1941年11月6日，在边区参政会上，米脂县参议会的参议长、民主人士李鼎铭认为边区政府机关和军队机关人数在不断增长，而陕北经济落后，人民的承受能力有限，负担过重，应该"精兵简政"。他的提案提出后，有人担心这样一搞"部队就不能发展"，甚至怀疑他的动机。毛泽东看完李鼎铭的提案后，深表赞同，不仅带头投了赞成票，而且还提议大会把李鼎铭作为边区政府副主席的候选人。李鼎铭当选后，把全部家产捐献出来给了边区政府，毛泽东获悉后就劝他还是留一点。他说："留一点甚用？我人都是国家的了。"令毛泽东十分感动。

可是李鼎铭就职后，对共产党有些不满意了。在边区政府会议上，他从不说话，表决时什么都默认同意，但文件来了他却不签字。边区政府秘书长李维汉就去找他谈心，征求意见。他说："你们会前从不和我通气，开会时我只不过是一个摆设而已，文件来了，我不了解情况，哪里敢随便签字？"毛泽东得知李鼎铭生气了，就亲自从中协调，教育大家要尊重这样的党外民主人士，多请示多汇报，让他发挥真正的作用。大家听了毛泽东的意见后，改变了工作方法，李鼎铭也得到了尊重，认为边区的选举"绝对诚实、自由、平等"，感到自己"有职有权"。他对前来采访的美国记者斯坦因说："我以为毛泽东是天才。他对每一个问题都看得具体，毫无成见。毛泽东思想不是他个人的意见，正是群众的意见。他做的事情正是老百姓想做的事情……我想让重庆知道，为什么像我这样的绅士会与共产党的新民主主义休戚相关，并且以边区为骄傲。"

"天视自我民视，天听自我民听。"[①]端正党风，最重点的工作就是防止腐败。1945年7月，中国民主建国会领袖黄炎培等六人访问延安。毛泽东请他到家中做客，聊了整整一个下午。黄炎培说："我生60多年，耳闻的不说，所亲眼看到的，真所谓'其兴也勃焉，其亡也忽焉'，一人，一家，一团体，一地方，乃至一国，不少单位都没有跳出这周期率的支配力。大凡初时聚精会神，没有一事不用心，没有一人不卖力，也许那时艰难困苦，只有从万死中觅取一生。既而环境渐渐好转了，精神也就渐渐放下了。有的因为历时长久，自然地惰性发作，由少数演为多数，到风气养成，虽用大力，无法扭转，并且无法补救。也有为了区域一步步扩大了，它的扩大，有的出于自然发展，有的为功业欲所驱使，强求发展，到干部人才渐见竭蹶、艰于应付的时候，环境倒越加复杂起来了，控制力不免趋

---

① 《尚书·泰誓中》。

于薄弱了。一部历史，'政怠宦成'的也有，'人亡政息'的也有，'求荣取辱'的也有。总之，没有跳出这个周期率。中共诸君从过去到现在，我略略了解了的，就是希望找出一条新路，来跳出这个周期率的支配。"①

黄炎培的一席话，令毛泽东精神大爽。毛泽东认为中国共产党没有任何私利，以全心全意为人民服务为党的原则和宗旨，斩钉截铁地回答说："我们已经找到了新路，我们能够跳出这种始兴终亡的周期率。这条新路，就是民主。只有让人民来监督政府，政府才不敢松懈；只有人人起来负责，才不会人亡政息。"

毛泽东的几句话，让黄炎培耳热心动，认为毛泽东的话是对的。"只有大政方针决之于公众，个人功业欲才不会发生。只有把每一个地方的事，公之于每一个地方的人，才能使地地得人，人人得事。把民主来打破这周期率，怕是有效的。"

新中国成立后，拒不做官的黄炎培受毛泽东之邀担任政务院副总理、轻工业部部长，自谓"是做事，不是做官"，经常向毛泽东进言谏策，畅所欲言。毛泽东始终与这些民主人士肝胆相照，荣辱与共。1956年，应邀列席中共八大的黄炎培，听到毛泽东提出中共与各民主党派"长期共存，互相监督"的方针后，情不自禁，即席作《七绝》（四首）寄赠毛泽东。毛泽东见赠诗后，亦将自己近期填写的《浪淘沙·北戴河》和《水调歌头·游泳》回赠给他。

---

① 黄炎培：《八十年来》，中国文史出版社 1982 年版，第 156—157 页。

我毛泽东是中国共产党的主席，
不是韶山毛家的主席

　　自古以来，中国社会就是一个人情社会。而在这个人情社会中，为人处世的传统观念总是被一张无形的关系网所联络，办事难免就是人托人、人找人、人求人，每个人的角色也总是在"求"与"被求"之间转换，真是一个"求"字了得。由此可见，"求人"背后出腐败。人情是腐败的温床，没有行贿就没有受贿。因此，反腐倡廉，人人有责。如果我们每一个人不搞"潜规则"谋取一己一时之私，不违背自己的良心去"求人"；如果我们每一个人尤其是掌权者都按法律、原则和规则去干事业，公平、公正、公道、公心、公信地拒绝每一个"求人"者，那么我们的人情社会是否就会纯洁多了，我们的官场是否就会廉洁多了呢？其实，一个"求"的背后，就是"情"字。"求"和"情"两个字分不开。面对亲情、友情、乡情、爱情，人们或感恩情谊或讲究情义或碍于情面，做了"人情"的奴隶，做出了情大于法、人高于法的违法乱纪的事情。如何才能真正地让国人少求人、不求人呢？答案不言自明。咱老百姓每一个人心中都有一杆秤。

　　也正是基于上述认知，让我们看一看毛泽东到底是怎么处理好"求人"的问题的。作为中国共产党和中国政府的最高领导人，新中国成立初期，毛泽东老家韶山的不少亲戚朋友纷纷写信"求"他，或要求帮助调入北京安排工作，或要求解决求学、入党问题，或要求政府给予特殊照顾和待遇，但他从不利用自己的地位、权力和影响为家乡和亲友谋取特殊的利益和特别的照顾。毛泽东坦诚向家乡的亲友一再声明："我毛泽东是中国共产党的主席，不是韶山毛家的主席，家乡亲友要勤耕守法，好自为之。"凡会见来北京的亲友，他总要强调他的三条原则："恋亲，但不为亲徇私；念旧，但不为旧谋利；济亲，但不以公济私。"下面，我们不妨晒一晒毛泽东的家书，从中可清晰地看到毛泽东在"求人"问题上的处理方式、方法和态度。

——1949年11月17日，毛泽东复信大革命时期曾追随自己参加韶山农民运动的张四维："湖南需才孔急，似以在当地工作为宜。"

——1950年3月14日，毛泽东复信曾于1925年开展农运工作遭军阀赵恒惕通缉时帮自己脱险的郭士逵："先生处境困难，深为系念。工作问题，仍以就近设法等候机会为宜，不宜远出省外，徒劳往返。"

——1950年4月10日，毛泽东复信族侄毛照秋："家中困难，应在土地改革后在生产中去陆续解决。"

——1950年5月7日，毛泽东复信远房叔父毛贻华："工作事尚望就近设法解决，我现在难于为助，尚祈鉴谅。"同日，毛泽东复信毛泽覃原配赵先桂的堂兄赵浦珠："乡间减租土改事，弟因不悉具体情形，未便直接干预，请与当地人民政府诸同志妥为接洽，期得持平解决。"同日，毛泽东复信表兄文涧泉："文凯先生宜在湖南就近解决工作问题，不宜远游，弟亦未便直接为他作介，尚乞谅之。"

——1950年5月8日，毛泽东复信远房叔祖父毛春轩："浪秋、迪秋诸位均宜在家工作，不要来北京，以免浪费时间。"同日，毛泽东再次复信张四维："不要来北京。北京人浮于事，不好安置。"

——1950年8月23日，毛泽东复信原配罗氏堂兄罗石泉："在地方上做些有益于人民的工作较为适宜，不必来京。"

——1950年8月29日，毛泽东复信私塾同学郭梓材："北京人浮于事，吾兄工作问题，还以就当地熟悉吾兄情况的友人筹谋解决，较为适宜。"

——1950年11月22日，毛泽东复信大革命时期曾对其革命活动表示同情的郭耿光："工作问题，以就近和熟悉先生情况之人筹商解决，较为适宜。"

——1951年12月21日，毛泽东复信堂弟毛泽连和族侄毛远悌："慰生六婶及泽连均不要来京，也不宜在长沙住得太久，诊病完了即回韶山为好。现在人民政府决定精简节约，强调反对浪费，故不要来京，也不要在长沙住得太久。"

——1952年2月15日，毛泽东复信房兄毛岳乔："你的生计困难，甚为系念，但我不便有所介绍，仍望在原地自己设法解决。"

——1953年9月8日，毛泽东复信表兄文涧泉："赵某求学事，我不便介绍，应另想法。"

——1954年3月31日，毛泽东复信少年时代的朋友彭石麟："我不大愿意为乡里亲友形诸荐牍，间或也有，但极少。"

——1956年12月13日，毛泽东复信族姑毛春秀："调你儿子做财经工作一事，我不能办，要在当地所属机关自己申请。"①

在"求人"的问题上，毛泽东确实是这么做的，而且还坚持"四不主义"——"不介绍、不推荐、不写信、不说话"。新中国成立之初，一位亲戚想请毛泽东批准留京或介绍回湖南工作，毛泽东说："成千上万的先烈为革命事业牺牲了他们的宝贵生命，我们活下来的人想事、办事，都要对得起他们才是。"毛泽东在给石城乡党委、乡政府的信中说："因为我爱他们，我就希望他们进步，勤耕守法……努力和众人一样，不应有任何特殊。"认真读一读毛泽东的这些家书，不能不让我们十分感慨，也不能不令我们崇敬十分。在来"求人"的亲友面前，没有私心杂念的毛泽东以他的大爱和无私，替代了那种基于血缘和亲情、乡情、友情的"小爱"与"自私"，他把对家乡对亲友的真爱，化作一种对整个国家、全体人民和法律制度的敬畏，慎思慎言慎行慎独，让人民赋予他的所有权力，在人民监督的阳光下运行。

故土萦怀，乡情依依。毛泽东是一个重情执礼的人，自1927年离开家乡韶山后，直到1959年才回到家乡走一走看一看。但无论是战争年代还是和平建设时期，无论身处何方身处什么位置，他都深深地眷恋着生他养他

---

① 上述书信均引自中央文献出版社1996年版《毛泽东致韶山亲友书信集》。

的家乡韶山，思念着他家乡的亲友。不徇私情的毛泽东，对故乡和亲友的牵挂和关切，与人民群众休戚与共息息相通的密切关系，从另一个角度反映了他艰苦朴素、廉洁自律和全心全意为人民服务的崇高风范。

毛泽东的表兄文运昌，是他青少年时期交往最为密切的朋友，情同手足。当年，也正是经过文运昌的介绍和帮助，才使父亲同意他进入湘乡东山高等小学堂读书；也正是文运昌送给他康有为改良运动的书和梁启超编的《新民丛报》，令他大开眼界，心存感激。新中国成立后，文运昌要毛泽东出面为他介绍工作，毛泽东在写给另一位表兄文南松的信中明确地说："运昌兄的工作，不宜由我推荐，宜由他自己在人民中有所表现，取得信任，便有机会参加工作。"后来，文运昌经过自己的努力，担任了湖南省文史研究馆馆员。

还有一次，文运昌致信毛泽东，要求毛泽东为外婆家的15位亲戚解决求职、求学的问题。毛泽东的童年大部分时间都是在外公外婆家度过的，他得到了舅舅、舅母们无微不至的关怀和照顾，也与表兄弟和表姊妹结下了深厚的感情。新中国成立后，他曾多次邀请外婆家的这些亲戚到北京相会，互诉手足情谊。而对生活有困难的亲友，毛泽东总是用自己的稿费给予经济上的帮助，从不搞特殊，从不给国家和地方政府找麻烦添负担。但在老家的亲戚朋友们看来，"一人得道，鸡犬升天"，情同手足的表弟毛泽东当上了中央人民政府的主席，就像封建社会的"皇帝"一样，一言九鼎，一句话就可以解决亲戚们的工作、学习问题。而文运昌这封信中提到的15个人，年龄在12岁到18岁之间，都有一定的文化，身体健康，并没有提出要官要权的非分之想，只是想离开家乡外出工作、学习，谋得一条生路，从某种角度来说也不算太过分。但当表兄的这封"求人"信送到毛泽东手里时，他只是在信的页眉上批示了一行字："许多人介绍工作，不能办，人们会说话的。"

——"人们会说话的。"不要小看这简简单单的六个字，体现的却是人民领袖对人民话语权的敬畏与尊重。

"得人心者，得天下。"毛泽东为什么如此在乎"人们会说话的"？首先是因为他在乎作为一名中国共产党人的信仰和投身中国革命的理想；其次是因为他在乎作为执政党的领袖他要兑现他对民族、国家和人民的承诺。权，要为民所用；利，要为民所谋。毛泽东对待手中的权力十分小心谨慎，时时刻刻想到人民的心声，不仅对自己的生活严格要求，就是对身边的工作人员、家乡的亲朋好友也不例外。

1950年5月27日，毛泽东亲笔致信湘乡县人民政府县长刘亚南，说："兹有湘乡四都凤音乡大平坳文氏兄弟来信，附上请你看一下。他们对当地区政府的工作有些不满意的话，未知实际情形究竟如何。假如可能的话，请你派一个同志去调查一下，以其结果告我。文氏兄弟都是贫农，信上则替地富说话，是何原因，亦请查明告我。至于文家（我的舅家）生活困难要求救济一节，只能从减租和土改中照一般农民那样去解决，不能给以特殊救济，以免引起一般人民不满。"①

1954年4月29日，毛泽东致信湘乡县石城乡党支部和乡政府，明确表示了他对文家的态度。他在信中说："我的亲戚唐家圫文家，过去几年常有人来北京看我。回去之后，有些人骄傲起来，不大服政府管，这是不对的。文家任何人，都要同乡里众人一样，服从党与政府的领导，勤耕守法，不应特殊。请你们不要因为文家是我的亲戚，觉得不好放手管理。我的态度是：第一，因为他们是劳动人民，又是我的亲戚，我是爱他们的。第二，因为我爱他们，我就希望他们进步，勤耕守法，参加互助合作组织，完全和众人一样，不能有任何特殊。如有落后行为，应受批评，不应因为他们是我的亲戚就不批评他们的缺点错误……我相信，只要我和你们都采取正确的态度，只要他们不固执成见，他们的缺点错误是可以改正，并会进步的。"

毛泽东不仅把自己的亲戚朋友与家乡的群众同等对待，一视同仁，而且还把故乡韶山与全国各地同等看待。为了中国的革命事业，韶山人民作出了很大的牺牲和贡献，包括毛泽东的妻子杨开慧、弟弟毛泽民和毛泽

---

① 《毛泽东致韶山亲友书信集》，中央文献出版社1996年版，第118页。

覃、妹妹毛泽建及侄子毛楚雄在内，有近150人献出了宝贵生命。新中国成立后，韶山的一些烈士亲属致信毛泽东，要求对其生活给予照顾。毛泽东对家乡革命烈士为革命所做的牺牲深表怀念和敬意，他在1950年5月回信中称赞他们为国牺牲"极为光荣"，表示"极为痛惜"，但同时指出："烈属的照顾是全国范围的事，全国有好几百万户烈属，都要照顾，自未便单独地特殊照顾少数地方。"1950年9月20日，毛泽东致信时任中共湖南省委书记黄克诚、省人民政府主席王首道和中共中央中南局第三书记邓子恢，说："据说长沙地委和湘潭县委现正在进行在我的家乡为我建筑一所房屋，并修一条公路通我的家乡。如果属实，请令他们立即停止，一概不要修建，以免在人民中引起不良影响。是为至要。"

一贯重视调查研究工作的毛泽东，十分关心家乡的建设和发展，但从来不直接干预家乡地方的党组织和政府的工作。1953年10月4日，他在给韶山地区老党员、族叔毛月秋的信中，郑重地嘱咐他上北京前，"到韶山、石城两处乡政府及当地的两个区政府及党的负责同志处，和他们商量，如果他们同意的话，请他们将两乡两区的情况及迫切需要解决的困难问题，写成书面材料"带来，"作为参考之用"，并特别说明他"不是为了直接解决乡间问题"。同年10月6日，他在给李漱清的信中更明确地说："承告乡情，甚感。地方事，我只愿收集材料以供参考，不愿也不应当直接处理一般地方性的问题，使地方党政不好办事。"由此可见，毛泽东求真务实的工作作风与对地方党组织和政府工作的信任与尊重，多么地难能可贵。

"人们会说话的。"毛泽东深知"打江山容易坐江山难"，深知"水能载舟，亦能覆舟"。法制时代靠法律约束人们的行为，但总有人盯着法律的空子谋自己的私利。在毛泽东的乡情世界里，他始终在公权与私利、亲友利益与人民利益的问题上保持着清醒的头脑——"恋亲，但不为亲徇私；念旧，但不为旧谋利；济亲，但不以公济私。"领袖风范就是一面镜子，值得每一个中国共产党人照一照。

"人们会说话的。"毛泽东一句朴实的批语，不仅赢得了家乡亲友的理解，也给今天的执政者们许多启示——要敬畏人民的心声，谨慎使用人民赋予的权力，牢记人民的利益高于一切。他说："我现在当大官了，如果翻脸不认人，人家就会说我毛泽东无情无义，何况有些人过去还帮过我、帮过我们党呢。如果有求必应，那就成了国民党的样子了。我们共产党的章法，决不能像蒋介石他们一样搞裙带关系，一人得道，鸡犬升天，久而久之，就会脱离群众，就会垮台！"

我一听到天灾人祸，就忍不住伤心

　　毛泽东爱憎分明，对敌人对反动派疾恶如仇，对朋友对战友对人民情深似海。在延安，他就曾不止一次地说过：我这个人平时不爱落泪，只有三种情况下流过眼泪。一是听不得穷苦老百姓的哭声，看到他们流泪，我忍不住要掉泪。二是跟过我的通信员，我舍不得他们离开；有的通信员牺牲了，我难过得落泪。三是在看动感情的戏剧时也会落泪。

　　在战争年代，指挥千军万马横扫千军如卷席的毛泽东，从来没有流过眼泪；在长征路上，历尽千难万险万水千山若等闲的毛泽东，从来没有流过眼泪。在解放战争时期，毛泽东身边工作人员却第一次看见他流泪了。那是在东渡黄河后从河北城南庄转移至西柏坡的路上，偶遇一位因八九岁的女儿生命垂危而痛哭不已的农村妇女时，毛泽东落泪了。当时，毛泽东乘坐吉普车路过此地，警卫人员发现路边的草丛中有人影攒动，赶紧拿出枪来。待走近一看，原来是一位30岁左右的母亲抱着奄奄一息的孩子。警卫终于松了一口气，正准备离开。毛泽东询问情况后，赶紧下车走到妇女身边询问情况，用手摸摸孩子的手和脑门，发现孩子高烧得厉害。他立即把随行的中央门诊部医生朱仲丽叫过来，询问有没有办法救一救孩子。朱医生在给孩子量体温、听心跳之后，认为打一针盘尼西林就有救了。可是当时这种进口药品非常稀少，就是中央领导生病了，不到万不得已也不随便使用。毛泽东看着孩子已经生命垂危，孤儿寡母在这里只有死路一条，眼眶湿润了，说："现在就是万不得已的时候，请你马上给孩子注射！"随后，毛泽东还派一辆车将母女俩送回家。很快，孩子的烧就退了。那位母亲后来得知是毛主席救了她的孩子，感动得说："毛主席是菩萨啊！是救命的活菩萨啊！"几个月后，毛泽东和身边工作人员谈心时，不知怎么又想起了这件事，后悔当初没有将孩子带着一道走，等治好了再送回去，念叨着那孩子现在也不知怎么样了。他含着泪水深有感触地说："农民缺医少药，闹个病要跑几十里也看不上医生。要想个法子让医生到农村去。吃了农民的粮就应该为农民治病嘛！"

人民领袖毛泽东的眼泪，不是为自己而流，而是为人民而流。1950年7、8月份，安徽、河南发生百年不遇的大水灾，淹得厉害，当地农民躲避不及，有几十名老百姓失去了生命，几千人背井离乡。特别是在看到有人民群众爬到屋顶上、大树上躲避水灾，有的掉下来淹死，有的在树上被毒蛇咬死的报告后，毛泽东非常难过，伤心地哭了。从7月20日至8月31日，一个多月的时间里，毛泽东接连写了三个批示给周恩来总理，下决心"一定要把淮河治好"。他对身边的工作人员说："我这个人感情越来越脆弱了。我一听到天灾人祸，就忍不住伤心。"

毛泽东和人民群众血肉相连，心心相印。新中国成立之初，血吸虫病在中国南方蔓延，涉及12个省350多个县，患病人数1000多万人，受感染人口达一个亿。江西省余江县是一个重灾区，许多地方成了"无人区""死坟堆""寡妇村"。对那里"千村薜荔人遗矢，万户萧疏鬼唱歌"的惨景，毛泽东忧心如焚，夜不能寐，立即发出了"一定要消灭血吸虫病"的号召和"限期消灭血吸虫病"的指示，亲自派遣中央血防领导小组和国务院卫生部的专家及医务人员，深入灾区考察、研究、治疗，经过短短四年的努力，终于取得了消灭血吸虫病的胜利，让人民群众看到了改天换地战瘟神的新面貌。

1957年，毛泽东身边的一名警卫战士探家归来，带回一个掺杂大量粗糙糠皮做的又黑又硬的窝窝头，并如实告诉他这就是乡亲们的口粮。毛泽东一听，眉头一下子皱紧了，拿着窝窝头的手不住地颤抖起来，掰开一块塞进嘴里，才嚼了两口，眼圈就红了，泪水盈眶。没等第一口咽下去，泪水就夺眶而出哗地流了下来。他一边嚼一边流泪一边将窝窝头掰开分给工作人员，说："吃，你们都吃，都要吃一吃。"毛泽东伤心地哭了，声音越来越大，几乎哽咽。新中国成立八年多了，老百姓还吃不饱穿不暖，作为国家主席，毛泽东内心感到负疚，对不起老百姓。他断断续续地说："吃啊，这是农民的口粮，是种粮食人吃的口粮……"

毛泽东是一个内心非常坚强的人，也是一个非常重感情的人，但他从来不感情用事。1920年11月26日，毛泽东在给新民学会会员罗学瓒的信中，就曾谈及四种"论理"的错误。他说："感情的生活，在人生原是很要紧，但不可拿感情来论事。以部分概全体，是空间的误认。以一时概永久，是时间的误认。以主观概客观，是感情和空间的合同误认。四者通是犯了论理的错误。"尽管很难做到，但"我自信我于后三者的错误尚少，唯感情一项，颇不能免"，感情所指"乃是对人的问题"。[①]

"天若有情天亦老"。晚年毛泽东的感情因为政治生活的孤独，变得更加敏感、丰富和脆弱。在中南海，毛泽东在看电影时，曾三次动了感情，流下了或激动或感动的泪水。第一次是看电影《创业》，当影片主人公和伙伴们抬着几千斤的机器一边向前走，一边高喊"帝修反要卡我们的脖子，我们怎么办"时，毛泽东泪眼盈眶，中华民族伟大的创业精神和英雄气概，让毛泽东看到了中国人民面对国际强权和霸权的不屈灵魂。第二次是看电影《雷锋》，当他听到雷锋在捐款时说"我是人民的儿子，我是公社的儿子，你一定要收下儿子这点心意"的时候，毛泽东感动得流下了眼泪，不停地用手帕擦着眼睛。第三次是看电影《难忘的战斗》，当看到人民解放军入城受到人民群众热烈欢迎的画面时，毛泽东无法抑制自己的感情，泪如泉涌。在场的工作人员热泪滚滚，哭成一片。怎么能不激动呢？遥想当年，从"黄洋界上炮声隆，报道敌军宵遁"，到"红旗跃过汀江，直下龙岩上杭"；从"唤起工农千百万，同心干，不周山下红旗乱"，到"快马加鞭未下鞍，惊回首离天三尺三"；从"雄关漫道真如铁，而今迈步从头越"，到"天翻地覆慨而慷"，"人间正道是沧桑"；从"为有牺牲多壮志，敢教日月换新天"，到"中华儿女多奇志""长风破浪会有时"，从战争的枪林弹

　　①《毛泽东早期文稿》，湖南出版社1995年版，第566页。

雨中走来的毛泽东，九死一生。鸦片战争以来，无数仁人志士抛头颅洒热血，救亡图存，奋起抗争，如今，中国人民在中国共产党的领导下终于掌握了自己的命运，彻底改写了历史，人民翻身当家做主人，胜利来之不易啊！

无情未必真豪杰，有泪如何不丈夫。毛泽东的晚年经受的情感打击实在太多了。1976年唐山大地震发生后，重病的他躺在病床上，流下了伤心的泪水。而当他获悉周恩来总理在1月8日逝世的消息后，他痛苦地慢慢闭上了眼睛，眉头紧锁，任凭两行不相交的泪水一直流过脸颊。14日，当身边工作人员给他念邓小平代表中共中央致悼词的清样时，他实在无法忍受内心的痛苦，禁不住当着大家的面，老泪纵横，失声痛哭。他什么话也没说，他什么话也说不出来，伤心的泪水就是他对这位数十年并肩战斗的战友兼搭档最好和最后的悼念和思念。

生活中的毛泽东，不仅为周恩来这样中共中央高级领导干部的离去伤心流泪，而且为身边工作人员离开他去外地工作也曾惜别落泪。卫士长李银桥在毛泽东身边工作了15年，离开的时候，毛泽东专门把他叫到身边谈话，亲笔书写诗歌《长征》相赠，送给他800元钱，并约他全家合影留念。一见面，李银桥就忍不住掉下了眼泪。毛泽东拉着他的手说："我也舍不得你走啊。我和我的亲人，和我的孩子们一年也见不上几次面。你在我身边工作，我们每天在一起，朝夕相处，你们比我的孩子还亲啊……"

听着毛泽东动情的话语，李银桥十分难过，"呜呜"地哭了起来。他回忆说："从我恋爱、结婚到生孩子，毛泽东事事处处关心，就像父亲一样……他累了，我帮他按摩；我困了，他悄悄把衣服披在我的身上。我有了心思就向他讲，他有了不愉快的事也跟我说，就连他跟江青吵嘴也要跟我说。战争年代生活苦，有时贺老总送一些鱼来，他吃一半还要留给我一半……"

看着泣不成声的李银桥，毛泽东流下了眼泪，说："我得为你的前途着想，我不能误了你的前途。你在我这里，地位够高。可卫士长也只是团级干部，职务太低。老在我这里影响你的前途。下去多锻炼锻炼，工业、农业、公安，几种事情都干干，取得经验，提高能力，也好胜任更重要的工作。下去以后要夹着尾巴做人，要搞好团结，多多接触工人群众，多多向周围同志学习……"说着说着，毛泽东再也控制不住感情，将李银桥揽入怀中，拍打着他的后背，哽咽了。

李银桥看到毛泽东伤心得厉害，生怕伤了主席的身子，赶紧克制住自己，流着泪说："主席，我听你老人家的话，下去要好好工作，不辜负主席的期望。"

毛泽东擦着眼泪说："好，那好，那好。你在我这里工作十五年，职务不高地位高，一举一动都要注意影响。不要脱离群众，干任何事，不干则已，干就干出成绩；事不在大小，都要善始善终，我身边的人都要有这么一种精神，不搞半途而废，有一口气就要干到底！"最后，毛泽东又叮嘱说："以后你每年都要来看我一次，我这里就是你的家。我活着你来看我，我死了，你每年到我坟头上看我一次，看一次我就满意了。"①

---

① 李银桥:《在毛泽东身边十五年》，河北人民出版社 1991 年版，第 273—276 页。

这样的人不杀，我们还是共产党吗？！

新中国成立后，一些党员、干部确实像毛泽东所说的，没有经得住"糖衣炮弹"的袭击，在进城后出现了强迫命令、脱离群众、享乐腐化的思想以及贪污受贿、违法乱纪、堕落颓废的现象。为了纠正这些错误行为，使社会主义江山永不变色，保持中国共产党无产阶级革命本色，1951年10月至1952年10月，毛泽东用整整一年时间领导了全国范围内的"三反"（即反贪污、反浪费、反官僚主义）、"五反"（即反行贿、反偷税漏税、反盗窃国家财产、反偷工减料、反盗窃国家经济情报）运动，从而在全国掀起了一场摧枯拉朽的廉政风暴。

据不完全统计，从1951年11月至12月底，两个月的时间内，毛泽东为推动开展"三反"运动，共发出书面指示、批示达50多件。12月1日，毛泽东通宵达旦，拟就了长达7000多字的《关于实行精兵简政、增产节约，反对贪污，反对浪费，反对官僚主义的决定》，严肃指出："自从我们占领城市两年至三年以来，严重的贪污案件不断发生，证明1949年春季党的二中全会严重地指出资产阶级对党的侵蚀的必然性和为防止及克服此种巨大危险的必要性，是完全正确的，现在是全党动员切实执行这项决议的紧要时机了。再不切实执行这项决议，我们就会犯大错误。"

"三反"运动首先是从东北开始的。1951年11月1日，东北局书记高岗专门向中央作了关于开展增产节约，进一步深入反贪污、反浪费、反官僚主义的报告。报告说，东北地区开展此项活动以来，仅沈阳部分单位就揭发出3629名贪污分子，东北贸易部仅检举和坦白的金额就达5亿元人民币（旧币，1万元相当于现币1元，下同）。与此同时，在北京市委上报的

"关于反贪污现象"的报告中，已发现贪污分子650名，贪污金额达15亿元（旧币）。在全国其他地方也不同程度地存在着类似贪污腐败现象，比如江西某地有区委书记、区长和派出所所长集体嫖娼，甚至有党员干部勾结土匪杀人放火。对此种种触目惊心的事件，人民群众非常愤怒，毛泽东更是无法容忍。

11月20日，毛泽东在东北局的报告上提出要在全国范围内大规模开展"三反"运动，并向全党发出了警告："现在已到了紧要时期了。再不进行大规模的反腐败斗争，我们就会犯大的错误。这场斗争是极为必要和适时的。不三反，党要烂，国要亡，经济建设谈不上，如果再迟几年三反，将有许多地方出现政权性质的变化，其危险不堪设想。"

12月4日，毛泽东在北京市委的"反贪污"报告上批示，限令全党全军在接到其指示的三个星期内，至迟一个月内，检查所有的贪污现象，并用"大张旗鼓""雷厉风行"地"惩治贪污"等强烈的措辞，号召全国各行各业开展"三反"运动。在此后的两个月的时间内，毛泽东亲自上阵督办，几乎每天都要听取"中节委"（中央节约检查委员会）主任薄一波的汇报，作出书面指示达100多篇，其中1952年2月就达85篇。

1952年1月4日，毛泽东向党、政、军发出长达700字的紧急指示，要求"立即抓紧三反斗争，缩短学文件的时间……限期至1月10日，各院委、部、会、院、署、行、局、处及其下面单位，务须发动群众斗争，实行坦白检举，于1月11日送来报告。违者，不论部长、行长、署长、处长、局长、科长、股长或者经理，一律撤职查办"。毛泽东的紧急指示，再次让"三反"运动提速。

1月19日，中直机关总党委召开了1000余人参加的高级干部会议，宣布"三反"运动进入集中力量打"老虎"阶段。当时，人们称贪污犯为"老虎"，打"老虎"，就是打击贪污；贪污1亿元（旧币）以上的为"大老虎"，贪污1000万元（旧币）以上的为"小老虎"。

"坦白从宽，抗拒从严。"2月1日，北京市举行公审大会，最高人民法院对7名大贪污犯进行了宣判。其中，因非法所得旧币23亿元的中国畜产公司业务处副处长薛昆山、贪污旧币6.4亿元的中央公安部行政处宋德贵二人被判处死刑；其他三人被判处有期徒刑，两人被免予刑事处罚。

中央机关带了个好头，"三反"运动势如破竹。为防止"轻轻滑过的危险"，毛泽东再次指示："不许草率收兵，必须扩大战果。停止讲空话，必须看成绩。"同时，他还指出，"三反"不仅仅是打"老虎"，而是各级党委、政府、群众团体和部队的领导机关考察、了解、教育干部的一种最好方法，要"毫不迟疑地开除一批丧失无产阶级立场的贪污蜕化分子出党，撤销一批严重的官僚主义分子和那些居功自傲、不求上进、消极疲沓、毫不称职的分子的领导职务"，并"大胆坚决地提拔一些有德有才的优秀分子到各种工作的领导岗位上来。这是党的组织建设上的一个严重任务，望各级党委加以注意"。

在毛泽东的领导下，"三反""五反"运动在全国开展得如火如荼——成千上万支"三反"宣传队遍布神州大地，成千上万支"打虎队"活跃在各条战线，成千上万只大大小小的"老虎"变成了"过街老鼠，人人喊打"，一场"反腐倡廉"的人民战争在中国打响。除了经济部门外，许多非经济部门也出人意料地揪出了不少"大老虎"。如：教育部门的某美术学院供应站就抓住了以虚假报账的形式贪污公款1.5亿元、劫占黄金20两的"大老虎"；人民解放军第十军也揭发出了贪污1000万元以上的59只"老虎"；等等。为了避免斗争的扩大化，纠正"三反"运动中的一些错误，毛泽东在5月10日作出重要批示："现当三反运动进至法庭审判、追赃定案的阶段，必须认真负责，实事求是，不怕麻烦，坚持到底，是者定之，错者改之，应升者升之，嫌疑难定者暂不处理……"以这种实事求是的态度和方法，及时纠正了缺点和错误，保证了"三反"运动健康有序地发展，并在历时半年多的时间里胜利落下了帷幕。

"三反"运动是中国共产党成立以来、也是新中国成立后，第一次从中央到地方刮起的廉政大风暴，取得了辉煌的成绩，捉住了不少"老虎"，最为典型的就是被誉为"新中国惩治腐败第一刀"的处决刘青山、张子善案。

时任天津地委书记的刘青山和天津专员公署专员的张子善，一个35岁，一个37岁，二人都是20世纪30年代就参加共产党干革命的老同志，历经了艰苦卓绝的土地革命战争、抗日战争和解放战争，都曾坐过国民党的监狱，在敌人的严刑拷打面前坚贞不屈，表现了一个共产党的英雄气概。新中国成立后，两人走上了领导岗位，他们自认为"老子从小革命，现在革命成功了，也应该享受享受了"，于是便不顾党纪国法，不顾人民群众死活，侵吞救济粮、治河款、干部家属救济粮，盘剥民工工资，等等，大肆挥霍公款，追求奢侈腐败的生活，蜕化变质。在两年的时间里，二人就盗窃、贪污、挪用了国家资财171.6272亿元（旧币），个人挥霍和浪费的所谓"特费"达3.78亿元。1951年12月14日，中共河北省委向华北局提出"判处刘、张死刑"的处理意见。20日，华北局在写给中央的报告中，鉴于刘青山、张子善的身份和影响，"原则上同意，将刘青山、张子善二贪污犯处以死刑"，但在考虑量刑时又在这句话后面打了一个括号"或缓期二年执行"。中共中央、毛泽东权衡再三，反复思考，在听取各方面的意见后，毅然决定：同意了河北省委的意见，由河北省高级人民法院宣判，经最高人民法院核准，依法判处刘青山、张子善死刑，立即执行。

刘青山、张子善执行死刑后，人民群众拍手称快，盛赞"共产党真伟大""真了不起"。毛泽东心情十分沉重地说：正因为他们两个人的地位高，功劳大，影响大，所以才要下决心处决他们。我们杀了几个有功之臣，非杀不可。挥泪斩马谡，这是万不得已的事情。只有处决他们，才能挽救20个，200个，2000个，20000个犯有各种不同程度错误的干部啊！我说过的，杀人不是割韭菜，要慎之又慎。但是事出无奈，不得已啊！问题若是成了堆，就要积重难返啊！

"我们共产党能够跳出这种始兴终亡的周期率！"

"我们决不当李自成，我们都希望考个好成绩！"

——这是人民领袖毛泽东执政为民的誓言，也是他代表中国共产党对人民郑重许下的庄重诺言。1953年1月，他又为中共中央起草了《反对官僚主义、命令主义和违法乱纪》的指示，进行了新"三反"斗争，再次掀起了一场廉政大风暴。他指出:"各级党委应有决心将为群众所痛恨的违法乱纪分子加以惩处和清除出党组织,最严重者应处极刑,以平民愤,并借以教育干部和人民群众。"

毛泽东历来对腐败恨之入骨,绝不姑息。其实,在延安时期,他就曾毫不手软秉公处理过多起功臣犯罪的案件。

一件是轰动西北的"黄克功案"。抗日军政大学第六队队长黄克功,年仅26岁,却是走过长征身经百战的红军老战士了。1937年9月5日,因为恋人陕北公学女生刘茜提出分手,他在强行逼婚不成的情况下,竟然开枪打死了刘茜。此时,陕甘宁边区政府刚刚成立,这一起凶杀案顿时在延安成了爆炸性新闻,国民党方面也借此大肆炒作说成延安红军干部的"桃色新闻"。陕甘宁边区高等法院依法进行了审理,判处黄克功死刑,并上报中央裁定。当时,有些同志对此表达了不同意见,认为黄克功参加过长征,立过战功,应予赦免。毛泽东不同意这种意见,支持边区政府高等法院作出的判决。他对"抗大"副校长罗瑞卿说:"这是什么问题,这是什么问题!这样的人不杀,我们还是共产党吗?!"

10月11日,陕甘宁边区高等法院在陕北公学召开公审大会。黄克功在法庭上对所犯罪行供认不讳,并做了反省。当审判长雷经天问他还有什么请求时,他说:"希望给我一挺机关枪,死在与敌人作战的战场上,不要死在自己人的法庭上。"雷经天则当众宣读了毛泽东关于此案的指示信[1]:

> 雷经天同志:
>
> 你的及黄克功的信均收阅。黄克功过去斗争历史是光荣的,今天处以极刑,我及党中央的同志都是为之惋惜的。但他犯了不容赦免的大罪,以一个共产党员、红军干部而有如此卑鄙的、残忍的,失掉党的立场的,失掉革命立场的,失掉人的立场的行为,如为赦免,便无以教育党,无以教育红军,无以教育革命

---

[1]《毛泽东文集》第二卷,人民出版社1993年版,第39—40页。

者，并无以教育做一个普通的人。因此中央与军委便不得不根据他的罪恶行为，根据党与红军的纪律，处他以极刑。正因为黄克功不同于一个普通人，正因为他是一个多年的共产党员，是一个多年的红军，所以不能不这样办。共产党与红军，对于自己的党员与红军成员不能不执行比较一般平民更加严格的纪律。当此国家危急革命紧张之时，黄克功卑鄙无耻残忍自私至如此程度，他之处死，是他自己的行为决定的。一切共产党员，一切红军指战员，一切革命分子，都要以黄克功为前车之戒。请你在公审会上，当着黄克功及到会群众，除宣布法庭判决外，并宣布我这封信。对刘茜同志之家属，应给以安慰与抚恤。

毛泽东

一九三七年十月十日

听完毛泽东的信，黄克功悔恨地低下了头。后来，毛泽东在谈起此事时说："这叫做'否定之否定'。黄克功枪杀了女青年，这是一次'否定'，给共产党和红军造成了极坏的影响；我们枪决了犯人，否定了他，在群众中又挽回了影响，使群众更拥护我们了。"

还有一件是鲜为人知的"肖玉璧案"。肖玉璧出生于一个贫苦的农民家庭，十几岁就参加了红军，南征北战，光荣负伤80多处，立下了赫赫战功。毛泽东和肖玉璧的私交甚好。1940年，肖负伤住院时，毛泽东曾亲自前往看望，并将自己每日供应的半斤牛奶的取奶证转送给肖玉璧，直至其出院。后来，肖玉璧担任了边区贸易局副局长，但令人惋惜的是，在这个管钱管物的岗位上，他竟然利用职务之便，将边区奇缺的食油、面粉等物资卖给国民党的破坏队，并贪污税款达3050元。案发后，陕甘宁边区政府法院根据已颁布的《惩治贪污条例》中凡贪污500元以上者，处以死刑或5年以上有期徒刑的规定，决定对肖玉璧处以极刑。

肖玉璧得知法院的判决后，想到自己战功赫赫，心有不甘，就给法院写了一封信，请求予以照顾，免其一死。边区政府主席林伯渠考虑到肖玉璧与毛泽东的关系，在行刑前特此到毛泽东那里征询意见，并说："肖玉璧写信要求，看在他作战有功的分上，让他去前线，战死在战场上。"说完，将肖玉璧的信递给毛泽东。

公是公，私是私，公私必须分明。毛泽东是一个讲感情的人，他没有伸手去接林伯渠递过来的信，而是点燃一支香烟，站在窗口望着窗外，深深地吸了口烟，转头问林伯渠："你准备怎么答复他？"

林伯渠说："据法院统计，目前边区犯罪率占5%，这股风非刹不可！不过，对肖玉璧案，边区政府和西北局还得听听你的意见。"

毛泽东稍微停顿了一下，深深地吸了两口香烟，问道："你还记得1937年的黄克功案吧？"

"忘不了。"林伯渠说。

毛泽东将手中的烟蒂在烟灰缸中狠狠地一摁，斩钉截铁地说："和那次一样，我完全拥护法院的判决！"

对不起农民兄弟，请你代表我向他们道个歉

贺晓秋，韶山乡韶光村人，毛泽东远房姑姑贺毛氏之子，算起来是毛泽东的表弟，两人自幼在一起长大，曾在同一个私塾读过书，交谊颇深。在1925年和1927年，毛泽东两次回韶山开展农民运动时，贺晓秋始终积极参与。1925年8月反动派来韶山抓毛泽东时，是贺晓秋冒着生命危险送毛泽东走出韶山的。大革命失败后，白色恐怖笼罩韶山，贺晓秋带着妻子儿女举家迁居华容，流落他乡，艰苦度日。

新中国成立后，贺晓秋以满腔的热情投入到新中国的建设中。1949年12月22日，他给毛泽东写了一封信，将乡间的实情进行了反映。因毛泽东正在苏联访问，迟至1950年4月19日才回信："去年12月22日来信收到。感谢你的好意。所说各项工作缺点，应当改正。如有所见，尚望随时告我。"

收到毛泽东的回信，贺晓秋极为兴奋，他为毛泽东没有忘记他这个表弟而感到幸福。此后他按照毛泽东的嘱咐，将农村实情"随时"致信毛泽东。而从贺晓秋的来信中，毛泽东也掌握了不少农村的真实情况，并对贺晓秋家庭生活的困难表示同情。尤其是当他听说贺晓秋的儿子贺凤生患有严重的骨髓炎时，立即委托中共中央办公厅秘书室给贺晓秋汇去300万元人民币（旧币，下同）。此后毛泽东又寄去100万元给贺晓秋，帮助表弟渡过难关。

1960年，贺晓秋在岳阳病逝。临终前，他嘱咐儿子贺凤生一定要把乡下"大跃进"的真实情况告诉毛主席。性格耿直、敢于说真话的贺凤生牢记父亲的嘱托，先后两次进京，都得到毛泽东的接见。

第一次是在1960年11月，贺凤生拿着毛泽东1950年写给父亲贺晓秋

的信，来到北京。就是凭着这封信，他走进中南海，见到了毛泽东。这个时候，贺凤生担任生产队长，对盛行的浮夸风、"共产风"极为不满。到达北京的时候，毛泽东刚从杭州回来。

在中南海，毛泽东笑着说："我昨天才从杭州回来，听秘书说有这么一位亲戚要见我，我就告诉办公厅，请你今晚来谈谈，接来的客人嘛，岂有不见之礼？何况你贺凤生还有五十根头发跟我姓毛呢，你也是毛家的根蒂哟。"毛泽东的一席话把大家都逗乐了。

谈话间，毛泽东还特地问到贺晓秋的情况。贺凤生告诉毛泽东，父亲已经去世了。

"应该给我拍个电报嘛，起码我可以发个唁电或送个花圈。你父亲是我的救命恩人呢，没有他们这些人舍身相救，毛泽东早就不在世了。"毛泽东半是忧伤半是埋怨地说，"寄给你治病的钱收到了吗？"

"收到了。一次300万元，一次100万元，那些钱是您私人的还是公家的？"不知怎么的，贺凤生突然问了这句话。

"当然是我自己的喽！"毛泽东说，"我不需要更多钱，有工资有稿费，又不需要存钱，更何况你们有困难应该支持，共产党人总不能忘恩负义吧！"

贺凤生是个急性子，憋了一肚子话放在心里总是憋不住，于是就大胆地冲着毛泽东说道："主席，您晓得乡里现在的情况吧？晓得下面刮'五风'吗？晓得现在有些干部作风多坏吗？您想不想听听这方面的情况？"

毛泽东怔了一下，随即笑着说道："好哇，我正需要听听这方面的情况。"

于是，贺凤生就把乡村的公共食堂、农村饥荒、干部虚报浮夸等等问题一一向毛泽东作了汇报。客厅里只有毛泽东和贺凤生两个人。贺凤生掏出一大摞子"大跃进"集体食堂的油印餐票递给毛泽东，说："主席，我想请你到我们那里去吃几餐钵子饭，吃食堂饿死人啦！食堂不散我不回去了。"

"好一个开头炮。"毛泽东诙谐地说，"讲下去，讲下去，我讲过，不管什么意见都可以提，骂娘也可以讲给我听。"

"你怕没有骂娘？下面真有人骂娘呢。"贺凤生滔滔不绝地说了起来，"解放以后，共产党派来了土改工作队，贫下中农分到田地，自己当家做主了，肃反运动、互助组、初级社、合作化、高级社，一年都有一个新名堂，农民劲头可大呢，干部情绪高，人民群众生活好比芝麻开花节节高，都说感谢共产党、毛主席。"

"不要唱什么赞歌了。"毛泽东笑着说。

"才不呢！但是，'总路线'、'大跃进'、'人民公社'三面红旗提出后，情况就变了。'五风'刮得不像话呢。"

"十二级台风？"毛泽东幽默地说。

"比台风还台风。"贺凤生一边说，一边给毛泽东举例子，"'大跃进'来了，要搞公社化，好不容易一家一户有了房子，一夜之间，全部都要拆了去居民点，土砖墙要捣碎了沤肥料，弄得到处鸡飞狗跳墙，哭爹的哭爹，骂娘的骂娘。一百户两百户连在一起，越大越是集体化，如果老天爷一把火，从东到西几百间茅棚全会烧成灰。小铁锅砸了炼钢铁，小灶拆了积土肥，筷子碗碟全部归公，只允许一个中队开一个食堂，大锅饭、钵子饭、双蒸饭，还没得饱饭吃，餐餐萝卜菜红烧，没得几个油花花，吃得男人大肚子水肿，路也走不动，女人没崽生，瘦得风都吹得起。饥荒起盗心。总不能睁着眼睛等死，一些人只好跑到集体田地扯萝卜菜吃。要是被值夜班的民兵抓到，一根麻绳子吊起来就是半夜。"

"你这个生产队长呢？"毛泽东问道。

"生产队长还不也是个普通社员，如今只有司务长、伙头军不饿肚子，有饱饭吃我就不来找您了，反正食堂不解散我就住在这里不回去！"贺凤生好像是忘了在向国家主席汇报，越说越有劲，"华容县那么多的人去围垦钱粮湖，几十万亩芦洲，要改成良田，想一口吃成胖子。四周要担几十米宽的大堤，横直要开十几米宽的排洪沟，说是为华容人民创造财富挖金山，做法就不那么得人心。不论晴天下雨，白天黑夜，刮风下雪都要干，口号就叫'大雨当小雨，小雨当无雨，落雪当晴天，冰冻当好天'。俗话说，吃不得半斗米就莫来担堤。可这里偏偏是担堤的没得饱饭吃，一餐不到半斤米，还要先完成任务。一个劳动力，一天的任务是十几方土，滑头点的完得成，老实人只着急，饿着肚子也要干。芦苇搭的工棚里又脏又潮湿，下雨漏雨，下雪漏雪，刮风进风。干部作风坏，冰天雪地时也要打赤膊干活才叫鼓了干劲，你说缺德不缺德？"

毛泽东越听越觉得沉重，贺凤生越说火气越大："现在的干部都兴放卫星，实际上是浮夸卫星。为了迎接上级的检查，把好几块田里的稻谷移栽到一块田里，硬说是亩产达到几千斤，是'大跃进'带来了大丰收，鬼都笑落牙齿。做假事说假话的是那些人，做官受表扬的也是那些人，吃好喝好的还是那些人。干部当老爷，严重脱离群众，老百姓饿得要死，只能在背后冲天骂娘。"

讲到激动的时候，贺凤生不禁问毛泽东："主席，您不是说党和人民是血肉关系吗？现在皮是皮，肉是肉，是中央要这么搞，还是下面一些干部在腰河里发水？"

毛泽东沉重地回答道："不是腰河里发水。当时把形势估计高了些，责任在中央。从高级社到人民公社只有一年多时间全国就化开了，步子是快了些。有些真正具备条件，而有些只是为了跟风跑。下面有些情况，中央也不一定都清楚。"

交谈中，贺凤生还谈到了祖坟的问题。他说："我们那里不少地方把人家的祖坟都平了，说是为'大跃进'改造吨粮田，也不事先告诉农民，有些坟挖了之后尸骨乱丢，太不讲人道了。我娘的坟就被人挖开了，到现在也找不到尸骨。"

"这还了得！"毛泽东听了非常气愤，"共产党也讲人道嘛，也是爹娘养的嘛。这个问题一定要处理好。"

对于贺凤生直来直去的汇报，毛泽东非常满意，说："感谢你为中央提供了最有价值的情况，那是少奇、恩来和我都捞不到的真实情况呀！"接着，毛泽东又语重心长地说："你是一个生产队长，大小也是一个带长字号的人物。生产队长也要管几百人穿衣吃饭、生老葬死，不容易呢，担子不轻呀。不管是部长、县长，还是生产队长，都要首先想到为人民服务。共产党员要真正不忘吃苦在前，享受在后，不管什么长，首先要像家庭那样带好一个班。"说着，毛泽东还亲切地关心贺凤生的身体，"你年轻时受了伤，身体发育不好，干基层工作吃得消吗？"

"农民过得，我也过得。"贺凤生说。

谈话结束时，毛泽东极为赞赏地说："那我给你个权力：有困难可以随时找我。你说的句句都是真话，只可惜像你贺凤生这样的干部太少了。中央领导下去，下面尽讲好听的，带你看好看的，很难了解真实情况。么子道理？就怕拐了场掉乌纱帽！农村有句俗话，叫'三十吃年饭，尽拣好的搬'，不像你贺凤生无所求也就无所想，要提倡各级干部都讲真话。"

"那么，食堂散不散呢？"

"食堂是肯定要散的。我的意见还是大锅改小锅，大碗改小碗。要让农民吃饱饭，不能风一阵，雨一阵；任何一级干部都不准搞假家伙。"毛泽东难过地说，"你们华容县那个钱粮湖围垦，也有可能是个好工程，但下雪吃冰，落雨淋雨，使农民兄弟受苦就不太好了，对不起农民兄弟，请你代表我向他们道个歉。"

当着毛泽东的面大胆、直率、激烈地批评"三面红旗"错误的人，除了贺凤生，或许没有第二人。毛泽东也是一个善于听真话的人，贺凤生的一席谈，令毛泽东震惊。不久，毛泽东就发出了"大兴调查研究之风"的号召，他自己也派出三个工作组，分赴湖南等省份调查实情。其结果，是形成了调整国民经济的"调整、巩固、充实、提高"八字方针。

这次谈话，毛泽东和贺凤生谈得十分投机。毛泽东在中南海家中还请贺凤生与他一起共进晚餐。毛泽东为了表示自己的心意，送给贺凤生不少礼品：大中华烟一盒、上海牌手表一块、上海产羊毛围巾一条、东北狐皮帽子一顶、大号金星金笔一支、带有毛泽东和朱德头像的笔记本一本，以及25斤粮票和50元人民币。毛泽东还告诉贺凤生："你先回去好好回忆一下，下次专门找个时间听你谈一次，越具体越好，要真实情况，不要掺水，是一说一，是二说二，骂娘也告诉我，只有贺晓秋的儿子才有这么好的礼物给我。"①

毛泽东很高兴，还对身旁的工作人员说："交给你一个任务，安排好贺凤生参观北京，调动他的积极性，好给我提意见。"

1966年"文化大革命"爆发不久，贺凤生再次赴北京看望毛泽东。

10月7日，风尘仆仆的贺凤生与毛泽东一见面，就气鼓鼓地问道："主席，听说'文化大革命'的烈火是您亲自点燃的？"

"怎么啦？"毛泽东惊奇地问。

"下面又在骂娘呢，过去是土豪劣绅戴高帽子，如今我这个叫花子出身的贫雇农也搞了顶高帽子戴在脑壳上了。"贺凤生话还没落音，端起茶杯一仰脖子喝了个精光。

"你贺凤生还是那样可爱。"毛泽东笑了。

"如今硬是乱搭套，县委书记看芦苇，吊儿郎当的当司令，把您毛主席做菩萨敬，你晓得不？"贺凤生越说越激动，"怎么大小带个长字的都成了走资派呢？凡是走资派都有戴高帽子的任务，就得站到台上接受批斗，高帽子也是按大小带长字号来分。我这个生产队长是华容最小的走资派，用那只洋铁皮子的喇叭筒糊上白纸就成了现成的高帽子，我不肯，造反派可没客气地讲，白白打了我一顿。"

"那你们的县委书记呢？"

"县委书记当然是'特殊待遇'喽，一顶几十斤重的大铁磬，就戴到了华容最大的走资派的头上，脑壳磨破了皮，头上鲜血和冷汗直冒，造反派还哈哈大笑！"说到这里，贺凤生气得手握成了拳头。

"你没夸大吧？"毛泽东半信半疑地问道。

"还怕我说假话！当官的挨整，不当官的也跑不脱呢！隆庆大队有个老实巴交的农民，是个贫下中农的根子，前些年，他有吃有穿，有了老婆孩子小家庭，他逢人就说是托您的福。不知哪里兴个规矩，家家要贴毛主席像，他跑到街上买了一张好大的像贴在堂屋当中，哪晓得被大风刮破

---

① 丁晓平：《毛泽东的乡情世界》，中国青年出版社2013年版，第78—85页。

了，于是，成了阶级斗争的新动向，是现行反革命分子，红卫兵从那个社员床上拉下凉席，卷起来做个好高的高帽子，一根麻绳捆起来游村。家家户户做'宝书台'，供上《毛泽东选集》，五保户、瞎子家里也要供'宝书'，人人都要活学活用。我是程咬金明人不做暗事，一没做'宝书台'，二没有买石膏像。'宝书'倒发了一套，没看过几回，好多字认不出来。这个为人民服务的语录牌我倒很喜欢，一直戴在身上。"贺凤生恨不得把自己知道的事情全给毛泽东抖搂出来，心中陡生了许多不解和怨气。

听了贺凤生的汇报，最后毛泽东告诉贺凤生："'文化大革命'是中央会议通过的，原来只是想冲一下少数干部的官气，想不到影响这么大，中央是要采取措施的。任何政党、任何个人，都可能在工作中犯错误，中央也一样，也可能犯错误，党犯了错误也应该纠正。你们那里动不动戴高帽子肯定是不妥的。"

与性格直爽敢于说真话的贺凤生聊天，毛泽东是非常喜欢的，也是极为欣赏的。他曾感慨地说，贺凤生报告的"这些情况是十分重要的，哪怕是我和周总理下去，不碰上贺凤生这样的人，怕也没人敢提供这么真实的情况了"。由此可见，毛泽东之所以喜欢贺凤生，是因为贺凤生在他面前说真话，不说假话。[1]

---

① 张民、胡长明主编:《毛泽东家事图系》（下），中央文献出版社 2003 年版，第 770—774 页。

我见不到群众就憋得发慌

古人云："君者，舟也；庶人者，水也。水则载舟，水则覆舟。"①

"我们是鱼，人民是水，我们的生命离不开水。我们不骑在他们的头上，我们和他们鱼水相依。"这是中国共产党在20世纪30年代还没有执政的时候就提出的口号，赢得了农民的信赖和支持。

1949年3月25日，中共中央领导机关由西柏坡抵达北平，毛泽东一行在颐和园益寿堂休息。车马劳顿，一路风尘，身边工作人员也立即着手为中央领导准备开水，洗洗脸，泡泡茶，准备参加下午在西苑机场举行的阅兵式。人生地不熟，卫士长李银桥带着卫士们跑遍了四周，也找不到水，更找不到合适的人做饭。

毛泽东知道后，立即派人找来中央社会部部长李克农，劈头就问："你们搞什么名堂？先来的人都干什么去了？"李克农吓了一跳，赶紧解释说："原来颐和园里住的一些和尚和勤杂人员，都被我们暂时清理出去了，是为了保证中央首长的安全……"没等李克农说完，毛泽东就说："你蠢么！你把水全都排干了，你要保护的那个鱼还讲什么安全？"李克农又解释说："北平现在刚解放，城里的特务多，搞破坏和暗杀活动很猖狂，我们不能不严加防范……"毛泽东再次打断他，说："鱼离开了水，你安安全全地干死在那里，饿死在那里吧！"

说着，李克农安排社会部的人员送来了水和米饭。毛泽东问道："这些都是从哪里来的？"送食物的同志回答说："都是从园子外面的饭馆里买来

①《荀子·哀公》。

的。"毛泽东笑着说:"我说嘛,我说我们离不开群众嘛!李克农同志,办什么事情都要首先想到要依靠广大人民群众。"

新中国成立后,中共中央搬进中南海办公。住在红墙里的毛泽东,行动不再像战争年代那样"自由"了——如果离开自己的住地丰泽园,在中南海里面转一转,他身边总要有几名卫士跟着;如果离开中南海,卫士们就必须向汪东兴、叶子龙等报告,公安部必须派人保卫;如果离开北京,则必须向杨尚昆、罗瑞卿等报告——人民见毛泽东难了,毛泽东见人民也难了。但这是纪律,也确实是工作需要。毛泽东对这些措施感到十分不舒服,但他也没有办法,必须遵守纪律。

有一天,毛泽东对卫士李家骥说:"走,我们俩去郊区走走。"

李家骥一听,战战兢兢地说:"主席,我不敢,有危险,我担不了这个责任。"

"不用怕,我突然出去,他们不知道。我不相信坏人耳朵那么灵。现在我们马上走。"毛泽东说。

"主席,我必须执行给我规定的纪律,不然我的领导要处分我的。"李家骥十分为难地说。

毛泽东十分理解卫士的难处,只好长叹一声:"唉,这个规定没有错,但把我和群众隔开了不行啊!我见不到群众就憋得发慌。我是共产党的主席,见不到他们还算什么主席,算什么领袖。我们共产党人,我们各级领导是鱼,人民群众是水,离开水,鱼就要渴死!不知你们是不是理解我的心情……"

1954年2月,毛泽东到浙江杭州郊区的龙井村调研,了解那里的茶叶生产情况和老百姓的生活。下了车,毛泽东步行进入村庄,却发现家家户户都紧闭着门窗,村里见不到一个人影,只看到一只大公鸡在啼鸣。看到此情此景,毛泽东非常不悦,白了一眼随行的汪东兴,自嘲地说:"群众都没得一个,只有大公鸡在欢迎我们!"说完,毛泽东非常扫兴地结束了参观,回到了住处,要求汪东兴立即召集警卫人员开会,总结搞形式主义的教训。

1958年9月15日，毛泽东来到安徽安庆。在安徽省委第一书记曾希圣、省长黄岩和安庆地委第一书记许少林、安庆市委第一书记方振华等人陪同下，乘车到安庆第一中学视察。刚下车，就被群众发现，惊喜地叫起来："是毛主席，毛主席来了！"于是，人民群众闻风而动纷纷涌向学校，都想亲眼目睹毛主席的风采。待毛泽东走进校门后，工作人员赶紧将大门关起来，但群众都在门外守候着久久不愿离去，学校的师生们也是欣喜若狂。参观活动结束后，方振华担心人多拥挤，不太安全，就建议改变参观路线。毛泽东听了后，赶忙阻止，说："不，还是走人多的地方吧。"

　　毛泽东离不开人民，视人民为上帝。早在中共七大闭幕词中，他就以"愚公移山"的寓言，把共产党比喻成"愚公"，要挖掉帝国主义和封建主义两座大山，我们也会感动上帝的。而这个上帝不是别人，就是全中国的人民大众。1939年9月25日，他在一次讲话中说：世界上最有学问的人，第一是工人农民，第二是马克思。马克思主义是从工人农民那里来的，工农是世界上最伟大的无名英雄。他一再告诫党的各级领导干部：群众是真正的英雄，而我们自己却往往是幼稚可笑的。

　　1948年4月7日，毛泽东一行抵达五台山北麓，住在附近的繁峙县伯强村。4月8日，他利用行军间隙召集村干部和群众代表座谈。座谈结束后，毛泽东问道："这里离五台山有多远？五台山有佛爷没有？"一位村干部笑着回答说："和尚喇嘛才信佛爷，我们不信。"毛泽东点点头说："不要迷信庙里的佛爷，人民大众才是真正的佛爷！我们要依靠人民大众，团结起来，做天下的主人。"

　　人民群众是真正的英雄。毛泽东永远把人民的利益挂在心上，把人民的福祉记在心头。在他看来，作为共产党的领袖，就是人民的领袖，而人民的领袖就应该是人民的公仆，全心全意为人民服务。

　　1947年9月，毛泽东住在神泉堡，经常深入农村搞调查。有一天，天气十分炎热，随行的警卫人员看见毛泽东满头大汗，便将自己的衣服脱下来请他擦擦汗。没想到，毛泽东不仅不接，反而严厉批评他："你们是解放军呢！走在路上要讲军容风纪。不能学国民党军队的样子，几个兵走在路上，天一热就不穿军装了。"

这位卫士感到十分委屈，觉得自己"好心没有讨好报"，说："我不是怕天热，我是看主席热得满头大汗，心里难受。"

毛泽东让他把衣服穿好，对大家说："你们为什么对我这么好？这个问题，我想了好久了才想通：你们这些同志，都只能为官，不能为人。"

毛泽东话音未落，卫士们个个面面相觑，不知该如何回答，神情有些紧张。一个胆大的鼓起勇气说："主席，我们全心全意照顾你，是我们的工作。我们为你服务，也是为人民服务。"

"难道我说得不对么？"毛泽东笑着解释说，"说你们只能为官，这就是说你们都对我好，不是都为了我这个当官的吗？说你们不能为人，是说你们不能为你们个人考虑嘛！我常常见你们这么多人在我身边站岗放哨，一待就是好几年，要是你们在前方，早就是什么'长'了！"说着，毛泽东又问李银桥："银桥，我讲得对不对？"

"主席不是官，是人民的领袖。"李银桥恍然大悟，连忙回答说。

卫士们也从李银桥的回答中，终于听懂了毛泽东话中的含义。那位受到批评的卫士感动地说："主席，只要工作需要，为你站一辈子岗、放一辈子哨，我们也情愿。"

毛泽东非常高兴地说："那我就非常感谢你们了。"①

---

① 李琦编著：《毛泽东与联系群众》，中央文献出版社 2004 年版，第83—84 页。

共产党人就是要做难做的事

　　无论是战争年代，还是社会主义建设时期，毛泽东始终保持艰苦奋斗、勤俭节约的朴素的生活作风。他说："历来纨绔子弟考不出好成绩，安贫能成事，嚼得菜根，百事可做。"

　　衣不如新，人不如旧。但毛泽东一生崇尚俭朴，不仅对身边工作人员有感情，就是对自己穿过的衣服、骑过的马、用过的拐杖和笔墨纸砚等等器物，都怀有深厚的感情。他说："我这个人就是这样，用过的东西旧了，都舍不得换掉。"在韶山毛泽东遗物馆，珍藏着毛泽东穿了20多年、上面共有73个补丁的睡衣。这件木薯棉睡衣是20世纪50年代由北京东交民巷雷蒙服装店王子清师傅做的。毛泽东非常喜欢，一直穿到晚年。据说，毛泽东晚年最喜欢自己的照片有两张：一张是1942年他穿着膝盖上打着两块大补丁的裤子，在延安给一二〇师干部作报告；另一张是1947年他骑马转战陕北。

　　在延安，毛泽东经常穿着打着补丁的衣服出席各种活动，缝缝补补又一年。身边工作人员总是过意不去，觉得形象不好，劝他换一件新的，有时还偷偷地给他领来一件，但总是被他拒绝。毛泽东说："我不是已经有衣服穿吗？现在边区的经济还很困难，大家的生活都很艰苦，我们应当带头省吃俭用。我节约一件衣服，前方战士就能多发一颗子弹啊！这件棉衣虽然破旧了，但洗一洗缝一缝，还可以穿嘛！我穿衣服的标准简单，不露肉不透风就行。"说起来或许有人不相信，但却是千真万确的事实——从1953年到1962年年底，毛泽东没有做过一件新衣服。

　　抗日战争时期，有位爱国华侨给中共领导人赠送了两辆小轿车，大家一致认为，首先应给毛泽东配一辆，因为他是全党的领袖，公务最为繁忙。但毛泽东坚决不同意，他提出："一是要考虑军事上的需要，一是要照顾年纪较大的同志。"于是，按毛泽东的意见，一辆分给主管军事的朱德同志使用，另一辆分给了"五老"（即徐特立、董必武、谢觉哉、林伯渠、吴玉章）使用。有一次毛泽东从枣园开会回来的途中，马受惊，他的左手腕摔伤了。朱老总和"五老"都提出让车，甚至把车都开到毛泽东的跟前，但毛泽东硬把他们给"撵"回去了。

在吃的方面，毛泽东的日常饮食十分简单，也十分节俭。他从不追求什么山珍海味，吃的也都是家常菜，尤其厌烦宴会，搞大吃大喝。他对身边工作人员说："我们生活在这个世界上，不是为了吃世界，而是为了改造世界。这才是人，人跟其他动物就有这个区别。"

在解放战争中，毛泽东指挥沙家店战役，三天两夜不出屋、不上床，决胜千里，歼灭国民党钟松的三十六师，俘敌6000余人。战斗结束后，毛泽东对卫士李银桥说："银桥，你想想办法，帮我搞碗红烧肉来好不好？要肥一点的。"李银桥终于搞来一碗，毛泽东三下五除二，吃了个碗底朝天，孩子气地朝着李银桥笑着说："有点馋了，吃点肥肉对我有好处，补补脑子……打赢了，我的要求不过分吧？"李银桥眼睛一热，差点眼泪掉下来，说："不过分，主席的要求太少了。"①

住进中南海后，生活条件比战争年代改善多了，保健医生经常劝毛泽东要注意营养，改变饮食习惯。毛泽东每次都摇摇头说："你们说的那些山珍海味，我不喜欢吃，我不想吃的东西你们就不要勉强我，我吃了不舒服，就说明吸收不了。再说我们国家还不富裕，人民群众生活还有困难，我吃那么好，心里不安啊！我吃的饭菜很好了，什么时候中国老百姓都能吃上四菜一汤，那该多好啊！"有时候，保健医生不停地劝他多吃有营养的东西，他急了，一挥手，说："你不要说了，我是农民的儿子，自小过的就是农民的生活。我习惯了，你不要勉强我改变，不要勉强么！"

---

① 李银桥:《在毛泽东身边十五年》，河北人民出版社1991年版，第38页。

毛泽东爱吃粗粮，米饭里也经常加一点小米、红豆、红薯、芋头什么的。有时，他拿起筷子，习惯性地敲敲碗盘，感叹道："谁知盘中餐，粒粒皆辛苦。"当他听到工作人员建议他吃一些名菜时，他就皱起眉头说："要开国宴啊？你那些菜太贵了，贵了不见得就好，不见得就营养。依我说，人还是五谷杂粮什么都吃的好，小米就是能养人。小地主、富裕农民都比大资本家活得长，你信不信？"

抗美援朝战争结束后，毛泽东夜以继日地工作了几十个小时，再次希望李银桥给他搞一碗红烧肉来吃一吃。但按照保健医生徐涛的安排，食谱上没有红烧肉这道菜。李银桥有些犹豫。但毛泽东坚持要吃，李银桥知道他的脾气就赶紧去做了。恰好江青知道了这件事，拦住了李银桥，说："定了的食谱，一个星期你们连三次都保证不了。照我说的办！红烧肉不要弄了，什么好东西？土包子呢，改不了农民习气！"江青是个"美食家"，转战陕北的时候就说过毛泽东"土"，为此曾惹毛泽东发过脾气。李银桥没办法，心想有江青出面，毛泽东不会生气。谁知，开饭了，毛泽东发现没有红烧肉，眉头一皱，发火了。见江青始终低头沉默，李银桥委屈地流下了眼泪。事后，毛泽东知道了原因，拉着李银桥的手生气地说："我就是土包子。我是农民的儿子，农民的生活习惯。她是洋包子，吃不到一起就分开。今后我住的房子穿的衣服吃的饭菜按我的习惯办。江青住的房子穿什么衣服吃什么饭菜按她的习惯办。我的事不要她管，就这样定了。"都是一碗红烧肉惹的祸。毛泽东说话算话，从此，和江青分开吃了。

毛泽东是一个自制力和自律观念十分强的人。三年困难时期，毛泽东带头节衣缩食，从我做起，与全国人民同甘共苦，共渡难关，决定"三不吃"，即：不吃肉、不吃蛋、吃粮不超定量。就连他最爱吃的红烧肉——这个连打仗的时候大家也千方百计满足他的唯一"奢望"，毛泽东也信守诺言，硬是在七个月时间内没有吃一口。大国主席，如此风范，堪称楷模。

毛泽东的饮食没有规律，想起来就多吃一点，想不起来就少吃一点，有时候一天只吃一餐或两餐，饿了就随便吃点芋头或者麦片粥。有时候，因为作息时间的问题，他怕影响厨师的睡眠，就干脆不吃饭。保健医生就忍不住劝他："主席，您这样没规律迟早要损伤身体的。一日三餐最科学，最卫生，最符合身体消化规律……"毛泽东打断说："你才是教条主义呢。作了胃切除就要少吃多餐，你那个规律还敢说'最'？"医生说："那是特殊情况。"毛泽东继续争辩说："普遍性就存在于特殊性之中，什么话都别讲绝对了，别说就是'最'。人吃饭是补充能量，工作是消耗能量，只要人活着，这对矛盾就永远存在，人就要不停地搞平衡，吃一顿也罢，吃十顿也罢，收支平衡就符合卫生，你能说我没规律？我有我的收支平衡，你非打乱不可。实践检验真理，我身体不好吗？"说得医生有口难辩，只好跟着他一起笑了。

保持艰苦朴素的生活作风，不仅是毛泽东在战争年代就养成的习惯，而且也体现了他以身作则和执政为民、关心群众疾苦的政治情怀。作为人民领袖，他始终严于律己，克己奉公，从不利用自己的地位和权力谋取任何私利。他说："我们国家还穷，不能开浪费的头。""没有条件的时候不讲究这一点好做到。经济发展了，有条件讲究仍然约束自己，不讲究，这一条难做到。共产党人就是要做难做的事。"

作为一代伟人，毛泽东受到全世界人民的爱戴和崇敬。特别是新中国成立后，世界上许多国家的领导人和人民给毛泽东赠送了不计其数的礼品，以表达他们的敬爱之情。然而毛泽东始终严于律己，克己奉公，对送来的礼品一律造册上交国库。送给毛泽东的礼品五花八门，从1958年至1959年的礼品清单上看，其中有广播收音机、摄影软片、立体幻灯机、兔毛背心、雨衣、地毯、枕席、龙须草席、海产标本、人参、鹿茸、象牙、酒杯等物品，共计40余种。1964年，瑞士总统送给毛泽东金表两块。工作人员把这两块金表送给毛泽东看，问他是否留下，毛泽东说："这种礼品不能要，谁当主席他送给谁，你当主席他也会送给你。我是代表人民的，这种礼品不能收，一定要送仓库。"新中国成立初期，地方上常常向北京送一些土特产，请中央领导同志品尝，以表达心中的敬意。第一次全国人民代表大会期间，周恩来总理召集各省的书记、省长等负责人在小会议室开会。他说："我根据毛主席的意见，找你们来谈，各地向中央赠送土特产的做法是不好的，这是劳动人民辛勤劳动生产出来的果实，我们白吃，这种风气要不得。以后你们谁送东西来，我们一定原封不动退回，而且要批评。"20世纪60年代初，黄炎培到杭州龙井茶产地梅家坞参观制茶。黄炎培要买一罐龙井茶送给毛泽东，茶场的同志听说后非常高兴，精选了上等的好茶，并且坚决不肯收钱。黄炎培只好带回北京，送给毛泽东，并写了一封信说明情由。后来，毛泽东委托别人把这罐茶叶送还了梅家坞茶场，并表示感谢。

毛泽东就是这样赢得了人民的爱戴。早在1943年12月19日，陕甘宁边区政府在延安召开劳动英雄表彰大会，毛泽东与会接见了17位劳动英雄。其中来自陇东曲子县（今庆阳市环县）一个大字不识的农民孙万福走近毛泽东，紧紧搂住毛泽东的肩膀，激动地说："大翻身哪！有了吃有了穿，账也还了，地也赎了，牛也有了，这都是你给的，没有你，我们这些穷汉子趴在地上，一辈子也站不起来！"接着，他当场即兴创作并朗诵了自己写的诗歌——

　　　　高楼万丈平地起，盘龙卧虎高山顶，
　　　　边区的太阳红又红，咱们的领袖毛泽东，毛泽东。
　　　　天上发光日夜醒，地下五谷万物生，
　　　　来了咱们的毛主席，挖断了苦根翻了身，翻了身。
　　　　自力更生闹革命，开展了生产大运动，
　　　　为了革命得胜利，跟着咱领袖毛泽东，毛泽东。

后来，这首歌经著名诗人贺敬之润色，用陇东民歌调谱了曲，很快唱红了陕甘宁边区，也传遍了祖国的大江南北，这首歌就是家喻户晓的"红歌"——《咱们的领袖毛泽东》。

晚年的毛泽东曾给身边工作人员讲过这样一个故事，他说："鲁班到终南山学艺，出师时，老师给了他一把斧子，并说，有人用斧子为自己挣下了一座金山，有人用斧子在人们心中刻下了一个名字，你是选择哪一种呢？鲁班毫不犹豫地回答，选择后者。我们共产党人的手中都有一把斧子，那就是为人民服务。"人啊，要有志向，要有理想和信仰，这种志，就是中华之志，是共产党人之志。毛泽东坚定地说："共产党人的志不能仅仅写在党章上，而要写在每个党员的心中，要落实到行动上，全心全意为人民服务。"①

---

① 张耀祠:《张耀祠回忆录》，中共党史出版社 2008 年版，第 228 页。

毛泽东谈方法作风

浪淘沙 北戴河

大雨落幽燕，白浪滔天，秦皇岛外打鱼船。一片汪洋都不见，知向谁边？

往事越千年，魏武挥鞭，东临碣石有遗篇。萧瑟秋风今又是，换了人间。

"我是靠总结经验吃饭的"

4

【导语】

——坚定正确的政治方向，艰苦朴素的工作作风，灵活机动的战略战术。

——团结，紧张，严肃，活泼。

这三句话和八个字，就是毛泽东创造的"三八作风"，从而培养了"三八式干部"。这是中国共产党的法宝。

毛泽东说：一切从实际出发。实事求是。理论联系实际。密切联系群众。批评与自我批评。

毛泽东说：没有调查，就没有发言权。不做正确的调查，同样没有发言权。

毛泽东说：社会实践是检验真理的唯一标准。

有国民党人总结毛泽东的领导方法说："调查不够不决策，条件不备不行动。"

毛泽东说："我是靠总结经验吃饭的。"

由此可见——求真务实，务实于行。

当然脱不开"中国"这个地盘

　　毛泽东一生都追求实事求是，注重调查研究。调查研究也是毛泽东最好的工作方法。正是调查研究，促使毛泽东从一介书生变成了革命者；也是调查研究，成为毛泽东把马克思主义普遍真理同中国实际相结合的重要途径。

　　作为农民的儿子，毛泽东自小就在庄稼地里干活，插田、放牛、割稻子等等，农业生活的气息、农村生活的风俗、农民生活的习惯，他都了如指掌。但他对中国历史上的杰出人物游历名山大川、名胜古迹，足迹遍天下的行动羡慕不已，尤其是司马迁"览潇湘，登会稽，历昆仑，周览名山大川，而其襟怀乃益广"的游历，更是向往。1917年暑假，在湖南第一师范读书的毛泽东有一天读到一份《民报》，上面刊载了两个中国学生旅行全国的故事，他们一直走到西藏边境一个名叫打箭炉的地方。这件事给毛泽东震动很大，他想效仿他们去游历全国。可是他没有钱，怎么办？他就和同学萧瑜一起，手拿一把雨伞，肩背一个挎包，带着文房四宝在湖南境内"打秋风"（即"游学"的同时卖文卖字），徒步旅行千里，风餐露宿，风雨兼程，像"乞丐"一样吃百家饭，以沿途帮乡村的土财主写字换几口饭吃、挣点零花钱，走访了长沙、宁乡、安化、益阳、沅江五个县，结交了农民、船工、财主、县长、老翰林、寺庙方丈等各色人等，既锻炼坚强了体魄和吃苦耐劳的意志，又广泛掌握了第一手的民情、民风、民生、民事、民声。第二年夏天，他又和蔡和森一起沿着洞庭湖的东岸和南岸，经湘阴、岳阳、平江、浏阳几县，游历数月。归来后，老师和同学们都称赞他"身无半文，心忧天下"。

青年时代的毛泽东，曾经和许多"五四"时期的进步青年一样，积极寻求救国救民的道路。他和志同道合的朋友们一道在湖南搞"新村主义"试验，过着一边劳动一边读书、无政府、无剥削、无压迫、无强权的世外桃源般的生活。但理想与现实还是有着美好而又无奈的距离，这种"新村"在那黑暗的时代注定是短命的，没有维持多久。这个时候，他参与组织并主持的新民学会的朋友们纷纷把眼光投向外面的世界，希望走出国门寻求中国社会进步的"药方"。毛泽东也不例外，他也不满足于国内的游历，也想走出国门，走向世界。1917年8月，他在写给老师黎锦熙的信中说："我不是绝对反对留学的人，而且是一个主张大留学政策的人。我觉得我们一些人都要过一回'出洋'的瘾才对。"而在新民学会成立之初，他就曾计划到日本求学。1921年9月，他还计划在国内做三四年的准备，然后"赴外国求学，至少五年，地点在俄"。

　　新民学会的好友罗学瓒曾在信中劝毛泽东出国，说："惟弟甚愿兄求大成就，即此刻宜出洋求学。若少迟延，时光既过，人事日多，恐难有多时日求学矣……润之兄啊！你是一个有志的人，是我们同伴中所钦佩的人，你如何带一个头，学他十年八载。异日回国……各抒所学以问世，发为言论作社会之唤醒提倡者。"但遗憾的是，毛泽东出国留学的计划都没能实现。一方面因为家庭经济上的问题，另一方面因为母亲病重，不久父母都双双去世，再后来又因自己投身革命无法脱身。同时，他也感到留在国内也有国内的好处。第一，毛泽东认为学习外国知识"看译本较原本快迅得多"，利于在"较短的时间求到较多的知识"。第二，"世界文明分东西两流，东方文明在世界文明内，要占个半壁的地位。然东方文明可以说就是中国文明。吾人似应先研究吾国古今学说制度的大要再到西洋留学才有可资比较的东西。"第三，"吾人如果要在现今的世界稍为尽一点力，当然脱不开'中国'这个地盘。关于这地盘内的情形，似不可不加以实地的调查及研究。这层工夫，如果留在出洋回来的时候做，因人事及生活的关系，恐怕有些困难。不如现在做了。"他还说："我觉得关于自己的国家，我所知道的还太少，假使我把时间花费在本国，则对本国更为有利。"由此可见，毛泽东从青年时代就开始注重对中国国情的调查与研究，他把调查研究中国"这地盘内的情形"，当作自己"在现今的世界稍微尽一点力"的目标和方法。

在别人漂洋过海壮游世界，住洋房、吃面包的时候，毛泽东则走向中国的穷乡僻壤，走到社会的底层和弱势群体中间，住茅草房、吃南瓜饭。这是多么地了不起。他把自己这种"游学"式的社会调查比作"读无字之书"。到了"五四"时期，毛泽东更是"踏着人生社会的实际说话"，用来自生活中的真人真事来唤起民众的觉悟。我们可以从他早年主编的《湘江评论》上发表的文稿中看到，他对军阀混战和官僚、政客、武人的"营私勾当"给国计民生造成的严重破坏的指控，对农夫、工人、学生、女子、教师等的贫苦不堪的生活境遇给予的同情，对思想文化界的愚昧、丑陋、庸俗、卑劣的批判，都是基于亲闻亲见的事实，都是亲自调查研究的结果。确实像他自己所说的那样，他"把时间花费在本国，则对本国更为有利"。

在大革命时期，毛泽东发表了《中国社会各阶级的分析》和《湖南农民运动考察报告》两篇非常重要的调查研究成果。《中国社会各阶级的分析》为人们精确、深刻、立体地勾勒出了20世纪20年代中国社会各阶级、阶层的经济地位、政治态度及其相互关系的解剖图。这是毛泽东在长达五六年的时间里从事工人运动和农民运动得出的调研成果。他在这篇文章中既提出了革命的首要问题是分清真正的敌友，又及时提醒革命队伍中的人对国民党右派勾结大地主、大资产阶级和帝国主义的反动性保持高度警惕，成为中共在民主革命时期制定政策的最基本最权威的依据。在毛泽东看来，文章和登载文章的报刊都绝不是什么文人的"混饭把戏"，而是阶级斗争的舆论工具。他明确指出，"向反革命宣传反攻，以打破反革命宣传"是报刊的责任，而"我们反攻敌人的办法，并不多用辩论，只是忠实地报告我们革命工作的事实"。因此，在主编《政治周报》时，他要求"十分之九是实际事实之叙述，只有十分之一是对反革命派宣传的辩论"。

1927年3月，毛泽东花了32天时间，实地考察了湘潭、湘乡、衡山、醴陵、长沙等五个县的农民运动，撰写了《湖南农民运动考察报告》，有力地驳斥了反动势力和革命队伍内部一些人对农民运动的攻击和怀疑。这篇调查报告先后在中共湖南区委机关刊物《战士》周报、中共中央机关刊物《向导》、汉口《民国日报》的《中央副刊》、《湖南民报》等发表或连载；4月，汉口长江书店以《湖南农民革命（一）》为书名，由瞿秋白作序出版单行本，号召"中国的革命者个个都应当读一读毛泽东这本书"；5月和6月，共产国际机关刊物《共产国际》的俄文版、英文版以及《革命东方》杂志，先后转载、译载了《向导》刊印的《报告》。英文版的编者按说："在迄今为止的介绍中国农村状况的英文版刊物中，这篇报道最为清晰。"当时的共产国际执委会主席布哈林在执委会第八次扩大全会上谈到毛泽东的这篇报告时说，"我想有些同志大概已经读过我们的一位鼓动员记述在湖南省内旅行的报告了"，"报告写得极为出色，很有意思，而且反映了生活"，"其描写极为生动"，"提到的农村中的各种口号也令人很感兴趣"，"文字精练，耐人寻味"。在共产国际能够享此殊荣的，毛泽东算得上是中国第一人。

这个时期，毛泽东顶着"农民意识"和"狭隘经验论"的帽子，围绕武装斗争、土地革命和根据地建设等重大问题，做了大量的调查研究工作，先后写下了《井冈山的斗争》《兴国调查》《寻乌调查》《长冈乡调查》《才溪乡调查》《东塘等处调查》《分青和出租问题》《关于纠正党内的错误思想》《星星之火，可以燎原》《反对本本主义》[①]《必须注意经济工作》《怎样分析农村阶级》《我们的经济政策》《关心群众生活，注意工作方法》等调研报告和文章。在《反对本本主义》一文中，他从认识论的高度第一次鲜明地提出了"没有调查，没有发言权""中国革命斗争的胜利要靠中国同志了解中国情况"等著名口号和科学论断。他指出："离开实际调查就要产生唯心的阶级估量和唯心的工作指导，那末，它的结果，不是机会主义，便是盲动主义。"[②]

在中国革命的过程中，毛泽东始终就是坚持靠调查研究争取发言权

---

① 当时叫《调查工作》，1964年6月收入《毛泽东著作选读》时改名《反对本本主义》。
②《毛泽东选集》第一卷，人民出版社1991年版，第112页。

的。从1921年中国共产党成立到红军长征这十几年，是毛泽东搞调查研究的最为活跃的一个时期。正是他全身心地投入到"中国这个地盘"中去调查研究，才从中探索出了"农村包围城市""枪杆子里面出政权"等中国特色的革命道路和革命理论。在遵义会议上，毛泽东终于重新获得了"发言权"。为什么？其中最主要的原因就是他做了大量切合中国革命实际的调查研究，找到了正确的革命理论和革命道路。诚如周恩来在《学习毛泽东》一文中所说："毛泽东是在中国的土壤中长出来的巨大人物"，"是从人民当中生长出来的，是跟中国人民血肉相连的，是跟中国的大地、中国的社会密切相关的，是从中国近百年来和'五四'以来的革命运动、多少年革命历史的经验教训中产生的人民领袖"。美国记者白修德在《中国抗战秘闻》一书中这么形容毛泽东："就对他的人民的认识程度而言，和我交谈的任何领导人都比不上他。"

不做正确的调查，同样没有发言权

　　20世纪初，湖南思想界流行着一种脱离实际的空谈习气。1919年7月，长沙教育界的进步人士组织成立了一个名叫"健学会"的研究新思潮的学术团体。21日，毛泽东在《湘江评论》临时增刊上发表文章《健学会之成立及进行》，强调湖南思想界应吸取20年前戊戌变法维新时期的教训，"那时谭嗣同等在湖南倡南学会，召集梁启超麦孟华诸名流，在长沙设时务学堂，发刊湘报、时务报，一时风起云涌，颇有登高一呼之慨……变法自强的呼声，一时透衡云彻云梦的大倡"。但"我们试一取看那时候鼓吹变法的出版物，便可晓得一味的'耗矣哀哉'激刺他人感情作用，内面多是空空洞洞，很少踏着人生社会的实际说话……寻其根柢，多半凑热闹而已，凑热闹成了风，人人思想界便不容易引入实际去研究事实和真理了"。①

　　喜欢独立思考的毛泽东，敢于独创，从不迷信威权。26岁的他敢于否定谭嗣同、梁启超这些他心中曾经崇拜的思想明星。那么怎么"踏着人生社会的实际说话"呢？如何不凑热闹地"引入实际去研究事实和真理"呢？1919年9月，他在长沙发起成立了"问题研究会"，亲自起草了《问题研究会章程》，列出了国内外政治、经济、社会、民生、文化等等150多个问题，并提出"问题之研究，须以学理为依据。因此，在各种问题研究之先，须为各种主义之研究"；"问题之研究，有须实地调查者，须实地调查之；无须实地调查，及一时不能实地调查者，则从书册、杂志、新闻纸三项着手研究"。

---

　　① 原载 1919 年 7 月 21 日《湘江评论》临时增刊第 1 号。

1929年12月，红四军第九次代表大会通过了毛泽东起草的《关于纠正党内的错误》的决议，强调要教育"党员注意社会经济的调查和研究，由此来决定斗争的策略和工作的方法，使同志们知道离开了实际情况的调查，就要堕入空想和盲动的深坑"①。毛泽东批评红军中一部分人安于现状、不求甚解、墨守成规、迷信"本本"，不肯到群众中去做实际调查的错误倾向。他说："许多的同志都成天地闭着眼睛在那里瞎说，这是共产党员的耻辱。""只有蠢人，才是他一个人，或者邀集一堆人，不作调查，而只是冥思苦索地'想办法'，'打主意'。须知这是一定不能想出什么好办法，打出什么好主意的。"②1931年4月2日，毛泽东在起草《总政治部关于调查人口和土地状况的通知》中进一步提出："我们的口号是：一，不做调查没有发言权。二，不做正确的调查同样没有发言权。"

毛泽东提出的口号不仅仅是口号，而是他从调查研究的实践中总结出来的经验。正如他在《关于农村调查》一文中所言："到井冈山之后，我作了寻乌调查，才弄清了富农与地主的问题，提出解决富农问题的办法，不仅要抽多补少，而且要抽肥补瘦，这样才能使富农、中农、贫农、雇农都过活下去。假如对地主一点土地也不分，叫他们去喝西北风，对富农也只给一些坏田，使他们半饥半饱，逼得富农造反，贫农、雇农一定陷入孤立。当时有人骂我是富农路线，我看在当时只有我这办法是正确的。"寻乌位于闽粤赣三省交界处，毛泽东得到中共寻乌县委书记古柏的支持，在郭友梅和范开明两位老先生的帮助下，登门拜访了11位各行各业的人士，开了十多天的调查会，还花了20多天时间深入商店、作坊、集市、田野做了现场调查。十多年后，毛泽东还在书中"多谢两位先生的指点，使我像小学生发蒙一样开始懂得一点城市商业情况，真是不胜欢喜"③。

从1941年开始，中共中央、毛泽东领导全党开展了轰轰烈烈的整风运动。这是中共第一次在全党范围内开展的一次马克思主义的思想教育运

①《毛泽东选集》第一卷，人民出版社1991年版，第89页。
②《毛泽东农村调查文集》，人民出版社1983年版，第1—2页。
③《毛泽东农村调查文集》，人民出版社1983年版，第22、56页。

动。为此，毛泽东先后发表了三篇著名的报告——1941年5月的《改造我们的学习》，1942年2月的《整顿党的作风》和《反对党八股》，强调"在全党推行调查研究的计划，是转变党的作风的基础一环"，号召全党大兴调查研究之风。

1941年4月，针对以王明为首所奉行的主观主义和教条主义，毛泽东进一步阐述了调查研究的重要性。为此，他重新出版了十年前在寻乌调查时写的旧作《农村调查》，又加写了"序"和"跋"。他申明："出版这个参考材料的主要目的，在于指出一个如何了解下层情况的方法，而不是要同志们去记那些具体材料及其结论。"他指出："要了解情况，唯一的方法是向社会作调查，调查社会各阶级的生动情况。""现在我们很多同志，还保存着一种粗枝大叶、不求甚解的作风，甚至全然不了解下情，却在那里担负指导工作，这是异常危险的现象。对于中国各个社会阶级的实际情况，没有真正具体的了解，真正好的领导是不会有的。"他又指出："实际工作者须随时去了解变化着的情况，这是任何国家的共产党也不能依靠别人预备的。所以，一切实际工作者必须向下作调查。对于只懂得理论不懂得实际情况的人，这种调查工作尤为必要，否则他们就不能将理论和实际相联系。'没有调查就没有发言权'，这句话，虽然曾经被人讥为'狭隘经验论'的，我却至今不悔；不但不悔，我仍然坚持没有调查是不可能有发言权的。"

怎样才能克服主观主义和教条主义呢？毛泽东在《改造我们的学习》一文中尖锐地批判了理论脱离实际的教条主义，指出这种反科学的反马克思列宁主义的主观主义方法，是共产党的大敌，是党性不纯的一种表现。他号召全党同教条主义作斗争，大力进行系统的、周密的调查研究。他说："依据马克思列宁主义的理论和方法，对敌友我三方的经济、财政、政治、军事、文化、党务各方面的动态进行详细的调查和研究的工作，然后引出应有的和必要的结论。为此目的，就要引导同志们的眼光向着这种实际事物的调查和研究。就要使同志们懂得，共产党领导机关的基本任务，就在于了解情况和掌握政策两件大事。前一件事就是所谓认识世界，后一件事就是所谓改造世界。就要使同志们懂得，没有调查就没有发言权，夸夸其谈地乱说一顿和一二三四的现象罗列，都是无用的。"①

在整风运动中，毛泽东曾经讲过这样两个小故事，说明调查研究的必要性。一个故事是，在遵义会议上，一位同志嘲笑毛泽东军事战略搞的那一套都是从《孙子兵法》上学来的，都是老掉牙的东西，现在用不上了。毛泽东就问他，你读过《孙子兵法》没有？你知道《孙子兵法》一共有几章？这位同志自己确实没有读过《孙子兵法》，一下子被毛泽东反问得哑口无言。没有调查，当然被取消了发言权。另一个故事是，一位同志刚到陕北洛川，第二天就下令取消一切苛捐杂税。毛泽东问他：一切苛捐杂税你都取消了，究竟有哪些苛捐，哪几种杂税？这位同志也被毛泽东问得答不上来，羞红了脸。毛泽东就是通过亲身经历的这些事情，"使许多干部懂得了究竟什么是唯物主义，什么是唯心主义，调查研究有什么重要意义，为什么一切工作不能靠装腔作势，不能闭目塞听，而必须从实际出发，首先从了解情况着手。"②

1941年8月，中共中央发布了《关于调查研究的决定》和《关于实施调查研究的决定》两个重要文件，并设立了中央调查研究局等专门机构，在全党兴起深入、持久、扎扎实实的调查研究活动。毛泽东身先士卒，身体力行。1941年秋，他在边区政府办的农业展览会上，专门找到延安劳动模范、南川吴家枣园农民郝光华，了解农村、农业和农民的生活生产情况。后来，他又写信把郝光华请到家中，进一步了解吴家枣园的情况。还有一次，陕甘宁边区的一位农民代表远道来看望毛泽东。毛泽东便借机向他询问乡间百姓的各种情况，对中央制定的政策落实情况和反映进行调查。后来，毛泽东回忆起与这位农民的谈话，意味深长地说：我跟他聊了很多东西，长进了许多知识。我知道了我们的各项政策，在农村里究竟实行得好不好。我跟他们学习，我是小学生。他们有些说得不对的地方，我就耐心地给他们纠正，又成了他们的先生。有些人光做先生是不好的，结

① 《毛泽东选集》第三卷，人民出版社1991年版，第802页。
② 上海人民出版社编：《学习毛泽东》，上海人民出版社1979年版，第32—33页。

果，一定落在学生后面。[①]

在毛泽东的带领下，中央各局和中央直属机关都分别广泛深入地开展了调查研究活动。其中，最有名的是两个调查团：一个是以西北局书记高岗担任团长的由30余人参加的西北局调查研究局考察团，对绥德、米脂特区进行了两个月的调查，取得了《绥德、米脂土地问题初步研究》等调研成果。另一个是由张闻天担任团长的"延安农村调查团"，自1942年9月26日至11月19日，在米脂县杨家沟做了两个月的调查，写出了《米脂县杨家沟调查》一书。而张闻天在同年1月还对陕甘宁边区的神府、绥德、兴县等地做了调查研究，写出了《出发归来记》。他说："调查研究是从实际出发的中心一环"，"要从实际出发，要认识实际的基本一环，就是对于这个实际的调查研究。没有这一基本工作，一切关于从实际出发，要认识实际一类的话，仍然只是毫无意义的空话"。与此同时，文化思想界、理论界的调查研究活动也如火如荼，由毛泽东担任院长的中央研究院，以艾思奇为代表的专家学者也在哲学思想上取得了多项研究成果，发表出版了《抗战以来的几种重要哲学思想评述》等作品。

[①] 孙克信等编著：《毛泽东调查研究活动简史》，中国社会科学出版社1984年版，第106页。

打败仗我们不怕，
不打败仗我们就不知道仗应该是如何打法

世界上没有常胜将军。毛泽东也曾经打过败仗。他也从不隐讳自己打过的败仗、犯过的错误，而且知错就改，坦诚自我批评。

陈毅在抗日战争时期曾对黄克诚说：毛泽东的伟大之处，在于他不二过。

1956年9月10日，在中共八大预备会议第二次全体会议上，毛泽东坦诚地说："我是犯过错误的。比如打仗，高兴圩打了败仗，那是我指挥的；南雄打了败仗，是我指挥的；长征时候的土城战役是我指挥的，茅台那次打仗也是我指挥的。"他还说："我的那些文章，不经过北伐战争、土地革命战争和抗日战争，是不可能写出来的，因为没有经验。所以，那些失败，那些挫折，给了我们很大的教育；没有那些挫折，我们党是不会被教育过来的。"[1]

早在1945年5月31日，毛泽东在中共七大上发表总结讲话时，就公开检讨所犯的错误。他说："内战时期，在肃反问题上，我们走过了一段痛苦的弯路，有这样一个错误的侧面。当然我们不应从根本上否定反对反革命，反对反革命是应该的。但是，在当着共产党还没有成熟的时候，在肃反问题上搞错了很多人，走过这样一段弯路，包括我自己在内。抗战时期，出了湖西肃反的错误，在延安又来了这样一个'抢救运动'。我看，延安犯的这个错误非同小可，因为延安是有全国影响的。犯了错误，也有

---

[1]《毛泽东文集》第七卷，人民出版社1999年版，第106、101页。

好的方面，我现在就讲这个好的方面。在肃反问题上前前后后都犯过错误，打仗也打过许多败仗，这样的政策、那样的政策，也碰过许多钉子。凡是错误认识了，纠正了，就取得了经验，就会变成好武器。这个犯错误的经验，抓到我们手里来，同样也非同小可……所以犯了错误不可怕，要把错误抓到手里，变作经验，当作武器。对搞错了的同志，要向他们赔不是。"①

无论是对待革命事业，还是对待朋友，毛泽东始终强调要用好批评与自我批评这个武器，坦荡做事，坦诚做人。1956年夏天，他下榻武汉东湖宾馆时，对湖北省委原副秘书长梅白说："有一个人要见我，你们谁也不能挡。"梅白说："哪个？是不是李达同志？"

毛泽东说："我叫他鹤鸣兄，他叫我润之，只要他来，随来随见。"李达是中共创始人之一和中共一大代表、马克思主义理论家，也是毛泽东的同乡和挚友。新中国成立后，毛泽东在武汉曾多次与时任武汉大学校长的李达晤谈。两人第一次见面时，毛泽东走上前激动地拥抱老朋友，让李达感到有些尴尬，不知如何是好，吞吞吐吐地说："主……主……"没等他把"主席"二字说出口，毛泽东就笑着说："你主，主什么？你是一大的中央宣传局主任，我以前叫过你主任没有？你过去一直叫我润之，我叫你鹤鸣兄嘛！"二人入座后，李达惭愧地说："我一生遗憾的是，没同你上井冈山，没有参加二万五千里长征。"毛泽东说："你遗憾什么？施耐庵的《水浒》上，不是有个黑旋风李逵，你比他还厉害。他只有两板斧，你有三板斧，一斧砍了胡适先生，一斧砍了张东荪，一斧砍了江亢虎。你有李逵的大仁、大义、大勇，还比他多一个大智。"他还说："你是理论战线上的鲁迅。你的《社会学大纲》，我佩服之至，批示印发各个根据地。"1958年9月，毛泽东号召破除迷信，解放思想，发动和领导了"大跃进"，各地出现了许多唯意志论的口号。李达听说鄂城县委办公楼门口贴着"人有多大胆，地有多高产"的标语，很生气，认为人的主观能动性的发挥是有条件的，这种讲法是唯心主义，属于哲学问题。毛泽东来武汉后，李达打电话

---

① 《毛泽东文集》第三卷，人民出版社1996年版，第408—409页。

给梅白，说"我要见润之"。见到毛泽东后，李达开门见山就说："润之，我要单刀直入。"毛泽东不知来由，很为惊愕，便诙谐地说："是不是鸿门宴啊？"李达严肃地说："'人有多大胆，地有多高产'这句话，通不通？"毛泽东说："这个口号，同一切事物一样，也有两重性。一重性不好理解，一重性是可以讲发挥人的主观能动性。"他还用红军长征等具体历史事实来加以证明。李达听得有点不耐烦，打断了毛泽东的话，说："你说这个口号有两重性，实际上是肯定这个口号是不是？"毛泽东当即反问道："肯定怎样，否定又怎样？"李达气冲冲地说："肯定就是认为人的主观能动性是无限大。人的主观能动性的发挥离不开一定的条件。我虽然没有当过兵，没有长征，但是我相信，一个人拼命，可以'以一当十'。一夫当关，万夫莫开，但要有地形作条件。人的主观能动性不是无限大的。现在人的胆子太大了。润之，现在不是胆子太小，你不要火上加油，这可能是一场灾难。"毛泽东也不拐弯抹角，依然认为"在一定条件下无限大"。李达急了，说："你脑子发热，达到39度高烧，下面40度、41度、42度，这样中国人民就要遭灾难，你承不承认？"两人争执不下，谁也不服谁，一直争到开晚饭时也没有争出一个结果。毛泽东就请他留下来吃饭，李达则生气地执意要走。毛泽东只好请梅白送李达回家，并说："今天你火气很大，我火气也不小。你以国计民生为重，我也这么主张，在成都会议上说过要热又要冷。"李达走后，毛泽东冷静下来，对这次争论主动作了自我批评。他说："孔子说过：六十而耳顺，我今年六十五，但不'耳顺'，听了鹤鸣兄的话很逆耳，这是我的过错。过去我写文章提倡洗刷唯心精神，可是这次我自己就没有洗刷唯心精神。"毛泽东还叫梅白转告李达，感激他的帮助，约他再谈。李达知道毛泽东的意见后，感动地说："还是润之气量大，君子之过如同日月，其过也人皆有之，其更也，人皆喻之。"①

1962年1月，毛泽东在扩大的中央工作会议上说："在民主革命时期，经过胜利、失败、再胜利、再失败，两次比较，我们才认识了中国这个客

---

① 王恕焕：《梅花欢喜漫天雪》，中原农民出版社1993年版，第212页。

观世界。在抗日战争前夜和抗日战争时期，我写了一些论文，例如《中国革命战争的战略问题》《论持久战》《新民主主义论》《〈共产党人〉发刊词》，替中央起草过一些关于政策、策略的文件，都是革命经验的总结。那些论文和文件，只有在那个时候才能产生，在以前不可能，因为没有经过大风大浪，没有两次胜利和两次失败的比较，还没有充分的经验，还不能充分认识中国革命的规律。"

胜败乃兵家常事。伟人不是不犯错误的人，也不是永远正确的人。毛泽东说："打败仗我们不怕，不打败仗我们就不知道仗应该是如何打法。"[1]伟人应该是坚持真理知错就改的人，是坚持原则实事求是的人，是用正确的方法去做正确的事情的人。对于毛泽东晚年所犯的错误，邓小平1980年8月23日在接受意大利《时代》杂志记者法拉奇采访时，说了一段非常实在又非常深刻的话："你一定要记下我的话，我是犯了不少错误的，包括毛泽东同志犯的有些错误，我也有份。只是可以说，也是好心犯的错误。不犯错误的人没有。不能把过去的错误都算成是毛主席一个人的。所以我们对毛主席的评价要非常客观，第一他是有功的，第二才是过。毛主席的许多好的思想，我们要继承下来，他的错误也要讲清楚。"[2]

人人都可以说："失败是成功之母。"

但，格言不仅仅是格言。

---

[1]《毛泽东文集》第四卷，人民出版社1996年版，第326页。
[2]《邓小平文选》第二卷，人民出版社1994年版，第353页。

和全党同志共同一起向群众学习，继续当一个小学生，这就是我的志愿

在毛泽东青年时代就读的湖南第一师范大门口，镌刻有徐特立手书的四个大字"实事求是"。那时，年轻的他对"实事求是"这四个字的含义也不太明白，为此他专门查阅古籍寻找答案。后来，他在《汉书·河间献王传》中查证到了它的出处，原意是指河间献王刘德努力掌握事实材料，从中得出真实结论的治学精神。而这种精神与20世纪初湖南文化思想界盛行王夫之为代表的实学唯物主义是相通的。那时，他也经常去长沙研究王夫之学术思想的"船山学社"听各类学术讲座，对顾炎武、颜元等实学宗师也推崇备至。

求学期间，毛泽东在实学传人杨昌济、徐特立等老师的影响下，思想崇实，注重实际，提出了"实践至善"的观点。他在《讲堂录》中这么写道："闭门求学，其学无用，欲从天下国家万事万物而学之，则汗漫九垓，遍游四宇尚已。"他厌恶空谈，躬行实践，积极参与学校的社会工作，后来又投身五四运动，创办夜校，主动接触底层产业工人，徒步到农村考察，因此同学们送给他"实践家"的美誉。在青少年时代，毛泽东最崇拜的人物是康有为和梁启超。那时，他还不懂得什么叫政治，甚至天真地在他的文章中"主张应将孙中山由日本召回就任新政府的总统，并以康有为任总理，梁启超任外交部长"。不过，康、梁都曾为了改良政治而提倡调查国情。康有为曾用"食苦瓜"作比方，说明苦瓜之苦，"必食而后知"。这和日后毛泽东在《实践论》中用的那个"尝梨子"的比方有相近的含义。转变为马克思主义者后，毛泽东将实学唯物主义的"实事求是"发展成为

马克思主义的科学方法，"实事求是"中的"实事"就是客观存在的一切事物；"是"是客观事物的内部联系，即规律；"求"就是我们去研究。

一切从实际出发，实事求是，毛泽东在坚持正确的调查研究和实践的同时，十分注意积累和总结并将其上升为理论，形成一套切实管用又富有特色的科学方法。从而，让自己在错综复杂的中国革命中长期握有雄辩的"发言权"。

如何才能做到实事求是呢？

首先，必须解决态度的问题。在毛泽东看来，"实际工作者须随时去了解变化着的情况，这是任何国家的共产党也不能依靠别人预备的。所以一切实际工作者必须向下作调查"。而"没有眼睛向下的兴趣和决心，是一辈子也不会真正懂得中国的事情的"；那些打着共产国际的招牌，以钦差大臣自居的人，"下车伊始，就哇喇哇喇地发议论，提意见，这也批评，那也指责，其实这种人十个有十个要失败"。因此，他告诫全党一定要注意"眼睛向下，不要只是昂首望天"。他说："群众是真正的英雄，而我们自己则往往是幼稚可笑的，不了解这一点，就不能得到起码的知识"[①]；"没有满腔的热忱，没有眼睛向下的决心，没有求知的渴望，没有放下臭架子、甘当小学生的精神，是一定不能做，也一定做不好的。"[②]他把请来开调查会的干部和群众叫作"我的可敬爱的先生"，采取"恭谨勤劳"和"同志态度"，给他们当"学生"，使被调查者知无不言，言无不尽。在调查报告中，他每每提及人民群众的苦难和愿望，言辞之中都总是饱含深情，提到人民群众的斗争业绩和聪明才智，总是热烈赞扬。在《农村调查》一书序言的结尾，毛泽东诚挚地说："和全党同志共同一起向群众学习，继续当一个小学生，这就是我的志愿。"

其次，必须要有科学的方法。毛泽东认为，调查研究的过程就是认识事物的过程，必须自觉贯彻认识事物的三个步骤——观察、分析与综合。张闻天在调查工作中深深体会到："从感性方面得来的关于调查对象的笼

①《毛泽东选集》第三卷，人民出版社1991年版，第790页。
②《毛泽东农村调查文集》，人民出版社1983年版，第16—17页。

统的印象，必须首先加以分析，加以解剖"，但"分析只是思想上的一种抽象，为研究便利暂时把部分从整体中分解出来的。这些部分必须还原到它们原来在整体中的位置，这就是综合。所以综合是从部分到全体，从抽象回到具体的思想的运动过程"。①毛泽东把分析与综合结合起来认识事物的方法，称之为"四面受敌法"，"今天我们研究中国社会，也要用个'四面受敌法'，把它分成政治的、经济的、文化的、军事的四个部分来研究，得出中国革命的结论"。

毛泽东曾经批评红四军中一些干部面对大量材料，无所适从，无处下手，拼凑出来的调查成果"像挂了一篇狗肉账，像乡下人上街听了许多新奇故事，又像站在高山顶上观察人民城廓"。他认为这种调查大而化之，"用处不大"。因此，调查研究的过程中，必须把握事物主要矛盾的主要方面，才能把握事物的本质和主流。"应该以这个主要矛盾作为认识问题和解决问题的出发点。假若丢掉主要矛盾，而去研究细微末节，犹如见树木而不见森林，仍是没有发言权的。"同时，毛泽东强调，调查研究必须详尽地占有材料，但必须处理好数量与质量的关系，十样事物你调查了九样，"如果你调查的九样都是一些次要的东西，把主要的东西丢掉了，那末，仍旧没有发言权"。

1948年，毛泽东与晋绥日报编辑部人员谈话时说：天下乌鸦一般黑。性质相同的只要研究一个典型材料，能说明问题就够了。你硬要分别大乌鸦、小乌鸦、中国乌鸦、外国乌鸦，把一铺摊材料都搞上，被材料埋住，还是总结不出经验。因此，毛泽东把典型调查这个中共常用的调查方法形象地比喻成"解剖麻雀"。麻雀虽小，五脏俱全。毛泽东说："我在兴国调查中，知道地主占有土地达40%，富农占有土地达30%，地主、富农所共有的公堂土地为10%，总计地主与富农的土地占80%，中农、贫农只占有20%。但是，地主人口不过1%，富农人口不过5%，而贫农、中农人口则占80%。一方面以6%的人口占有土地80%，另一方面以80%的人口则仅占

---

①张闻天：《出发归来记》，《光明日报》1982年11月16日。

有土地20%。因此得出结论，只有两个字：革命。因而也益增革命的信心，相信这个革命能获得80%以上人民的拥护和赞助的。"①

抗日战争即将胜利的前夕，中共党内一些人对蒋介石是否会发动内战，还犹豫不决，思想麻痹。1945年8月13日，毛泽东在延安干部会议上专门作了《抗日战争胜利后的时局和我们的方针》的重要演讲，提出了"针锋相对，寸土必争"的正确方针。毛泽东说："蒋介石总是要强迫人民接受战争，他左手拿着刀，右手也拿着刀。我们就按照他的办法，也拿起刀来。这是经过调查研究以后才找到的办法。这个调查研究很重要。""中国人民经过长期的调查研究，发现了这个真理。"他还指出："我们有些人，对于这个调查研究常不注意。例如陈独秀，他就不知道拿着刀可以杀人"；"我们采取了和陈独秀不同的办法，使被压迫、被屠杀的人民拿起刀来，谁如果再要杀我们，我们就照样办理。"②

调查研究的过程是一种"自己亲身去做"的过程，即实践的过程。在解放战争中，毛泽东运筹帷幄，决胜于千里之外，但仍然不忘眼睛向下，搞好身边的调查研究。1947年8月16日，毛泽东在转战陕北途中到达佳县谭家坪，在一位老乡家中住了20天，向十多户人民群众做了调查研究。1948年3月，毛泽东在山西兴县蔡家崖对晋绥解放区的土改和整党工作做了调查研究。4月10日，他来到河北阜平县西下关村，第二天就委托周恩来、任弼时召开阜平地区村干部参加的土改座谈会。11日，毛泽东抵达城南庄，在这里工作的35天中，他又委托任弼时组织召开了阜平、曲阳、定县三县县委书记等参加的土改和整党工作汇报会。这些调查研究工作，为他后来起草和制定土改政策提供了大量有益的第一手资料。

1949年3月13日，毛泽东在《党委会的工作方法》一文中提出各级党委必须做到"胸中有'数'"的思想。他说："对情况和问题一定要注意到它们的数量方面，要有基本的数量分析。任何质量都表现为一定的数量，没有数量也就没有质量。我们有许多同志至今不懂得注意事物的数量方

①《毛泽东农村调查文集》，人民出版社1983年版，第26页。
②《毛泽东选集》第四卷，人民出版社1991年版，第1127页。

面，不懂得注意基本的统计、主要的百分比，不懂得注意决定事物质量的数量界限，一切胸中无'数'，结果就不能不犯错误。"①

"通过实践而发现真理，又通过实践而证实真理和发展真理。"这是毛泽东《实践论》中的重要观点，也是对调查研究工作经验和理论的深化和升华。因此，毛泽东指出：要做到实事求是，就必须一切从实际出发，"我们的调查，是长期的。今天需要我们调查，将来我们的儿子、孙子，也要作调查，然后，才能不断地认识新事物，获得新知识。"②

---

① 《毛泽东选集》第四卷，人民出版社 1991 年版，第 1442 页。
② 《毛泽东农村调查文集》，人民出版社 1983 年版，第 21 页。

看戏看民情，看庙看文化

距离延安西北四公里的地方有一个小村子，名叫小砭沟。村子不大，只住着十几户人家。但不知为啥，这个小村庄人丁不旺，不少婆姨不生娃娃，即使怀孕了，也容易流产。因此，小砭沟年复一年，没什么生机。

有一天，毛泽东外出回枣园途中路过小砭沟，偶然看见两个上了年纪的人蹲在路边，一边抽烟，一边唉声叹气地拉闲话。毛泽东走上前打招呼，经过谈心才知道他们正在为婆姨不生娃娃发愁呢！

回到枣园，毛泽东马上叫人打电话找中共延安县委书记张汉武，通知他火速赶来，有要事相商。

张汉武快马加鞭地赶到毛泽东住处，还没下马就请示毛泽东有什么紧急任务。毛泽东不紧不慢地给他端了一杯水，笑着让他坐下来，说："小砭沟的婆姨不生娃，这个情况你知道不？"

"我听说过这个情况。"张汉武说。

"你调查过是什么原因吗？"

"没有……"

"会不会是吃水的问题。"毛泽东沉思着问道。

"我不懂这个。"

"请中央医院去把水化验一下子好不好？"

"好是好，就怕这种小事，他们不愿意干啊。"

"婆姨生娃娃的事哪里是小事？这是天大的事！不能不管，应当让医院派人去。"

几天后，中央医院果然派人来找张汉武，说："毛主席已亲自给我们下达命令，要我们到小砭沟化验水去。"

张汉武真是又惊又喜，他没想到毛主席说到做到，把人民的疾苦始终放在心上。后来经医生检验，果然发现小砭沟的饮用水有问题，大量饮用会导致妇女不易怀孕或流产。原因找到后，中央医院又派人指导群众对水进行了处理。一年后，小砭沟传来了婴儿呱呱坠地的啼哭声……

1947年秋，毛泽东搞农村调查来到陕西葭县（今佳县）南河底村，工作闲暇他就抽空和农民们一起搞秋收——刨山药蛋，或者到麦场拿起连枷帮乡亲们打谷子。南河底村坐落在白云山下，白云山上有座白云寺。这天，毛泽东带上他的卫士李银桥到山上的寺庙去看看。葭县县长闻讯后也赶来了。

到了山顶，毛泽东俯瞰大地，一脸喜色，深深吸了一口气，说："可惜今天没有云，要不我们就成了腾云驾雾的神仙了。"话音刚落，寺庙的方丈来了。

毛泽东与他握手，说："老师傅，我们来参观参观你这个大寺庙。"

方丈一看县长亲自陪同，心想肯定是一位高官，忙躬腰说："欢迎欢迎，首长请。"

"你们过去是称'施主'吗，不要破坏了规矩。"毛泽东笑着说，"出家人不打诳语，你们是超脱的，更应该讲实话。请问你们现在的生活怎么样啊？"

老方丈就一五一十地将过去和现在的情况向毛泽东作了汇报。因为信神的人减少了，香火钱就少了。人民政府就鼓励他们自力更生，搞农业生产。方丈说："一开始也不习惯，但现在手脚灵便了，打的粮食够吃，其他穿衣、治病、修理寺庙由政府包下来，再加上布施，生活倒是蛮好的了。出家人不打诳语，确实好了。"

毛泽东听了，笑着说："讲得好！社会变了，人也要变。过去，和尚一不生产人，二不生产粮食。现在要变，不生产人口可以，不劳动不行。边区是保护宗教信仰自由的，但是要劳动。参加劳动，身体好了，也不剥削人了，这就对了。今天我在你这里'取'经了。"

最后，老方丈还带毛泽东参观了寺庙。看到寺庙年久失修，毛泽东嘱咐县长说："请县里拨一些经费，把庙修一修，一定要好好保护这些历史文化遗产，这是我们民族的宝贵财富。"

临走时，老方丈告诉毛泽东："明天这里有庙会，还有大戏，请毛主席也来看看吧，热闹着呢！"

毛泽东笑着爽快地答应了。

第二天一大早，毛泽东就兴致勃勃地要带着李银桥去赶庙会。

李银桥有些犹豫地说："主席，人这么多，乱糟糟的……"

"你们又怕不安全吧？赶庙会就是赶热闹，人少了还有什么意思？"毛泽东拿起那根陪伴他转战陕北时的柳木棍拐杖，抬起脚，一边走一边说，"看庙看文化，看戏看民情；不懂文化，不解民情，革命是搞不好的。老百姓利用庙会去行善做买卖，我们去可以学到很多知识，了解这一带的民情和习俗，这对我们接近群众有很大好处。今天只留两个人看门，大家都去。"

就这样，大家跟着毛泽东上山看庙会、看大戏了。谁知山西梆子戏刚刚开场，就有老乡认出了站在人群中的毛泽东，激动地大声喊起来："毛主席，毛主席来了！"于是，大家都围上来了，有人给毛泽东端来板凳请他坐下。毛泽东连连摇手，说："不要不要，大家都站着，我一个人坐着，那不是太孤立了吗？"这时，台上的演员也停止了演出，都挤过来看毛泽东。毛泽东悄声说："看戏吧，老乡们，咱们都是来看戏的。"然后又对台上打招呼说，"你们快演吧，我是来看你们演出的。大家是来看戏的，不是来看我的。"

听毛泽东这么一说，老乡们都笑了，终于安静下来。

毛泽东就这样自始至终站在乡亲们中间，专心致志地看了一场戏。①

---

① 李银桥:《在毛泽东身边十五年》，河北人民出版社1991年版，第45—51页。

谁要是不愿下去，不搞调查研究，
我是拿起石头要打人的

毛泽东的革命生涯可以说就是从调查研究开始的，而且一辈子注重调查研究。因此有人送给他一个雅号——"调查研究之父"。

1921年，毛泽东在上海参加中共一大回到湖南，负责组建中共湘区（包括江西安源）委员会，并担任书记，同时担任了中国劳动组合书记部湖南分部主任。在长沙，他与黄爱、庞人铨领导的"湖南劳工会"密切联系，培养了大批工人运动的骨干。1922年前后，他四次到安源煤矿调查，先后成功举行了安源路矿工人大罢工、长沙泥木工人大罢工、水口山铅锌矿工人大罢工。1925年春，毛泽东因病回韶山休养，一边搞农民革命斗争的调查研究，完成了《中国农村佃农生活举例》。1926年北伐战争开始后，毛泽东从广州到上海担任中央农民运动指导委员会书记，负责全国农民运动，期间他又完成了《目前农民运动计划》《江浙农民的痛苦及其反抗运动》等调查工作。1927年1月4日开始，毛泽东用32天时间行程700多公里，完成著名的《湖南农民运动考察报告》。遗憾的是，上述毛泽东调查研究资料大多在战争年代遗失。1931年2月2日，他在《〈寻乌调查〉前言》中说："湖南五个放在我的爱人杨开慧手里，她被杀了，这五个调查大概是损失了。"

1941年9月13日，毛泽东在延安应邀向中央妇女委员会、西北局联合组成的妇女生活调查团讲授调查研究的方法时，深有体会地说："中央要我管理农民运动。我下了决心，走了一个月零两天，调查了长沙、湘潭、湘乡、衡山、醴陵五县。这五县正是当时农民运动很高涨的地方，许多农民都加入了农民协会。国民党骂我们'过火'，骂我们是'游民行动'，骂农民把大地主小姐的床滚脏了是'过火'。其实，以我调查后看来，也并不是都像他们所说的'过火'，而是必然的，必需的。因为农民太痛苦了。我看受几千年压迫的农民，翻过身来，有点'过火'是不可免的，在小姐的床上多滚几下子也不妨哩！"[1]战争年代，毛泽东强调"没有调查就没有发言权"，把调查研究提高到共产党员党性原则的高度，身体力行，大兴调查研究之风。1930年5月，他利用第一次反"围剿"胜利间隙，在宁都小布整理完成《寻乌调查》之后写下调查研究的理论名篇《调查工作》（即《反对本本主义》）。他说：

> 你对于某个问题没有调查，就停止你对某个问题的发言权。这不太野蛮了吗？一点也不野蛮。你对那个问题的现实情况和历史情况既然没有调查，不知底里，对于那个问题的发言便一定是瞎说一顿。瞎说一顿之不能解决问题是大家明了的，那末，停止你的发言权有什么不公道呢？许多同志都成天地闭着眼睛在那里瞎说，这是共产党员的耻辱，岂有共产党员而可以闭着眼睛瞎说一顿的吗？
>
> 要不得！
> 要不得！
> 注重调查！
> 反对瞎说！

毛泽东如此严厉地提出调查研究的重要性，其态度坚定，观点鲜明，言辞相当尖锐，语气十分激烈，在他的著作中是十分罕见的。

新中国成立，百废待兴，百业待举，作为执政党，如何带领全国人民迅速地恢复在旧中国遭到严重破坏的国民经济？如何巩固新生的人民民主

---

[1]《毛泽东农村调查文集》，人民出版社1983年版，第22页。

政权？如何在这样一个经济、文化落后的人口大国完成社会主义改造？这一切问题，马克思列宁主义的各种教科书上没有答案，世界各国也没有现成的经验。怎么办？毛泽东在《论人民民主专政》一文中指出："过去的工作只不过是像万里长征走完了第一步。严重的经济建设任务摆在我们的面前。我们熟悉的东西有些快要闲起来了，我们不熟悉的东西正在强迫我们去做。我们必须学会自己不懂的东西，必须向一切内行的人（不管是什么人）学经济工作。拜他们做老师，恭恭敬敬地学，老老实实地学。不要摆官僚架子。"

尽管中共中央、毛泽东一再号召领导干部不仅要认真读书学习，还要通过社会实际做调查研究，虚心向人民群众学习，但是还是有些干部在那里不做调查、不了解情况而乱下命令，犯了错误还压制批评。对这种脱离实际、脱离群众的主观主义和官僚主义，毛泽东给予了尖锐批评，认为这是党内存在的严重错误，是我们工作中的最大危险。他提出必须加强干部的理论学习和思想路线教育，要求各级干部不要老是蹲在机关里养尊处优，要到下面广泛接触群众，通过调查研究和试点的方法，了解具体情况，取得实际经验。只有这样，才能真正取得"发言权"。许多老干部都记得，毛泽东经常挂在嘴边上的一句口头禅是："谁要是不愿下去，不搞调查研究，我是拿起石头要打人的。"①

一个人的作风是习惯，一个政党的习惯是作风。毛泽东发扬实事求是的作风，不是靠口号，不是靠文件，而是靠以身作则，靠言传身教。

1953年2月春节刚过，毛泽东就起程了，这次他要到南方去搞调查研究。经过河北邢台时，他叫人把县委书记张玉英请到火车上，具体了解互助合作运动开展的情况。一个问得仔细，一个答得具体；一个听得认真，一个说得带劲。一问一答之间，毛泽东直接掌握了大量第一手资料。当他得知邢台县委在发动妇女、解放妇女劳动力方面取得很成功的经验时，毛泽东特别嘱咐他们要好好总结经验上报中央。后来，毛泽东把他们制定的

---

① 《薄一波就加强党的建设问题答记者问》，《人民日报》1994 年 11 月 11 日。

《邢台县民主妇女联合会关于发展农业合作化运动中妇女工作的规划》，收入《中国农村的社会主义高潮》一书，并亲自写了按语，说："这一篇很好，希望各县民主妇女联合会仿照办理，县委应当在这方面加强领导。使全部妇女劳动力，在同工同酬的原则下，一律参加到劳动战线上去，这个要求，应当在尽可能短的时间内，予以实现。"2月19日至22日，毛泽东乘"长江"舰从武汉到南京，在三天三夜的航行中，他对海军的武器装备和军事训练，以及部队官兵的思想、生活情况进行调查研究，欣然题词：一定要建设强大的人民海军。同时，他对长江的人文历史、自然地理、水文水利及水力资源的规划利用等做了详尽的了解。

　　1953年8月，毛泽东在全国财经工作会议上深有感触地说："最近，我去武汉、南京走了一趟，知道了很多情况，很有益处。我在北京，差不多听不到什么，以后还要出外走走。中央领导机关是一个制造思想产品的工厂，如果不了解下情，没有原料，也没有半成品，怎么能够制造出产品?"[1]后来，他还多次强调："你要找什么知识，蹲在机关里是找不到的。真正出知识的地方是工厂、合作社、商店。工厂怎么办，合作社怎么办，商店怎么办，在机关里是搞不清楚的。""要解决问题，一定要自己下去，或者请下面的人上来。"[2]1957年7月9日，毛泽东在上海视察时召开的一个基层干部会议上说："我就是这么一个人，要办什么事，要决定什么大计，就非问问工农群众不可，跟他们谈一谈，跟他们商量，跟接近他们的干部商量，看能不能行。这就要到各地方跑跑。"

　　毛泽东反复强调知识来源于实践，来源于人民群众。任何英雄豪杰，他的思想、意见、计划、办法，只能是客观世界的反映，其原材料或者半成品，只能来自人民群众的实践，或者自己的科学实验中，他的头脑只能作为一个加工工厂而起制成完成品的作用。而人脑制成的这种完成品，究竟合用不合用，正确不正确，还得交由人民群众去检验。毛泽东不仅从思想理论上教育和启发广大干部懂得调查研究的认识论意义，而且还具体规

　　① 孙克信等编著:《毛泽东调查研究活动简史》,中国社会科学出版社1984年版,第135页。
　　② 孙克信等编著:《毛泽东调查研究活动简史》,中国社会科学出版社1984年版,第135页。

定各级党委，特别是中央和省、市、自治区两级领导干部，除年老和生病以外，每年一定要有三四个月的时间，轮流离开办公室，到下面去和工人、农民、知识分子交朋友，深入进行调查研究，增加感性知识，端正思想路线，使得调查研究工作成为改进工作作风的方法，形成制度化、常态化。

1956年1月20日，毛泽东在中共中央召开的知识分子会议上说："现在我们是革什么命呢？现在是革技术的命，叫技术革命，叫文化革命，要搞科学，要革愚蠢同无知的命。"那时，新中国的社会主义改造即将基本完成，毛泽东把注意力转到了经济建设和科学文化建设上来，他希望在比较短的时间内造就大批高级知识分子，同时要有更多的知识分子，目的是"要在几十年内，努力改变我国在经济上和科学文化上的落后状况，迅速达到世界上的先进水平"。这正意味着毛泽东开始了他一生中又一次重大而艰巨的历史性探索——在中国如何建设社会主义？但这个问题，对新生的共和国来说，没有现成的答案，照搬照抄苏联的模式不符合中国的国情，这是中国革命的实践已经证明了的。更何况，如今苏联的赫鲁晓夫既"揭了盖子"又"捅了娄子"。纸上得来终觉浅。毛泽东知道只有结合实际去实践才能找到属于自己的答案。于是，他从1956年2月14日起，到4月24日结束，经过43个日日夜夜，在菊香书屋听取了国务院34个部门和国家计委的汇报。这是新中国成立以来，毛泽东和中共中央就经济建设问题进行的一次时间最为集中、内容最为系统全面的调查研究活动。已年过花甲的毛泽东，把这段忙碌的日子风趣地叫作"床上地下，地下床上"。

"调查问题就像'十月怀胎'，解决问题就像'一朝分娩'"。毛泽东终于完成了被称为"探索适合中国情况的建设社会主义道路的开篇之作"——《论十大关系》。这"十大关系"是指：（一）重工业和轻工业、农业的关系；（二）沿海工业和内地工业的关系；（三）经济建设和国防建设的关系；（四）国家、生产单位和生产者个人的关系；（五）中央和地方的关系；（六）汉族和少数民族的关系；（七）党和非党的关系；（八）革命和反革命的关系；（九）是非关系；（十）中国和外国的关系。毛泽东说："在十大关系中，工业和农业，沿海和内地，中央和地方，国家、集体和个人，国防建设和经济建设，这五条是主要的。"这是毛泽东时代的一个新标志，也是一个新转折，"以苏为鉴"，"开始找到自己一条适合中国的路线"，"努力把党内党外、国内国外的一切积极的因素，直接的、间接的积极因素，全部调动起来，把我国建设成为一个强大的社会主义国家"。①后来，他说：那个十大关系怎么出来的呢？我在北京经过一个半月，找了34个部的同志谈话，逐步形成了十条。如果没有那些人谈话，那个十大关系怎么会形成呢？不可能形成。

---

① 《毛泽东文集》第七卷，人民出版社1999年版，第44页。

不要事先布置，让他们随意去看，
不要只让他们看好的，也要让他们看些坏的

毛泽东最讨厌欺上瞒下、弄虚作假，反对搞形式主义。

1951年2月，北京大学、清华大学等20多位教授组成土改考察团，前往华东、华中和西北三个地区对新中国的土地改革工作进行实地考察，直接深入农村与农民生活在一起，看一看中央政府的政纲、政策是否真的像报刊宣传的那样得到了有效落实。作为民主人士和知识分子的代表，朱光潜、吴景超等教授走出书斋，来到偏僻农村的田间地头，第一次深切感受到了土地改革给中国农村带来的翻天覆地的巨大变化和人民群众的生活真相。回京后，朱光潜专门写了体会文章投稿到《人民日报》。3月18日，毛泽东在审阅《人民日报》送审稿看到朱光潜的文章后，十分高兴，不仅赞成发表朱光潜的这篇文章，而且专门致信饶漱石、邓子恢、邓小平、习仲勋，说："民主人士及大学教授愿意去看土改的，应放手让他们去看，不要事先布置，让他们随意去看，不要只让他们看好的，也要让他们看些坏的，这样来教育他们。吴景超、朱光潜等去西安附近看土改，影响很好。要将这样的事例教育我们的干部，打破关门主义的思想。"

在这封信中，毛泽东一方面强调"不要事先布置"，应放手"让他们随意去看，不要只让他们看好的，要让他们看些坏的，这样来教育他们"；另一方面强调要"打破关门主义的思想"，反过来"将这样的事例教育我们的干部"。可见，毛泽东非常重视民主监督，不仅要求政务公开透明，让权力在阳光下运行，而且要求党政干部的执政能力和执政水平要在接受人民群众的监督中得到教育提高。

要割掉这个奴隶尾巴，要打倒贾桂作风

"孔夫子说他七十岁干什么都合乎客观规律了，我就不相信，那是吹牛皮。"在中共八届二中全会上，毛泽东如是说。

毛泽东反对迷信反对威权，提倡独立思考、大胆怀疑的精神，坚持走自己的道路。

在苏区，毛泽东可谓吃尽了王明"左"、右倾教条主义的苦头，他深深地懂得革命不是纸上谈兵，生搬硬套。20世纪50年代中期，新中国在开始探索建设中国自己的社会主义道路的时候，曾提出"学习苏联老大哥"的口号。结合中国革命的经验和教训，毛泽东在1958年的成都会议上，特别强调指出，批判斯大林后，使那些迷信的人清醒了一些。要使我们的同志认识到，老祖宗也有缺点，要加以分析，不要那样迷信。对苏联的经验，一切好的应接受，不好的应拒绝。同年在北戴河政治局扩大会议上，他又拿着《马恩列斯论共产主义社会》一书，直截了当地说：看这本书，一曰很有启发，二曰相当不足，有许多东西是模糊印象，因当时并无经验。"不要迷信老祖宗，我们有三十一年的经验，加上苏联四十一年的经验，具体多了。"

1958年7月，毛泽东在与一位外宾谈话时，旗帜鲜明地提出要反对"迷信"，根除中国人性格中的奴隶性问题。从旧社会成长起来的毛泽东，深知中国长期处于封建社会和半殖民地半封建社会，民族性格和国民素质中存在着诸如奴才相和奴隶性的劣根。他说：我们也是当过奴隶的，当帝国主义的奴隶，做长久了，精神就受影响。现在我们人民中还有这种精神影响。所以我们现在在全国人民中广泛宣传这一点，破除迷信。接着，他还以京剧《法门寺》中一个名叫贾桂的角色做了形象的说明。他说：这个戏里有个角色叫贾桂，他是刘瑾手下的人。刘瑾是明朝太监，实际上是"内阁总理"，掌大权的人。有一次，刘瑾叫贾桂坐下，贾桂说，我站惯了，不敢坐。这就是奴隶性。中国人当帝国主义的奴隶久了，总免不了要留一点尾巴，要割掉这个奴隶尾巴，要打倒贾桂作风！说到这里，毛泽东还现身说法，举例说，中国艺术家画我和斯大林的像，总比斯大林矮一些，盲目屈从于苏联的精神压力。他揶揄道："菩萨比人大好多倍，是为了吓人，戏台上的英雄豪杰出来，与众不同。斯大林就是那样的人。中国人当奴隶当惯了，似乎还要继续当下去。"后来，毛泽东在一份外交工作报告上批示："尊重苏联同志，刻苦虚心学习。但一定要破除迷信，打倒贾桂，贾桂（即奴才）是谁也看不起的。"①

---

①《毛泽东外交文选》，中央文献出版社、世界知识出版社 1994 年版，第 315 页。

我的经验历来如此，
凡是忧愁没有办法的时候，就去调查研究

1965年7月，原国民政府代总统李宗仁先生从海外回归到祖国怀抱。7月26日，毛泽东在中南海游泳池接见了李宗仁和他的机要秘书程思远。彭真、郭沫若等参加了会见。

会见结束后，毛泽东邀请他们游泳。在上岸休息时，毛泽东专门叫警卫把程思远叫过来，单独谈了一次话。这天天气很好。毛泽东坐在藤椅上晒太阳。程思远就坐在毛泽东身边的另一把藤椅上。谈话是从询问程思远的学历、工作经历开始的，程都一一做了回答。

后来，两人谈着谈着就谈到了美国。程思远说："毛主席，美国总统肯尼迪生前的办公桌上摆着您的著作《毛泽东选集》，看来他是要部下研究中国。近来一个国民党人对我说，他也用毛泽东思想办事，还把毛泽东思想概括成两句话：'调查不够不决策，条件不备不行动'。"

听到这里，毛泽东笑了，似乎对这位国民党人士的概括表示赞赏。

这时，毛泽东忽然问程思远："你知道我靠什么吃饭吗?"

"不知道。"程思远莫明所指，很是茫然。

"我是靠经验吃饭的。"毛泽东停顿了一下，接着说，"以前我们人民解放军打仗，在每个战役后，总来一次总结，发扬优点，克服缺点，然后轻装上阵，乘胜前进，从胜利走向胜利，终于建立了中华人民共和国。"

"我是靠总结经验吃饭的。"一句大白话，道出了毛泽东的人生经验，风趣幽默。在1961年的广州会议上，毛泽东在号召全党全国大兴调查研究之风的时候，曾颇为感慨地说道："我的经验历来如此，凡是忧愁没有办法

的时候，就去调查研究，一经调查研究，办法就来了，问题就解决了。打仗也是这样，凡是没有办法的时候，就去调查研究。在第二次反'围剿'的时候，兵少觉得不好办，开头不了解情况，每天忧愁。我跟彭德怀两个人到白云山跑了一天，察看地形，看了很多地方。我对彭德怀说，把你的三军团全部打包抄，敌人一定会垮下去。一军团打正面，那时还有四军、三军，可以打正面、打两路。如果不去看呢？就每天忧愁，就不知如何打法。"①

"调查不够不决策，条件不备不行动。"那位国民党人对毛泽东调查研究的经验作出如此的总结，真可谓一语中的。毛泽东在总结他做调查研究的经验时说：用马克思主义的基本观点，做周密的调查，是了解情况的最基本的方法。只有这样，才能使我们具有对中国社会问题的最基础的知识。又说，他用开调查会的方法得到了很大的益处，"这是比较什么大学还要高明的学校"。毛泽东在向社会调查这个大学校里学到了许多无法从书本上学到的知识。②

"遇事虚怀观一是，与人和气察群言。"这是明代杨继盛（号椒山）的一句诗，可谓为人处世的箴言，毛泽东却把它看作是调查研究的一种科学态度和严谨方法。20世纪50年代，毛泽东在庐山曾对王任重等人说："我从年轻的时候，就喜欢这两句，并照着去做。这几十年的体会是：头一句'遇事虚怀观一是'，难就难在'虚怀'上，即有时是虚怀，有时不怎么虚怀。第二句'与人和气察群言'，难就难在'察'字上面。察，不是一般的察言观色，而是虚心体察，这样才能从群言中吸取智慧和力量。"

毛泽东的话可谓语重心长，有自省有自律，有自讼也有自勉。无论是中国革命的成败，还是毛泽东一生的正误，的确都与调查研究的正确与否有着密不可分的关系。我们从他的人生体味和心灵对话中，虚心体察，同样可以获取智慧和力量。

---

　　① 毛泽东：《在广州中央工作会议上的讲话》，《党的文献》1992年第6期。
　　② 龚育之、逄先知、石仲泉：《毛泽东的读书生活》，生活·读书·新知三联书店1986年版，第266页。

要亲自动手，不让秘书专政

毛泽东是文章大家，是诗人，可谓大笔杆子。他一辈子究竟写了多少文字，没有人能够统计出来。从战争年代到和平年代，他亲手为中共中央到底起草了多少电报、文件、报告，他自己或许也不清楚。

毛泽东多谋善断，起草文件、指示、报告、文章，向来都是亲自动手。1964年，他在一次中央会议上说："有的人，自己写东西，要秘书代劳。我写东西，从来不叫别人代劳，有了病不能写，就用嘴说嘛。1947年写《目前形势和我们的任务》时，有了病，就是我说别人记的，记了我又改，改后发给大家传阅，提意见，又作了修改。现在北京当部长、局长的都不写东西，统统让秘书代劳。如果一切都让秘书去办，那么部长、局长就可以取消，让秘书干。这也是劳动，要亲自动手。"

因为工作和政治需要，毛泽东有的文章是秘书代劳的，但他总是说明清楚，从不埋没别人的劳动。中共八大开幕词就是他的秘书田家英起草的。会议中间休息时，他对在场的人说："开幕词是年轻秀才写的，此人是田家英。"

"要亲自动手，不要秘书专政。"毛泽东提倡亲自动手，就是说领导干部要亲力亲为，要有自己的头脑；"不要秘书专政"，是指不能一切都依靠秘书，但不是说做任何事情都不与秘书商量、讨论，或征求意见，而应该做到"多谋善断"。什么叫"多谋善断"呢？

1959年4月5日，毛泽东在中央会议上就工作方法的问题，曾强调"多谋善断"的重要性。他说："多谋善断"重点在"谋"字上，谋的目的是为了断。所以有谋还要善断。多谋，就是要多与各方面商量，多听各方面的意见，多看各种材料、各种方案，善于判断，善于下决心。谋是基础，只有多谋才能善断。多谋的方法很多，如开调查会、座谈会。现在我们有些人就是少谋武断，不大愿听不同意见。不一定相同意见才正确，不同的意见就不正确，不同的意见也可能是正确的。有些同志在订经济计划时不同别人交谈，不去多谋。为什么不去跟秘书去谋（商量）一下，不跟工厂厂长谋一下？可以谋你左右的干部，也可以谋工人、农民，可以谋提出不同意见的同志。

5月28日，毛泽东在与秘书林克谈话时，希望他去研究研究历史。毛泽东说："曹操有个参谋叫郭嘉，河南禹县人，初投袁绍，他批评袁绍好谋无决，难于成事。袁绍这个人多谋寡断，有谋无断，没有决心，不果断，结果官渡之战打了败仗。所以有谋还要善断。后来荀彧把郭嘉推荐给曹操，郭嘉足智多谋，常为曹操出谋划策，深得曹操器重。"毛泽东鼓励领导干部应该像曹操一样善于纳谏，多谋善断；同时也希望秘书应该向郭嘉一样，敢提不同意见，善于出谋划策。毛泽东所说"不让秘书专政"，还有一层意思是说，不要让秘书代替自己作出决策，不要让秘书打着自己的旗号发号施令，最后作出决策的应该是领导干部自己或者集体。①

---

① 林克：《我所知道的毛泽东》，中央文献出版社 2000 年版，第 61—62 页。

不能老浮在上面，老在屋里看文件是会死人的

　　1955年5月14日，毛泽东在中南海颐年堂接见了刚刚组建不久的中央警卫团一中队全体人员，即8341部队的警卫员们。毛泽东对组建这个部队曾经专门作过这样的一条批示："从全国每个省和广西自治区、每个专区选调一名军队干部；天津、上海、广州、重庆、武汉五个大城市各选调一名军队干部，集中到中央警卫团一中队。"不要小看这个批示，从中可见毛泽东选人的标准——五湖四海。而且毛泽东之所以这么挑选身边工作人员，还有他别出心裁的考虑。这是什么考虑呢？

　　警卫们都端端正正地坐在小马扎上，听毛泽东站在庭院中间跟他们讲中国革命的历史。突然，毛泽东话锋一转，向战士们提出了一个新任务，说："你们都是做警卫工作的，光站哨，工作很单纯，如吃菜一样，不能光吃青菜，还要吃点辣椒。我现在给你们增加一项工作，不知你们同意不同意？"

　　"同意！"战士们异口同声地回答。

　　"好！"毛泽东满意地点点头，笑着说，"今后你们就是三项工作：一项是警卫工作；一项是学习，学文化；加一项调查工作。一方面回去看家，一方面搞调查，以看家为名做调查工作。你们为中央做点事，我通过你们和群众接触，你们要把群众的意见和要求真实地反映上来。"

　　战士们一听，更加兴奋了，跃跃欲试。毛泽东又特别叮嘱说："但是，你们回家搞调查，可不要说自己是给毛主席做警卫工作的，是毛主席派来的。我们国务院就有这么一个同志，回家后召开干部会，说是总理派来的，结果这个同志还没有回来，国务院就知道了。"战士们听了都点点头。

接着，毛泽东跟他们具体地讲了如何搞好调查研究。"你们对人要尊重，要尊重父母、尊重老百姓、尊重区乡干部。不要摆架子，我的学问不高，我向你们摆架子，你们不高兴，团长向你们摆架子你们也不会高兴。所以不要向群众摆架子。谦虚就可以调查出东西。"关于调查的内容，毛泽东说："要调查生产粮食、特产、花生、芝麻、烟叶，农民生活怎么样，粮食够不够吃，征购多少，多了，数也数不完。还要了解干群关系好不好，农村干部民主不民主，有没有强迫命令，打不打人。你们要尽量参加生产劳动，同群众打成一片。"毛泽东勉励大家要团结起来，互助合作，"在座的是六万万人的代表，尤其是你们青年、乡村城市、东西南北都有，六亿人口的代表非常重要，不要轻视自己！都要为人民服务，你们为人民服务，我也为人民服务"。

接见之后，毛泽东还亲笔为他们拟定了《出差守则》，共五条：（一）保密——不要说这里的情况；（二）态度——不要摆架子；（三）宣传——解释建设工业和实行社会主义的好处；（四）警惕——不要上反革命的当；（五）调查——生产、征购、合作社、生活、对工作人员的意见。①

按照毛泽东的指示，中央警卫团分批安排警卫战士回到自己的家乡进行调查，并将了解到的第一手材料报告给毛泽东。毛泽东在认真阅读第一批到广东和河南的战士们探家回来写的材料后，采取具体问题具体分析和综合比较的办法，对农村存在的问题批示给有关部门给予解决。看到这个办法取得了初步成效，毛泽东向负责警卫工作的汪东兴提出要让身边的警卫战士都回去一次，建议增加到120人。他说："这么多人去搞调查，两个省6000万人口的情况，3个钟头就可以把主要的地方跑到。"他就具体的调查方法，对警卫人员说："一年你们要回两次家，这是重要的政治学习。我当教员，你们是我的学生，看你们一年进步一年，你们每次回家回来向我报告一次。你们要有文化，有分析问题的能力，又能从实践中走来，就将成为我的很好的耳目。要从小事问起，哪怕小孩讲的话也好，往往在最不

---

① 张耀祠：《张耀祠回忆录》，中共党史出版社2008年版，第111—112页。

注意的地方最容易发现问题，了解到真实情况，粮食收成怎样？合作社怎么样？不能浮在上面，走马观花，这样不好，不利于我们作出决策。打仗要研究敌情才能产生谋略，搞建设要听取老百姓的意见，才能发展社会主义。"

在毛泽东的指导和引导下，战士们提供的情况更加具体了，调查报告的水平也越来越高了。有一个战士因为字写得不好看，调查报告是专门请别人抄写再送上来的，毛泽东发现后，笑着说："我不是看表面文章的，字再漂亮，内容空空，虚有一手好字。你们是给我提供情况的，而不是提供书法。"他指了指书架，"那么多的书法真迹，我学一辈子也学不完，我通过你们进行社会调查，要学的是社会学，解决的也是社会问题。以后不要叫别人抄了，别人抄了，就不新鲜了，你们自己调查的东西自己写，就给人一种很原始的感觉。"

1956年4月25日，毛泽东在中央政治局扩大会议上作了《论十大关系》的报告后，又开始准备到各地农村调查研究有关农业方面出现的增产增收和群众生活情况。出发之前，他同时选派了26名警卫战士，让他们也同步回家一面探亲一面帮助他调查各自家乡的情况。5月3日，毛泽东在广州，请来彭真、杨尚昆、罗瑞卿、谭震林等领导同志，召开了广东、广西、湖南、湖北和江西五省的省委书记会议，专门研究这五个省的工作问题。5月13日，26名探家归队的警卫战士也奔赴广州，向毛泽东作了汇报。毛泽东认真阅读了26人写的调查报告，连其中的错别字也都一一给予改正，并多次召开座谈会和战士们一起讨论，直到深夜。

1960年12月26日，是毛泽东67岁生日。这天中午，毛泽东起床后破例没有到室外活动活动，而是坐在沙发上沉思，一脸的忧郁。过了一阵子，他对身边的卫士封耀松说："小封，你去把子龙、银桥、高智、林克、敬先和东兴同志都叫过来，今天晚上在我这里吃饭。"说是吃饭，其实也就是家常便饭，一荤两素一个汤、米饭、面条，当然辣椒也是少不了的。

开饭了，毛泽东没有说自己过生日的事情，大家都知道毛主席不准给自己过生日，也就不敢说。这时，毛泽东语重心长地告诫大家说："现在老百姓都遭了灾，到底是哪里出了问题？为什么会是这样？你们应该都下去搞一些调查，把真实的情况反映给我，不能老浮在上面，老浮在上面就会空虚。现在，我们搞社会主义建设，还缺少经验，要想法常下基层，多深入实际，老老实实地向群众学习。不然，老在屋里看文件是会死人的。"

这时，毛泽东环视一圈，提高了音调说："你们谁愿意下去？"

"我愿意！我愿意！"大家都纷纷响应。

见大家都争先恐后地举手，毛泽东很高兴，接着说："好！我在中央会议上公开讲了，要大兴调查研究之风，明年要成为实事求是年。你们是我身边的人，人民公社、大跃进、大办食堂，到底好不好？你们下去，听听群众有什么意见？告诉我，要讲真话。"说这话时，毛泽东格外激动，表情十分痛苦。因为这两年他在外地视察的时候，不少人对他说了假话。这顿饭，毛泽东没吃几口就放下了，根本都没提生日的事情。大家也都纷纷放下了筷子，吃不下去了。

这天夜里，封耀松给毛泽东煮了一茶缸麦片粥，劝他喝下去，再睡一觉。

"睡不着啊！全国人民遭了灾，我哪里睡得着……"毛泽东一边说，一边点燃了香烟深深地吸了一口，接着讲起了中国历史上的一些大灾荒，又讲了红军吃树皮草根的斗争故事，还讲了共产党人的信仰和理想。讲到这里，毛泽东心情特别低沉，沉重地说："小封，我不放心啊！他们许多事情瞒着我。我出去哪里，他们都能有准备。你们要下去，你们能看到真实情况，要告诉我真实情况。"封耀松含泪点了点头，说："主席，我一定说真话。"

第二天一早，毛泽东就给他们七个人写了一封信。

> 林克、高智、子龙、李银桥、王敬先、小封、汪东兴七同志认真一阅。除汪东兴外，你们六人都下去，不去山东，改去信阳专区，那里开始好转，又有救济粮吃，对你们身体会好些。我给你们每人备一份药包，让我的护士长给你们讲一次如何用药法。

淮河流域气候暖些，比山东好。一月二日去北京训练班上课两星期，使你们有充分的精神准备。请汪东兴同志作准备。你们如果很饥饿，我给你们送牛羊肉去。

毛泽东

十二月二十六日，我的生辰，明年我就有 67 岁了，老了，你们大有可为。

信阳报告一件，认真一阅。

经过两周准备后，1961 年 1 月 15 日，毛泽东在颐年堂又约见了他们，见他们都换好了下乡的服装，非常高兴，主动要求和他们照个相。经商议，原定的六个人增加至十个人。毛泽东对他们说："现在，老百姓遭了灾，你们下去搞些调查研究，看看那里到底有什么问题？集体吃食堂到底行不行？群众有什么意见，如实反映上来。一定要讲真话。"他还强调，"你们下去以后，既要了解当前农村存在的实际问题，也要向群众学习一些生产知识"。

调查组一行十人抵达郑州后，调查地点改到许昌专区鄢陵县。在那里，他们住了五个多月，与群众同甘共苦，同吃同住同劳动，群众有什么心里话也愿意跟他们说。他们把群众的意见经过调查分析后，及时向地方部门进行了反映，不久村里停办了公共食堂，自留地上长出了新鲜的蔬菜，社员们吃上了自己种的红薯面馍馍，老百姓生活明显改善了。回到北京后，毛泽东亲自接见，非常高兴，说："上半年你们在河南搞了调查工作，下半年再去几个月参加生产劳动，换一个地方，去体验和了解农村生活，以一个普通劳动者的身份到农民中去，多学一点生产知识，不带工作任务。"不久，他们一行又奔赴江西省贵溪县农村进行了一次调查研究。[①]

---

① 陶永祥编著：《毛泽东与调查研究》，中央文献出版社 2004 年版，第 161 页。

搞一个实事求是年

　　面对"大跃进"以来日益紧张的国民经济，毛泽东已经意识到在搞社会主义建设上，中共中央和自己经验都不足，尤其在重大问题的决策上更是水平欠缺。1960年6月，在上海召开的中央工作会议上，毛泽东专门作了《十年总结》的报告，着重从认识论上总结新中国成立后特别是1958年以来的经验教训，承认对于社会主义国家革命和建设还存在一个很大的盲目性，还有一个很大的未被认识的必然王国。我们要以第二个十年时间去调查它、去研究它，从中找出它的规律，以便利用这些规律为社会主义的革命和建设服务。

　　是年年底，毛泽东为中央起草了《关于彻底纠正"五风"问题的指示》，提出：为了纠正共产风、浮夸风、命令风、干部特殊风和瞎指挥风，各级领导干部需要掌握正确的思想方法和工作方法。他还指示政治秘书胡乔木仿照红军的"三大纪律、八项注意"，制定一个适用于全国党政干部的"三大纪律、八项注意"。1月8日，胡乔木致信毛泽东，将起草好的"三大纪律、八项注意"呈送毛泽东审阅。

　　毛泽东对胡乔木起草的这个草案并不太满意，亲自进行了改写。他把"三大纪律"改成：（一）一切从实际出发；（二）提高政治水平；（三）实行民主集中制。但第二条经过会议讨论改为"正确执行党的政策"。毛泽东这样一改确实更简单明了些。他解释说：我们干部的作风问题，主要是不从实际出发，工作中主观主义很多，要整主观主义。对"八项注意"，毛泽东修改得更加简单明了，每一项仅四个字或六个字，最多的才九个字。最为重要的是，毛泽东在修改时加了一条——"没有调查就没有发言权"。

这是毛泽东早在1930年就提出的口号。

1961年1月，中央工作会议和中共八届九中全会接连在北京召开。在会上，毛泽东强调：现在调查之风不盛行了，对很多事情发言权有了，言也发了，就是没有调查。其实，调查材料不在多，一个好材料就可以使我们了解问题的实质。他号召全党全国大兴调查研究之风，一切从实际出发，没有把握就不要下决心。他坦诚地说："我们对国内情况还是不太明，决心也不大，方法也不那么对。我们要分批摸各省、市、自治区的底，二十七个地方分开来摸。每一个省，每一个市，每一个自治区又按地、县、公社分头去摸。"他郑重地向大家发出倡议："今年搞一个实事求是年，好不好？"

毛泽东为什么在这次历时20天的中央工作会议和随后紧接着召开的中共八届九中全会上，一再就调查研究问题发表讲话呢？他为什么"希望1961年是一个调查年，大兴调查研究之风"呢？原来，就是在1961年1月的这次会议期间，秘书田家英送来了他30年前写的《调查工作》（即后来改名的《反对本本主义》）。这篇令他念念不忘却散失了30年的文章，是中国革命博物馆在1959年从福建龙岩地委收集到的。毛泽东惊喜万分，说是"找到了失散多年的孩子"。

1月20日，毛泽东给田家英写了一封信[①]——

田家英同志：

（一）《调查工作》这篇文章，请你分送陈伯达、胡乔木各一份，注上我请他们修改的话（文字上，内容上）。

（二）已告陈胡，和你一样，各带一个调查组，共三个组，每组组员六人，连组长共七人，组长为陈、胡、田。在今、明、后三天组成。每个人都要是高级水平的，低级的不要。每人发《调查工作》（1930年春季的）一份，讨论一下。

（三）你去浙江，胡去湖南，陈去广东。去搞农村。六个组

---

① 《毛泽东书信选集》，人民出版社1983年版，第574—575页。

员分成两个小组，一人为组长，二人为组员。陈、胡、田为大组长。一个小组（三人）调查一个最坏的生产队，另一个小组调查一个最好的生产队。中间队不要搞。时间十天至十五天。然后去广东，三组同去，与我会合，向我作报告。然后，转入广州市深入基层作调查，调查工业又要有一个月，连前共两个月。都到广东过春节。

毛泽东
一月二十日下午四时

此信给三组二十一个人看并加讨论，至要至要！！！毛泽东又及

瞧！毛泽东马上就行动起来了，他要带头搞一个实事求是年！

农村、农业、农民的"三农"问题，无疑是新中国整个国民经济恢复和发展的基础。显然，毛泽东发现了问题。他要从客观实际入手，克服严重经济困难，扭转形势，紧紧抓住调查研究这个环节，从解决"三农"问题入手。

在毛泽东的直接领导下，胡乔木、陈伯达、田家英也马上出发，分别带领调查组到湖南、广东和浙江的农村，到中国农村的最底层去做系统的调查研究。而毛泽东自己也亲自带队，乘火车经天津、济南、南京、上海、杭州、南昌、长沙，于24日抵达广州。在近一个月的时间里，他沿途听取了河北、山东、江苏、浙江、江西、湖南和广东七个省市领导和胡乔木、田家英、陈伯达三个调查组组长的报告，还同部分县委书记进行了谈话。

在听取各方面的汇报后，毛泽东就怎样克服"五风"改变面貌问题、退赔问题、自留地问题、起草工作条例问题、生产规模问题、食堂问题和干部手脚不干净问题发表了自己的看法。

3月10日，毛泽东在广州主持召开了"三南会议"，中南、华南、西南三个大区的中央局书记和各省区市书记参加了会议。同时，刘少奇在北京

主持召开了"三北（华北、东北、西北三个大区）会议"。毛泽东在会议上强调，反对两个平均主义，即人与人之间、队与队之间根本上的平均主义。这是他根据胡乔木、田家英等三个小组的调查得出的一个基本思想，成为人民公社条例的核心和基石。毛泽东还致信刘少奇、周恩来、陈云、邓小平、彭真，提出"要做系统的由历史到现状的调查研究"，并具体部署："省委第一书记要亲自做调查研究，我也是第一书记，我只抓第一书记。其他的书记要亲自做调查研究，由你们负责抓。只要省、地、县、社四级党委的第一书记都做调查研究，事情就好办了。"

在这封信中，毛泽东向大家推荐了这篇30年前写的《调查工作》。他说："'文章是自己的好'，我对自己的文章有些也并不喜欢，这一篇我是喜欢的。这篇文章是经过一番大斗争写出来的。文章的主题是，做领导工作的人要依靠自己亲身的调查研究去解决问题。书面报告也可以看，但这跟自己亲身的调查是不相同的。自己到处跑或者住下来做一个星期到十天的调查，主要是应该住下来做一番系统的调查研究。"他还举例说：医生看病叫诊病，先诊，中医叫望、闻、问、切，先搞清病情，然后开处方。我们打仗，首先要搞侦察、侦察敌情、地形，判断情况，下决心，然后布置队伍、后勤等。历来打败仗都是情况不明。"过去这几年我们犯错误，首先是因为情况不明。情况不明，政策就不正确，决心就不大，方法就不对头……最近几年吃情况不明的亏很大，付出的代价很大。大家做官了，不做调查研究了。我做了一些调查研究，但大多也是浮在上面看报告。现在，我要搞几个点，几个调查的基地，下去交一些朋友。"

随后，毛泽东又决定请"三北会议"全体人员南下，移师广州与"三南会议"合并为中央工作会议，继续讨论、修改《农村人民公社条例（草案）》（简称"农业六十条"）的有关问题，并以中央的名义通过下发了这个条例。

3月23日，毛泽东指派胡乔木起草了《中共中央关于认真进行调查工作问题给中央局，各省、市、自治区党委的一封信》。信中公开承认在农业、工业等方面的具体工作中，也发生了一些缺点和错误，造成了一些损失。这些缺点错误之所以发生，根本上是由于许多领导人员放松了在抗日战争期间和解放战争期间进行得很有成就的调查研究工作，满足于看纸上的报告，听口头的汇报，下去的时候也是走马观花，不求甚解，并且在一段时间内，根据一些不符合实际的或者片面性的材料作出一些判断和决定。"这是一个主要的教训，全党各级领导同志决不可忽略和忘记这个付出了代价的教训"。同时指出："在调查的时候，不要怕听言之有物的不同意见，更不要怕实践检验推翻了已经作出的判断和决定。"

会议结束后，《人民日报》发表了《大兴调查研究之风》的社论。随后，全党全国，从中央到地方，各级领导干部都开始走出机关办公室，深入基层进行调查研究工作。从4月1日至5月15日，刘少奇带着工作组在湖南长沙县和宁乡县搞调研；4月下旬至5月中旬，周恩来带队到河北邯郸地区搞调研；3月下旬到5月上旬，朱德到四川宜宾、自贡、内江搞调研；邓小平和彭真领导五个调查组到北京顺义、怀柔搞调研；陈云也回到家乡青浦进行调研，并与众不同地提出了一个极为重大的问题——三年"大跃进"增加了2649万名职工，城镇人口增加了3124万！吃商品粮的人口由1957年的15%左右增加到20%，这也是造成粮食紧张的一个原因。从5月6日至29日，毛泽东先后批发了陈正人、周恩来、胡乔木、李井泉、邓小平和彭真、张平化、阎红彦、胡耀邦等人的调查报告。5月30日，毛泽东在一份材料上批示，要求搞调查研究的人员，不要采用"官僚主义的老爷式的使人厌恶透顶的那种调查法"，"死官僚不听话的，党委有权把他们轰走"。

5月21日至6月12日，中央工作会议在北京召开，着重讨论了调查研究、群众路线、退赔、平反四大问题。根据中央和各地区各部门的调查，会议对《农村人民公社条例（草案）》进行了修改，制定了该条例的"修正草案"。至此，中共中央彻底纠正了用行政命令大办农村公共食堂的"左"的做法，自人民公社化运动以来一直困扰农民的吃饭问题终于得到了较为妥善的解决。

6月15日，中共中央发出指示："中央重申毛泽东同志在《工作方法六十条（草案）》中的规定，中央、中央局和省、市、自治区两级党委的委员，除了生病和年老的以外，每年一定要有四个月的时间轮流离开办公室，到下面去调查研究。地、县两级的领导人也应该这样办。"

事实证明，毛泽东确实有声有色地"搞了个实事求是年"。

1962年1月，毛泽东在扩大的中央工作会议上，把调查研究、总结经验同贯彻民主集中制和群众路线、制定和执行党的政策紧密地结合起来，认为它们都是认识世界和改造世界的统一过程中不可缺少的环节。1963年以后，毛泽东在《人的正确思想是从哪里来的?》这篇重要著作中再次强调指出："我们的干部中，自以为是的很不少。其原因之一，是不懂马克思的认识论。因此，不厌其烦地宣传这种认识论，是非常必要的。简单地说，就是从群众中来，到群众中去。下决心长期去蹲点，就能听到群众的呼声，就能从实践中逐步地认识客观真理，变为主观真理，然后再回到实践中去，看是不是行得通。如果行不通，则必须重新向群众的实践请教。这样就可以解决框框问题，即教条主义问题了，就可以不迷信了。如果不是这样，则官越大，真理越少。大官如此，小官也是如此。"①仔细想一想，毛泽东讲得多好啊!

1963年11月，毛泽东在审阅《在战争与和平问题上的两条路线》②时，加写了一个名句："社会实践是检验真理的唯一标准。"这是毛泽东对真理标准问题所作的完备表述，现在已经被世界公认为一个经典的概括。

---

① 中央档案馆:《介绍毛泽东有关理论学习问题的几件手稿》,《人民日报》1979 年 12 月 25 日。
② 即中苏论战时中共中央发表的评苏共中央公开信"九评"中的第五篇。

伍日谈

毛泽东谈荣辱生死

长夜难明赤县天，百年魔怪舞
翩跹，人民五亿不团圆。一唱
雄鸡天下白，万方乐奏有
于阗，诗人兴会更无前。
和柳亚子先生词一首

毛泽东

"没有我,中国照样前进,地球照样转"

5

【导语】

古人云:立大志者,贫贱不能移,富贵不能淫,威武不能屈。

古人云:文官不爱财,武官不惜死。

毛泽东做到了吗?

在全国人民"毛主席万岁"的口号声中,从反对搞"个人崇拜"到部分地接受"个人崇拜",毛泽东到底是一个什么样的人呢?他为什么说"不要宣传个人,否则将来要吃大亏的"?他为什么说"吹得越高,跌得越重"?

在全国人民"万寿无疆"的祝福声中,一辈子不做寿的毛泽东,为什么不停地说"我收到上帝的请帖了""我要去见马克思了""我的上帝是马克思"?"七十三八十四,阎王不请自己去",民间偈语难道真是谶语?

"寂寞身后事,千秋万岁名。"在荣与辱、生与死面前,毛泽东在他个人的历史上写下了什么?又给后来者留下了什么样的遗产?

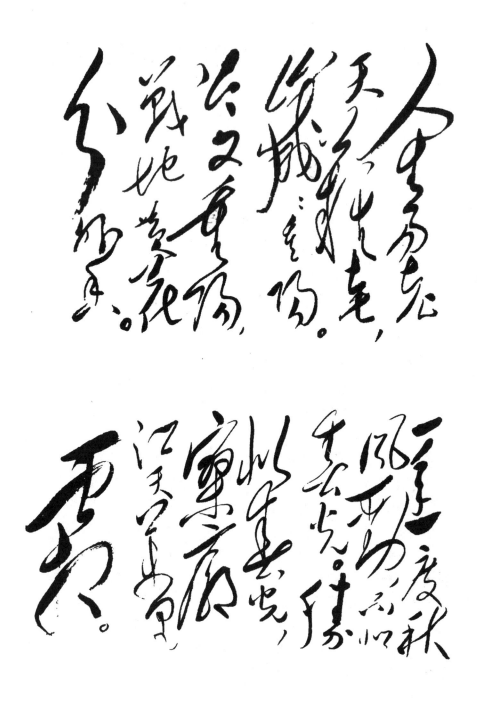

把许多好事都挂在我的账上，
我的错误缺点没有挂上，不是我没有，
而是没有挂，为了党的利益没有写上

在毛泽东青少年时代的读书笔记《讲堂录》中有这么一段话："不为浮誉所惑，则所以养其力者厚；不与流俗相竞，则所以制其气者重。又安能深沉确实开扩淬厉而以先天下为己任乎？导①有大有为之识，而无大有为之才。安②有大有为之量，而无大有为之干。"

1945年3月25日，中共六届七中全会主席团决定将《关于若干历史问题的决议》（以下简称《决议》）由原来定于七大讨论并通过，改在六届七中全会上讨论通过。4月20日，扩大的六届七中全会最后一次会议在杨家岭召开。毛泽东说，《决议》不但是领导机关内部的，而且是全党性质的，与全国人民有关系的，对全党和全国人民负责任的。哪些政策或哪些部分在群众斗争中证明是适合的，哪些是不对的，如果讲得合乎事实，在观念形态上再现了25年的历史，就对于今后的斗争有益。错误不是少数人的问题，全党大多数干部有这种病菌，非进行教育不可。决议要点名字很容易，但问题不在于他们几个。党是政治团体，不是家族或职业团体，都是来自五湖四海，因为政见相同而结合起来的。政见不同就要有争论，争论时分清界限是必要的，但今后要少戴帽子为好。凡是过去政治上犯过错误的同志，现在都改正了，都要如《决议》所说的像一个和睦的家庭一样。《决议》把许多好事都挂在我的账上，我的错误缺点没有挂上，不是我没

---

① 王导（276—339），字茂弘，山东临沂人。东晋政治家，曾官至丞相。
② 谢安（320—385），字安石，河南太康人。东晋政治家，曾官至宰相。

有，而是没有挂，为了党的利益没有写上。这是大家要认识清楚的，首先是我。孔夫子七十而从心所欲不逾矩，我即使到70岁，相信一定也会逾矩的。他还说，我们必须准备团结——批评——团结，这是不怕挑拨的。

淡泊明志，宁静致远。毛泽东一生对名利、荣辱、生死向来看得很淡，而对自己的缺点、错误也从不避讳。1945年5月24日，毛泽东在中共七大上说："我今天也声明一下，我就是犯过许多错误的。没有犯过错误的人有没有呢？我说就没有。一个人在世界上，哪有不犯错误的道理呢？所以说：'错误人人皆有，各人大小不同。'"

新中国成立后，毛泽东在会见南斯拉夫客人时，曾对自己的功过是非与人民的评价做出过正确的判断。他说："我国很少有人公开批评我，我的缺点和错误人们都原谅……我们虽然也有命令主义、官僚主义，但是人民觉得我们做的好事总比坏事多，因此人民就多予歌颂，少予批评。这样做就造成偶像，有人批评我，大家就反对他，说是不尊重领袖。我和中央其他同志平均每天都能收到三百封信，其中总有几封是批评我们的，但这都不署名，或署假名。他们并不怕我整他，而是怕周围的人整他。"[1]由此可见，毛泽东对国内和党内批评与自我批评环境的认识是十分清晰、清醒的，他不希望自己成为人造的"偶像"，但他没有想到世俗的现实社会却是他左右不了的。

1959年，在全国省、市、自治区党委书记会议上，毛泽东就自己发动"大跃进"造成国民经济大滑坡的现实，认真地作了自我批评。他说：我们曾经提了一些不适当的指标，包括我在内。"1958年、1959年主要责任在我的身上"，"说我是主席，不能驳，我看不对"。毛泽东不仅清醒地认识到了主观指导与客观实际相背离带来的灾难性后果，更明白了不能搞"一言堂"，不能"一个人说了算"，大政方针的制定还是需要民主集中制。

1962年1月，在"七千人大会"上，毛泽东说了一段掏心窝子的话："有了错误，一定要作自我批评，要让人家讲话，让人批评。去年6月12

① 《毛泽东外交文选》，中央文献出版社、世界知识出版社1994年版，第261页。

号，在中央北京工作会议的最后一天，我讲了自己的缺点和错误。我说，请同志们传达到各省、各地方去。事后知道，许多地方没有传达，似乎我的错误就可以隐瞒，而且应当隐瞒。同志们，不能隐瞒。凡是中央犯的错误，直接的归我负责，间接的我也有份，因为我是中央主席。我不是要别人推卸责任，其他一些同志也有责任，但是第一个负责的应当是我。"他又说："如果有人说，有哪一位同志，比如说中央的任何同志，比如说我自己，对于中国革命的规律，在一开始的时候就完全认识了，那是吹牛，你们切记不要信，没有那回事。"①

毛泽东的话真可谓是肺腑之言。他对功劳"挂账"深有自知之明。他说：在认识客观规律以前，我们的行动总是不自觉的，带着盲目性的。这个时候我们是一些蠢人。最近几年，我们不是干过许多蠢事吗？人家不骂，我们应当自己骂自己。从这些事来看，我们实在是太蠢了。在1962年9月召开的中共八届十中全会上，毛泽东又专门讲到自己的错误问题。他说："我也犯过错误，去年我就讲了，你们也要允许我犯错误，允许我改正错误，改了，你们也欢迎。去年我讲，对人是要分析的，人是不能不犯错误的。所谓圣人，说圣人没有缺点是形而上学的观点，而不是马克思主义、辩证唯物主义的观点。"

毛泽东自我批评的真诚、谦逊和向人民负责，主动承担责任、勇于修正错误的担当、气量，让曾在蒋介石手下工作的张治中"万分感动、万分钦佩"。他说："我当过十几年国民党的中央常委，从来没有听到蒋介石讲过自己的缺点、错误。蒋介石不论在大会、小会上，都是骂这个、骂那个，从来不骂自己。"

20世纪60年代初，毛泽东去了一趟湖南。女儿李敏代他去故乡为亲人扫墓。在回来的专列上，毛泽东和身边工作人员一起聊天，李敏说扫墓时听到有人骂他。毛泽东就笑着对列车服务员姚淑贤说："小姚，我女儿回去扫墓，说还有人骂我呢。"姚淑贤一听，愤怒地说："肯定是阶级敌人！"毛

---

① 《建国以来毛泽东文稿》第十册，中央文献出版1998年版，第24、29页。

泽东笑着，摇摇头说："不对，不能说得这么绝对。有人骂是正常的，没人骂是不正常的。骂我的人有坏人，也有好人。好人有时也会骂人的。因为我也不是一贯正确么。"

　　说到这里，毛泽东若有所思地停顿了一会儿，然后深沉地说："蒋介石挖过我的祖坟，共产党也曾把我开除一边，不让我做事。革命不是容易的事，革命就要舍得出。他们挖了祖坟，迷信，我不是还是很好吗？我还是毛泽东么。现在人民又给我父母修了坟，也很好。我也是个人，毛泽东也是个人。人总是要死的，我也是要死的。什么高瞻远瞩，不是那么回事。我死后，我搞的这些东西也会有人骂，有些也会被实践证明不对。我是人，是人就有错误。但我有信念，我还是要革命，别人骂什么我也还是要革命……"

你们不把我当领袖不行，
可是总把我当领袖也不行，我受不了

凡人有凡人的烦恼，伟人有伟人的忧愁。

1951年7月1日，是中国共产党成立30周年。全国许许多多的干部、群众出于对中国共产党和毛泽东的热爱和敬仰，纷纷向北京中南海写致敬信。应该说，这种行为一开始是自发自觉的，但后来有些地方就走了样变了味，成了强迫性的发动了，而且愈演愈烈。一时间，各种各样的致敬信潮涌般地寄到了中央办公厅，堆了整整一间屋子。4月30日，中办秘书室向毛泽东报告说："还有九千多封，是地方组织群众写的成批致敬信，有的现在还继续向这里寄。"毛泽东在报告上批示："组织群众成批地写致敬信是不好的，以后不要这样做。"但是有的地方偏偏不听，仍然这样做，甚至变了花样地送来锦旗、礼品等等。毛泽东十分生气，对这种搞形式主义、劳民伤财的做法提出了严厉批评，在另一份报告上批示："在这个报告中所说关于某些党政机关动员群众写致敬信，发祝贺电，以及机关团体和群众给中央送锦旗礼品的事情，不但是一种浪费，而且是一种政治错误。"[1]

1949年3月中共七届二中全会闭幕后，中共中央从西柏坡迁往北平。为迎接中央和毛泽东进驻北平，华北局和华北人民政府准备为此开庆祝大会和欢迎大会。毛泽东获悉后，明确表示反对。为这件事，周恩来紧急电告华北局："闻此地将举行庆贺大会，主席认为不妥，连北平也不要开庆祝会，因以我党中央迁移名义，号召人民庆贺并不适当，望速停止北平及各

---

① 董边等编：《毛泽东和他的秘书田家英》，中央文献出版社1989年版，第10页。

地庆贺行动。"

1950年春，沈阳市各界人民代表大会决定为纪念新中国成立在市中心修建开国纪念塔，塔上铸造毛泽东铜像。为此，沈阳市人民政府致函中央新闻摄影局，请求帮助拍摄4幅毛泽东全身八寸站像。5月20日，毛泽东在来函上作了这样的批示——在"修建开国纪念塔"旁批注："这是可以的"；在"铸毛主席铜像"旁批注："只有讽刺意义"；并在函件上批示："铸铜像影响不好，故不应铸。"同年10月，北京市人民代表会议也建议中央同意在天安门广场建立毛泽东铜像的提案，毛泽东批示："周总理：不要这样做。"

同年9月20日，毛泽东致信时任中共湖南省委书记黄克诚、省人民政府主席王首道和中共中央中南局第三书记邓子恢，说："据说长沙地委和湘潭县委现正在进行在我的家乡为我建筑一所房屋，并修一条公路通我的家乡。如果属实，请令他们立即停止，一概不要修建，以免在人民中引起不良影响。是为至要。"

1953年，毛泽东在中央夏季工作会议上，再次重申了中共七届二中全会规定的五条规定："不以个人命名；不祝寿；中国同志不与马恩列斯并列；少拍巴掌；少敬酒。"三年后的1956年，毛泽东在中央政治局会议上又反复强调：不要用人名做地名，不许发一切致敬电，不要提英明领导，不要用马、恩、列、斯、毛的提法，不要迷信权威。

这一年，毛泽东主持新中国宪法的起草工作。期间，有人效仿"拿破仑法典"，提议将这部宪法命名为"毛泽东宪法"。毛泽东知道后，断然否决，还亲自删除了宪法中有关颂扬他个人的条文。他说："这不是谦虚，而是因为那样写不适当，不合理，不科学。在我们这样的人民民主国家里，不应当写那样不适当的条文。"

1954年8月4日，中央华南分局致电请示中共中央，说广东省人民代表大会有代表提出请全国人大授予毛泽东以最高荣誉勋章的提案，是否可以通过。毛泽东立即批示："请即复不要通过此项提案。"

1955年，中国人民解放军第一次实行军衔制。主持中央军委日常工作的彭德怀在军委会议上提议评毛泽东为"大元帅"。毛泽东听完汇报后，摆摆手说："根据国际国内的经验，这个大元帅我不能要，穿上大元帅的制服不舒服啊！"

从中共七大以法律的形式确立了毛泽东在中共中央的最高领导地位后，毛泽东的领袖身份就被全党全国全军所接受。但毛泽东深知领袖也是群众中的一员，领袖和群众的关系也像鱼和水的关系一样。1960年5月，毛泽东和英国陆军元帅蒙哥马利会谈时，两人曾就领袖的标准进行了探讨。蒙哥马利说："我衡量一个政治领袖的标准是看他是否会为了地位而牺牲他的原则。""如果一个领袖为了取得很高的地位而牺牲他的原则，他就不是一个好人。"毛泽东回答说："我的意见是这样的，一个领袖应该是绝大多数人的代言人"；"他应该代表人民的意愿"；"他必须是为人民的利益"。①

显然，在毛泽东看来，人民领袖就是"为人民服务"，领袖不是高高在上的"孤家寡人"，而是应该和人民群众打成一片，和人民群众朝夕相处，同呼吸共命运。因此，他对国家公安保卫部门采取的一些保护措施非常不满，不仅限制了他的人身自由，更重要的是减少了他与人民群众亲密接触的机会。自从进入中南海以后，他再也不可能像井冈山时一样和人民群众一起风餐露宿了，他再也不能像长征路上和红军战士一起爬雪山过草地了，他再也不能像在延安时一样和人民群众一起赶集看戏在田间地头嘘寒问暖了……

在全国人民都高喊"毛主席万岁"，毛主席"一句顶一万句"的时候，毛泽东自己却失去了行动的"自由"，再也不能随便离开中南海的红墙半步，再也不能到菜市场、百货商店去购物去调查，再也不能走到普通老百姓中间和他们握握手问问好。对中央的这些安保措施，他要遵守组织纪律，身不由己，无可奈何。为此，他曾抱怨保卫部门不应该跟苏联跟斯大林学这一套，他甚至对公安部部长罗瑞卿发火："罗长子，你不要搞神秘主

---

① 《毛泽东外交文选》，中央文献出版社、世界知识出版社1994年版，第433—434页。

义，妨碍我接触群众。"没有"行动自由"的毛泽东，甚至连日常起居也不能随随便便，不拘一格的他为此非常苦恼。他常说：我需要一些随便的生活，越随便越好。总是把我当主席我受不了。他还经常鼓励身边的人在他面前大事小事随便聊，发牢骚骂娘都可以。总之，不要拘束。他时常感慨地对身边的卫士们说："你们不把我当领袖不行，可是总把我当领袖也不行，我受不了。"

"文化大革命"期间，对毛泽东的"个人崇拜"达到了狂热。其实，毛泽东一方面认为"个人崇拜"（应该理解为敬重景仰的层面）在一定的时候是需要的，对团结力量凝聚人心具有积极的意义；另一方面，毛泽东又对盲目地搞"个人崇拜"极其反感。而且对斯大林搞"个人崇拜"的教训，毛泽东是十分清醒的。毛泽东不让铸造他的个人铜像，但后来各种各样的塑像还是遍地都是。1967年7月5日，毛泽东在看到中办送来的《全国各地群众正在积极塑造毛主席巨像》的简报后，立即批示："此类事劳民伤财，无益有害，如不制止，势必会刮起一阵浮夸风。请在政治局常委扩大会议上讨论一次，发出指示，加以制止。"①高处不胜寒啊！毛泽东的命令也不是件件都能"令行禁止"啊！他曾对大街上、单位大院中他的塑像幽默地说：搞那么多塑像，大理石的、花岗岩的、不锈钢的。你们在家里睡觉，让我在外面站岗，风吹日晒雨淋，好不残忍啊！而对人人都必须戴的毛主席像章，他曾十分生气地对身边工作人员说："跟我的就别戴像章，要戴像章的就别跟我这儿待着。"

1971年，毛泽东南下各省调研，他对各地方省市领导说："一说英明领导，我就不寒而栗。我并不是什么英明领导，我不过是在下面的报告上批几个字，写上几句话，下面供材料给我的脑子进行加工。"毛泽东始终认为，整个人类的历史是由最底层、最广大的人民群众创造的，而个人是微不足道的。他经常说：人民群众是真正的英雄，而我们自己则往往是幼稚可笑的。谁不了解这一点，谁就不懂得最起码的知识。包括我。

---

① 《建国以来毛泽东文稿》第十二册，中央文献出版社1998年版，第368页。

不要靠官，不要靠职位高，不要靠老资格吃饭

人生在世，要懂得怎样为人处世，不仅要分清善恶是非，而且还应知荣辱。荀子曰：不知荣辱乃不能成人。管仲曰：仓廪实而知礼节，衣食足而知荣辱。毛泽东则把是否全心全意为人民服务，是否符合人民、集体、国家和共产主义事业的利益作为共产党人的荣辱标准。

毛泽东说："共产党员无论何时何地都不应以个人利益放在第一位，而应以个人利益服从于民族的和人民群众的利益。因此，自私自利，消极怠工，贪污腐化，风头主义等等，是最可鄙的；而大公无私，积极努力，克己奉公，埋头苦干的精神，才是可尊敬的。"[1]

在抗日战争年代，毛泽东指出，那些以人民、国家、民族利益为重，积极投身抗日烽火的人，"必将照耀万世，留芳千代，买丝争绣，遍于通国之人，置邮而传，沸于全民之口"；而坚持反共，坚持内战的降日亡国方针者，则"失通国之心，遭千秋之辱骂"。[2]毛泽东还强调指出："要向一切农业、工业、畜牧业、运输业、商业以及业余劳动中的劳作人员（包括雇工及伙伴的老百姓）说明：他们的劳动都是革命的，他们做了十分光荣的事业。从他们劳动所得中分出一部分来交给公家，完全是帮助我们自己的光荣的神圣的革命事业，并不是为着任何个人增殖私产。凡在国营经济中做事的公务人员，如果他们为他自己个人谋特殊利益，在我们队伍中就叫做丧失道德的活动，在法律上就叫做贪污罪。而一切不贪污，不浪费，忠心耿耿，为党为国的人，就算是很有高尚道德的人，应受到党与政府的称

---

① 《毛泽东选集》第二卷，人民出版社 1991 年版，第 522 页。
② 《毛泽东书信选集》，人民出版社 1984 年版，第 67—68、88—89 页。

赞及奖励。"①

"一个好汉也要三个帮，一个篱笆也要三个桩。荷花虽好，也要绿叶扶持。"毛泽东强调："任何一个人都要人支持"，个人应当把荣誉归于人民。他曾多次说，毛泽东思想"这不是我一个人的思想，是千百万先烈用鲜血写出来的，是党和人民的集体智慧"。因此，在荣誉面前，应当谦虚谨慎，要有"盛名之下，其实难副"的自知之明，而绝不能沽名钓誉，不能弄虚作假骗取虚荣，更不能贬低他人抬高自己。1957年3月18日，毛泽东在济南党员干部会议上批评了那些"闹地位，闹名誉，讲究吃，讲究穿，比薪水高低，争名夺利"的人。他说："在打蒋介石的时候，抗美援朝的时候，土地革命的时候，镇压反革命的时候，他一滴眼泪也不出，搞社会主义他一滴眼泪也不出，一触动到他个人的利益，就双泪长流。""为个人的利益而绝食，而流泪，这也算是一种人民内部矛盾。"他以京剧《林冲夜奔》中的唱词"男儿有泪不轻弹，只因未到伤心处"为例，说"他们是男儿有泪不轻弹，只因未到评级时"，"有泪不轻弹是对的，伤心处是什么？就是工人阶级、广大劳动人民危急存亡的时候，那个时候可以弹几滴眼泪"。"世界上是有许多不公道的事情，那个级可能评得不对，那也无须闹，无关大局，只要有饭吃就行。"②

荣是光荣，辱是耻辱。但荣和辱在一定的条件下也会发生转化的。马克思说："耻辱本身已经是一种革命"；"耻辱就是一种内向的愤怒。如果整个国家真正感到了耻辱，那它就会像一只蜷伏下来的狮子，准备向前扑去。"知耻而后勇。但反过来，如果在荣誉面前，骄傲自大，沾沾自喜，胜利冲昏了头脑犯了错误，就会适得其反，荣就变成了耻。林彪、高岗、饶漱石，都曾经是人民的功臣，后来则成为人民的罪人。林彪利令智昏，叛党叛国，死无葬身之地；高岗畏罪自杀，落得个可耻的下场。

在荣和耻之间，毛泽东常常警告中国共产党人，要谦虚谨慎，戒骄戒躁。他说："虚心使人进步，骄傲使人落后，我们应该永远记住这个真理"；

① 王恕焕：《梅花欢喜漫天雪》，中原农民出版社1993年版，第151页。
② 《毛泽东文集》第七卷，人民出版社1999年版，第285页。

"不能骄傲，一骄傲就犯错误"；"不要翘尾巴，而要夹紧尾巴，戒骄戒躁，永远保持谦虚进取的精神"。他还说，"英雄难过美人关"，并非普遍真理；"英雄难过骄傲关"，这才是普遍真理。他强调，我们共产党人就要"自己不满意自己"。"我们的同志应当注意，不要靠官，不要靠职位高，不要靠老资格吃饭。说资格老，多少年革命，这个资格也是可靠的，但同时我们不要靠它。你资格老，几十年，那是真的。可是，你有一天办了一些糊涂事，讲了一篇混账话，人民还是不谅解你。尽管你过去做过多少好事，职位有多么高，你今天的事情办得不好，解决得不对，对人民有损害，这一点人民就不能原谅。因此，我们的同志不要靠老资格吃饭，要靠解决问题正确吃饭。靠正确，不靠资格。靠资格吃不了饭，索性不靠它，等于还是什么官都没有做，就是不摆老爷架子，不摆官僚架子，把架子收起来，跟人民见面，跟下级见面。"①

面对荣辱，毛泽东强调既要勇于坚持真理，也要勇于修正错误。他说："我们是干革命的，如果真犯了错误，这种错误是不利于党的事业，不利于人民的事业的，就应当征求人民群众意见，并且自己检讨。"1958年"大跃进"、人民公社化运动，导致农村工作出现了急于过渡、"共产风"等"左"的严重错误。毛泽东深感不安，自己应负重要责任，多次在中央作出自我批评，检讨错误，说"我现在的心情是'域有流亡愧俸钱'"，并身体力行，大兴调查研究之风，极力纠"左"。

如何才能保持荣誉呢？1940年1月15日，毛泽东在给吴玉章60岁寿辰的贺词中说："可贵的是他一辈子总是做好事，不做坏事，做有利于人类的事，不做害人的事。如果开头做点好事，后来又做坏事，这就叫没有坚持性。一个人做点好事并不难，难的是一辈子做好事，不做坏事，一贯的有益于广大群众，一贯有益于青年，一贯有益于革命，艰苦几十年如一日，这才是最难最难的啊！"

---

① 《毛泽东文集》第七卷，人民出版社1999年版，第287页。

不要宣传个人，否则将来要吃大亏的

　　在中共党内最早提议宣传学习毛泽东的人是谁呢？这个人不是别人，正是手拿尚方宝剑坐镇共产国际在莫斯科当"太上皇"，回国后在武汉又以中共理论权威自居，向毛泽东发起挑战的王明。

　　1940年5月3日，王明在延安泽东青年干部学校开学典礼上，作了一场题为"学习毛泽东"的报告。他公开说："对于青年学生学习问题，我只贡献五个字：'学习毛泽东'。青年干部学校以毛泽东同志的光辉名字来命名，那就要名副其实，就是要学习毛泽东同志的生平事业和理论。"随后，习惯长篇大论作报告的王明，热情洋溢地发挥了他理论家和演讲家的特长，口若悬河地赞颂毛泽东。

　　5月7日，王明将这篇《学习毛泽东》的演讲报告全文发表在《新中华报》上。在发稿之前，他曾征求毛泽东的意见。毛泽东认为自己的理论还不成熟，建议不要发表。但王明还是署名全文发表了，号召人们学习毛泽东始终如一地忠于革命的精神，学习毛泽东勤于学习的精神，学习毛泽东勇于创造的精神，学习毛泽东长于工作的精神，学习毛泽东善于团结的精神。一边暗中与毛泽东分庭抗礼，一边公开大唱毛泽东赞歌，而且像王明这样高调的赞歌，似乎还从来没有人唱过。

　　对宣传个人，毛泽东向来就是反对的。早在1936年7月，美国记者埃德加·斯诺在保安采访他的时候，毛泽东就坚决拒绝写他的传记。但斯诺来的目的之一就是想为毛泽东"单独写一本书"，于是他就"交给毛泽东一大串有关他个人的问题要他回答"。但毛泽东似乎对此不感兴趣，"显然认为个人是不关重要的"。斯诺想"套"出毛泽东个人的事情是非常不容易的。有几天，他们好像是在捉迷藏。斯诺力争说："在一定程度上，这比其他问题上所提供的情况更为重要。大家读了你说的话，就想知道你是怎样一个人。再说，你也应该纠正一些流行的谣言。"但"不管怎样，毛泽东是不大相信有必要提供'自传'的"。①在斯诺的自传体著作《复始之旅》中也有记载："虽然，我因此对毛本人产生了比对当时的论战更大的兴趣，但是，要想收集他个人的历史却不容易。一连好几天，我们像是在捉迷藏，我感觉到，他在判断：能不能把他本人的真情告诉我；我会不会滥用他的信任来歪曲或误传他的话。共产党人回避谈论个人的事情，这不仅是因为在理论上，个人除非是一种历史力量，否则是无关紧要的，而且还因为死刑时刻威胁着每个共产党人。不用真名是一种必要的安全措施。"②

当时，国民党多年来把红军描绘成"堕落、愚昧、无知的土匪，只知道烧杀抢掠，共产共妻"，四处散布谣言迷惑人民大众。斯诺把这些情况说给毛泽东听，希望毛泽东能提供其个人经历来回击社会上流传的这些谣言。但毛泽东仍不表态。斯诺接着说，外边还有许多关于毛泽东已经死去的传说，有人说毛泽东能说流利的法语，有人说毛泽东是一个无知的农民，还有人说毛泽东是一个半死的肺病患者，甚至还有的强调说毛泽东是一个发疯的狂热分子。

毛泽东对此好像稍为感到意外："人们竟然会花费时间对他进行种种猜测。"于是为了纠正这类传说，正人视听，有利于建立抗日民族统一战线，毛泽东再一次审阅了斯诺列的那些关于他"个人历史"的问题表。最后毛泽东对斯诺说："如果我索性撇开你的问题，而是把我的生平的梗概告诉你，你看怎么样？我认为这样会更容易理解些，结果也等于回答了你的全部问题。"就这样，毛泽东在斯诺访问红军前线回到保安之后，接连十几个晚上与斯诺进行了长时间的谈话。他们"真像搞密谋的人一样，躲在那个窑洞里，伏在那张铺着红毡的桌上，蜡烛在他们中间毕剥着火花"，斯诺奋笔疾书记录着，一直倦到要倒头便睡为止。毛泽东就在这窑洞的昏黄

---

① 埃德加·斯诺：《西行漫记》，生活·读书·新知三联书店1979年版，第103—104页。
② 埃德加·斯诺：《复始之旅》，新华出版社1984年版，第195—196页。

烛光中，第一次也是一生中唯一一次把自己的身世尽可能地告诉了别人，而且还是一个外国人。这就是《毛泽东自传》的由来。

1951年3月，毛泽东少年时代的老师毛宇居凭着对毛泽东少年时代的熟悉和了解，收集整理写了一篇《毛泽东轶事》，寄给毛泽东批阅，征求意见能否印发。毛泽东兴致勃勃地看完之后，感觉不乏溢美之词，发表不妥，立即在4月5日给毛宇居回了一封信："历次各信及最近长函均收，甚谢。诸承关怀，具见盛意。惟轶事有些内容不适合，似以不印为宜，原稿奉还。"

抗日战争前夕，著名爱国将领续范亭对蒋介石"攘外必先安内"政策不满，曾愤而在中山陵剖腹自杀。续范亭积极赞同中共的抗日路线，对毛泽东十分敬佩，二人交往甚密，并作一篇称赞毛泽东的漫谈文章和一首七绝诗《赠毛主席》。他在诗歌中这么写道："领袖群伦不自高，静如处子动英豪。先生品质难为喻，万古云霄一羽毛。"毛泽东在读到这首诗和这篇漫谈后，回信说："我把你的漫谈当做修省录，但不同意你的夸赞，因为夸得过高过实了。因此我也不把这漫谈退还你，目的是使你不能发表，我觉得发表不好，如你尚有副本，也务请不要发表。就你的地位说，发表也有妨碍的。不自高，努力以赴，时病未已，你的诗做了座右铭。"[1]

1960年5月，毛泽东对一篇有关他接见外宾的新闻稿进行了修改，让稿件的起草者熊向晖一辈子也不能忘记。在这篇新闻稿中，原来有这么一句话："他们热情地称赞中国人民在毛泽东主席领导下取得的伟大成就。"毛泽东在审阅时将"在毛泽东主席领导下"改成了"在自己的工作中"，并将"伟大"二字删除。对这样的修改，熊向晖表示不理解，说："中国人民在毛泽东主席领导下所取得的伟大成就，这是拉丁美洲朋友的原话，也完全符合事实，我不理解为什么主席那样改？"

毛泽东笑着说：人家那样讲，我们不能那样写。我们搞了这些年的建设，不能说没有成就，说"伟大成就"就不符合事实。"一穷二白"的面貌

---

①《毛泽东年谱》（1893—1949）中卷，中央文献出版社2002年版，第380页。

没有改变，有什么伟大呀?!

熊向晖还是不理解，就说:"成就"是"中国人民在毛泽东主席领导下所取得的"，这符合事实吧?

毛泽东说:为什么一定要说毛泽东的领导呀? 没有毛泽东，中国人民就取不得成就了? 这是唯心史观，不是唯物史观。我把唯物史观的精髓概括成一句话，叫作"人民，只有人民，才是创造世界历史的动力"。过去打仗，靠的是人民; 现在建设，靠的还是人民，一切成就都来自人民自己的努力。你不赞成?

熊向晖还是不服，争辩说:唯物史观并不否定杰出的领导人的作用。

毛泽东笑着说:你这是半截子唯物史观。领导人和人民不能分开，而是人民的一部分。"中国人民在自己的工作中所取得的成就"，其中包括了你们，也包括了我。如果脱离人民，做官当老爷，那就不能包括，领导人和人民也不能等量齐观。今天我向拉丁美洲朋友讲了，你在稿子上也写了，"人民是决定的因素"，应当突出"决定因素"，不应当突出"非决定因素"。就是说应当突出人民，决不要突出个人。①

"大树特树伟大领袖毛主席和伟大的毛泽东思想的绝对权威"，这是"文化大革命"中一度喊得最为响亮的口号之一。然而这个口号一出笼，就遭到了毛泽东的坚决反对。1967年11月，毛泽东在审阅《中央关于征询对召开九大的意见的通报》稿时，删除了"大树特树伟大领袖毛主席和伟大的毛泽东思想的绝对权威，大树特树毛主席的无产阶级革命路线的绝对权威"等语，并批示"不要这句"。随后，毛泽东又专门指出:"绝对权威的提法不妥。从来没有单独的绝对权威，凡权威都是相对的，凡绝对的东西都只存在相对的东西之中，犹如绝对真理是无数相对真理的总和，绝对真理只存在于各个相对真理之中一样";"大树特树的说法也不妥。权威或威信只能从斗争实践中自然地建立，不能由人工去建立，这样建立的威信必然垮下来"。②

---

① 熊向晖:《我的情报与外交生涯》，中共党史出版社1999年版，第379页。
② 《建国以来毛泽东文稿》第十二册，中央文献出版社1998年版，第455页。

有一次，毛泽东在与田家英、周小舟等人聊天论"三国"时，毛泽东说《三国志》里的郭嘉传值得一读"，这个人"多谋善断"，并说"世上没有先知先觉，没有什么前知五百年，后知五百年的刘伯温。无非是多谋善断，留有余地"。因此，毛泽东对"文化大革命"中林彪鼓吹的"天才论"，是非常不满意的。他曾先后在1968年冬审阅送审的党章草案、1969年3月审阅《红旗》社论《关于总结经验》、1969年4月审阅陈伯达起草的九大发言稿等等文件、文章中，删除了林彪提出的称颂他"天才的、创造性的、全面地发展了马克思列宁主义"中的三个副词。还有一次，毛泽东很生气地说："你们把人民大会堂的'语录'统统取下来，不取下来，我再也不进人民大会堂。"他还指定李德生办理这件事。

1970年4月22日，是列宁百年诞辰。"两报一刊"（即《人民日报》《解放军报》和《红旗》杂志）准备联名发表编辑部文章《列宁主义，还是社会帝国主义》。按惯例，文章发表前送毛泽东审阅。审阅中，毛泽东删改掉了"当代最伟大的马克思列宁主义者""毛泽东思想是帝国主义走向全面崩溃，社会主义走向全世界胜利的时代的马克思列宁主义""毛泽东同志就是当代的列宁"等等一大堆吹捧他个人的语句。毛泽东在文稿清样上非常严厉地写了一大段批语："关于我的话，删掉了几段，都是些无用的，引起别人反感的东西。我曾讲过一百次，可是没有人听，不知是何道理？请中央各同志研究一下。"①

有一年，毛泽东来到武汉，住在东湖宾馆。一天，他正半躺着看报，"伟大的导师、伟大的领袖、伟大的统帅、伟大的舵手毛主席万岁！万岁！万万岁！"几行大字映入眼帘。他的眉毛微微地蹙在了一起，既像是自言自语，又像是对身边的卫士们说："他们为什么封我'四个官'？"在场的人们为之愕然，但没有人敢回答，空气在那一瞬间好像凝固了一般。良久，毛泽东放下报纸，略带几分愠怒地说："什么永远健康，难道人生还有不死的吗？"大家把目光集中到毛泽东那张宽大、生动的脸庞上。室内静

---

① 《建国以来毛泽东文稿》第十三册，中央文献出版社1998年版，第90—92页。

得出奇。他站起身，走近窗子，燃上一支香烟，又转身用炯炯的目光看着在场的人，用平和的声调说："你们不要宣传这些，要讲马克思主义万岁，讲马列主义万岁。不要宣传个人，否则将来要吃大亏的。他们把我吹得越高，将来气球穿泡了，就会跌得越惨，要粉身碎骨的……物质不灭嘛！"

在对外宣传和外交工作中，毛泽东也同样坚决反对那种自吹自擂、强加于人地向外国友人宣传他个人和毛泽东思想。1968年，他先后十多次在外交部、中共中央对外联络部、总参谋部和人民日报等多项呈批件中，直接删除宣传他个人和毛泽东思想的言论。他强调指出："以后不要在任何对外文件和文章中提出所谓毛泽东思想，作自我吹嘘，强加于人。"

已经对"万岁万岁万万岁"和"天才论"听得耳朵起茧的毛泽东，对这些屡禁不止的"浮夸"颂扬他个人的东西，感到非常腻歪。但人在江湖也好，人在庙堂也罢，身不由己的毛泽东已经无法控制这种狂热。1971年8月至9月，他在南方巡视的时候，多次跟地方省市领导平心静气地说："我不是天才。我读了六年的孔夫子的书，到1918年才读马列主义。怎么是天才？"他还说："我不是不要说天才，天才就是比较聪明一点。天才不是靠一个人，靠几个人，天才是靠一个党，党是无产阶级的先锋队，天才是靠群众路线，集体智慧。"

事物总是要走向反面的，吹得越高，跌得越重

"毛主席万岁"这个口号的出现，解放区最早是1943年11月29日在延安陕甘宁边区政府召开的劳动英雄大会上，国统区最早是1945年毛泽东赴重庆谈判于9月1日参加中苏文化协会庆祝中苏友好同盟条约举行的盛大鸡尾酒会散会离开会场时，都是人民群众在公开场合自发地喊起来的。

那个年代，无论是解放区还是国统区的人民群众打心眼里喊"毛主席万岁"或"毛泽东万岁"，就是打心眼里喊"共产党万岁"感谢共产党。毛泽东就是共产党的代表，毛泽东就是共产党的代名词，喊"毛主席万岁"就是喊"共产党万岁"，拥护毛泽东就是拥护共产党。

那个年代，毛泽东听到"毛泽东万岁"的呼喊声，一开始也不能接受，他说："人家喊我万岁，我说我52岁。当然不可能也不应该有什么万岁……"但是他打心眼里还是接受了，也感到高兴感到欣慰，因为这是人民的心声，这是人民对共产党的信任和拥护。得人心者得天下。

新中国成立后，毛泽东对"毛主席万岁"的口号，也进行了与时俱进的思考。这种思考，在1970年与美国记者埃德加·斯诺的谈话中，就可以看出来。12月18日，毛泽东在中南海家中同斯诺做了长达五个小时的畅谈。毛泽东专门就"个人崇拜"问题谈了自己的看法。

毛泽东说："其实我是非常讨厌个人崇拜的，但'文化大革命'期间也有必要采取这种讨人嫌的做法。那个时候的党权、宣传工作的权、各个省的党权、各个地方的权，比如北京市委的权，我也管不了。所以那个时候我说无所谓个人崇拜，倒是需要一点个人崇拜。"

"我记得在1965年我采访你后写到了这个问题，有人批评我。那么现

在呢？"斯诺问道。

毛泽东说："现在不同了，崇拜得有些过分了，一些人在那里搞形式主义。搞所谓的'四个伟大'，什么'伟大的导师、伟大的领袖、伟大的统帅、伟大的舵手'。这是讨人嫌的，总有一天要统统去掉，只剩下'Teacher'这个词，就是教员。我本来就是当教员的出身，在我成为共产主义者之前，我就是湖南长沙的一个小学教员。现在还是当教员。其他的称号都是要一概辞去的。"

斯诺说："我常常想，不知道那些高呼'毛主席万岁'最响的人，挥动旗子最起劲的人，是不是就像有些人所说的，在'打着红旗反红旗'。"

毛泽东点点头说："这些人分三种。一种是真心实意的；第二种是随大流的，因为别人喊'万岁'，他们也跟着喊；第三种人是伪君子。你没有受这一套的骗，是对的。"

"我记得，就在你1949年进北京之前，中央委员会通过了一个决议，据说是根据你的建议，禁止用任何人的名字来命名街道、城市或地方。"斯诺说。

"是的，他们避免了这种做法；但是，其他的崇拜形式出现了。有那么多的标语、画像和石膏像。"毛泽东冷静地说。

"可是红卫兵坚持说，如果你周围没有这些东西，你就是反对毛主席。"斯诺说。

"在过去几年中，是有必要搞点个人崇拜的。现在没有这种必要了，应当降温了。但是无论在什么国家和地方，没有一点崇拜也是不行的。难道美国人就没有自己的个人崇拜吗？各个州的州长、各届总统和内阁各个成员，没有一些人去崇拜他，他怎么能干下去呢？总是有人希望受人崇拜，也总有人愿意崇拜别人……斯诺先生，你不要个人崇拜吗？你写的文章没人看，你会高兴吗？总是要有点个人崇拜嘛。"毛泽东笑着说。

"我记得大作家伏尔泰曾写道，如果没有上帝，人类也必须造一个。在那个时代，如果他表示他是一个彻底的无神论者，他就可能掉脑袋。"斯诺说。

"是的。许多人因为说了比这要轻得多的话就掉了脑袋。"毛泽东说。

斯诺问道:"那你觉得'文化大革命'中到底是什么问题让你不满意呢?"

"这个'文化大革命'中有两件事我是很不赞成的。一个是讲假话。有人一面说要文斗,不要武斗,而实际上却在桌子下面踢人家一脚,然后把脚收回来。当被踢的那个人问他:'你为什么踢我啊?'他又说:'我没有踢啊,你看,我的脚不是还在这里吗?'这就是讲假话。后来,'文化大革命'中的冲突发展成了打派仗,一开始用长矛,后来用步枪,又用迫击炮。外国人讲中国大乱,不是假话,是真的,武斗。另外还有一件事让我很不高兴的就是虐待'俘虏'。优待俘虏是我们的老传统了,红军、人民解放军都不是这个样子的,他们优待俘虏,不打、不骂、不搜腰包、不枪毙,军官都不枪毙,将军那样大的官都没有枪毙嘛!释放俘虏并发给路费回家,解除武装了嘛,你为什么还要虐待人家啊?这是我们的老规矩了,战争年代,曾使许多敌人的士兵受到感化而志愿参加到我们的队伍中来打仗。现在都被他们忽视了。"毛泽东点燃了一支烟,接着说:"如果一个人不讲真话,他怎么能得到别人的信任呢?谁信任你啊?朋友之间也是这样。"

其实,对山呼"毛主席万岁""四个伟大"之类的做法,毛泽东在"文化大革命"之初就非常厌烦、反感了。1967年2月,毛泽东在会见阿尔巴尼亚客人时,说:又给我封了好几个官,什么伟大的导师、伟大的领袖、伟大的统帅、伟大的舵手,我就不高兴。同年3月12日,在与新西兰共产党总书记威尔科克斯谈话时,他就说,有些人喊"万岁",是口是心非,那个"万岁"就是"万碎"。

1971年夏天,毛泽东在视察南方部分省市的时候,对地方党政军负责人说:"陈伯达周游华北,到处游说。我也学他的办法,到南方区游说各路诸侯。"对"四个伟大",毛泽东说:"八届十一中全会提了三个副词(即"天才的、创造性、全面地"三个副词),当时兵荒马乱,那时需要嘛。九大后就不同了,要团结起来,争取更大的胜利。现在就要降温。到处挂像,日晒雨淋,可怜噢!还有那个'伟大'。我就有四个'伟大',你们就一个也没有啊！伟大的导师，就是一个教员嘛，当然导师比教员高明一点。九大党章草案上那三个副词，我就圈去了。九大党章已定了，你们为什么不翻开看看。"在谈到"万岁"时，毛泽东说："'万岁'，英文翻译为LONG LIVE，是长寿的意思，对年轻人可喊，对年纪大的人就不要喊了。"①

"九一三事件"后，毛泽东在接见中央军委办公会议成员时说：林彪打着红旗反红旗，实际上是树他的。讲我是毛主席，我听了很舒服，因为我姓毛，我是主席。讲"四个伟大"，我听了很不舒服。这个问题同林彪讲了很多次，他就是不听。"顶峰"问题，1966年7月我就同林彪打过招呼，他就是不听，还是那样写。对林彪鼓吹的"四个伟大""天才论"等"造神"运动和"政变论"，毛泽东是十分担心十分警惕的。他后来还说：我同林彪谈过，他有些话谈得不妥嘛！譬如说，全世界几百年、中国几千年才出现一个天才，不符合事实嘛！……什么"顶峰"啦，"一句顶一万句"啦，你说过头了嘛。他还说到，什么"大树特树"，名曰树我，不知树谁人，说穿了是树他自己。他曾公开对"林彪集团"1970年在庐山召开的中共九届二中全会上坚持设国家主席的事情给予批评：一句就是一句，怎么能顶一万句？不设国家主席，我不当国家主席，我讲了六次，一次就算讲了一句吧，就是六万句，他们都听不进嘛，半句也不顶，等于零。②

1966年6月10日，毛泽东接见越南劳动党主席胡志明时，就特别叮嘱说：我劝你，你们的人不是都忠诚于你的。忠诚的可能是大多数，但小部分可能是只在口头上叫你"万岁"，他叫你"万岁"时，要注意，要分析，越是捧你的，越靠不住。这是很自然的规律。一个党不分裂？没有那回事。一切事物都是一分为二。

这年7月，毛泽东在给江青的信中，也忧心忡忡地写道："我历来不相信，我那几本小书，有那样大的神通。现在经他一吹，全党全国都吹起来了，真是王婆卖瓜，自卖自夸。我是被他们逼上梁山的，看来不同意他们

① 魏文明整理：《汪东兴回忆毛泽东1971年的南巡活动》，《中共党史研究》1998年第1期。
② 林克：《我所知道的毛泽东》，中央文献出版社2000年版，第34、40页。

不行了。在重大问题上，违心地同意别人，在我一生还是第一次，叫做不以人的意志为转移吧……我曾举了后汉人李固写给黄琼信中的几句话：峣峣者易折，皦皦者易污。阳春白雪，和者盖寡。盛名之下，其实难副。这后两句，正是指我。我曾在政治局常委会上读过这几句。人贵有自知之明。今年四月杭州会议，我表示了对于朋友们那样提法的不同意见。可是有什么用呢！他到北京五月会议上还是那样讲，报刊上更加讲得很凶，简直吹得神乎其神。这样，我就只好上梁山了。我猜他们的本意，为了打鬼，借助钟馗。我就在二十世纪六十年代当了共产党的钟馗了。事物总是要走向反面的，吹得越高，跌得越重。我是准备跌得粉碎的。那也没有什么要紧，物质不灭，不过粉碎罢了。"

毛泽东是一个有自知之明的人，从来不认为自己"一贯正确"。1959年9月，他在一次会议上说："人非圣贤，岂能无过？"我也是一个甚为不足的人。有些时候，我自己也不喜欢自己。马克思主义各部门学问，没有学好。外国文，没有学通。经济工作，刚刚开始学，不死不休。对于这些，我也要改，也要进取。那时，见马克思的时候，我心情就会舒畅一些了。1961年，毛泽东与卫士张仙朋聊天谈起自己的志愿时，深有感触地说："我这个人啊，好处占百分之七十，坏处占百分之三十，就很满足了。我不隐瞒自己的观点，我就是这样一个人，我不是圣人。"1962年"七千人大会"期间，当毛泽东在书面报告起草委员会上谈到错误责任的时候，邓小平插话说：我们到主席那儿去，主席说，你们的报告，把我写成圣人。圣人是没有的。缺点、错误都有，只是占多占少的问题，不怕讲我的缺点。革命不是陈独秀、王明搞的，是我和大家一起搞的。[1]1971年11月，毛泽东在接见武汉地区党政军领导人时说，中国的第一圣人不是孔子，也不是我，我算一个贤人，是圣人的学生。[2]

① 薄一波：《若干重大决策与事件的回顾》（下卷），中共中央党校出版社1993年版，第1026页。

② 张素华等主编：《说不尽的毛泽东》（下卷），中央文献出版社、辽宁人民出版社1992年版，第79页。

1977年5月24日，邓小平在一次谈话中回忆毛泽东对自己的评价时说："毛泽东同志说，他自己也犯过错误。一个人讲的每句话都对，一个人绝对正确，没有这回事情。他说：一个人能够'三七开'就很好了，很不错了；我死了，如果后人能够给我以'三七开'的估计，我就很高兴，很满意了。"①

①《邓小平文选》第二卷，人民出版社1994年版，第38页。

许多同志为革命流血牺牲，应该纪念的是他们，为一个人祝寿太不合情理

我们知道，毛泽东出生于1893年，生日是12月26日。但毛泽东一辈子几乎没有过个像样的生日，从未为自己做寿。

1943年4月初，时任中宣部副部长的凯丰为庆祝毛泽东五十大寿，制订了宣传计划，宣传毛泽东的生平伟业和毛泽东思想。毛泽东审阅后，于4月22日致信凯丰，说："生日决定不做。做生日的太多了，会生出不良影响。目前是内外困难的时候，时机不好。"一年后的4月30日，毛泽东请客人吃饭。席间，续范亭先生问起毛泽东的年岁和生日，毛泽东如实地告诉了他。续范亭一算，毛泽东的五十大寿去年已过，延安各界竟然没有什么举动？甚感遗憾，便当场即兴赋诗赠毛泽东："半百年华不知老，先生诞日人不晓。黄龙痛饮炮千鸣，好与先生祝寿考。"毛泽东阅后，一笑了之。

1947年11月22日，转战陕北的毛泽东带领"九支队"抵达陕北米脂县杨家沟，代号改为"亚洲部"。因为生活条件有所改善，毛泽东要胡乔木组织警卫战士抓紧时间学习文化。12月25日至28日，中共中央召开杨家沟会议。会议通过了毛泽东《目前形势和我们的任务》的报告和他亲自撰写的《关于目前国际形势的几点估计》。会议期间，毛泽东身边工作人员想给毛泽东54岁生日做寿。毛泽东坚决不答应，说了三条理由：一是战争时期，许多同志为革命流血牺牲，应该纪念的是他们，为一个人祝寿太不合情理；二是部队和群众都缺少粮食吃，搞庆祝活动会造成浪费，脱离群众；三是我才50多岁，往后的日子长着哩，更不用做寿。做寿是不会使人长寿的。

毛泽东不仅反对国内、党内或身边工作人员为他祝寿，还指示外国领导人和国际领导人发来的祝寿贺电一律不准发表。1950年12月25日，斯大林发来祝贺毛泽东57岁寿辰的电报，毛泽东阅后批示外交部："此类来电均应复电致谢，但来往电均不要发表。"1952年12月29日，毛泽东在朝鲜驻华大使权五稷祝贺他生日的电报上批示："此件亦应复函致谢。来往电函，一律不得发表。"①

1953年8月，在全国财经工作会议上，毛泽东再次向全党强调："一不做寿；二不送礼；三要少敬酒；四要少拍巴掌；五不要以人名为地名；六不要把中国同志与马、恩、列、斯平列。"他说："做寿不会使人长寿。主要是把工作做好。"这年12月26日，是毛泽东六十大寿，身边工作人员瞒着他，悄悄地给准备了一桌饭，总共六个菜，让他和大家一起过了一个生日。

1963年12月26日，是毛泽东七十大寿。他身边的工作人员和警卫战士提出给毛泽东做一次寿，毛泽东知道后，语重心长地说："大家都不做寿！这个封建旧习惯要改革。你知道，做一次寿，这个寿星就长一岁，其实就是少了一岁，不如让他偷偷地走过去，到了八九十岁时，自己还没发觉……这多好呀！"说完，毛泽东看看大家一脸遗憾的样子，自己独自笑了起来。

1973年12月26日，是毛泽东八十大寿。世界100多个国家的元首、政府首脑或政党领导人，纷纷向毛泽东致贺电、贺信，有的还送来了贺礼。毛泽东依然按照自己制定的规则办事，要求国内的报刊、电台和电视台不准宣传和报道。八十大寿也就这样不声不响地过去了。

---

① 《毛泽东建国以来文稿》第三册，中央文献出版社1998年版，第677页。

我准备了好多次了，就是不死，有什么办法

中国人都相信命运，大难不死，必有后福。在那些最难以置信的故事中，某些恰巧就是真实的。毛泽东的一生身经百战，历尽艰险，可谓九死一生，但从枪林弹雨中走来的他，却从来没有受过一次伤，子弹、炸弹、炮弹好像长了眼睛一样，就不敢沾他的边儿。这真是一件令人奇怪的事情，就连毛泽东自己也觉得纳闷和奇怪。1965年1月，他跟美国记者埃德加·斯诺说："奇怪的是，至今死亡总是放过了我。我准备了好多次了，就是不死，有什么办法！多少次好像快死了，包括你说的战争中的危险，把我身边的卫士炸死，血溅到我的身上，可是炸弹就是没打到我。""在长征路上也有一次，过了大渡河，遇上飞机轰炸，把我的卫士长炸死，这次血没有溅到我身上。"①

伟大的统帅似乎格外受到命运的青睐，就是连死神也不敢靠近他，躲得远远的。像毛泽东一样有着如此传奇经历的人，还有一个美国总统华盛顿。诚如斯诺所说："毛泽东有能够从死里逃生、大难不死的传说。南京曾经一再宣告他死了，可是没有几天以后，报上的新闻栏又出现了他的消息，而且活跃如昔。国民党也曾经好几次正式宣布'击毙'并埋葬了朱德，有时还得到有'千里眼'的传教士的旁证。尽管如此，这两个著名人物多次遭难，可并不妨碍他们参与许多次惊人壮举，其中包括长征。说真的，当我访问红色中国的时候，报上正盛传毛泽东的又一次死讯，但我却看到他活得好好的。不过，关于他的死里逃生、大难不死的传说，看来是有一

①《毛泽东外交文选》，中央文献出版社、世界知识出版社1994年版，第549页。

些根据的，那就是，他虽身经百战，有一次还被敌军俘获而逃脱，有世界上最高的赏格缉拿他的首级，可是在这许多年头里，他从来没有受过一次伤。"

1925年8月，毛泽东在家乡组织农民开展"平粜阻禁"谷米斗争。28日，湖南省长赵恒惕接到土豪成胥生的密报，立即电令湘潭团防局派人逮捕毛泽东。据当年雪耻会会员郭运泉回忆：县议员、开明绅士郭麓宾"在县长办公桌上看到了赵恒惕的密电，上面写着'立即逮捕毛泽东，就地正法'。他看后退出县长办公室，写信交给侄郭士逵（在此县当炊事员），叫他连夜送给毛主席。主席拆开信看，我也在旁边看，信上写着'泽东兄，事急，省里密电拿你，务希在今晚离开韶山'"。毛泽民夫人王淑兰回忆说："那天下午，泽东同志在谭家冲开会，县里郭麓宾派人送信到家里，派来的人是竹山湾张满姑的崽，姓郭。送来信后，家里就派人去谭家冲喊了他。他接到信，又用开水泡点饭吃，轿子是我给他请的。泽东同志先给他们讲好，抬的谁？抬的郎中。送轿子的人，只一天一夜就回来了。团防局隔了几天才来捉泽东同志，因泽东同志没在家，只开了些钱就了事。"毛泽东在湘潭、韶山党组织和群众的帮助下，离开韶山，去了长沙。

其实，这次还不算什么太大的危险，浏阳遇险才真是死里逃生。1936年，毛泽东在陕北保安曾亲口将1927年秋收起义之前的一次被捕历险告诉了斯诺。他说："当我正在组织军队而仆仆往返于安源矿工及农民自卫军之间时，我被几个民团捕获。那时常有大批'赤化'嫌疑犯被枪毙。他们命令将我解到民团总部，要在那里杀死我。不过，我曾向一个同志借了几十块钱，我想用它贿赂护送兵来放掉我。那些士兵都是雇佣的兵，他们并没有特殊的兴趣看我被杀，所以他们同意释放我。但是那个解送我的副官不肯答应，因此我决定还是逃走，但是一直到我距民团总部二百码的地方才有机会。在这个地点，我挣脱了，跑到田野里去。我逃到一块高地，在一个池塘的上面，四周都是很长的草，我就躲在那里一直到日落。士兵们追赶我并且强迫几个农民一同搜寻。好几次，他们走到非常近的地方，有一两次近得我几乎可以碰到他们，可是不知怎样地没有发现我，虽然有七八次我抛却希望，觉得一定再要被捕了。最后，到了薄暮的时候，他们不搜寻了。我立即爬越山岭，走了整夜。我没有鞋子，我的脚伤得很厉害。在路上我碰到一个农民，他和我很要好，给我住宿，随后又领我到邻县去。我身上还有七块钱，拿它来买了一双鞋子、一把伞和食物。当我最后安抵农民自卫军的时候，我的衣袋中只有两个铜元了。"①

在井冈山根据地的时候，毛泽东也曾遭遇敌人的突袭。那是1929年1月，在赣南寻乌县一个名叫圳下的小山村。毛泽东、朱德率领红四军在大余战斗中失败后，一直被敌刘士毅部紧追不放。这天早晨天刚蒙蒙亮，敌人就包围了上来，枪声大作，乱作一团。担任后卫的第二十八团团长林彪拉起队伍就走，毛泽东、朱德等军直机关被甩在了后面，只有一个后卫营掩护，但终因寡不敌众且被分割包围，情况十分危急。毛泽东、朱德、陈毅只得各自带队突围。后面追上来的敌人一把抓住了陈毅的大衣，他急中生智顺势将大衣向后脱出罩住了敌人的脑袋，乘机脱身。冲出危险区后，毛泽东和军部人员会合，饿得只好向曾志"讨饭吃"。在这次战斗中，朱德的妻子伍若兰被捕后壮烈就义，毛泽东的弟弟毛泽覃腿部中弹。

毛泽东跟斯诺所说长征路上的那一次遭遇，发生在化林坪。当时，红军正在翻越一座大山，山路狭窄，人多拥挤，行军缓慢。当毛泽东行走到半山腰一段开阔地的时候，遭遇了敌机的突然轰炸。一颗炸弹恰好落在了毛泽东的身边。警卫班长胡长保眼疾手快，一把将毛泽东推到一边，自己却倒在了血泊中，壮烈牺牲。毛泽东为此惋惜不已。斯诺后来回忆说："毛泽东在我的印象中是一个有相当深邃感情的人。我记得有一两次当他讲到已死的同志或回忆到少年时代湖南由于饥荒引起的大米暴动中发生死人事件的时候，他的眼睛是润湿的。在那次暴动中他的省里有几个饥饿的农民因到衙门要粮而被砍了头。有一个战士告诉我，他曾经亲眼看到毛泽东把自己的上衣脱下来给一位在前线受伤的弟兄穿。他们又说当红军战士没有鞋穿的时候，他也不愿意穿鞋的。"

①埃德加·斯诺录，汪衡译，丁晓平编校：《毛泽东自传》，中国青年出版社2009年版，第75—76页。

毛泽东一生遇险数十次，每一次都化险为夷，死里逃生。

1948年5月18日，在河北阜平县城南庄因潜伏特务和叛徒勾结，而遭遇的"定位"轰炸，更是惊心动魄。这天早上，城南庄北边山顶上的防空警报突然响了。国民党的三架侦察机从城南庄上空盘旋两圈后，朝保定方向飞去。而毛泽东所住的华北军区大院就建在村庄的东边空旷之处，一排整齐的平房非常惹眼，距离防空洞有30多米。因为毛泽东是"夜猫子"，凌晨吃了两片安眠药才睡下。叫不叫醒他呢？卫士长李银桥和警卫排长阎长林不知怎么办才好。他们就去请示江青，大家一商量，就决定暂不叫醒，但随时拿着担架在门口守候，一旦警报再响，就冲进去抬上毛泽东跑进防空洞。8点钟左右，敌机真的来了。他们赶紧冲进毛泽东的卧室："主席，主席，有情况！"

"哪个？"睡得正香的毛泽东被惊醒，惺惺忪忪地问道。阎长林不容分说地把毛泽东扶起来，李银桥也抓起棉衣给毛泽东披上。这时，毛泽东清醒了，终于明白了眼前发生的事情。可是他竟然不紧不慢地说："给我拿烟来。"李银桥急得忍不住大叫起来："主席，来不及了！"阎长林也是直跺脚，说："刚才敌人的侦察机来了，这次来的是轰炸机，一来就要丢炸弹，跑不及了！"毛泽东皱着眉头淡然地说："丢炸弹有什么了不起？先让我点一支烟。"

"快！快！快！"江青上气不接下气地冲进来，在门口喊道："飞机来了！飞机来了！"这时，聂荣臻、陈伯达等人也都跑进院子大喊起来。情况万分危急！李银桥和阎长林等四名卫士不管三七二十一将手插进毛泽东的腋窝，搀扶着他向防空洞跑去。说时迟那时快，刚出门，头上就传来了一阵炮弹的尖啸，瞬间脚下土地发生了巨大的震颤，只听一声闷响，三颗捆在一起的炸弹落在了房前，伸手可及！李银桥感到冷汗唰地一下冒了出来，四个人不约而同地喊了一声"快跑"，几乎是抬着毛泽东冲向了防空洞。

卫士们步伐越急切，毛泽东却大喊着："放开，我不要跑了。"等他们跑出大门，只听后面"轰隆隆"一阵巨响，炸弹在院子中间爆炸了，只见黑烟滚滚，弥漫了整个院落，升向天空。这时，大家都催促毛泽东赶紧躲进防空洞里去，他站在洞门口平静地说："不要紧了，它轰炸的目标是房子，我们离开房子就安全了，还慌什么？给我点支烟，我还没吸烟呢！"

事后，李银桥去现场看了，发现落在毛泽东房门前的那三颗炸弹并没有爆炸，而是后来投的几枚炸弹都炸了。毛泽东的卧室里飞进了不少齿状弹片，桌子、椅子、床都堆满了厚厚的尘土和瓦片，两个暖水瓶也打碎了，水流了一地，后果真是不堪设想。

面对死亡，毛泽东从容不迫、谈笑风生，置生死于度外。其态度其境界其精神，不是传说，胜似传说。面对大难不死的毛泽东，斯诺感慨万分地说："任何曾和他作过几小时会谈的人都可以看出：毛，这个年迈的战士，深知自己不可能长生不死，并且将来便要弃下这座未完的大厦而去，而他只是这座大厦奠下了基石而已。"回首革命，回首许许多多曾经与自己一道同生共死的革命战友，晚年毛泽东饱含深情地说："我们现在存在的这些老同志，是幸存者，偶然存在下来的。那个时候人可多啦，现在存在的就不那么多了，经过战争有很大的牺牲，老人存下的就不多了。那叫做'一不怕苦，二不怕死'。"[1]

"战地黄花分外香"。1965年，毛泽东故地重游，重回井冈山，作词《念奴娇》，曰："犹记当时烽火里，九死一生如昨。"

---

[1]《建国以来毛泽东文稿》第十三册，中央文献出版社1998年版，第40页。

毛泽东死了，我们大家来庆祝辩证法的胜利

生与死是人生的一件大事情。什么是生？什么是死？怎么看待生与死的关系？如何评价生与死的意义？这就是生死观。古今中外，既有悦生恶死、重生哀死之说，也有恶生悦死之说。毛泽东的生死观是什么呢？

在毛泽东看来，"凡是历史上发生的东西，总是要消亡的。世界上的事物没有不是历史上发生的，既有生就有死。"[1]他在读苏联《政治经济学》教科书的谈话中曾经说过，人从生到死的整个过程，经过童年、少年、青年、壮年到老年这样不同的阶段。人从生到死是一个量变的过程，同时也是不断地进行部分质变的过程。难道能够说，从小到大，从大到老只有量的增加，没有质的变化？人的机体里，细胞不断地分裂，不断有旧细胞死亡，新的细胞生长，人死了就达到整个的质变。这个质变是通过以往的不断的量变，通过量变中的不断的部分质变而完成的。毛泽东的这段论述，也就是说"人们由生到死，这是自然规律"。[2]

1953年6月，毛泽东在一次谈话中说："老年人有经验，当然强，但生理机能在逐渐退化，眼睛耳朵不那么灵了，手脚也不如年青人敏捷。这是自然规律。"不管人们如何真诚地祝福毛泽东"万寿无疆"，但毛泽东清醒地知道生老病死这是自然规律，谁也无法抗拒。如果说，人们能抗拒死亡，"那不是跟宗教教义一样，跟宣传上帝不灭亡的神学一样？"1971年，78岁的毛泽东头发花白，因感冒引起支气管炎，患了"大叶性肺炎"；1972年，因劳累过度，突然休克，经抢救才脱离危险；1974年，又患了

---

① 王恕焕：《梅花欢喜漫天雪》，中原农民出版社1993年版，第108页。
② 《建国以来毛泽东文稿》第六册，中央文献出版社1998年版，第110页。

"老年性白内障"，经受了长达600个昼夜失明的痛苦；1976年1月，周恩来逝世，他侧卧在床，吃力地说："我也走不动了！"表达了自己不能前往参加追悼会的痛苦。生死无情，毛泽东批判地吸取了中国道家对死的自然观思想，坚持了彻底唯物主义的超然态度。

1964年，毛泽东在与科学家们的一次谈话中，以辩证法的观点阐述了自己对生死的看法。他说："一切个别的、特殊的东西，都有它产生、发展和死亡。每个人都要死，因为他是产生出来的。人必有死，张三是人，张三必死。我们见不到两千年前的孔夫子，因为他一定要死。人类也是产生出来的，因此，人类也会灭亡。地球是产生出来的，地球也会灭亡。不过我们说人类灭亡、地球灭亡，和基督教讲的世界末日不一样。我们说的是人类、地球灭亡，是有比人类更进步的东西来代替人类，是事物发展到更高阶段。"①

1964年8月18日，毛泽东在《关于哲学问题的讲话》中说："一个消灭一个，发生、发展、消灭，任何东西都是如此。不是让人家消灭，就是自己灭亡。人为什么要死？贵族也死，这是自然规律。森林寿命比人长，也不过几千年。没有死，那还了得。如果今天还能看到孔夫子，地球上的人就装不下去了，我赞成庄子的办法。庄子老婆死了，鼓盆而歌。死了人应当开庆祝会，庆祝辩证法的胜利，庆祝旧事物的灭亡。"而早在1958年5月，毛泽东在中共八大二次会议上专门就中国"红白喜事"的风俗讲了生与死的辩证法问题。他说：中国人把结婚叫红喜事，死人叫白喜事，合起来叫红白喜事，我看很有道理。中国人是懂得辩证法的。结婚可以生小孩，母体分裂出孩子来，是个突变，是个喜事。至于死，老百姓也叫喜事。一方面开追悼会，哭鼻子，要送葬，人之常情；另一方面是喜事，也确实是喜事。你们设想，如果孔夫子还在，也在怀仁堂开会，他两千多岁了，就很不妙。

生与死是对立统一的。物极必反。马克思说："辩证法是死，但同时也是精神花园中欣欣向荣、百花盛开景象的体现者"。②毛泽东说："辩证法

---

① 周培源：《毛主席的伟大旗帜是科学的旗帜》，《光明日报》1978年9月10日。
② 《马克思恩格斯全集》第40卷，人民出版社1982年版，第145页。

的生命力是不断走向反面。"他在《为人民服务》中指出:"人总是要死的,但死的意义有不同。中国古时候有个文学家叫做司马迁的说过:'人固有一死,或重于泰山,或轻于鸿毛',为人民利益而死,就比泰山还重;替法西斯卖力,替剥削人民和压迫人民的人去死,就比鸿毛还轻。"他还说:"要奋斗就会有牺牲,死人的事是经常发生的。但是我们想到人民的利益,想到大多数人民的痛苦,我们为人民而死,就是死得其所。"毛泽东崇尚一切为真理、为正义、为民族、为国家、为人民而牺牲的英烈。他在读《新唐书·徐有功传》时,看到"臣闻鹿走山林而命系庖厨者,势固自然。陛下以法官用臣,臣守正行,必坐死矣"。徐有功是一位不媚权贵的清官,他在一次被弹劾罢官后又被武则天起用时,写了这样一份奏折。意思是说:我听说生活在山林的麋鹿,很难逃脱被猎杀,最终它的性命都在厨房的厨师手中,这是自然的现象。今天陛下任命我为法官,我守法护法,行正道,结果必像山林的麋鹿一样,必死于非命啊。毛泽东看完后,深深被徐有功向死而生的正气所打动,十分动情地写下了这样一段批语:"'命系庖厨',何足惜哉,此言不当。岳飞、文天祥、曾静、戴名世、瞿秋白、方志敏、邓演达、杨虎城、闻一多诸辈,以身殉职,不亦伟乎。"他不同意徐有功的悲观,认为其为护法而死是伟大的,并一口气写下九位古今英雄人物的名字,推崇他们"以身殉志",是"死得其所",死得无上光荣无比伟大。他称赞张思德"为人民利益而死,他是死比泰山还重";他为15岁的烈士刘胡兰的题词是"生的伟大,死的光荣";他为"四八"遇难烈士题词"为人民而死,虽死犹荣"。

1959年3月13日,毛泽东在武汉东湖宾馆会见美国记者安娜·路易斯·斯特朗时说:"我已66岁了,可能会病死,也可能乘飞机遇难,或是被蒋的某些特务分子暗杀。然而,怕死是没有用的。怕死不能制止死亡,只能导致死亡。我并不希望死,我希望亲眼看到帝国主义的末日。但是,如果我不得不死,我也不害怕。"战争年代,毛泽东九死一生,他确实不怕死,但死神却也总是躲得远远的。

1964年4月15日,毛泽东在接见阿尔及利亚文化代表团时,说:"前一阵子，帝国主义说中国要崩溃了，现在不大讲了。看样子中国还没有崩溃。我这个人倒是要崩溃了，快要见马克思了。我们的医生就是不能保证我还能活几年。这是客观规律，人总是要死亡的。是辩证法。"

毛泽东多次笑谈生死，坦然对待生死，给身边工作人员留下了深刻印象。20世纪70年代，特别是1971年"九一三事件"之后，毛泽东的身体状况愈来愈差，多种疾病接踵而来。在病魔缠身的最后几年，毛泽东曾多次对身边的工作人员讲过："人哪有长生不死的？古代帝王都想尽办法去找长生不老、长生不死之药，最后还是死了。在自然规律的生与死面前，皇帝与贫民都是平等的。""不但没有长生不老，连长生不死也不可能。有生必有死，生、老、病、死，新陈代谢，这是辩证法的规律。人如果都不死，孔夫子现在还活着，该有两千五百岁了吧？那世界该成个什么样子了呢？"

1972年2月12日凌晨，毛泽东由于肺心病在心律失常情况下严重缺氧，突然休克了。经医务人员紧张抢救，他慢慢地睁开了双眼，平静地对身边的工作人员说："我好像睡了一觉。"经过这次重病以后，毛泽东的健康状况再也没有得到恢复。他大多数时间躺在床上，随时需要吸氧。有一次他要睡又躺不下去，感到憋气。身边工作人员都着急得流泪了。他还跟工作人员开玩笑说："不要着急，我死不了。你们不就怕我死吗？我要是见了马克思，马克思会讲你不要这么早来，会叫我回去，你这个国家钢和粮食还很少，不要这么早来。"

毛泽东曾对护士长吴旭君说过："我死了可以开个庆祝会。你就上台去讲话。你就讲，今天我们这个大会是个胜利的大会，毛泽东死了，我们大家来庆祝辩证法的胜利，他死得好。人如果不死，从孔夫子到现在，地球就装不下了。新陈代谢嘛，'沉舟侧畔千帆过，病树前头万木春'。这是事物发展的规律。"在病中，毛泽东还多次与身边工作人员谈到死后的事情。他说："我在世时吃的鱼多，我死后把我扔到大海里喂鱼吧。你们就对鱼说：'鱼儿呀！毛泽东向你们赔不是来了，他生前吃你们，现在你们吃他吧，你们吃肥了好去为人民服务。'这叫物质不灭定律。"

不要认为世界上只有自己行，别人什么都不行

1957年11月17日，毛泽东在第二次访问苏联时，抽空看望了在苏联学习的中国留学生。在莫斯科大学礼堂，毛泽东受到了3500多名留学生的欢迎，并发表了讲话。开门见山，毛泽东就说："世界是你们的！也是我们的。但是归根结底是你们的。你们青年人朝气蓬勃，正在兴旺时期，好像早晨八九点钟的太阳。希望寄托在你们身上。"

毛泽东一贯重视培养年轻人，特别是赫鲁晓夫在斯大林逝世后全盘否定斯大林的做法，让他对培养接班人的问题进行了更加深入的思考。毛泽东忧虑中国共产党人开创的事业后继无人，担心人亡政息、国家变色。尤其是20世纪五六十年代美国国务卿杜勒斯提出了对社会主义国家的"和平演变"战略，把"和平演变"的希望放在中国第三、第四代青年身上以后，毛泽东的担心更加紧迫了。他说，一定要使帝国主义的这种预言彻底破产。20世纪50年代中期，他在成都会议和中共八届二中全会上，曾经列举中外历史上许多出身寒微而建树甚多的青年人，如战国时期的甘罗、西汉的贾谊、晋朝的王弼、唐朝的王勃和李贺、宋朝的岳飞、明朝的夏完淳等等，说明培养、选拔、使用年轻人的重要性，说明继往开来靠的是青年，未来属于青年，青年是国家、民族的希望所在。

寂寞身后事，千秋万岁名。培养革命事业的合格接班人，毛泽东把它作为防止"和平演变"的"百年大计、千年大计和万年大计"。1964年3月24日，毛泽东在一次谈话中还专门提到必须提拔年轻干部。他以三国时著名人物为例说：赤壁之战，群英会，诸葛亮那时是27岁，孙权也是27岁。孙策干事时才十七八岁。周瑜死时才不过36岁，那时也不过30岁左右。

鲁肃40岁，曹操53岁。事实上，年轻人打败了老年人。在这年6月8日举行的中央工作会议上，毛泽东就东北局书记宋任穷汇报辽宁一个农村大队支部书记培养接班人的做法时说：宋任穷写的报告，很值得注意，那个支部书记说要注意后事，注意培养提拔年轻人，这个材料要发到各县、各社、各队去。你不注意培养后代怎么行？天有不测风云，人有旦夕祸福。不能一个死了，就没人管事了，要准备几线。①

其实，关于接班人的问题，毛泽东早在1953年年底就提出中央领导班子建立一线、二线的设想：中央日常事务由处于一线的年富力强的领导同志，如刘少奇、周恩来、邓小平等处理，毛泽东、朱德等退居二线，考虑大政方针而不参与具体事务的处理。他甚至设想，在适当的时候退下来当个名誉主席。1956年9月13日，在中共七届七中全会第三次会议上，毛泽东就中央增设副主席和总书记一事发表了讲话，并提出自己准备退休当名誉主席。他说：

"党章上现在准备修改，叫作'设副主席若干人'。首先倡议设四位副主席的是少奇同志。一个主席，一个副主席，少奇同志感到孤单，我也感到孤单。一个主席，又有四个副主席，还有一个总书记，我这个'防风林'就有几道。'天有不测风云，人有旦夕祸福'，这样就比较好办。除非一个原子弹下来，我们几个恰恰在一堆，那就要另外选举了。如果个别受损害，或者因病，或者因故，要提前见马克思，那末总还有人顶着，我们这个国家也不会受影响。不像苏联那样斯大林一死就不得下地了。我们就要预备那一手。同时，多几个人，工作上也有好处。设总书记完全有必要。我说我们这些人，包括我一个，总司令一个，少奇同志半个（不包括恩来同志、陈云同志跟邓小平同志，他们是少壮派），就是做跑龙套工作的，我们不能登台演主角，没有那个资格了，只能维持维持，帮助帮助，起这么一个作用。你们不要以为我现在在打退堂鼓，想不干事了，的确是身体、年龄、精力各方面都不如别人了。我是属于现状维持派，靠老资格吃

① 薄一波：《若干重大决策与事件的回顾》（下卷），中共中央党校出版社1993年版，第1154—1156页。

饭。老资格也有好处，因为他资格老。但是能力就不行了，比如写文章，登台演说，就不行了。同志们也很关心我们这些人，说工作堆多了恐怕不好。这种舆论是正确的。那末，什么人当主席、副主席呢？就是原来书记处的几个同志。这并不是说别的同志不可以当主席、副主席，同志们也可以另外提名，但是按照习惯，暂时就是一个主席、四个副主席。我是准备了的，就是到适当的时候就不当主席了，请求同志委我一个名誉主席。名誉主席是不是不干事呢？照样干事，只要能够干的都干。"①

1956年9月，在中共八大期间，毛泽东在接见与会的南斯拉夫共产主义同盟代表团时说：我已不是一个好的加工厂了，旧了，要改良，要重新装备，像英国的工厂需要改装一样。"我老了，不能唱主角了，只能跑龙套。你们看，这次党代表大会上我就是跑龙套，而唱戏的是刘少奇、周恩来、邓小平等同志。"②

1957年4月30日，毛泽东邀集各民主党派负责人商谈帮助共产党整风时，又对他们讲到自己想辞去国家主席。事后，陈叔通和黄炎培联名写信给刘少奇和周恩来，力陈不赞成毛泽东辞去国家主席。毛泽东把这封信批给中央政治局同志传阅，他在批语中说，他要从1958年起摆脱国家主席职务，以便集中精力研究一些重要问题。5月8日，中共中央政治局专门召开会议，讨论了陈、黄的信和毛泽东的批语，一致同意毛泽东的意见。随后，经中央充分酝酿，1958年12月在中共八届六中全会上才作出决定。

在这次全会上，毛泽东再次对辞去国家主席一事作出说明。他说：人要随时准备后事，人生自古皆有死。尽说丧气话，不好听，形式逻辑，张三是人，张三要死，你是人，你不死？你要准备着，个别人总是要死的，整个人类要发展。两种可能性都说，没有坏处。吴老（即吴玉章）、董老（即董必武）、徐老（即徐特立），你们准不准备死？我也是你们队伍里的人。我还想干几年，还想看一下，多搞点钢，最好超英、赶美，好去报告马克思。我是不愿意死的，但要死就拉倒。一条自己不愿死，争取活下

①《毛泽东文集》第七卷，人民出版社1999年版，第110—111页。
②《毛泽东外交文选》，中央文献出版社、世界知识出版社1994年版，第261页。

去；第二条，死就拉倒，你要死，我有什么办法。这有点阿Q味道，但是，没有阿Q他不好活。他还指出：辞去国家主席，是为了积极奋斗，而不是临阵退却。群众中可能有很多人不赞成，要预料到。宣传工作做得不好，可能使我们处于被动，犯错误。

1959年4月，第二届全国人民代表大会改选刘少奇担任国家主席。刘少奇地位的上升，也就是向全党全国说明刘少奇是毛泽东的接班人。这个时候的毛泽东，重上井冈山，视察黄河，他还立下宏愿要游黄河、游长江，要骑马沿黄河走一趟；他还说过"当主席太复杂，麻烦人，我是想退下来当个大学教授"；但他终究脱不开身，一直未能如愿。

1964年6月16日，毛泽东在十三陵水库召开的中央政治局常委和大区第一书记会议上，在讲了军事和打仗问题之后，再次谈到要重视培养革命事业的接班人问题和"和平演变"问题。他说：帝国主义说我们第一代、第二代没有希望，第三代、第四代，有希望，帝国主义这话讲的灵不灵？我不希望灵，但也有可能。像赫鲁晓夫，列宁、斯大林希望吗？还不是出了！关于培养接班人问题，中央局、省、地、县到支部，都要搞几层接班人。不要认为世界上只有自己行，别人什么都不行，如果世界上没有自己，地球就不转了，党也没有了，自己死了无办法了。死了张屠夫，就吃活毛猪？什么人死了也不要怕。说什么死了一个人是很大损失，我就不相信。你看嘛，马克思、恩格斯、列宁、斯大林不是死了吗？各有各的死法的。敌人打死，飞机摔死，游水淹死，枪打死，包括原子弹炸死，细菌钻死，不钻也老死。要准备随时离开自己的岗位，随时准备接班人，要三线接班人，一二三把手。①

对培养革命事业接班人，毛泽东提出了"五个条件"，即：第一必须是真正的马克思列宁主义者；第二必须是全心全意为中国和世界的绝大多数人服务的革命者；第三必须是能够团结绝大多数人一道工作的无产阶级政治家；第四必须是党的民主集中制的模范执行者；第五必须谦虚谨慎，

---

① 薄一波：《若干重大决策与事件的回顾》（下卷），中共中央党校出版社1993年版，第1159—1160页。

戒骄戒躁，富于自我批评精神，勇于改正自己工作中的缺点和错误。毛泽东还强调：总之，这是关系我们党和国家命运的生死存亡的极其重大的问题。这是无产阶级革命事业的百年大计，千年大计，万年大计。[①]

但是从1962年到1965年，毛泽东和刘少奇在一些政治路线问题和意识形态问题上发生了意见分歧，比如：毛泽东《炮打司令部》中说"1962年的右倾和1964年的形'左'实右"，指的就是刘少奇；1962年的"七千人大会"上，刘少奇说造成经济困难的主要原因是"三分天灾七分人祸"，间接批评毛泽东有骄傲自满情绪，引起毛泽东不悦；还有1964年年底在制定《农村社会主义教育运动中目前提出的一些问题》（简称"二十三条"）时，刘少奇不同意"运动的重点是整党内走资本主义道路当权派"的提法，农村主要矛盾是"四清"和"四不清"，为毛泽东所不满。尽管他们之间有了分歧和矛盾，但矛盾并没有公开化。1966年9月14日，刘少奇不得不在中央工作会议上作出书面检讨，毛泽东给予了充分肯定。1967年1月13日，他还派专车请刘少奇来家中做客，谈心。同时，他还在中共中央政治局会议上提出要保留刘少奇在九大任中央委员的位置。但到了1968年9月，毛泽东在看了江青、康生、谢富治等人搞的诬陷刘少奇是所谓的"叛徒、内奸、工贼"的材料后，"打倒"了刘少奇。后来"四人帮"、林彪对刘少奇的迫害和侮辱，身在红墙内的毛泽东就不知道也无法控制了。

刘少奇被"打倒"以后，1969年的中共九大，竟然破天荒地将林彪作为"毛泽东同志的亲密战友和接班人"写进党章。而急于掌权的林彪利令智昏，一方面不顾毛泽东不设国家主席的建议，力主设国家主席；另一方面又通过陈伯达鼓吹"天才论"，意欲夺权。毛泽东很快洞悉其奸，予以批驳，首先拿陈伯达开刀，在全党开展批陈整风，以"掺沙子"的方法削弱林彪集团的权势。1971年9月13日，从一个写上党章的钦定接班人到因武装政变阴谋破产而折戟沉沙的叛逃者，从天堂到地狱大起大落的时间还不到两年半。林彪的自取灭亡，最受伤的却是毛泽东，他大病一场，身心

---

① 薄一波：《若干重大决策与事件的回顾》（下卷），中共中央党校出版社1993年版，第1161页。

悲苦无处说，独自话凄凉。"九一三事件"给晚年毛泽东重大精神打击，也是他一生政治上最大的悲剧。

在林彪叛逃事件结束后，毛泽东在接班的人选上曾经想过王洪文，但最器重的还是邓小平。1974年年底，毛泽东支持邓小平全面抓整顿，还支持邓小平捅江青这个马蜂窝，称赞邓小平"以钢铁公司对钢铁公司"。为此，他还多次批评江青。但在对"文化大革命"的评价问题上，毛泽东和邓小平的意见产生了分歧。他提出让邓小平主持政治局会议作一个关于"文化大革命"的决议，总的评价是"三七开：七分成绩，三分错误"。毛泽东希望邓小平这样有威信有影响的人物出面来肯定"文化大革命"的主流是好的，从而达到两人继续合作打压"四人帮"的目的。然而，邓小平婉言拒绝，说："由我主持这个决议不适宜，我是桃花源中人，不知有汉，何论魏晋。"后来，邓小平把话说得更明白了："三分错误就是打倒一切、全面内战。这八个字和七分成绩怎么能联系起来呢？"邓小平毫不让步，使得毛泽东下决心进行"批邓"。但毛泽东对邓还留有一点余地，让他"专管外事"。

1976年，毛泽东在病中召见了华国锋、王洪文、张春桥等人，意味深长地总结了自己一生中的两件大事。他说："人生七十古来稀"，我八十多了，人老总想后事。中国有句古话叫"盖棺定论"，我虽未"盖棺"也快了，总可以定论吧！我一生干了两件事：一是与蒋介石斗了那么几十年，把他赶到那么几个海岛上去了；抗战八年，把日本人请回老家去了。对这些事持异议的人不多，只有那么几个人，在我耳边叽叽喳喳，无非是让我及早收回那几个海岛罢了。另一件事你们都知道，就是发动"文化大革命"。这事拥护的人不多，反对的人不少。这两件事没有完，这笔"遗产"得交给下一代。怎么交？和平交不成就动荡中交，搞不好就得"血雨腥风"了。你们怎么办？只有天知道。①

伟人的话，值得琢磨。但在选择接班人的问题上，毛泽东事与愿违，

---

① 逢先知、金冲及主编：《毛泽东传（1949—1976）》（下），中央文献出版社2003年版，第1781—1782页。

接二连三地出了问题，一方面有政治斗争上的原因，另一方面也暴露了人性共有的弱点。诚如邓小平所说："一个领导人，自己选择自己的接班人，是沿用了一种封建主义的做法。"①这也是毛泽东违背毛泽东思想的一个教训，值得后来人反省深思。

①《邓小平文选》第二卷，人民出版社 1994 年版，第 347 页。

到时候我就去见我的上帝，我的上帝是马克思

"我仍如旧，十分能吃，七分能睡。最近几年大概还不至于见上帝，然而甚矣吾衰矣。"

上面这段话，是毛泽东1956年新年之际在收到宋庆龄寄来的贺年片后的回信。也是目前看到的毛泽东最早将死亡比作"见上帝"的例证。此后，毛泽东多次在不同场合笑谈生死是"见上帝""见马克思"，并宣称："我的上帝是马克思。"

1958年12月，中共八届六中全会决定同意毛泽东提出他不做下届国家主席人选的建议时，他说：八大通过的新党章里头有一条是设名誉主席，要是马克思不请我，我就当那个名誉主席。

1961年9月，英国陆军元帅蒙哥马利访问中国，在参观一家医院后，对中国医生说："你们中医中药很神奇，应该发明一种药，让你们的毛主席长生不老。"

毛泽东听说后，哈哈大笑，大发感慨地说："什么长生不老药，连秦始皇都没有找到。没有那回事，根本不可能。这位元帅是好意，我要告诉他，我随时准备见马克思了。没有我，中国照样前进，地球照样转……"

9月23日，67岁的毛泽东在武汉东湖宾馆会见了蒙哥马利。一见面，毛泽东开门见山，说："元帅是特别人物，相信能活到100岁再去见上帝。我不能。我现在只有一个五年计划，到73岁去见上帝。我的上帝是马克思，他也许要找我。"

蒙哥马利说："主席先生，自从1949年中华人民共和国成立以来的12年中，你排除了混乱，取得了伟大成就；但是要做的事情仍然很多。你必

须健康地活下去，保持精力，以便使这个国家坚定地沿着你所安排的道路前进。"

"中国有句俗话，'七十三，八十四，阎王不请自己去'。"毛泽东笑着说，"我们说的阎王，就是你们说的上帝。到时候我就去见我的上帝，我的上帝是马克思。"

"马克思可以等一等，中国人民更需要你。"蒙哥马利强烈地"抗议"说，"你必须至少活到84岁。"

"不！我有很多事情要同马克思讨论。在这里再待四年已经足够了。"

蒙哥马利说："如果我知道马克思在什么地方，我要就这一问题同他好好谈一谈。"

毛泽东听了，哈哈大笑。接着他又兴致勃勃地谈论了"五种死法"：被敌人开枪打死；坐飞机摔死；坐火车翻车压死；游泳时淹死；生病时被细菌杀死。他说："这五条，我都准备好了……人死后最好火葬，把骨灰丢到海里喂鱼。"[①]

1965年1月9日，毛泽东第四次会见了美国记者埃德加·斯诺。地点是在人民大会堂的北京厅。这天晚上，毛泽东与斯诺一边吃饭一边谈话，长达四个小时。为了庆祝他们的会面，毛泽东和斯诺还对饮了少许的贵州茅台酒。

席间，斯诺和毛泽东谈起了"迷信"的问题。斯诺问道："有人说你从来不迷信，是这样吗？"

毛泽东说："小时候我也曾相信过的。我母亲就是个虔诚的佛教徒，经常拜佛。在少年时代，我就曾站在母亲一边反对不信佛的父亲。我记得，有一天，我父亲走过一个荒凉的树林，碰到一只老虎——是真老虎，不是纸老虎——他拼命地跑回家，竟然没有被老虎吃掉，于是他马上就烧香供神，相信神灵和菩萨。很多人不都是这样的吗？遇到困难就求神拜佛，顺利时就把神全忘喽。"

---

① 胡哲峰、孙彦编著：《毛泽东谈毛泽东》，中共中央党校出版社2008年版，第337页。

"中国还有神吗?"

"当然有。据我所知,中国人不只有一个神,而是有许多神。什么东西都有神:门神、灶神、雨神、山神、观音菩萨,等等。连一块石头不是也能变成神吗?信伊斯兰教的还有几百万,信佛教和道教的也有几百万。还有几百万人是基督徒,包括天主教徒和新教徒。还有一些人真正信喇嘛教。"

随后,他们谈到了中美关系问题。斯诺问道:"在目前这种情况下,你是否真正看到有什么改善中美关系的希望吗?"

"是的,我认为希望是有的。不过需要时间。在我这一代也许不会有改善了。我不久就要去见上帝了。"毛泽东笑着说。

"说到你的健康,我们过去没有谈过,从今天晚上来判断,你看来身体很好。主席先生,还记得好多年以前,也是夜晚,只是那时在破旧的窑洞,今天在金碧辉煌的人民大会堂。那时我请你把你的生平告诉我。一开始你反对,我就争论说,让中国人民和外国人民知道你是怎样的人,是什么力量在推动你工作,这是有用处的。我想你会同意,把你的传记发表出来是好事,不是坏事。如今,又有谣言说你病得很重。因此我想,如果你准许把我采访你的过程全部拍成电视纪录片的话,在屏幕上向全世界戳穿这些谣言是极大的夸张,那不是很好吗?"

毛泽东笑着说:"这一点也许还有些疑问。中国有句俗话,叫做'七十三,八十四,阎王不请自己去',我今年已经七十二了,准备很快就要去见上帝,到马克思那里报到了。你看,今天他们来拍一个电影短片,就是为了满足你的要求而专门来的。"

"我不晓得你的意思是不是说,你要去弄清楚上帝是不是存在。你相信上帝吗?"斯诺问道。

"不,我不相信,但有些自称知情的人说,确有上帝。似乎还有许多上帝,有时候同一个上帝还能支持所有各方。在欧洲的战争中,基督教的上帝曾站在英国人、法国人、德国人的一边,甚至在他们互相残杀时也是这样。在苏伊士运河危机时,上帝支持英国人和法国人的联合,而另一方面则得到安拉的支持。对我个人和家庭来说。我的两个弟弟都在战争中被杀害，我的妻子开慧也在1930年被杀害，还有我的儿子岸英也在朝鲜战争中牺牲。可奇怪的是，至今死亡之神总是一次又一次地放过了我。有好几次我都准备了要死的，但却大难不死。看来阎王爷就是不要我。我有什么办法呢？有一次，我的一个警卫员紧挨着我站着时被打死了，还有一次我全身都溅满了一个士兵的鲜血，可是炸弹却丝毫没有碰到我的皮毛。"毛泽东娓娓道来，沉静中透出人生的沧桑。

"那是在延安吗？"斯诺问道。

"在延安也是这样。按照辩证法的规律，一切斗争最后都必须得到解决，地球上人的生存斗争也是这样。"毛泽东说。

斯诺感慨地说："放过你的性命的这些意外命运，成全了也许是中国历史上最杰出的事业。在中国全部悠久的历史中，我不记得有任何人曾像你这样崛起于默默无闻的农村，不但领导一场社会革命获得成功，而且写下了这个革命的历史，制定出获得军事胜利的战略，阐明了一种改变中国传统思想的意识形态学说，然后在一种新的文化中实践了自己的哲学，这种新文化对全世界产生广泛的影响。"

毛泽东想了一下说："我知道，我的生涯是从做小学教师开始的。当时我并没有想到打仗，也没有想到成为共产党人。可能当时我像你一样，多少是个民主人士。但后来，说真的，我有时也感到奇怪，是哪些原因偶然凑合的结果，让我才变得有志于参加中国共产党，投身中国革命。但无论怎样，事情的发展是不以个人的意志为转移的。重要的是，中国受到了帝国主义、封建主义和官僚资本主义的压迫。事实就是这样……"

斯诺问道："在1937年听过你演讲的青年，后来在实践中懂得了革命，但是今天的中国青年能有什么代替物呢？"

毛泽东说："当然，现在中国20岁以下的人从来没有打过仗，从来没有见到过帝国主义者，也从来不知道当权的资本主义。他们对旧社会没有一点直接知识。父母可以讲给他们听，可是听讲历史和读书，跟亲身经历过是不同的。"

斯诺说:"人类创造自己的历史,但他是按照自己的环境来创造的。你已经从根本上改变了中国的环境。很多人发生疑问,在比较安逸的条件下成长起来的年青一代将做出些什么来。你对这个问题是怎么想的?"

毛泽东说:"我也不可能知道。我也不相信有谁能够确有把握地知道。但有两种可能。一种可能是革命继续向着共产主义发展。另一种可能是青年人否定革命而干坏事:同帝国主义讲和,让蒋介石集团的残余分子回到大陆,站到国内仍然存在的极少数反革命分子一边去。"

"那么,你的意见呢?"

"当然,我不希望发生反革命,但将来的事情要由将来的后代去决定,而且按照我们不能预见的条件去决定。从长远来看,将来的后代应当比我们更有知识,正像资产阶级民主时期的人比封建时期的人更有知识一样。他们的判断,而不是我们的判断将起决定作用。今天的青年和未来的青年,将按照他们自己的价值标准来评价革命的工作。"毛泽东靠在沙发上,他的声音慢慢低下去了,他半合上了眼睛,"人类在这个地球上的处境变化得越来越快了。从现在起一千年之后所有我们这些人,甚至马克思、恩格斯和列宁都在内,大概会显得相当可笑吧。"①

1970年12月18日,在第五次接受斯诺采访时,毛泽东再次说:"我不久就要去见上帝,这是不可避免的,每个人都要去见上帝。"同年,毛泽东在接见巴基斯坦总统叶海亚·汗和越南客人时,也都不停地说"我就要去见上帝了"。

1974年5月,毛泽东会见英国前首相希思时,谈到如何解决香港问题时说:"这是年轻一代的事情了。我已经接到了上帝的请帖,要我去访问上帝。"希思回答说:"我希望主席在相当长的时间内不要接受这个邀请。"毛泽东说:"还没答复呢!"

1975年10月19日,毛泽东在会见美国国务卿基辛格和美国驻中国联络处主任布什时,说:"我快要上天堂了","我收到了上帝的请帖"。基辛

---

① 人民出版社编:《毛泽东自述》(增订本),人民出版社1996年版,第173—206页。

格幽默地说："不要急于接受。"病中的毛泽东已经语不成句，就在纸上吃力地写了一句话："我接受Doctor的命令。"毛泽东真是睿智过人，一语双关，这个英语词汇既指医生，又指身为博士的基辛格。

同年7月，步履艰难的毛泽东在会见泰国总理克立时，一见面就说："你不怕我吧？蒋介石和西方骂我是土匪、罪犯、杀人犯。我快死了。"克立说："不可能。"毛泽东问道："为什么？"克立幽默地说："啊！主席，世界不能失去像您这样的第一号'坏人'。"毛泽东一听，笑得浑身颤动，兴奋地拍打着座椅，然后又坚强地站起来，与在座的人一一握手。毛泽东喜欢这样调侃人生，喜欢这样的幽默和嘲讽，即便是谈论死亡这样严肃而又冷酷的话题。

毛泽东说："我要去见我的上帝。"不言自明，就是说他不怕死，尊重自然规律，笑对生命的死亡，藐视死神，从容淡定。

毛泽东说："我的上帝是马克思。"话中有话，意在强调他革命的理想和信仰就是马克思主义，忠贞不渝，至死不变；他希望人亡而政不息，中国共产党领导的中国革命事业后继有人，中国不变色，中国共产党不变质。

毛泽东早年就说："吾死之后，置吾之身于历史之中，使后人见之，皆知吾确然有以自完。后人见吾之完满如此，亦自加吾以芳名，然而非吾之所喜悦，以其属之后来，非吾躬之现实。"

——这是谶语，也是箴言。

陆日谈

"活到老，学到老"

6

【导语】

毛泽东说：好好学习，天天向上。

"好好学习"是勤奋，"天天向上"是进步。

毛泽东一辈子热爱读书学习。对他来说，学习，不仅仅是一种需要，是一种信仰，也是一种革命，一种境界。

学无止境。毛泽东爱学习，更会学习。他反对死读书，也反对读死书；他反对死学习，也反对学死习。毛泽东是学习的大师，是一个学习上无所不知无所不能无所不晓的主宰。

"读万卷书，行万里路。"这是毛泽东的梦想。他博览群书，既读有字之书，又读"无字之书"，不动笔墨不读书。在学习上，他踏踏实实，不懂就是不懂，不装懂，不摆官僚架子；他老老实实，不耻下问，谦虚谨慎；他扎扎实实，古今中外，天文地理，上下五千年，工农兵学商，兼容并包，融会贯通。

毛泽东说："没有书就没有我毛泽东。"读书学习，成就了毛泽东。

毛泽东说："活到老，学到老。"读书学习，成全了毛泽东。

毛泽东到底是怎么学习的呢？

他说："世上无难事，只要肯登攀。"

他说："一万年太久，只争朝夕。"

萬歲方稱恰同……年
……風……身
橘來方道橘點江山
漱歙如……畫長書出……年
……尸死……記誌向
中法漱聲……活遇
先身

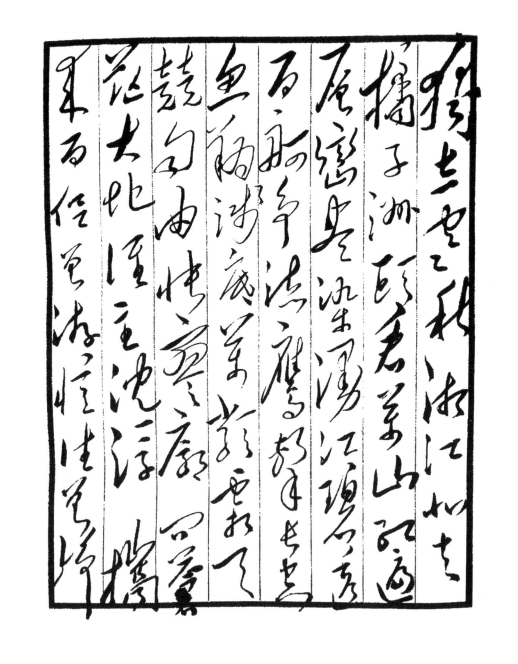

独立寒秋，湘江北去，橘子洲头。看万山红遍，层林尽染；漫江碧透，百舸争流。鹰击长空，鱼翔浅底，万类霜天竞自由。怅寥廓，问苍茫大地，谁主沉浮？

携来百侣曾游，忆往昔峥嵘岁

饭可以一日不吃，觉可以一日不睡，书不可一日不读

如果你要问毛泽东一生最大的爱好是什么？

毛泽东一定这么回答你："我的一生最大的爱好是读书。"

毛泽东爱读书，不是一般地爱，而是酷爱。用他自己的话说，那就是"饭可以一日不吃，觉可以一日不睡，书不可一日不读，没有书就没有我毛泽东"。

作为一个农民的儿子，毛泽东说，尽管"我的父亲读过两年书，能够记账。我的母亲则完全不识字。两人都出身农家。我是家庭中的'学者'"。为了支撑门面，精打细算勤俭持家的父亲决定要让儿子读书，以帮他记账。但毛泽东进入私塾以后的表现，不仅令父亲大失所望，就是连他的教书先生也"恨铁不成钢"。

从9岁到13岁这四年多时间内，毛泽东先后在四所私塾的四个老师门下读书，几乎是一年换一个私塾。这或许与聪明顽皮、不愿意死读书和读死书，且讨厌封建礼教的毛泽东的性格有关。1902年，毛泽东在启蒙老师邹春培那里先后读了《三字经》《幼学琼林》《论语》《孟子》《中庸》《大学》。1904年秋天，他转学到关公桥私塾读书，私塾老师毛润生。第二年春天，他又转到韶山桥头湾、钟家湾私塾，在塾师周少希门下读到1906年夏天。这年秋天，他又转学到井湾里私塾的毛宇居门下，继续读四书五经，并开始练习书法。

天生骨子里就有离经叛道的反抗精神的毛泽东，对读经书不感兴趣，尽管他熟读并熟记许多经书和令他后来受益终生的《左传》，甚至背诵如

流，但正如他自己所说的："我熟读经书，但我不欢喜那些东西。我所欢喜读的是中国古时的传奇小说，尤其是关于造反的故事。"但后来他在谈及自己幼年的读书生活时说："学的是'子曰学而时习之，不亦乐乎'一套，这种学习的内容虽然陈旧了，但是对我也有好处，因为我识字便是从这里学来的。"

毛泽东在他的"自传"中说，也就是在这个时候，"在深夜，我常把我室中的窗门遮盖起来，使我的父亲看不见灯光。我这样读了一本我很欢喜的书，叫做《盛世危言》。该书的作者们都是主张革新的老学者，他们以为中国积弱的原因是由于缺少西洋的工具：铁路、电话、电报、轮船等，并想将它们介绍到中国来。我的父亲认为读这一类的书是浪费时间的。他要我读可以帮助他打赢官司的如经书那类的实际东西！"

《盛世危言》这本书的出现如同一道闪电，在毛泽东的读书生活和人生中都留下了不可磨灭的闪光。这不仅是毛泽东接触到的第一本讨论社会政治问题的著作，而更为重要的是它引导毛泽东开始思考中国社会的政治现状和未来前途。《盛世危言》的作者郑观应是清末的一个改良主义者。书是毛泽东的表兄文运昌借给他的。此间，毛泽东还读到了另一位改良主义者冯桂芬的著作。这些提出"主以中学，辅以西学"，或者表示对外国侵略和清朝腐败不满，提出富国强兵主张的书籍，无疑开阔了毛泽东的视野，让他萌发了爱国思想，提高了精神境界，又激起了他到更新式的学堂去学习的欲望。

在长沙求学期间，毛泽东曾寄居湘乡会馆，自己订立了一个读书的计划，规定每天在湖南省立图书馆读书。他回忆说："我十分地有规律和专心，在这个方式下费去的半年，我以为对我是极端可宝贵的。早上图书馆一开门我就进去。在中午只花去买两个米饼来吃的时间，这就算是我每日的午餐。每天我留在图书馆中一直读到闭馆的时候。在这自修的时期内，我读了许多书籍，读到世界历史和世界地理。在那里我以极大的兴趣第一次阅读了世界的舆图①。我读了亚当·斯密士②的《原富》和达尔文的《物种原始》③和约翰·斯陶德·密尔所著的一本关于伦理学的书④。我读了卢骚（即卢梭）的著作，斯宾塞的《逻辑学》和孟德斯鸠所著的一本关于法学的书。我将古希腊的诗歌、罗曼史、神话和枯燥的俄、美、英、法等国的历史地理混合起来。"

无论是在风华正茂的青少年时代，还是戎马倥偬的战争岁月；无论是人生风光得意之时，还是奋斗挫折失意之际；无论是闲庭信步，还是日理万机，毛泽东总孜孜不倦地勤奋读书，如饥似渴地寻求新知。他说，读书没有什么捷径和不费力的窍门，就是一要珍惜时间，二要勤奋刻苦。1958年3月，毛泽东在成都会议期间，为了不耽误读书，就在办公室里吃饭。端起饭碗，办公桌就是饭桌；放下饭碗，餐桌就是办公桌。在武汉，天气炎热，他秉灯夜读，汗流浃背，工作人员劝他休息休息，他风趣地说："看来读书学习要付出一定的代价，流下了汗水，学到了知识。"

毛泽东走到哪里，就把书带到哪里，不管是战争年代在马背上、担架上，还是和平年代在火车上、飞机上，他都手不释卷。他说："我忘记了疲劳，忘记了饥饿和寒冷，贪婪地读，猛烈地读。正像牛闯进了人家的菜园，初次尝到了吃菜的味道，就拼命地吃个不停一样。"即使到了晚年，病魔缠身，毛泽东躺在病榻上，他仍以惊人的毅力，坚持读书。自己读不了，他还要身边工作人员帮他读书，直至生命的最后一息。

读书学习是为了探求学问。但在毛泽东看来，读书学习本身就是一门学问。他经常引用孟子的话："尽信书，则不如无书。"这里的"书"是指《书经》。毛泽东把它推而广之，及于其他，就是说，不要迷信书本，强调读书不要盲从，要独立思考。曾担任毛泽东图书管理员的逄先知回忆说：他要求身边同他一起读书的同志，在看完一本书或者一篇文章之后，总要

---

① 舆图，即地图。
② 即亚当·斯密。
③ 即《物种起源》。
④ 即约翰·斯图亚特·穆勒，又译作密尔、弥尔，毛泽东所读这本书应该是《穆勒名学》，原名为 *A System of Logic，Ratiocinative and Inductive*，直译为《逻辑学的体系：演绎和归纳》。

提出自己的看法和理解。毛泽东在他写的大量读书批语中，提出了很多新颖的见解，做出自己的评价，有些见解和评价是相当精辟的。毛泽东认为，读书既要有大胆怀疑和寻根究底的勇气和意志，又要保护一切正确的东西，同做其他的事情一样，既要勇敢，又要谨慎。[①]

　　毛泽东的早年同学周世钊，在谈到毛泽东青少年时代的读书生活时，说毛泽东读书有"四多"的习惯——读得多、想得多、写得多、问得多。这"四多"一方面说明毛泽东酷爱读书但又不迷信书，另一方面说明毛泽东读书不仅勤于动脑还勤于动手，既要独立思考又要不耻下问、追根究底。毛泽东想方设法挤出时间读书。早在延安时期，他就提倡："要在工作、生产的百忙之中，以'挤'的方法获得学习的时间，以'钻'的方法求得对问题的深入了解。"他对诗人萧三说："大家总推忙得很，学习不可能……我自己过去也总是这样推诿，但近年把这种理论推倒了。忙，就要挤，比之木匠在木板上钉钉子，就可以挤进去的。"毛泽东最反对人们把业余时间用在打麻将、打扑克、跳舞这些方面，"应该把工作以外的剩余精力主要放在学习上，养成学习的习惯"。[②]诚如他早年创作的一副对联，可谓是读书学习的至理名言——

　　　　贵有恒，何必三更起五更眠；
　　　　最无益，只怕一日曝十日寒。

　　① 龚育之、逄先知、石仲泉：《毛泽东的读书生活》，生活·读书·新知三联书店 1986 年版，第 13 页。
　　② 王恕焕：《梅花欢喜漫天雪》，中原农民出版社 1993 年版，第 190 页。

读的是无字书，一本"无字天书"

　　"有了学问，好比站在高山上，可以看到很远很多的东西；没有学问，如在暗沟里行走，摸索不着，那会苦煞人。"1939年1月28日，毛泽东在延安的一次演讲中，把自己读书学习的经验如此形象地告诉大家，强调读书学习的重要性。但毛泽东从来就不是一个死读书、读死书的人，他始终鼓励"读万卷书，行万里路"，提倡既要读有字之书，又要读无字之书。

　　在延安，毛泽东在"抗大"演讲时，曾多次提到要读"无字书"、读"无字天书"。他说：社会也是学校，一切都要在工作中学习。学习的书也有两种，有字的讲义是书，"无字天书"——社会上的一切也是书。"你们出去打游击，要学习，读的是无字书，一本'无字天书'，看到什么就跟什么学习。如果我们跟房子学习，不跟石头学习，走得不好，就是一跤，把牙齿碰掉两只——石头反对你。所以我说，要跟山学，跟水学，跟树林学，还要跟茅厕里的大粪学。你说，大粪有什么学头！不学。它就请你一跤跌进去。陕北的天气很冷，你也要跟它学，要穿棉衣。如果你说，我不跟它学，于是不知道穿棉衣，就要冻死。山林、树木、花草、鸟兽，都是自然物，我们都要学。"①

　　毛泽东重视书本知识，同样也注重实际知识。他强调读"无字之书"，就是强调要向社会学习，向实际学习，向群众学习，以理论联系实际的方法，在社会实践中提高能力水平。早在青年时代，毛泽东就从司马迁"览潇湘，登会稽，历昆仑，周览名山大川"的经历中看到，凡是社会阅历丰

---

　　①《党史研究资料》1989年第10期。

富的人，胸襟就格外宽广，他之所以能写出《史记》这样的皇皇巨制就不足为奇了。同时，毛泽东分析王安石变法失败的教训，认为主要原因是他"无通识，并不周知社会之故，而行不适之策也"。所以毛泽东深刻地认识到："闭门求学，其学无用。欲从天下国家万事万物而学之，则汗漫九垓，遍游四宇尚已。"于是，他决定学习古人"读万卷书，行万里路"的治学经验，走出校门，走进社会，去读那奥妙无穷的"无字之书"。1917年夏天，他和萧瑜游历了长沙、宁乡、益阳等五个县；1918年夏天他又和蔡和森到沅江、岳阳等县进行了实地调查。投身革命后，毛泽东同样是通过读"无字之书"，做了大量的社会调查工作，对中国革命的历史和现状作出了科学分析，找到了一条符合中国革命实际的道路。

"实践是认识的基础。"毛泽东反对"本本主义"，反对教条主义，反对主观主义，经常引用古今中外的历史事实，反复强调一个道理：一个人光有书本知识是不行的，一定要投身到社会生活中去学习实际的知识，这是最丰富最生动的知识。他常讲《史记》上关于赵括"纸上谈兵"的故事，说明只有书本知识没有实际经验是不行的。他还说，刘邦为什么能打败项羽？因为刘邦同贵族出身的项羽不同，比较熟悉社会生活，了解人民心理。屈原如果继续当官，他的文章就没有了。因为丢了官，才有可能接近下层社会生活，才有可能产生像《离骚》这样好的文学作品。知识往往是经过困难、经过挫折才得来的。1920年，当毛泽东刚刚成为一个马克思主义者的时候，他所读的马列主义著作，比起他的同代人如蔡和森、邓中夏、恽代英、瞿秋白等是较少的。但是由于他注重实践，注重对中国现实社会的了解，一旦掌握了马克思主义的基本原理，就能够很好地同中国革命的实际结合起来，解决中国革命中的问题。在这个根本点上，他是出类拔萃的。①

1964年8月24日，毛泽东在与周培源等人谈话时说，他从来就没有想到自己去搞军事，去打仗。后来自己带起队伍打起仗来，上了井冈山。先

---

① 龚育之、逄先知、石仲泉：《毛泽东的读书生活》，生活·读书·新知三联书店1986年版，第264、268页。

打了一个小胜仗，接着又打了两个大败仗，于是我们总结经验，产生了打游击的十六字诀："敌进我退，敌驻我扰，敌疲我打，敌退我追。"他还曾说过：1921年建党后，经过了14年，牺牲了多少党员、干部，吃了很多苦头，才懂得了如何处理党内关系、党外关系，学会走群众路线。不经过那些斗争，我的那些文章也是写不出来的。因此，毛泽东说："读书是学习，使用也是学习，而且是更重要的学习。从战争中学习战争——这是我们的主要方法。"①

在毛泽东看来，社会实践就是一所大学校，那里面的东西——"无字之书"，多得很，取之不尽用之不竭。1961年3月，毛泽东在广州会议上说，我很想骑马跑跑两条大江（指长江、黄河）。8月，在庐山，他跟卫士张仙朋聊天谈到人生志愿时，说自己有三大志愿：一是要下放去搞一年工业，搞一年农业，搞半年商业，这样使我多调查研究，了解情况，我不当官僚主义，对全国干部也是一个推动；二是骑马到黄河、长江两岸进行实地考察，我对地质方面缺少知识，要请一位地质学家，还要请一位历史学家和文学家一起去；三是最后写一本书，把我的一生写进去，把我的缺点、错误统统写进去，让全世界人民去评论我究竟是好人，还是坏人。遗憾的是由于种种原因，毛泽东的这三个志愿都没有实现，但从中可见他一生追求实际知识、到广阔的自然界阅读"无字之书"的愿望是多么的强烈，真可谓是"老骥伏枥，志在千里"。

众所周知，在延安，毛泽东送毛岸英上"劳动大学"的故事。那是1946年，毛岸英刚刚从苏联回来不久。懂俄语、英语、德语，穿着苏军呢子制服和马靴，会跳交谊舞，写得一手无师自通又得乃父真传的狂草，为人处世大方开朗不拘小节的毛岸英，在延安确实显得很"洋气"。有一天，毛泽东把毛岸英喊去，父子俩坐在王家坪院子的槐树下交谈。毛泽东在询问岸英在苏联的学习情况后，说："你在苏联长大，对国内生活不熟悉。在苏联大学读书，住的是洋学堂，我们中国还有个学堂，这就是农业大学、

①《毛泽东选集》第一卷，人民出版社1991年版，第181页。

劳动大学。"

毛岸英对父亲的话心领神会,高兴地说:"我愿意向农民学习。"

不久,毛泽东把儿子介绍给延安著名的劳动模范吴满有,让他到吴家学种地,上"劳动大学"。毛泽东对毛岸英说:"这就是校长,你过去吃的是面包牛奶,回来要吃中国的小米,可养人喽!"又指着岸英,笑着对吴满有说:"我现在给你送来一个学生,他住过外国的大学,没住过中国的大学。"

听毛泽东这么说,吴满有有些受宠若惊,说:"咱叫什么大学?咱啥也不懂。"

毛泽东诚恳地说:"他还是个娃娃,我就拜托给你了,你要教他种地嘛。告诉他,庄稼怎样种出来的,怎样多打粮食。"

"这我还行。"吴满有高兴地答应了。

几天后,毛岸英按毛泽东的吩咐,脱去大头皮鞋,换上父亲送给他的硬帮布鞋,穿上父亲穿过的已不知打了多少补丁的灰布棉袄,背上随身衣服、铺盖和一斗多小米,步行20多里路,汗流浃背地来到了吴家枣园。从此,吃惯了洋面包的毛岸英,和陕北的乡亲们一起同吃、同睡、同劳动,睡一样的土炕,干一样的农活。他时刻牢记着父亲的嘱咐,什么活重,什么活脏,就拣什么活干。他学会了犁地,还学会了种洋芋,像大家一样脖子上挂着个布袋,一手抓粪,一手点种。他把学习得来的农业技术记在随身所带的本子上。歇息时,他还和乡亲们一起聊天读报,有时晚上还教农民及孩子们识字,给小朋友们讲故事,和农民兄弟打成一片。因此,乡亲们无论是大人还是小孩都非常喜欢他,乐意和他在一起。

毛岸英积极摆正自己的位置,自愿穿起大裤裆的棉裤走进"劳动大学",用布满老茧的勤劳双手换回了"毕业证书"。他还经常出门去拜访老革命、老同志,虚心地向他们讨教。他参加土改工作队,还抽时间翻译出版了恩格斯的《法德农民问题》等论著。50多天后,毛岸英回到父亲身边,汇报了一个多月来的收获。见儿子一身灰土布褂子,头上扎着白羊肚毛巾的英雄结,英俊的脸庞闪着黝黑的光芒,毛泽东打量着儿子高兴地说:"好啊！白胖子成了黑胖子喽！"

毛泽东送儿子毛岸英去"劳动大学"学习，读"无字之书"，其目的就是希望年青一代要接触社会、接受实际、接近群众，经受实际的锻炼。

毛泽东之所以成为伟大的政治家、军事家和思想家，其中最重要的原因就是他既是一位博览群书的学问家，又是一位躬身实践的实干家。他在批评中共党内主观主义的时候，曾经说过，有两种不完全的知识，一种是现成书本上的知识，一种是偏于感性和局部的知识，这二者都有片面性，只有使二者相互结合，才会产生好的比较完全的知识。又说，我们反对主观主义，必须使上述两种人各向自己缺乏的方面发展，必须使两种人互相结合。有书本知识的人向实践方面发展，然后才可以不停止在书本上，才可以不犯教条主义的错误。有工作经验的人，要向理论方面学习，要认真读书。毛泽东提出的既要读"有字之书"，又要读"无字之书"，也就是这个意思。①

---

① 龚育之、逄先知、石仲泉：《毛泽东的读书生活》，生活·读书·新知三联书店 1986 年版，第 272 页。

不动笔墨不读书

"不动笔墨不读书",与其说这是毛泽东的读书方法,不如说这是毛泽东的学习品格。

毛泽东一边读书,一边在图书的天头地脚和段落空白处写下读书心得。他的批注既有文字批语,又有各种符号,比如:△、○、×、√和直线、波浪线、双线甚至三杠线等,以及顿号、问号。毛泽东的这些读书批语和符号,有毛笔写的,也有铅笔写的,反映了他对书中某个观点的欣赏、赞同、怀疑、反对、不解或思考。毛泽东的批注,少则一两个字,多则上千言,字里行间做到了物有所思、事有所想、情有所感、言有所论、理有所悟。"不动笔墨不读书",是毛泽东从青年时代就养成的好习惯,是他从他的老师徐特立那里学来的。习惯成就未来。毛泽东的这个读书习惯,不仅让他学习了书本上的知识,更让他养成了独立思考的习惯,的确受益匪浅。

毛泽东常说:"好记性不如烂笔头。"在湖南第一师范学校,他阅读了恩师杨昌济翻译的《西洋伦理学史》,并将其全部抄录下来。而在杨昌济讲授的修身课教材《伦理学原理》①上,毛泽东精心研读之后,写下了15000字的读书笔记,对书中的伦理学和哲学观点提出了自己的见解,强调"道德哲学在开放之时代尤要"。同时批注突出强调了个人价值,主张"唯我论",提倡个性解放。毛泽东批注的这本《伦理学原理》,曾为其同学杨韶华收藏,1962年经好友周世钊交还给毛泽东。当毛泽东看到这本书

---

① 德国新康德主义哲学家泡尔森著,蔡元培译。

时，高兴地翻看着上面的评语，微笑着跟周世钊说："这本书的道理也不那么正确，它不是纯粹的唯物论，而是心物二元论。只因那时，我们学的都是唯心论一派的学说，一旦接触一点唯物的东西，就觉得很新颖，很有道理，越读越觉得有趣味。它使我对于批判读过的书，分析所接触的问题，得到了新的启发和帮助。"

在这本书的所有批注中，毛泽东最为感兴趣的是其中的哲学思想。尤其是强调抵抗、对立面的作用部分。比如，书中说："人之意思，不可无对象之抵抗，无抵抗则无动力，无障碍则无幸福。在人类，则享幸福者必当有障碍若损害，犹之识真理者必当有蒙昧若谬误也。"毛泽东在这里批注说："至真之理，至澈之言。"再比如，在书中"盖人类势力之增，与外界抵抗之减，其效本同"处，毛泽东批注说："此不然。盖人类之势力增加，外界之抵抗亦增加，有大势力者，又有大抵抗在前也。大抵抗对于有大势力者，其必要乃亦如普通抵抗之对于普通人。如西大陆新地之对于哥伦布，洪水之对于禹，欧洲各邦群起而围巴黎之对于拿破仑之战胜是也。"

在这些批注中还可以看到，毛泽东阅读的视野十分宽阔，他常常以联系的发展的观点，对所阅读的作品和作者的思想、观点，灵活运用自己学到的古今中外的历史知识进行点评。凡合乎自己观点的，大多眉批"切论""此语甚精""此语甚切""此说与吾大合"等等；凡对原著持否定或怀疑态度的地方，则大多眉批"诚不然""此不然""此节不甚当""此处又使余怀疑""吾意不应以此立说""此说终觉不完美"等等。点评中，他经常联系到老子、庄子、孔子、孟子、墨子、宋明理学、王船山、谭嗣同、梁启超等诸家思想，以及五四运动以来的新思潮。处处充满着追求真理、真知和改革国家社会的精神。

尤其值得一提的是，毛泽东在阅读这本书时还写了一段非常具有"奋斗"意味的批语，认为人生没有挫折没有冲突没有波澜，就失去了意义。他说：在这个世界上，"然则不平等、不自由、大战争亦当与天地终古，永不能绝，世岂有纯粹之平等自由博爱者乎？有之，其惟仙境。然则唱大同之说者，岂非谬误之理想乎？人现处于不大同时代，而想望大同，亦犹人处于困难之时，而想望平安。然长久之平安，毫无抵抗纯粹之平安，非人生之所堪，而不得不于平安之境又生出波澜来。然大同亦岂人生之所堪乎？吾知一入大同之境，亦必生出许多竞争抵抗之波澜来，而不能安处于大同之境矣。是故老庄绝圣弃智、老死不相往来之社会，徒为理想之社会而已。陶渊明桃花源之遭遇，徒为理想之境遇而已。即此又可证明人类理想之实在性少，而谬误性多也。是故治乱迭乘，平和与战伐相寻者，自然之例也。伊古以来，一治即有一乱，吾人恒厌乱而望治，殊不知乱亦历史生活之一过程，自亦有实际生活之价值。吾人览史时，恒赞叹战国之时，刘项相争之时，汉武与匈奴竞争之时，三国竞争之时，事态百出，人才辈出，令人喜读。至若承平时代，则殊厌弃之，非好乱也，安逸宁静之境，不能长处，非人生之所堪，而变化倏忽，乃人性之所喜也。吾尝梦想人智平等，人类皆为圣人，则一切法治均可弃去，今亦知其决无此境矣。"

青年毛泽东的上述"笔墨"，读来实在令人叹为观止。从中既可以看到他"与天奋斗，其乐无穷；与地奋斗，其乐无穷；与人奋斗，其乐无穷"的英雄情怀，又可以理解他为什么立志"改造中国与世界"的伟大宏愿，还可以看到他晚年"天下大乱，达到天下大治"的奇特思考。

1939年9月，毛泽东在读了艾思奇的著作《哲学与生活》后，专门写下了3000多字的读书笔记。阅读中，他对书中"差别不是矛盾"的观点有不同看法，就马上致信艾思奇，十分客气地称自己"略有疑点"，准备登门面商，并说："你的《哲学与生活》是你的著作中更深刻的书，我读了得益很多。"当时，艾思奇年仅27岁，收到毛泽东的来信十分感动。46岁的毛泽东作为中共领袖，如此认真地阅读一个年轻人的著作，并写下读书笔记，且在遇到不同观点的情况下，还致信希望"登门面商"，充分体现了他谦虚好学、不耻下问的精神。

新中国成立后，毛泽东挤时间读书，孜孜不倦，依然坚持"不动笔墨不读书"的好习惯。在阅读李达主编的《马克思主义哲学大纲——辩证唯物主义》(1965年内部讨论稿)第三章时，从第一节开始，他就写下了一条较长的批语，表明了自己对唯物辩证法的看法。他说："辩证法的核心是对立统一规律，其他范畴如质量互变、否定之否定、联系、发展等等，都可以在核心规律中予以说明。盖所谓联系就是诸对立物间在时间和空间中互相联系，所谓发展就是诸对立物斗争的结果。至于质量互变、否定之否定，应与现象本质、形式内容等等，在核心规律的指导下予以说明。旧哲学传下来的几个规律并列的方法并不妥，这在列宁已基本上解决了，我们的任务是加以解释和发挥。至于各种范畴（可以有十几种），都要以事物的矛盾对立统一去说明。例如什么叫本质，只能说本质是事物的主要矛盾和主要矛盾方面。如此类推。"而在本书所谈的两种发展观的根本对立的问题旁边，他批注说："不必抄斯大林。"①

在阅读任继愈主编的《中国哲学史》（第三册）时，毛泽东十分注意该书对于华严宗思想的分析。该书认为，华严宗承认个别与一般有内在联系，有一点辩证法；但它又唯心主义地夸大、吹涨了个别与一般的关系，把这种关系绝对化，抹杀个别的存在。毛泽东在阅读到此处时，批注："何其正确。"他还写道："相对中有绝对，绝对只存在于相对之中，普遍只存在于个别之中，永恒只存在于暂时之中，离开这些来谈什么客观辩证法……岂非自相矛盾？"

在延安，毛泽东曾针对中共党内主观主义、教条主义阻碍了马克思主义的正确理解和创新发展，在《辩证法唯物论教程》（第四版）上批注说："中国的斗争如此伟大丰富，却不出理论家！"为此，他发愤读书，读马列读哲学，并理论联系实际，终于写出了《实践论》《矛盾论》《论持久战》等概括和总结中国革命斗争经验和理论的著作，成为伟大的马克思主义思想家和理论家。

---

①龚育之、逄先知、石仲泉：《毛泽东的读书生活》，生活·读书·新知三联书店 1986 年版，第 80—81 页。

改造我们的学习

    恩格斯说:"马克思的整个世界观不是教义,而是方法。它提供的不是现成的教条,而是进一步研究的出发点和供这种研究使用的方法。"[①]毛泽东更是把马克思主义哲学化为中国共产党人和中国人民在革命实践中掌握和运用的科学的思想方法和工作方法,坚持世界观、认识论和方法论的统一,创造了"以研究思想方法为主"的学习经验。他的《反对本本主义》和《实践论》《矛盾论》,都是致力于解决党的干部的思想方法问题的。

    1941年5月19日,毛泽东在延安高级干部(宣传干部)会议上作了《改造我们的学习》的报告,提出改造全党学习方法和学习制度的任务,公开严厉批判了理论和实际脱离的主观主义,特别是教条主义。

    毛泽东在报告中指出:"中国共产党的二十年,就是马克思列宁主义的普遍真理和中国革命的具体实践日益结合的二十年。"但在这一结合方面,还存在着很大的缺点,即不注重研究现状,不注重研究历史,不注重研究马克思列宁主义的应用。学习马克思列宁主义理论,有两种互相对立的态度。一种是马克思列宁主义的态度。学习马克思列宁主义,是"为着解决中国革命的理论问题和策略问题而去从它找立场,找观点,找方法。这种态度,就是有的放矢的态度。'的'就是中国革命,'矢'就是马克思列宁主义"。另一种是主观主义的态度。我们党内许多人学习马克思列宁主义的方法是直接违背马克思主义的,违背了理论和实际统一这一条马克思主义的基本原则,而是抽象地无目的地去研究马克思列宁主义的理论,许多

    [①]《马克思恩格斯全集》第39卷,人民出版社1974年版,第406页。

做研究工作的人对于研究今天的中国和昨天的中国一概没有兴趣，许多做实际工作的人往往单凭热情，把感想当政策。他们都凭主观，忽视客观实际事物的存在，夸夸其谈，自以为是。毛泽东说："这种作风，拿了律己，则害了自己；拿了教人，则害了别人；拿了指导革命，则害了革命。"

毛泽东在报告中突出地强调了"实事求是"的重要性，说明只有这种态度才是马克思列宁主义的态度。实事求是的态度，要求对周围环境做系统的周密的调查研究；要求不单懂得外国，还要懂得中国；不单懂得中国的今天，还要懂得中国的昨天和前天；要求有目的地研究马克思列宁主义的理论，使马克思列宁主义的理论和中国革命的实际运动结合起来。他对实事求是做了精辟的阐述："'实事'就是客观存在着的一切事物，'是'就是客观事物的内部联系，即规律性，'求'就是我们去研究。我们要从国内外、省内外、县内外、区内外的实际情况出发，从其中引出其固有的而不是臆造的规律性，即找出周围事变的内部联系，作为我们行动的向导。而要这样做，就须不凭主观想象，不凭一时的热情，不凭死的书本，而凭客观存在的事实，详细地占有材料，在马克思列宁主义一般原理的指导下，从这些材料中引出正确的结论。这种结论，不是甲乙丙丁的现象罗列，也不是夸夸其谈的滥调文章，而是科学的结论。这种态度，有实事求是之意，无哗众取宠之心。这种态度，就是党性的表现，就是理论和实际统一的马克思列宁主义的作风。这是一个共产党员起码应该具备的态度。"①

显然，这是毛泽东为即将开始的整风运动发出的动员令。他尖锐地批评理论脱离实际的倾向，认为"这种反科学的反马克思列宁主义的主观主义的方法，是共产党的大敌，是工人阶级的大敌，是人民的大敌，是民族的大敌，是党性不纯的一种表现。大敌当前，我们有打倒它的必要"，其"谬种流传，误人不浅"。对此，胡乔木回忆说："毛主席讲话用词之辛辣，讽刺之深刻，情绪之激动，都是许多同志在此前从未感受到的。"

然而，让毛泽东没有想到的是，他的这篇观点鲜明措辞尖锐的重要讲

---

① 《毛泽东选集》第三卷，人民出版社 1991 年版，第 801 页。

话，"在听讲的干部中引起了思想震动，但是当时负责理论宣传教育的领导同志没有理解它的深刻意义，对它没有予以重视，因此，也没有在延安报上宣传报道"。[①]

事实上正是如此，在中共中央高层，只有张闻天等少数人在听了毛泽东的报告后，思想上产生了极大的震动，主动与毛泽东进行思想上的谈心和沟通，并诚恳接受了毛泽东的批评。尽管毛泽东通过任弼时、康生、陈云等人，终于以谈心交心、当面锣对面鼓的方式，"打通"了博古、张闻天等中共中央高层的几位"犯思想病最顽固"的领导人的思想，基本确定江西时期所犯错误的历史问题属于路线错误，但要彻底解决党内的主观主义和教条主义，并非那么轻而易举。尤其是王明，对毛泽东的批评依然顽固抵抗。在中国女子大学传达毛泽东《改造我们的学习》的报告时，王明轻描淡写地要求今后理论联系实际的问题要注意，只是强调学习理论要适当地联系实际，反对这也联系，那也联系，变成了"乱联系"。他还说，不要怕人说教条，教条就是教条，学他几百条，学会了，记住了，碰到实际自然会运用。如果一条都记不住，一条都不会，哪能谈得上运用？把理论运用于实际是对的，但是先有了理论才能运用，一条也没有哪儿去运用？[②]

7月1日，中共中央作出了关于增强党性的决定；8月1日，又作出了关于调查研究的决定；8月底，中央决定成立以毛泽东为组长的思想方法学习小组；9月26日，中央成立高级学习组，计划首先研究马恩列斯的思想方法论与我党二十年的历史，然后再研究马恩列斯和中国革命的其他问题，以达到克服主观主义、发展革命理论的目的。而此前，毛泽东专门将胡乔木调到身边做秘书，编辑出版《六大以来》。

《六大以来》分上下两册，上册是政治性文件，下册是组织性文件，汇集了从1928年6月党的第六次代表大会到1941年11月间党的历史文献519篇，280多万字。它最初的目的并不是为了编印一本书，而是为预定

---

① 胡乔木：《胡乔木回忆毛泽东》，人民出版社2003年版，第191—192页。
② 周国全、郭德宏、李明三：《王明评传》，安徽人民出版社1990年版，第371页。

于1941年上半年召开的中共七大准备材料，总结党的第六次代表大会以来的历史经验。胡乔木回忆说："但是即使在党的高中级干部中，在1941年，也还有一些人对这条'左'倾错误路线①缺乏正确的认识，甚至根本否认有过这么一条错误路线。在这样的思想状态下要成功地召开七大是不可能的。为了确保七大开得成功，毛主席认为有必要首先在党的高级干部中开展一个学习和研究党的历史的活动，以提高高级干部的路线觉悟，统一全党的认识。于是在1941年八九月的一次中央会议上，毛主席建议把他正在审核的为七大准备的六大以来的历史文献汇编成册，供高级干部学习研究党的历史用。会议同意了毛主席的这一建议。"②毛泽东对这些文件的审核是相当认真的，不仅每篇必读，而且对某些文献的题目做了修改。在编辑中，对文献的选择也十分精心，不是有文必录，尤其是对党的领导人的讲话、文章挑选格外认真、严格。

《六大以来》的编印其实就是要解决中共党史上一些常识性的问题，比如像"王明路线""立三路线"到底是什么，算一算历史账，在政治上说清楚。"现在把这些文件编出来，说那时中央一些领导人存在主观主义、教条主义就有了可靠的根据。有的人就哑口无言了。毛主席怎么同'左'倾路线斗争，两种领导前后一对比，就清楚地看到毛主席确实代表了正确路线，从而更加确定了他在党内的领导地位。从《六大以来》，引起整风运动对党的历史的学习、对党的历史决议的起草。《六大以来》成了党整风的基本武器。"③

《六大以来》的出版，对中共高中级干部认识党的历史"发生了启发思想的作用"，"同志们读了以后恍然大悟"，"个别原先不承认犯了路线错误的同志，也放弃了自己的观点，承认了错误。"在当时这种积极影响下，许多同志要求研究党史应该从党的一大开始。于是毛泽东在1942年开始着手编辑《六大以前》，并要求资料工作由陶铸和胡乔木负责。这年10月，

---

① 主要是指王明的"左"倾路线和"立三路线"所带来的主观主义、教条主义。
② 胡乔木：《胡乔木回忆毛泽东》，人民出版社1994年版，第25—26、175—179页。
③ 胡乔木：《胡乔木回忆毛泽东》，人民出版社1994年版，第48页。

《六大以前》在延安出版，上下两册共收入文献184篇。新中国成立后，《六大以前》于1951年5月和1980年5月经过修订，分别由中央办公厅和人民出版社两次再版。1943年8月，胡乔木又协助毛泽东编辑出版了《两条路线》。此书出版后取代了《六大以来》选集本，成为中共高级干部路线学习的主要材料。后来，在1943年10月6日举行的中共中央政治局会议上，毛泽东把采取上述措施后引起的变化说得非常明白："1941年5月，我作《改造我们的学习》的报告，毫无影响。6月后编了党书。[1]党书一出，许多同志解除武装，故可能开九月会议。"

---

① 即《六大以来》。——引者注

应该以中国为中心，把屁股坐在中国身上

　　20世纪40年代的延安整风运动，是中共进行的一次全党范围内的马克思主义教育运动，其主要目的是清算中共六届四中全会以后党内长期占据统治地位的"左"倾错误路线及其表现形式——主观主义、宗派主义和党八股。毛泽东明确地说："反对主观主义以整顿学风，反对宗派主义以整顿党风，反对党八股以整顿文风，这就是我们的任务。"[①]

　　那个时候，在中共党的马列主义理论水平整体不高的情况下，毛泽东也确实感到了一种危机，他开始迫切地感到中国共产党必须要建立自己的理论。也就是说，要想把中共从"王明路线"教条主义束缚下解放出来，还必须依靠马列主义，让党员干部真正懂得和掌握马列主义这个武器。因此，毛泽东决定加强全党的马列主义理论的学习，即他在中共六届六中全会上所倡导的"把马克思主义在中国具体化"。而所谓的具体化，就是"洋八股必须废止，空洞抽象的调头必须少唱，教条主义必须休息"。其矛头所指非常清楚，就是中共党内那些在苏联喝过洋墨水的、擅长引经据典的领导人。自然，王明就是最主要的代表。

　　没有漂洋过海走出国门的毛泽东，完全是一个土生土长的中国人。他读过的马列主义著作也大多是翻译过来的二手资料，不懂外语的他更没有读过任何马列主义的原著。因此当大批留苏学生被提拔到中共中央领导岗位，并运用他们在苏联学习的理论从江西苏区就开始指手画脚的时候，毛泽东就痛感自己理论方面的不足了。留苏学生多了，一方面加强了中共党

---

①《毛泽东选集》第三卷，人民出版社1991年版，第812页。

的理论水平和理论队伍建设，但另一方面也滋生了生搬硬套的教条主义。后来，毛泽东曾对这些张口"马列"、闭口"马列"，自封为"马克思主义理论家"的人给了严厉的讽刺，挖苦他们死守教条，唯我独"左"，"自卖自夸，只此一家，别无分店"，这些"我们老爷的'马克思主义与列宁主义'是不顾时间、地点与条件的"，其"特点是夸夸其谈，从心所欲，无的放矢，不顾实际"，而"谁要是在时间、地点与条件上面提出问题，谁就是'机会主义'"。他们"只知牛头不对马嘴地搬运马克思、列宁、斯大林，搬运共产国际，欺负我党与撰稿人们对马克思主义的认识水平与对于中国革命实践的认识水平的暂时落后而加以剥削"。毛泽东甚至感慨地怨怼道："我常觉得，马克思主义这种东西，是少了不行，多了也不行的。中国自从有那么一批专门贩卖马克思主义的先生们出现以来，把个共产党闹得乌烟瘴气，白区的共产党为之闹光，苏区与红军为之闹掉百分之九十以上……都是吃了马克思主义太多的亏。"[①]

无论是在国际国内，还是在党外党内，意识形态对于任何一个政党来说，就如同一个人的生命，尤其在战争年代更是如此。中共亦是如此。以王明为首、博古为代表的来自莫斯科的留学生，因为熟悉苏联的理论，作为中共的理论家在党内的地位和影响是可想而知的。为了提高自己的马列主义理论水平，在江西"靠边站"的时候，毛泽东就开始"恶补"，"望得书报如饥似渴"。到了延安以后，他更是认真做功课，发愤读书。在杨家岭的窑洞里，一张小方凳、一张旧方桌、一盏昏暗的小油灯，伴着毛泽东度过了一个又一个通宵。这个时期，他不仅阅读了大量的马克思主义哲学著作，还阅读了古今中外的军事理论著作。比如，1937年9月，他阅读了艾思奇的《哲学与生活》；1938年，他阅读了李达的《社会学大纲》和潘梓年的《逻辑与逻辑学》。其间，他还阅读了著名军事学家克劳塞维茨的名著《战争论》。

经历了大革命、土地革命和抗战爆发以来前后十多年的成功与失败，

---

① 杨奎松：《毛泽东与莫斯科的恩恩怨怨》，江西人民出版社 2008 年版，第 35 页。

毛泽东更清楚地知道必须将马克思主义与中国革命的具体实践相结合，才能系统回答中共所面临的现实问题。因此，他提出必须要有"中国作风、中国气派"。正是这样的刻苦学习和探索，自1938年发表《中国革命战争的战略问题》《矛盾论》《实践论》《论持久战》之后，毛泽东近两年来又接连发表了《〈共产党人〉发刊词》《中国革命和中国共产党》《新民主主义论》等文章，在中国第一次旗帜鲜明地提出了新民主主义的完整理论，将中国共产党关于现阶段民主革命的理论和纲领这面大旗更鲜明地立了起来。用毛泽东后来的话说："在抗日战争前夜和抗日战争时期，我写了一些论文，例如《中国革命战争的战略问题》《论持久战》《新民主主义论》《〈共产党人〉发刊词》，替中央起草过一些关于政策、策略的文件，都是革命经验的总结。那些论文和文件，只有在那个时候才能产生，在以前不可能，因为没有经过大风大浪，没有经过两次胜利和两次失败的比较，还没有充分的经验，还不能充分认识中国革命的规律。"他说，只有经过两次胜利和两次失败，在抗日时期，"中国民主革命这个必然王国才被我们认识，我们才有了自由"。①

毛泽东自己不仅加强了中国革命理论的艰苦学习和探索，还号召全党努力学习理论。在1938年9月14日一直开到27日的中共六届六中全会上，毛泽东甚至号召全党来一个"学习竞赛"。他说："我们的任务，是领导一个几万万人口的大民族，进行空前的伟大的斗争。所以，普遍地深入地研究马克思列宁主义的理论的任务，对于我们，是一个亟待解决并须着重地致力才能解决的大问题。我希望从我们这次中央全会之后，来一个全党的学习竞赛，看谁真正地学到了一点东西，看谁学的更多一点，更好一点。"②显然，毛泽东要把中国共产党锻造成一个学习型的政党，一个创新型的政党，一个拥有自己的理论和领袖的政党，一个独立自主的政党。

那个时候，延安是一座名副其实的"学校城"，如：中国人民抗日军政大学、马列学院、中共中央党校、陕北公学、中国女子大学、鲁迅艺术

①《毛泽东著作选读》下册，人民出版社1986年版，第825—826页。
②《毛泽东选集》第二卷，人民出版社1991年版，第533页。

学院、泽东青年干部学校、中央组织部训练班、中央职工委员会训练班、西北公学（枣园训练班）、自然科学院、民族学院、军事学院、炮兵学校、中央军委机要学校、西北行政学院、新文字干部学校，等等。这些学校与国统区的"正规学校"完全不同，不仅学时短，而且课程设计也主要以思想训练为主。各类学校作为中共意识形态的训练和传播基地，强化了延安浓厚的意识形态氛围，在延安的政治生活中起着重要的作用。毛泽东还为"抗大"制定了"坚定正确的政治方向，艰苦朴素的工作作风，灵活机动的战略战术"的教育方针和"团结、紧张、严肃、活泼"的校训。他的一些重要著作如《中国革命战争的战略问题》《矛盾论》《实践论》《论持久战》等，都被列为"抗大"的必读教材。毛泽东和中共中央一些负责人，经常为"抗大"讲课。毛泽东曾回忆说："那时我可讲得多，三天一小讲，五天一大讲。"他讲课的内容十分广泛，包括政治、军事、哲学、历史等，其中主要是谈战略问题。毛泽东强调要"提高战略空气"。他说："只有了解大局的人才能合理而恰当地安置小东西。即使当个排长也应该有全局的图画，也才有大的发展。"他要求学员们在政治上要努力学习马列主义，在军事上要努力学习军事理论，这些都是战略问题。[①]

但令毛泽东非常头痛的根本问题是，发愤读书和发奋著述，他也无法改变那些留苏学生出身的中共高层领导者及其被影响者们"唯书""唯上"的思维习惯和工作方法。"唯书"是指来自苏联的理论著作，"唯上"是指来自莫斯科苏共中央斯大林和共产国际的指示。而毛泽东的理论著作是不包括在其中的。在严重的意识形态氛围中，延安完全笼罩在莫斯科的阴影之中。为了执行中共六届六中全会关于学习问题的决议，1939年2月17日，中共中央就特设了干部教育部，由张闻天出任部长，李维汉任副部长，领导和组织全党的马列主义理论学习。

1939年10月14日，毛泽东在《〈共产党人〉发刊词》一文中，分阶段性地总结了中国共产党成立18年来的历史经验。他指出，在党的幼年时

[①] 逄先知、金冲及主编：《毛泽东传（1893—1949）》（上），中央文献出版社1996年版，第523页。

期，革命失败的主要原因，就在于"还不善于将马克思列宁主义的理论和中国革命的实践相结合"，在土地革命时期，"一部分同志曾在这个伟大斗争中跌下了或跌下过机会主义的泥坑，这仍然是因为他们不去虚心领会过去的经验，对于中国的历史状况和社会状况、中国革命的特点、中国革命的规律不了解，对于马克思列宁主义的理论和中国革命的实践没有统一的理解而来的"。

"前途是光明的，道路是曲折的。"在"抗大"，毛泽东告诫学员们，中国革命的道路如河流一样曲折蜿蜒，要准备走"之"字路，走"之"字路，这是世界上任何事情发展的原则。说白了，一切都是需要斗争才能赢得主动，赢得胜利。中国共产党人要从斗争中创造新局面。毛泽东之所以要高高地树立起"新民主主义"大旗，他说，"目的主要为驳顽固派"。其实，它的意义远远超出这个范围。1940年1月，毛泽东在陕甘宁边区文化协会第一次代表大会上发表《新民主主义的政治与新民主主义的文化》的长篇讲话，开宗明义地提出"中国向何处去"的问题，他十分明确地回答："我们要建立一个新中国。"他说："我们共产党人，多年以来，不但为中国的政治革命和经济革命而奋斗，而且为中国的文化革命而奋斗；一切这些的目的，在于建设一个中华民族的新社会和新国家。"

1942年3月30日，毛泽东在延安曾就"如何研究中共党史"的问题发表了真知灼见，提出了"古今中外法"，就是弄清楚所研究的问题发生的一定的时间和一定的空间，把问题当作一定历史条件下的历史过程去研究。他强调："研究中共党史，应该以中国为中心，把屁股坐在中国身上。"其实，不仅仅是研究党史问题应该以中国为中心，研究任何有关中国的问题，都应该以中国为中心，把屁股坐在中国身上。因为"屁股"往往决定"脑袋"。

毛泽东重视阅读马列主义著作，但更重视实践中运用和发展马列主义。他反对死读马列的书，生搬马列的教条，反对抽象地无目的地研究马列主义，反对用静止的孤立的观点对待马列主义。他早在1940年7月13日的一次干部学习讨论会上，就曾说过：一切皆在变化中，不应该用固定的形式主义的观点，而应该用活泼的辩证法的观点注意变化中的事物。要用马克思主义观点研究具体环境与具体策略。

对于应当用什么态度对待马列主义著作，毛泽东在1960年年初就读书问题曾说过这样一段非常重要的话，至今看来仍具有重要的指导意义。他说：

> 马克思、恩格斯、列宁的书，必须读，这是第一。但是任何国家的共产党人，任何国家的无产阶级的思想界，都要创造新的理论，写出新的著作，产生自己的理论家，来为当前的政治服务。任何国家、任何时候，单靠老东西是不行的。单有马克思和恩格斯，没有列宁，不写出《两个策略》等著作，就不能解决1905年和以后出现的新问题。单有1907年的《唯物主义和经验批判主义》，就不足以应付十月革命前后发生的新问题。适应这个时候的需要，列宁就写了《帝国主义论》《国家与革命》等著作。列宁死了，又需要斯大林写出《论列宁主义基础》和《论列宁主义的几个问题》这样的著作，来对付反对派，保卫列宁主义。我们在第二次国内革命战争末期和抗战初期写了《实践论》和《矛盾论》，这些都是适合于当时需要不能不写的。现在我们已经进入社会主义时代，出现了新的一系列的问题，如果不适应新的需要，写出新的著作，形成新的理论，也是不行的。[①]

毛泽东是一个富于创造性的马克思主义者，他善于从中国的实际出发，运用马克思主义的基本原理，对社会主义革命经验和科学社会主义理论进行了新的探索、认识和实践，走出了一条中国特色的民主革命和社会主义改造的道路，其中《论十大关系》和《关于正确处理人民内部矛盾的问题》等著作，就凝聚着毛泽东思想的光辉。

[①] 龚育之、逄先知、石仲泉：《毛泽东的读书生活》，生活·读书·新知三联书店1986年版，第35—36页。

不懂就是不懂，不要装懂；不要摆官僚架子

在延安，毛泽东发愤读书，主攻方向是政治、军事和哲学方面。1942年2月，中共中央作出关于在职干部教育的决定。关于高中级干部学习理论方面，规定"其学习的范围分为政治科学、思想科学、经济科学、历史科学等项"，并强调"思想科学以马克思主义的思想方法论为理论材料，以近百年中国的思想发展史为实际材料"。同年4月，在他的建议下，中央编辑出版了马克思、恩格斯、列宁、斯大林《思想方法论》一书，作为干部必读的12部著作之一。

但新中国成立后，情况发生了变化。政治科学、思想科学、历史科学问题已经不是主要矛盾，经济科学问题成为执政党的主要工作。而在战争年代，毛泽东没有机会和精力去阅读有关经济学方面的书籍。面对即将到来的国民经济的恢复和社会主义经济建设任务，毛泽东郑重地提出了要学习研究经济学的新任务。在《论人民民主专政》中，毛泽东指出："过去的工作只不过是像万里长征走完了第一步。残余的敌人尚待我们扫灭。严重的经济建设任务摆在我们面前。我们熟习的东西有些快要闲起来了，我们不熟习的东西正在强迫我们去做。""我们必须克服困难，我们必须学会自己不懂的东西。我们必须向一切内行的人们（不管什么人）学经济工作。拜他们做老师，恭恭敬敬地学，老老实实地学。不懂就是不懂，不要装懂。不要摆官僚架子。钻进去，几个月，一年两年，三年五年，总可以学会的。"①

---

① 《毛泽东选集》第四卷，人民出版社1991年版，第1480、1481页。

身体力行，说到做到。在新中国成立初期，毛泽东先后阅读了《哥达纲领批判》《经济学大纲》《政治经济学批判》《资本论》《帝国主义是资本主义的最高阶段》《列宁有关政治经济学论文十三篇》《马恩列斯论共产主义社会》《俄国资本主义的发展》等诸多经济学著作，尤其是《苏联社会主义经济问题》和苏联《政治经济学》教科书这两部著作。

1958年8月，中央政治局北戴河扩大会议后，大炼钢铁的群众运动和人民公社化运动的潮流涌向全国。这两个运动掀起的"共产风"，严重地破坏了国民经济，搞乱了人们的思想。毛泽东认知到错误后，立即号召领导干部学习经济学。11月9日，他专门致信中央、省市自治区、地、县四级党委委员，说："不为别的，单为一件事：向同志们建议读两本书。一本，斯大林著《苏联社会主义经济问题》；一本，《马恩列斯论共产主义社会》。每人每本用心读三遍，随读随想，加以分析，哪些是正确的（我以为这是主要的）；哪些说得不正确，或者不大正确，或者模糊影响，作者对于所要说的问题，在某些点上，自己并不甚清楚。读时，三五个人一组，逐章逐节加以讨论，有两至三个月，也就可能读通了。要联系中国社会主义经济革命和经济建设去读这两本书，使自己获得一个清醒的头脑，以利指导我们伟大的经济工作。""将来有时间，可以再读一本，就是苏联同志们编的那本《政治经济学》教科书。"

毛泽东向全党领导干部推荐的这三部著作，自己都认真读过至少三遍。譬如《苏联社会主义经济问题》这部书，在他所批注的版本中就保存有三种。从1958年11月至1960年1月，毛泽东曾多次提出要求领导干部认真阅读《政治经济学》教科书。在11月下旬的武昌会议和12月举行的中共八届六中全会上，毛泽东提议全党要研究阅读该书，他说：我们这些人，包括我在内，社会主义经济规律是什么东西，过去是不管它的。现在我们真正搞起来了，全国也议论纷纷。斯大林的书，我们要看一下。为了我们的事业和当前的工作来研究政治经济学，"比平素我们离开实际专门看书要好得多"。

在1959年的庐山会议召开前，毛泽东专门把"读书"问题排在会议内容19个问题中的第一位。7月2日，他在会议开幕式上明确指出：有鉴于去年许多领导同志对于社会主义经济问题还不大了解，不懂得经济发展规律，有鉴于现在工作中还有事务主义，应当好好读书。"现在有些人是热锅上的蚂蚁，要让他们冷一下。"遗憾的是，毛泽东关于读书的安排，却因会议后期对彭德怀的错误批判而未能实现。但在这年12月10日，毛泽东亲自组织了一个学习小组，带领陈伯达、田家英、胡绳、邓力群等人来到杭州，专门学习《政治经济学》教科书，每天边学边议，从未间断，直到第二年2月9日，在广州读完了全书。这次学习，主要集中体现在两本谈话记录中，一个是《读〈政治经济学〉教科书下册的笔记》，一个是《读苏联〈政治经济学〉社会主义部分的谈话记录》。在这些谈话记录和笔记中，毛泽东主要谈了六个方面的问题，一是反对官僚资本，二是土改与合作化，三是改造资本主义工商业，四是社会主义建设道路，五是科学社会主义理论，六是哲学。

就是在这次读书学习中，在关于社会主义建设道路问题上，毛泽东第一次完整地表达了"四化"思想。他说："建设社会主义，原来要求是工业现代化，农业现代化，科学文化现代化，现在要加上国防现代化。"同时，他还提出了客观存在的价值法则"是一个伟大的学校"的著名观点。在关于科学社会主义理论问题上，毛泽东第一次提出了社会主义社会和共产主义社会发展的"阶段论"。他说：社会主义"第一个阶段是不发达的社会主义，第二个阶段是比较发达的社会主义。后一阶段可能比前一阶段需要更长的时间。经过后一阶段，到了物质产品和精神财富都极为丰富和人们的共产主义觉悟极大提高的时候，就可以进入共产主义社会了"。而共产主义社会也"可能要经过几万个阶段。能够说到了共产主义，就什么都不可变了，就一切都'彻底巩固'下去吗？"他指出："从社会主义过渡到共产主义是革命，从共产主义的这一个阶段过渡到另一个阶段，也是革命。共产主义一定会有很多的阶段，因此也一定会有很多的革命。"在关于哲学问题上，毛泽东认为这部书的最大缺点就是缺少辩证法。他说：作者们没有辩证法，没有哲学头脑的作家要写出好的经济学来是不可能的。"马克思能够写出《资本论》，列宁能够写出《帝国主义论》，因为他们同时是哲学家，有哲学家的头脑，有辩证法这个武器"；"当做一门科学，应当从分析矛盾出发，否则就不能成其为科学"。他指出：在社会主义时代，矛盾仍然是社会发展的动力；生产力和生产关系的矛盾，经济基础和上层建筑的矛盾仍然是社会主义的基本矛盾。基于这一观点，他提出：要以生产力和生产关系的平衡和不平衡，生产关系和上层建筑的平衡和不平衡作为纲，来研究社会主义社会的经济问题。毛泽东的这些观点，都是鉴于苏联教科书的弊端提出来的，为研究社会主义和建设社会主义提供了正确的理论和方法。

"学而不思则罔，思而不学则殆。"在这次读书学习中，毛泽东还比较多地思考了认识论的问题。他倡导"大跃进"和人民公社，原本是为了探索出一条适合中国国情的社会主义建设道路，但事与愿违，犯了错误。他说：自由是对必然的认识，并根据对必然的认识成功地改造客观世界。这个必然不是一眼就能看透的。世界上没有天生的圣人。到了社会主义社会，也还是没有什么"先知先觉"。拿我们自己的经验来说，开始我们也不懂得搞社会主义，以后在实践中逐步有了认识。认识了一些，也不能说认识够了。他还特别强调，认识事物发展的客观规律，"必须经过多次胜利和失败，并且认真进行研究，才能逐步使自己的认识合乎规律。只看见胜利，没看见失败，要认识规律是不行的。"[1]

学，然后知不足。毛泽东深感自己需要加强各个方面的学习。1962年，毛泽东在"七千人大会"上说："拿我来说，经济建设工作中间的许多问题，还不懂得。工业、商业，我就不大懂。对于农业，我懂得一点。但是也只是比较地懂得，还是懂得不多。要较多地懂得农业，还要懂得土壤学、植物学、作物栽培学、农业化学、农业机械，等等；还要懂得农业内部的各个分业部门，例如粮、棉、油、麻、丝、茶、糖、菜、烟、果、药、杂等等；还有畜牧业，还有林业。我是相信苏联威廉斯土壤学的，在威廉斯的

---

① 唐矽编著：《毛泽东与读书学习》，中央文献出版社 2004 年版，第 69—70 页。

"活到老，学到老" | 351

土壤学著作里，主张农、林、牧三结合。我认为必须有这三结合，否则对于农业不利。所有这些农业生产方面的问题，我劝同志们，在工作之暇，认真研究一下，我也想研究一点。但是到现时止，在这些方面，我的知识很少。"

1952年，毛泽东在一次会议上碰到地质学家李四光，劈头就问："你那个山字形构造是怎么回事，你是不是给我讲一讲?"

毛泽东这一问让李四光大吃一惊，没想到日理万机的毛主席怎么对地质力学这样一个专门性的概念都注意到了。他就详细地给毛泽东讲解了在力的作用下，大地形成山字形构造的原理。由此可见，毛泽东在工作上确实是不懂就是不懂，不装懂。

1955年1月15日，毛泽东亲自主持中央书记处扩大会议，讨论发展原子能事业，特此请了地质学家李四光、核物理学家钱三强等人参加。毛泽东谈笑风生，开场就说："今天，我们这些人当小学生，请你们来上课。"毛泽东的一句话一下子拉近了人民领袖与人民之间的距离，令专家、学者们感到无比亲切。

我们不应当割断历史

"学习我们的历史遗产,用马克思主义的方法给以批判的总结,是我们学习的另一任务。我们这个民族有数千年的历史,有它的特点,有它的许多珍贵品。对于这些,我们还是小学生。今天的中国是历史的中国的一个发展;我们是马克思主义的历史主义者,我们不应当割断历史。从孔夫子到孙中山,我们应当给以总结,承继这一份珍贵的遗产。"这是毛泽东1939年5月20日在延安在职干部教育动员大会上,号召开展学习运动时向全党提出的要求。也可以说,这是毛泽东的历史观。

历史是一条奔流不息的长河。今天由昨天发展而来,明天是今天的延续。毛泽东从青年时代开始就喜欢阅读历史古籍,认为中华文明的经、史、子、集著作,"苟有志于学问,此实为必读而不可缺"。除了热爱优秀的传统文化典籍之外,毛泽东最爱的还是历史典籍。1909年,他在故乡韶山的私塾阅读了中国通史读本《纲鉴易知录》,初步了解了从太古神话时代到明朝4000年的历史本末。1912年,他在长沙省立第一中学就读时,得到了国文老师借给他的《御批历代通鉴辑览》。正是因为读了此书之后,毛泽东"断定还是单独求学的好,六个月后,我离开学校。自己订立了一个读书的计划,规定每天在湖南省立图书馆中阅书",开始了长达半年的自学生涯。这两部历史典籍可谓是毛泽东读史的入门书。

作为中国人,毛泽东热爱中国历史,对历史书籍尤其珍惜。他说:"中国有两部大书,一曰《史记》,一曰《资治通鉴》,都是有才气的人在政治上不得志的境遇中编写的。"其中《资治通鉴》这部书,毛泽东不仅自己一生读了17遍,而且多次推荐给别人阅读。而另一部典籍《二十四史》,

毛泽东则整整花了24年的工夫，在工作之余断断续续地啃了下来，有的章节还反复阅读五六遍之多。毛泽东边读边想边写。他说，研究中国历史，"必须要扎扎实实把《二十四史》学好"，要在广泛掌握史料的基础上，独立思考，"把为什么说清楚"。他反对那种死记硬背的学习方法，认为那只是学到了皮毛而已，并不能真正的理解历史。

在阅读中，毛泽东不仅圈点、断句，还细心地修改书中的错别字。为了更方便现代人阅读，毛泽东在1954年将标点《资治通鉴》的工作交给历史学家吴晗，并说："《资治通鉴》这部书写得好，尽管立场观点是封建统治阶级的，但叙事有方法，历代兴衰治乱本末皆具，我们可以批判地读这部书，借以熟悉历史事件，从中吸取经验教训。"后来，他又请吴晗组织史学家编辑了《中国历史地图集》，"以便随时检查历史地名的方位"。与此同时，他还提议组织并大力支持齐燕铭、范文澜等历史学家对《二十四史》和《清史稿》全部加以标点、整理。

"不动笔墨不读书"。在阅读《二十四史》中，毛泽东圈点批注最多的是《史记》《汉书》《后汉书》《三国志》《旧唐书》《新唐书》《晋书》《明史》等。比如，在阅读《史记·陈涉世家》时，毛泽东对秦末陈胜、吴广起义进行了批注，认为他们起义失败有"二误"：一是他们功成忘本，杀了旧时的伙伴，脱离了本阶级的群众；二是他们任用朱房、胡武等人不当，偏听偏信，脱离了同患难的干部，本来在军事上占有优势，且万众一心，结果却众叛亲离，短命夭折。在阅读《三国志·张鲁传》时，毛泽东批注说："历代都有大小规模不同的众多的农民革命斗争，其性质当然与现在马克思主义革命运动根本不相同。但有相同的一点，就是极端贫苦农民广大阶层梦想平等、自由，摆脱贫困，丰衣足食。"又说："我国从汉末到今一千多年，情况如天地悬隔。但是从某几点看起来，例如，贫农、下中农的一穷二白，还有某些相似。"在他看来，中国封建社会的历史，只有农民的阶级斗争、农民起义和农民战争，才是历史发展的真正动力。

毛泽东读史，尤其喜欢读人物传记。在阅读史书的同时，毛泽东不仅把自己阅读的经验与他人分享，还积极推荐一些优秀的篇目给大家阅读，希望大家从中得到教益。比如《三国志·郭嘉传》《汉书·贾谊传》《后汉书·黄琼传》《后汉书·李固传》和《史记·屈原贾生列传》等，他经常推荐给刘少奇、周恩来、邓小平、彭真、彭德怀等中央领导和江青及身边工作人员阅读，希望党的干部既有革命热情，又有科学态度；既多谋，又善断；既敢于说真话，又善于听真话。

学而思，才有进步。毛泽东阅读历史，用的是三种眼光，一是俯视，二是平视，三是仰视。对于司马光《资治通鉴》为什么从周威烈王二十三年写起的问题，他认为是因为"这一年中国历史上发生了一件大事，或者说司马光认为发生了一件大事"，这件事就是"周天子命韩、赵、魏三家为诸侯，这一承认不要紧，使原先不合法的三家分晋变成合法的了。司马光认为这是周室衰落的关键。'非三晋之坏礼，乃天子自坏也'。选择这一年的这件事为《通鉴》的首篇，这是开宗明义，与《资治通鉴》的书名完全切题。下面做得不合法，上面还承认，看来这个周天子没有原则，没有是非。无是无非，当然非乱不可。这叫上梁不正下梁歪嘛！任何国家都是一样，你上面敢胡来，下面凭什么老老实实，这叫事有必至，理有固然。"

对于《资治通鉴》作者司马光和王安石的关系，毛泽东说："这两个人在政治上是对手，王安石要变法，而司马光反对。但在学问上，他俩还是好朋友，是互相尊重的。他们尊重的是对方的学问，这一点值得我们学习，不能因政见不同，连人家的学问也不认账了。"对《资治通鉴》中关于战争的描述，毛泽东说："《通鉴》里写战争，真是写得神采飞扬，传神得很，充满了辩证法。它要帮助统治阶级统治，靠什么？能靠文化？靠作诗写文章吗？古人说，秀才造反，三年不成。我看古人是说少了，光靠秀才，三十年、三百年也不行噢。"

就当代人修当代史的问题，毛泽东借《资治通鉴》表明了自己的看法。他说："本朝人编本朝史，有些事不好说，也可叫做不敢说，不好说的事大抵是不敢说的事。所以历代编写史书，本朝写本朝的大抵不实，往往要由后一代去写。"而对司马光个人写作和人生的际遇，他深表同情地说了一段富含人生哲理的话："人受点打击，遇点困难，未尝不是好事。当然，这是指那些有才气、又有志向的人来说的。没有这两条，打击一来，不是消沉，便是胡来，甚至会去自杀。那便是另当别论。司马光晚年还做了三个月的宰相，过了一年左右的时间，他便死了。死了之后，还接着倒霉，真是人事无常啊！"

毛泽东说：读历史的人不一定是守旧的人。他喜欢阅读的历史是那些起过进步作用的、对旧势力具有反叛性格和造反精神的革新者、改革家和革命家的传记和著作，并对他们给予积极的评价。比如，他十分推崇和欣赏战国时代的伟大爱国诗人屈原，唐朝中期实行政治改革的"二王"（王伾、王叔文）、"八司马"（柳宗元、刘禹锡、韩泰等八名士），明朝大胆揭露假道学的思想家李贽，清朝地主阶级的改革派魏源、龚自珍、林则徐，维新派的康有为、梁启超、谭嗣同，资产阶级革命家章太炎、邹容、陈天华，等等。据逄先知回忆："章太炎的《驳康有为书》、邹容的《革命军》和有关《苏报》案的材料，根据我的记载，毛泽东就要过四次：1958年2月，1961年7月，1963年3月、7月。毛泽东对章太炎和邹容的英勇的革命精神和笔锋犀利的文字，深为赞佩。为表示对这两位革命家的怀念，毛泽东在《革命军》一书的扉页的邹容肖像旁边，挥笔书写了章太炎狱中赠邹容的那首诗：'邹容吾小友（弟），被发下瀛洲。快剪刀除辫，干牛肉作糇。英雄一入狱，天地亦悲秋。临命当（须）掺手，乾坤只两头。'在1958年的成都会议上，毛泽东又提到章太炎和邹容。他说：四川有个邹容，他写了一本书，叫《革命军》，我临从北京来，还找这本书望了一下。他算是提出了一个民主革命的简单纲领。他只有17岁到日本，写书的时候大概是十八九岁。20岁时跟章太炎在上海一起坐班房，因病而死。章太炎所以坐班房，就是因为他写了一篇文章，叫《驳康有为论革命书》。这篇文章值得一看，其中有两句：'载湉小丑，不辨菽麦'，直接骂了皇帝。这个时候章太炎年纪也不大，大概三十几岁。"

"读书破万卷，下笔如有神。"毫无疑问，毛泽东之所以能写就洋洋数千万言散发着人类思想光辉的著作和雄伟豪迈的诗篇，与他如饥似渴地博览历史古籍是有着密不可分的关系的。但毛泽东与那些信而好古、钻到故纸堆里出不来的人大相径庭，与那些言必称希腊、不结合现实和实际生搬硬套的人也截然不同。他读史学史用史的着眼点就是为了今天，为现实斗争服务，即古为今用。对于这一点，我们在《毛泽东选集》和他的讲话、谈话中引用的许许多多的成语和典故中可以看得到。比如"实事求是""惩前毖后，治病救人""知无不言，言无不尽；言者无罪，闻者足戒""兼听则明，偏听则暗""百家争鸣""任人唯贤""凡事预则立，不预则废""愚公移山"等等，这些言简意赅的古语、古典，被毛泽东发掘出来并赋予新的含义，形象生动，寓意深刻，具有很强的感染力和说服力，为群众所掌握，有的成为中共所遵循的思想路线，有的成为党内组织生活的原则和处理人与人之间关系的规范，有的则成为某一方面工作的方针或具有普遍意义的工作方法。①

毛泽东读史，始终采取历史唯物主义的观点，对那些历史上具有争议的历史人物，也始终以辩证法的思维给予客观评价。

比如，对秦始皇这个历史人物，在中国历史上可谓赫赫有名，却又是最有争议的一个皇帝，"暴君""暴政"的评价曾经写进历史教科书，尤其是"焚书坑儒"一事，更是受到历代史家众口一词的抨击。但毛泽东从厚今薄古的角度对秦始皇的这一政治举措给予肯定。1958年在中共八大二次会议上，他就最近阅读范文澜《历史研究必须厚今薄古》一文发表了自己的看法，说：我看了很高兴。这篇文章引用了很多事实证明厚今薄古是我国的传统。敢于站起来说话了，这才像个样子。文章引用了司马迁、司马光……可惜没有引用秦始皇。秦始皇主张"以古非今者族"，秦始皇是个厚今薄古的专家。

这一年，毛泽东多次谈到秦始皇，在11月的郑州会议上，他说：人们从书中得知，秦始皇有焚书坑儒的恶行，因此把他看做是大暴君、大坏人。焚书坑儒当然是坏事，它把蓬蓬勃勃发展起来的百家争鸣的生动局面给挫折了。但我们对什么事都应当有分析，秦始皇并不是不问什么书

---

① 龚育之、逄先知、石仲泉：《毛泽东的读书生活》，生活·读书·新知三联书店1986年版，第209页。

都焚，也不是不问什么儒都坑。他焚的是"以古非今"的书，坑的是孟子一派的儒，其实只有460人。孟子主张"法先王"，所以孟子一派的书是"以古非今"的。而荀子一派则相反，主张"法后王"，反对"法先王"的。所以他并不坑荀子一派的儒，也不焚荀子一派的书。秦始皇"以古非今者族"的主张值得赞赏，当然我并不赞成秦始皇滥杀人。当时，要由奴隶制国家转变为封建制国家，不实行专政是不行的。但对孟子一派采取焚书坑儒的办法，过火了。政治上要实行专政，文化上要提倡百家争鸣、百花齐放，我们现在就是这样。这一条，秦始皇办不到的。说秦始皇没有做过一件好事，太武断了。秦始皇第一个统一了中国，统一了原来各国的度量衡，车同轨，书同文，变分封制为郡县制。这些事关中华民族兴盛的大事，能说不是好事吗？秦始皇还在陕西关中开凿了有名的郑国渠，长三百余里，可灌溉农田四万余顷，直接于生产有益，于人民有益。秦国因此富强起来，终于把六国吞并了。能说这不是好事吗？①

　　1964年和1965年，毛泽东在接见外宾和越南领导人胡志明时，还曾说：秦始皇比孔子伟大得多。孔子代表奴隶主、贵族。"在中国历史上，真正做了点事的是秦始皇，孔子只说空话。几千年来，形式上是孔子，实际上是按秦始皇办事。秦始皇用李斯，李斯是法家，是荀子的学生。"1970年6月19日，毛泽东在接见外宾时又说起了秦始皇："两千多年前统一中国的，就是这个修长城的皇帝——秦始皇。中国这个字有两说：一个叫瓷器，一个没有A字，就是CHIN（秦朝）。这个皇帝可做了些事情呢。人家骂他骂得厉害。"②1974年，毛泽东还曾专门写过一首批孔颂秦的诗《读〈封建论〉呈郭老》，诗曰："劝君少骂秦始皇，焚坑事业要商量。祖龙魂死秦犹在，孔学名高实秕糠。百代都行秦政法，《十批》不是好文章。熟读唐人《封建论》，莫从子厚返文王。"诗中《十批》指的是郭沫若写的《十批判书》，毛泽东认为该书崇儒反法，不是好文章，而唐代柳宗元（字子厚）的《封建论》推崇秦始皇的郡县制，反对分封制，所以毛泽东提出要"熟

---

① 陶鲁笳：《一个省委书记回忆毛泽东》，山西人民出版社1993年版，第146—147页。
② 陈晋：《毛泽东之魂》，吉林人民出版社1993年版，第271、279页。

读"。1975年夏天，身边工作人员请教毛泽东到底如何评价秦始皇，他说：秦始皇作为一个历史人物评论，要一分为二。秦始皇在历史发展过程中的进步作用要肯定，但他在统一六国以后，丧失了进取的方面，志得意满，耽于逸乐，求神仙，修宫室，残酷地压迫人民，到处游走，消磨岁月，无聊得很。陈胜、吴广揭竿而起，反抗秦的暴政，其中包括对秦始皇，完全是正义的。

毛泽东对历史人物给予不同于历史世俗评价的另一个备受争议的人物，就是曹操。在旧史学家眼里，曹操是"治世之能臣，乱世之奸雄"。尤以《三国演义》及其之后各类戏剧的脸谱化的刻画，曹操成了家喻户晓的"白脸奸臣"。毛泽东在阅读大量史书的基础上，主张为曹操翻案，对曹操实事求是地加以肯定。他说："曹操统一中国北方，创立魏国。那时黄河流域是全国的中心地区。他改革了东汉的许多恶政，抑制豪强，发展生产，实行屯田制。还督促开荒，推行法制，提倡节俭，使遭受大破坏的社会开始稳定、恢复、发展。这些难道还不是了不起？说曹操白脸奸臣，书上这么写，剧里这么演，老百姓这么说，那是封建正统观念制造的冤案。笔杆子杀人呐，那些反动文人垄断了文化，写出东西又愚弄毒害了老百姓，这个案我们要翻过来！"

毛泽东对曹操统一北方、屯田政策和"不杀降（俘虏）"政策以及曹操的文学（诗歌）成就都给予了很高评价，认为"曹操是了不起的大政治家、军事家，也是一位了不起的诗人"。1958年11月20日，毛泽东在武汉东湖召集柯庆施、李井泉、王任重、陶鲁笳等开座谈会，主题就是谈陈寿的《三国志》。毛泽东先从读书方法谈起，说：读书的方法无非就是两条，第一条要学会用联系的方法看书中的人物、事件；第二条要学会当评论员。随即他就以这两种方法开始评论《三国志》和《三国演义》，说道：你们读《三国志》和《三国演义》，注意了没有，这两本书对曹操的评价是不同的。《三国演义》是把曹操看作奸臣来描写的；而《三国志》是把曹操看作正面人物来叙述的，而且说曹操是天下大乱时期出现的"非常之人""超世之杰"。可是因为《三国演义》又通俗又生动，所以看的人多，加上旧戏上演戏都是按《三国演义》为蓝本编造的。所以曹操在旧戏舞台上就是一个白脸奸臣。这一点可以说在我国是妇孺皆知的。说到此，毛泽东愤愤不平地说：现在我们要为曹操翻案。我们党是讲真理的党，凡是错案、冤案，十年、二十年要翻，一千年、两千年也要翻。①毛泽东为曹操翻案，并非好标新立异，感情用事，也是一种实事求是，同时也批评曹操的缺点错误。鲁迅说："其实，曹操是很有本事的人，至少是一个英雄，我虽不是曹操一党，但无论如何，总是非常佩服他。"毛泽东对此说十分欣赏。而对曹操的文学成就，毛泽东说："曹操的文章、诗，极为本色，直抒胸臆，豁达通脱，应当学习。"还说："我还是喜欢曹操的诗，气魄雄伟，慷慨悲歌，是真男子，大手笔。"

对于近现代史上的历史人物，毛泽东比较推崇曾国藩、梁启超、谭嗣同、孙中山、陈独秀、李大钊、鲁迅等人。其中，在中共党史上备受争议的陈独秀，毛泽东也有着自己与众不同的评价。在湖南第一师范读书的时候，毛泽东就是陈独秀《新青年》杂志不折不扣的"粉丝"，是他的崇拜者。1917年9月23日，他与同学蔡和森、张昆弟就讨论过陈独秀，认为："前之谭嗣同，今之陈独秀，其人者，魄力颇雄大，诚非今日俗学所可以拟。"陈犹如"俄之托尔斯泰其人，以洗涤国民之旧思想，开发其新思想"。毛泽东公开发表的第一篇文章《体育之研究》就是发表在《新青年》第三卷第二号上。

正是在陈独秀和《新青年》的影响下，毛泽东和朋友们在长沙成立了新民学会。1936年他在陕北保安的窑洞与斯诺谈起自己的生平往事时，说："这许多团体大半都是在陈独秀编辑的著名新文化运动杂志——《新青年》影响下组织起来的。我在师范学校读书时，就开始阅读这本杂志了。并且十分崇拜陈独秀和胡适所作的文章。他们成了我的模范，代替了我已经厌弃的康有为和梁启超。"后来，毛泽东到了北京，在北京大学图书馆当管理员，他觉得陈独秀"给我的影响也许比那里任何人所给我的都大"。

---

① 陶鲁笳：《一个省委书记回忆毛泽东》，山西人民出版社 1993 年版，第 144 页。

1919年五四运动爆发后，陈独秀因散发《北京市民宣言》被捕。毛泽东在长沙立即撰写了《陈独秀被捕及营救》，发表在《湘江评论》上。在文章中，毛泽东称陈独秀是"思想界的明星"，"陈君之逮捕，绝不能损及陈君的毫末，并且留着大大的一个纪念于新思潮，使他越发光辉远大。政府决没有胆子将陈君处死。就是死了，也不能损及陈君至坚至高精神的毫末。陈君原自说过，出试验室，即入监狱。出监狱，即入试验室。又说，死是不怕的。陈君可以实验其言了。我祝陈君万岁！我祝陈君至坚至高的精神万岁！"[①]

1921年夏天，毛泽东到上海参加中共一大。他回忆说："在中国共产党的组织中，陈独秀和李大钊占着领导的地位，无疑地，他们都是中国知识界中最灿烂的领袖。我在李大钊手下做图书馆佐理员时，已经很快地倾向马克思主义了，而陈独秀对于引导我的兴趣到这方面来，也大有帮助。我第二次赴沪时，我曾和陈独秀讨论我所读过的马克思主义书籍，陈本人信仰的坚定不移，在这也许是我一生极重要的时期，给我以深刻的印象。"所以，到"1920年夏天，我在理论上和某种程度的行动上，变成马克思主义者，并且自此以后，我自认为是一个马克思主义者了"。

由此可见，在毛泽东眼里，陈独秀就是他的导师。但由于国民党的叛变，大革命失败后，陈独秀因负有不可推卸的历史责任退出了政治舞台，以致后来加入"托派"，被中共中央开除党籍。尽管如此，在以后的岁月里，除了因为政治斗争的需要之外，毛泽东对陈独秀的评价依然是一分为二的。1942年3月30日，毛泽东在延安谈到《如何研究中共党史》时说："陈独秀是五四运动的总司令。"紧接着，他还说过这样一段意味深长的话："现在还不是我们宣传陈独秀历史的时候，将来我们修中国历史，要讲一讲他的功劳。"

历史不能割断。陈独秀1942年5月凄然离世后的第三年，毛泽东在中共七大预备会议上，再次郑重地提到了陈独秀，说他"是五四运动时期的

[①]《毛泽东早期文稿》，湖南出版社1995年版，第305—306页。

总司令，整个运动实际上是他领导的。他与周围的一群人，如李大钊同志等，是起了大作用的。我们那个时候学习白话文，听他说什么文章要加标点符号，这是一大发明，又听他说世界上有马克思主义。我们是那一代人的学生，五四运动替中国共产党准备了干部。那个时候的《新青年》杂志，是陈独秀主编的。被这个杂志和五四运动警醒起来的人，后头有一部分进了共产党。这些人受陈独秀和他周围的人影响很大，可以说是由他集合起来，这才成立了党。我说陈独秀在某几点上，好像俄国的普列汉诺夫，做了启蒙运动的工作，创造了党，但他在思想上不如普列汉诺夫。普列汉诺夫在俄国做过很好的马克思主义的宣传。陈独秀则不然，甚至有些很不正确的言论，但是他创造了党，有功劳……关于陈独秀，将来修党史的时候，还是要讲到他"。①

1953年2月21日，毛泽东从武汉到南京，途经安庆时，在海军"长江"舰上与安庆地委负责人谈话时，得知陈独秀的三子陈松年生活困难，毛泽东说："何必卖房子呢，生活困难可以照顾嘛！"随后，地方政府按照毛泽东的指示，给予了适当的待遇补助。

1956年，毛泽东在同音乐者的谈话中指出："向古人学习是为了现在的活人"，在"古为今用"。他始终提倡研究历史的目的，是批判地继承和发展历史的优秀遗产，为现实斗争服务，而不是信而好古，迷信过去。毛泽东一辈子都注重从历史的经验教训中吸取有益的营养，引为借鉴。历史学家周谷城十分钦佩地赞叹："毛泽东'古为今用'是没有人能企及的。"

---

① 《毛泽东在七大的报告和讲话集》，中央文献出版社 1995 年版，第 9 页。

自然科学是人们争取自由的一种武装

"自然科学是人们争取自由的一种武装。人们为着要在社会上得到自由，就要用社会科学来了解社会，改造社会，进行社会革命。人们为着要在自然界里得到自由，就要用自然科学来了解自然、克服自然和改造自然，从自然里得到自由。"这是毛泽东1942年2月在延安自然科学研究会成立大会上的讲话。他指出："马克思主义包含有自然科学，大家要来研究自然科学，否则世界上就有许多不懂的东西，那就不算一个最好的革命者。"①

1941年1月31日，毛泽东在收到毛岸英从苏联寄来的信之后，对儿子的成长进步表示高兴，并且诚恳地给岸英、岸青提出了一个要求——"惟有一事向你们建议，趁着年纪尚轻，多向自然科学学习，少谈些政治。政治是要谈的。但目前以潜心多习自然科学为宜，社会科学辅之。将来可倒置过来，以社会科学为主，自然科学为辅。总之注意科学，只有科学是真学问，将来用处无穷。"毛泽东要儿子们"少谈政治"，这在毛泽东的文稿中是十分罕见的。其目的就是要儿子们"趁着年纪尚轻，多向自然科学学习"，因为"只有科学是真学问，将来用处无穷"。48岁的毛泽东或许从自己的成长中已经体会到了经验，感到自己相对社会科学而言，在自然科学知识上就显得贫乏些。因此作为父亲，他希望儿子们能从自己身上汲取教训，应该在年轻的时候，"以潜心多习自然科学为宜，社会科学辅之。将来可倒置过来，以社会科学为主，自然科学为辅"。毛泽东在这里告诉儿子

①《毛泽东文集》第二卷，人民出版社1993年版，第270页。

的不仅仅是一种学习的方法，而的确是一种忠告，是一种科学的实践。但同时毛泽东也告诉他的孩子"政治是要谈的"，只是时机、场合和主次的问题，学习是第一要务。因为只有等到自己有了真才实学和真本领以后，再谈政治也就有了基础和条件。毛泽东的这段话，真可谓金玉良言。

也就是在这个时候，毛泽东阅读了大量的自然科学著作。比如恩格斯的《自然辩证法》、英国麦开柏的《进化》、John W. Judd的《进化论发现史》、英国伏古勒尔的《天文学史》、罗素的《原子说发凡》、汤姆生的《科学大纲》、普朗克的《科学到何处去》、秦斯的《环绕我们的宇宙》、爱丁顿的《物理世界的本质》、王刚森的《电学ABC》等等。而在青年时代，毛泽东就认真阅读过达尔文的《物种起源》、赫胥黎的《天演论》等等自然科学著作。

在新中国成立前夕，毛泽东明确指出："严重的经济建设任务摆在我们面前，我们熟习的东西有些快要闲起来了，我们不熟习的东西正在强迫我们去做。"这里讲的"熟习的东西"是指打仗、搞阶级斗争；"不熟习的东西"是指经济建设所需要的自然科学和技术。在毛泽东看来，搞好经济建设，必须必要建设一支又红又专的骨干队伍，"红"就是保持坚定正确的政治方向，"专"就是精通科学技术等业务工作。1951年4月，毛泽东邀请周世钊和蒋竹茹到中南海做客，席间毛泽东告诉他们说："我很想请两三年假学习自然科学，可惜，可能不容许我有这样的假期。"

20世纪50年代，毛泽东希望全党加强科学技术的学习，不断提高科学文化素质。在中共八大预备会议上，毛泽东充满期望地提出一个目标：我们对新的科学技术还不懂，还要作很大的努力。现在中央委员会是一个政治中央，还不是科学中央，将来中央委员会就是科学委员会了。为此，他自己带头学习科学知识。为了让领导同志开阔眼界，了解与学习科学知识和生产技术，中央专门在中南海举办了科技展览。据有关资料介绍，自1956年4月12日至17日，毛泽东连续6天前去参观学习，7月又抽出4天时间前往参观学习；1958年6月至7月，他又先后四次前往参观。与众不同的是，毛泽东不是走马观花参观完了就完了，也不是看看热闹看看新鲜，而是真的埋头学习钻研。比如，1958年7月2日参观机床展览后，专门找来《无线电台是怎样工作的》《1616型高速普通车床》等书籍来看。他还读过有关火箭、人造卫星和宇宙飞行等方面的通俗读物，丰富自己的科学知识。

1957年10月，在中共八届三中全会上，毛泽东在论及政治与业务之间对立统一的辩证关系时，提出："我们的同志，无论搞工业的，搞农业的，搞商业的，搞文教的，都要学一点技术和业务……我们各行各业的干部都要努力精通技术和业务，使自己成为内行，又红又专。"[①]

1958年，他提出全党的工作重点要转移到技术革命上来，他强调指出："我们一定要鼓一把劲，一定要学习并且完成这个历史所赋予我们的伟大的技术革命。这个问题要在干部中议一议，开个干部大会，议一议我们还有什么本领。过去我们有本领，会打仗，会搞土改，现在仅仅有这些本领就不够了。要学新本领，要真正懂得业务，懂得科学和技术，不然就不可能领导好。"[②]这一年，张治中陪同毛泽东外出视察工作时，看到毛泽东在列车上聚精会神地读一本冶金工业的书籍，十分诧异地问道："你也要钻研科学的书？"他回答说："是呀，人的知识面要宽些。"

1960年11月，《光明日报》发表了一篇题为《从设计"积木式机床"试论机床内部矛盾运动的规律》的文章，这是8月召开的全国第一届自然辩证法座谈会的论文之一，作者是哈尔滨工业大学机械系机床及自动化专业的几位教师。毛泽东看到这篇文章后，请《红旗》杂志加以转载，并代《红旗》编辑部给作者写了一封信，说："看了你们在1960年11月25日《光明日报》上发表的文章，非常高兴，我们已将此文在本杂志转载。只恨文章太简略，对六条结论使人读后有几条还不甚明了。你们是否可以再写一篇较长的文章，例如一万五千字到二万字，详细地解释这六条结论呢？对于车、铣、磨、刨、钻各类机床的特点，也希望分别加以分析。我们很喜欢读你们的这类文章。你们对机械运动的矛盾的论述，引起了我们很大的

---

① 《毛泽东文集》第七卷，人民出版社1999年版，第309页。
② 毛泽东：《不断革命》，《红旗》1979年第1期。

兴趣，我们还想懂得多一些，如果你们能满足我们的（也是一般人的）要求，则不胜感谢之至。"信末原署"毛泽东　一九六〇年十一月二十八日"，后来又改署为"红旗杂志编辑部　一九六〇年十二月六日"。毛泽东的来信给了作者们巨大的鼓舞，他们按照要求马上写出了第二篇文章《再论机床内部矛盾运动和机床的"积木化"问题》。《红旗》杂志在1961年第九和第十期上加编者按予以发表。尽管这两篇文章主要是对机床发展方向的分析和预测，或许也不一定正确，而且从哲学方法上来讲其中有关矛盾的分析和议论也有值得商榷的地方，但从宏观上从综合上讨论技术发展的战略问题，却是新中国最早的文献之一。①

　　1963年12月，在聂荣臻等汇报新的十年科学技术规划的时候，毛泽东强调指出：科学技术这一仗，一定要打，而且必须打好。过去我们打的是上层建筑的仗，是建设人民政府、人民军队。建立这些上层建筑干什么呢？就是要搞生产。搞上层建筑生产关系的目的是为了解放生产力。现在生产关系是改变了，就要提高生产力。不搞科学技术，生产力无法提高。

　　1964年8月18日，毛泽东在与几位哲学工作者一起谈话时，说起自己在《自然辩证法研究通讯》上看到日本物理学家坂田昌一写的《基本粒子的新概念》(《关于新基本粒子观的对话》) 一文，十分赞赏关于"基本粒子"并不是最后的不可分的粒子的观点。这篇文章是从苏联《哲学问题》杂志转译过来的。据与会的龚育之当时整理的谈话记录记载，毛泽东是这样说的：

　　　　列宁讲过，凡事都可分。举原子为例，不但原子可分，电子也可分。可是从前认为原子不可分。原子核分裂，这门科学还很年轻。近几十年来，科学家把原子核分解了。有质子、反质子，中子、反中子，介子、反介子，这是重的，还有轻的。至于电子同原子核可以分开，那早就发现了。电线传电，就利用了铜、铝

────────────

① 龚育之、逢先知、石仲泉：《毛泽东的读书生活》，生活·读书·新知三联书店1986年版，第99—100页。

的外层电子的分离。电离层，在地球上空几百公里，那里电子同原子核也分离了。电子本身到现在还没有分裂，总有一天能分裂的。"一尺之捶，日取其半，万世不竭。"这是个真理。不信，就试试看。如果有竭，就没有科学了。世界是无限的。时间、空间，是无限的。空间方面，宏观、微观，是无限的。物质是无限可分的。所以科学家有工作可做，一百万年以后也有工作可做。听了些说法，看了些文章，很欣赏《自然辩证法研究通讯》上坂田昌一的文章。以前没有看过这样的文章。他是辩证唯物主义者，引了列宁的话。[1]

根据毛泽东的谈话精神，中国科学界和哲学界对此进行了一系列的讨论，把哲学的探讨与自然科学的具体研究结合起来了，发表了一批学术论文，取得了具体的研究成果，站在了当时世界科学的前沿位置。20世纪70年代，中美关系的大门打开以后，毛泽东曾先后在1973年7月17日与杨振宁、1974年5月30日与李政道两位美籍华人著名物理学家，面对面地讨论了粒子可分不可分和宇称守恒不守恒的问题。更值得一提的是，毛泽东逝世后的1977年，在夏威夷召开的世界第七届粒子物理学讨论会上，诺贝尔物理学奖获得者格拉肖在发表长篇演讲时说了这样一段意味深长的话：

> 今天，所剩下的真正的基本粒子的候选者只有夸克和轻子了。但是，实验已经揭示存在五种不同夸克和五种不同的轻子，或许将来还会发现更多。我们究竟还要找到多少种夸克和轻子，才能看到有规律性存在的信号，才能察觉还没有想到的更深结构的线索呢？洋葱还有更深的一层吗？夸克和轻子是否都有共同的更基本的组成部分呢？许多中国物理学家一直是维护这种观念的。我提议把构成物质的所有这些假设的组成部分命名为"毛粒

---

[1] 龚育之、逄先知、石仲泉：《毛泽东的读书生活》，生活·读书·新知三联书店1986年版，第102—103页。

子"（Maons），以纪念已故的毛主席，因为他一贯主张自然界有更深的统一。

——这就是名不虚传的"毛粒子"的来历。虽然这个建议并不是对粒子命名的一个具体方案，但这个建议却表达了一个科学家对一个哲学家或者政治家的深刻见解的伟大敬意。①

---

① 龚育之、逄先知、石仲泉：《毛泽东的读书生活》，生活·读书·新知三联书店 1986 年版，第 106 页。

不看完这三部中国小说，不算中国人

　　1938年10月，在一次会议期间，毛泽东和贺龙、徐海东等人闲谈时聊起了中国文学。毛泽东半认真半开玩笑地说："中国有三部名小说，《红楼梦》《水浒传》《三国演义》，谁不看完这三部小说，不算中国人。"

　　毛泽东为什么会这样说呢？

　　我们知道，毛泽东从小就爱看中国传奇小说。他在"自传"中说："在我年轻时，我不顾教师的告诫，读了《岳飞传》《水浒传》《隋唐演义》《三国演义》和《西游记》等书。而教师则深恶这些不正经的书，说它们害人。我总是在学校里读这些书的，当教师走过面前时，就用一本经书来掩盖着。我的同学大多也是如此。我们读了许多故事，差不多都能够背诵出来，并且一再地谈论它们。关于这类故事，我们较本村的老年人还知道得多。他们也欢喜故事，我们便交换地讲听。我想我也许深受这些书的影响，因为我在那种易受感动的年龄时读它们。最后我在13岁离开小学，开始在田中做长时间的工作，帮雇工的忙，白天完全做着大人的工作，晚上代父亲记账。然而我还继续求学，找到什么书便读，除了经书以外。这使父亲十分生气，他要我熟读经书，尤其是当他有一次，因对方在中国旧式法庭中，引用了一句适当的经书而使他官司打败以后。"毛泽东在课堂上偷看古代传奇小说等课外书的故事，在我们的学生时代也几乎一样地发生过。

　　和别人不一样，毛泽东阅读这些传奇小说时，不只是看故事看热闹，沉湎于一波三折离奇云谲波诡的情节之中，还联系社会、政治和人生进行了深刻的独立思考。毛泽东回忆说："有一天，我在这些故事中偶然发现一件可注意的事，即这些故事中没有耕种田地的乡下人。一切人物都是武士、官吏，或学者，从未有过一个农民英雄。这件事使我奇怪了两年，于是我便分析这些故事的内容。我发现这些故事都是赞美人民的统治者的武士，他们用不着耕种田地，因为他们占有土地，显然是叫农民替他们工作的。"这个"发现"令毛泽东大吃一惊，而且竟然让他"奇怪了两年"。一个偏僻乡村的少年竟然从中国小说中看出了政治、经济以及社会关系，这不能不令我们惊讶毛泽东的敏锐和悟性。而事实上，毛泽东一生都对中国古典小说《红楼梦》《水浒传》《三国演义》《西游记》《聊斋志异》等情有独钟，并且提出了与一般文学批评家们迥然不同的见解。

早在1938年，毛泽东在延安鲁迅艺术学院的一次演讲中就指出："《红楼梦》这部书，现在许多人鄙视它，不愿提到它，其实《红楼梦》是一部很好的小说，特别是它有极丰富的社会史料。"1958年8月，毛泽东在审阅和修改陆定一的《教育必须与生产劳动相结合》一文时，专门加写了这样一段话："中国教育史有人民性的一面。孔子的有教无类，孟子的民贵君轻，荀子的人定胜天，屈原的批判君恶，司马迁的颂扬反抗，王充、范缜、柳宗元、张载、王夫之的古代唯物论，关汉卿、施耐庵、吴承恩、曹雪芹的民主文学，孙中山的民主革命，诸人情况不同，许多人并无教育专著，然而上举那些，不能不影响对人民的教育，谈中国教育史，应当提到他们。"

毛泽东为什么说《红楼梦》是"民主文学"呢？毛泽东曾把《红楼梦》和《金瓶梅》加以比较，说："《金瓶梅》是《红楼梦》的祖宗，没有《金瓶梅》就写不出《红楼梦》。但是，《金瓶梅》的作者，不尊重女性，《红楼梦》《聊斋志异》是尊重女性的。"他还曾说过："有些小说如《官场现形记》，是光写黑暗的，鲁迅称之为谴责小说。只揭露黑暗，人们不喜欢看，不如《红楼梦》《西游记》使人爱看。《金瓶梅》没有传开，不只是因为它的淫秽，主要是它只暴露黑暗，虽然写得不错，但人们不爱看。《红楼梦》就不同，写得有点希望么。"

毛泽东自己不仅反复阅读《红楼梦》，还推荐他人也要反复阅读。

1964年8月18日，毛泽东在北戴河与几个哲学工作者谈话时说："《红楼梦》我至少读了五遍。我是把它当历史读的。开始当故事读，后来当历史读。什么人都不注意《红楼梦》的第四回，那是个总纲，还有《冷子兴演说荣国府》《好了歌》和注。第四回《葫芦僧乱判葫芦案》，讲护官符，提到四大家族：'贾不假，白玉为堂金作马；阿房宫，三百里，住不下金陵一个史。东海缺少白玉床，龙王来请金陵王；丰年好大雪，珍珠如土金如铁。'《红楼梦》写四大家族，阶级斗争激烈，几十条人命。统治者二十几人（有人算了说是三十三人），其他都是奴隶，三百多个，鸳鸯、司棋、尤二姐、尤三姐等等。讲历史不拿阶级斗争观点讲，就讲不通。《红楼梦》写出来有二百多年了，研究红学的到现在还没有搞清楚，可见问题之难。有俞平伯、王昆仑，都是专家。何其芳也写了个序，又出了个吴世昌。这是新红学，老的不算。蔡元培对《红楼梦》的观点是不对的，胡适的看法比较对一点。"①

在毛泽东看来，《红楼梦》就是一部描写四大家族衰败史和封建社会阶级斗争的小说。在四大家族中，《红楼梦》其实只写了一个家族——贾府。从一家看四家，从四家看代表整个封建统治阶级的百千个"大族名宦之家"。曹雪芹笔下的贾宝玉是封建家族的逆子，并不说明曹雪芹主观上要反对封建制度。毛泽东说："曹雪芹在《红楼梦》还是想补天，想补封建制度的天，但是《红楼梦》里写的却是封建家族的衰落，可以说是曹雪芹的世界观和他的创作发生矛盾。"这个分析，很容易让我们想起恩格斯评论巴尔扎克的话："他就看出了他所心爱的贵族的必然衰落而描写了他们不配有更好的命运……这一切我认为是现实主义最伟大的胜利之一。"同时，毛泽东充分肯定了小说描写的主要人物贾宝玉对封建制度的叛逆性格。但书中的两位主角贾宝玉和林黛玉，对现代青年来说是不足为训的。贾宝玉不能料理自己的生活，连吃饭穿衣都要丫头服侍。林黛玉多愁善感，常好哭脸，她瘦弱多病，只好住在潇湘馆，吐血，闹肺病。我们不需要这样的

---

① 当时参加谈话的有吴江、邵铁真、龚育之，此处引用的是龚育之当时的记录。

青年！我们今天需要的青年是有活力，有热情，有干劲和坚强意志的革命青年。

毛泽东对《红楼梦》中人物的塑造和语言的运用也十分欣赏。他多次谈到凤姐这个人物写得好。他在文章和谈话中经常引用《红楼梦》中的故事和语言，并同现实生活联系起来。例如，在"三反"的时候，用"贾政做官"的故事，来教育共产党员干部警惕受人包围；在 1957 年 3 月 1 日最高国务会议的结束语中，用王熙凤对刘姥姥说的"大有大的难处"来说明大国的事情也并不那么好办；在 1957 年的宣传工作会议上，用王熙凤说过的"舍得一身剐，敢把皇帝拉下马"来鼓励立志改革的志士仁人；在访苏的时候，用林黛玉说的"不是东风压倒西风，就是西风压倒东风"来比喻国际形势；在 1958 年召开的成都会议上，用小红说的"千里搭长棚，没有不散的筵席"来说明聚散的辩证法和"没有一件事情不是相互转化的"。毛泽东要求理论文章、政治演说也要注意创造"新鲜活泼的、为中国老百姓所喜闻乐见的中国作风和中国气派"，而引用中国文学作品中的人物、故事、语言是途径之一。《红楼梦》大概是毛泽东最常引用的，也是他读《红楼梦》的一个特点。①

与把《红楼梦》当作历史书来看不同，毛泽东看《水浒传》，则是把它当作政治书来看。

关于《水浒传》，毛泽东非常喜欢。无论是在井冈山，还是在长征路上，《水浒传》都是毛泽东必读的图书。为此还曾闹过一个笑话：有一次，毛泽东把警卫员叫过来说："小鬼，你四处走走，看看能不能帮我找本《水浒》来。"警卫员高高兴兴地领受了任务，不一会儿就欢欢喜喜地回来了，交给毛泽东一把大水壶。毛泽东一看，哈哈大笑："我让你找本《水浒》，你给我找来了水壶，这是牛头不对马尾嘛！"警卫员一听挠了挠头，也哈哈乐了。在延安整风时，《水浒传》也是毛泽东亲自圈定的党员干部必读书目之一。

---

① 龚育之、逄先知、石仲泉：《毛泽东的读书生活》，生活·读书·新知三联书店 1986 年版，第 230—231 页。

1936年12月，毛泽东在红军大学作《中国革命战争的战略问题》演讲时，在讲到战略退却时，他就曾引用了《水浒传》中"林冲棒打洪教头"的故事。他说："谁人不知，两个拳师放对，聪明的拳师往往退让一步，而蠢人则气势汹汹，劈头就使出全副本领，结果却往往被退让者打倒。《水浒传》上的洪教头，在柴进家中要打林冲，连唤几个'来，来，来'，结果是退让的林冲看出洪教头的破绽，一脚踢翻了洪教头。"

1937年8月，毛泽东在《矛盾论》一文中，又以《水浒传》中"三打祝家庄"的故事来阐述研究问题切忌主观性、片面性和表面性。他说："《水浒传》上宋江三打祝家庄，两次都因情况不明，方法不对，打了败仗。后来改变方法，从调查情形入手，于是熟悉了盘陀路，拆散了李家庄、扈家庄和祝家庄的联盟，并且布置了藏在敌人营盘里的伏兵，用了外国故事中所说的木马计相像的方法，第三次就打了胜仗。《水浒传》上有很多唯物辩证法的事例，这个三打祝家庄，算是最好的一个。"为此，毛泽东还专门请延安平剧院创作了平剧，在延安公演。

1945年4月24日，在中共七大上，毛泽东又提起了《水浒传》。在谈到城市工作与根据地工作同等重要时，他说："梁山泊也做城市工作，神行太保戴宗就是做城市工作的。祝家庄没有城市工作就打不下来。"在谈到军队要尽可能扩大通过党外人士合作时，说："我们有饭大家吃，有敌人大家打，发饷是没有的，自己动手丰衣足食，还实行'三大纪律八项注意'。七搞八搞便成了'正果'。《水浒传》里梁山泊就实行了这个政策，他们的内部政治工作相当好。但也有毛病，他们里面有大地主大土豪没有整风，那个卢俊义是逼上去的，是用命令主义强迫人家上梁山。因为他不是自愿的，后来还是反革命了。"

薄一波回忆说，毛泽东曾跟他说："《水浒传》要当做一部政治书看。它描写的是北宋末年的社会情况。中央政府腐败，群众就一定会起来革命。当时农民聚义，群雄割据，占据了好多山头，如清风山、桃花山、二龙山等，最后汇集到梁山泊，建立了一支武装，抵抗官军。这支队伍，来自各个山头，但是统帅得好。"接着毛泽东引申说道："我们领导革命也要认识山头，承认山头，照顾山头，到消灭山头，克服山头主义。"

1975年8月，身处杭州的毛泽东在做完白内障手术后，视力恢复缓慢。因为毛喜欢读古文，身边工作人员在读书时因学识的局限，无法跟上毛泽东的节奏和要求，于是就抽调北大中文系教员芦荻来到毛的身边帮他读书。阅读中，芦荻请教毛泽东对《水浒》的评价。毛泽东就谈了自己阅读《水浒》的一些看法。芦荻对毛泽东的议论做了记录整理。8月14日，毛泽东批示正式印发自己对《水浒》的议论——

　　《水浒》这部书，好就好在投降。做反面教材，使人民都知道投降派。
　　《水浒》只反贪官，不反皇帝，屏晁盖于一百零八人之外。宋江投降，搞修正主义，把晁的聚义厅改为忠义堂，让人招安了。宋江同高述的斗争，是地主阶级内部这一派反对那一派的斗争。宋江投降了，就去打方腊。
　　这支农民起义队伍的领袖不好，投降。李逵、吴用、阮小二、阮小五、阮小七是好的，不愿意投降。
　　鲁迅评《水浒》评得好，他说："一部《水浒》，说得很分明：因为不反对天子，所以大军一到，便受招安，替国家打别的强盗——不'替天行道'的强盗去了。终于是奴才。"（《三闲集·流氓的变迁》）
　　金圣叹把《水浒》砍掉了二十多回。砍掉了，不真实。鲁迅非常不满意金圣叹，专写了一篇评论金圣叹的文章《谈金圣叹》（见《南腔北调集》）。
　　《水浒》百回本、百二十回本和七十一回本，三种都要出。把鲁迅的那段评语印在前面。

应该说，毛泽东在读书中，对《水浒》发表一些议论，就书论书，完全是出于一种艺术上的学术范畴内的评论，并非是借题发挥，借古喻今。

但"四人帮"在得到毛泽东对《水浒》的这段议论后，觉得有机可乘，如获至宝，在全国发起了一场"评《水浒》运动"，以其惯用的指桑骂槐含沙射影之伎俩，指出《水浒》的要害是"宋江架空晁盖，篡夺领导权"，矛头直指周恩来和邓小平。9月4日，《人民日报》发表社论，提出评论《水浒》"是我国政治思想战线上的又一次重大斗争"。9月15日，中共中央、国务院召开第一次"农业学大寨"会议，江青和邓小平在山西昔阳公开地唱起了"对台戏"——这边，邓小平在开幕式上发表了讲话，主要强调整顿问题；那边，江青在大寨开始了"反攻倒算"，大讲"评《水浒》要联系实践，宋江架空晁盖，现在有没有人架空毛主席呀，我看是有的"。她还说："有人弄了一些土豪劣绅进政府！"这无疑是影射力图纠正"文化大革命"的周恩来、邓小平等中央领导人。为了扩大自己的影响，江青要求在大会上播放她的讲话录音，印发她的讲话稿。没有办法，华国锋只好请示毛泽东。毛泽东批示："放屁！文不对题。那是学大寨，她搞评《水浒》。这个人不懂事，上边没有多少人信她的"，"稿子不要发，录音不要放，讲话不要印"。

关于《三国演义》的阅读，有人认为毛泽东是将这部小说当作兵书来看的，或许有一定的道理。在《中国革命战争的战略问题》一文中，毛泽东在讲到"双方强弱不同，弱者也让一步，后发制人，因而战胜"的时候，举了中国古代六个著名战例，其中官渡之战、赤壁之战、彝陵之战也都是《三国演义》中浓墨重彩描绘的战争。1953年，在《青年团的工作要照顾青年的特点》中，毛泽东又举例《三国演义》，说："曹操带领大军下江南，攻打东吴，那时周瑜是个'青年团员'，当时东吴的统帅程普等老将不服，后来说服了，还是由他当，结果打了胜仗。"毛泽东用这个故事阐明要重视提拔优秀年轻干部，不要搞论资排辈，要看重能力要德才兼备。在三国人物中，毛泽东最为推崇的是曹操，对诸葛亮也十分喜爱。1970年春天，在讨论召开四届人大和修改宪法的中央工作会议上，林彪曾提议毛泽东出任国家主席。毛泽东坚决不同意。4月下旬，在中央政治局会议上，毛泽东再次坚决地表明不当国家主席，并引用《三国演义》中的人物故事说：

"孙权劝曹操当皇帝，曹操说：孙权是要把他放在火炉上烤。我劝你们不要把我当曹操，你们也不要做孙权。"毛泽东的话意味深长。

对《三国演义》，毛泽东还曾对薄一波说："看这本书，不但要看战争，看外交，而且要看组织。你们北方人——刘备、关羽、张飞、赵云、诸葛亮，组织了一个班子南下，到了四川，同'地方干部'一起建立了一个很好的根据地。"毛泽东的意思是说，外来的干部一定要同地方干部很好地团结在一起，才能做一番事业。毛泽东还说，曹操下江南，东吴谁当统帅成了问题，结果找了个"青年团员"周瑜，29岁当了都督，大家不服，后来加以说服，还是由周瑜当，结果打了胜仗。他借这件事说明选拔干部，不能统统按资历，要按能力。①

除了《红楼梦》《水浒传》《三国演义》三部小说之外，毛泽东还十分喜欢《西游记》和《聊斋志异》。

毛泽东认为："《聊斋志异》其实是一部社会小说，鲁迅把它归入'怪异小说'，是他在没有接受马克思主义以前的说法，是搞错了。"他说："蒲松龄很注意调查研究。他泡一大壶茶，坐在集市上人群中间，请人们给他将自己知道的、流行的鬼、狐故事，然后回去加工……不然，他哪能写出四百几十个鬼和狐狸精呢？"毛泽东的观点不仅深刻，而且到位。抛开政治层面，即使从文学角度来说，对鲁迅的批评也是十分正确的。毛泽东在讲话或与人谈话中，对《聊斋志异》中的故事信手拈来。他甚至还认为《聊斋志异》可以当作清朝史料来看，其中《狼》《席方平》《狂生坐夜》等是他比较喜欢的篇章。比如《席方平》②这篇故事，毛泽东认为其含义深刻，一方面反映了封建社会人间酷吏官官相护、残害百姓的史实，一方面又说

---

① 苏扬编：《中国出了个毛泽东》，解放军出版社1991年版，第230页。
② 《席方平》讲的是席方平的父亲席廉，为人正直憨厚，却得罪了一姓羊的富翁，并被姓羊的死后贿赂阴司官吏拷打致死。席方平悲痛欲绝，勇赴阴间为父亲申冤。可是从城隍到郡司直至冥王都受了羊姓富翁的贿赂，席方平申冤不成反遭毒刑。但席方平不放弃，历尽磨难，一直告到玉皇大帝的贵戚二郎神那里，才由二郎神将贪赃枉法的冥王、郡司、城隍，助纣为虐的鬼役以及为富不仁的羊姓富翁分别治罪。同时，为了表彰席廉、席方平父子善良、孝义，给他们增加阳寿三纪（古时12年为一纪）。

明了老实人、按科学办事的人，虽然历经磨难，冤案终究能平反昭雪。

　　毛泽东对《西游记》及其作者颇为称赞。他说：要看到他们有个坚强的信仰。唐僧、孙悟空、猪八戒、沙和尚，他们一起上西天取经，虽然途中闹了点不团结，但是经过互相帮助，团结起来，终于克服了艰难险阻，战胜了妖魔鬼怪，到达了西天，取来了经，成了佛。毛泽东在这里主要讲的是不要怕有不同意见，不要怕争论，只要朝着一个目标，团结一致，坚持奋斗，最后总是会成功的。[①]尤其让毛泽东喜欢的是爱憎分明、敢于大闹天宫、敢于与各种妖魔鬼怪斗争的孙悟空这个人物。毛泽东说自己的性格既有"虎气"又有"猴气"，这"猴气"所指其实就是无法无天的孙悟空。1961年11月17日，毛泽东在读完郭沫若送来诗作《看〈孙悟空三打白骨精〉》后，和诗一首，曰：

　　　　一从大地起风雷，便有精生白骨堆。
　　　　僧是愚氓犹可训，妖为鬼蜮必成灾。
　　　　金猴奋起千钧棒，玉宇澄清万里埃。
　　　　今日欢呼孙大圣，只缘妖雾又重来。

---

　　① 苏扬编：《中国出了个毛泽东》，解放军出版社1991年版，第230页。

一天不读报是缺点，三天不读报是错误

毛泽东不仅是思想家、政治家、军事家，还是一位了不起的新闻大家。他从青少年时代开始就喜欢阅读报刊。

1910年，17岁的毛泽东在东山学堂第一次看到了报刊这种新事物，那是他外婆家的表兄文运昌借给他的《新民丛报》。毛泽东把这份由梁启超主编的报刊"读而又读，一直到能够背诵出来"。这个时候，他"很崇拜康有为和梁启超"，特别是梁启超的那种"条理明晰，笔锋常带感情，对于读者别有一种魔力"的文章，更使毛泽东神往。为此，他还取笔名"子任"（梁启超号"任公"），有意模仿梁的文风写作政论文章。

《新民丛报》是梁启超1902年2月在日本横滨创办的，在政治上鼓吹君主立宪，在文化上鼓吹西方资产阶级的思想道德，宣传的是与中国传统文化完全不同的价值观、伦理观、思维方式和行为规范，无疑对当时的中国思想界和知识界来说完全是一种没有听过的声音，具有一定的进步意义。1907年冬，《新民丛报》停刊了。也就是说，毛泽东在1910年看到的《新民丛报》已经不是"新闻"，而是"旧闻"了。但不可否认，这份报纸像后来陈独秀主编的《新青年》一样，对从未见过大世面的"农村娃"毛泽东来说，如同一声春雷，启发他开始重新思考人生、思考中国、思考民族与个人的命运。

在毛泽东借阅的《新民丛报》汇编本上，我们可以看到他当年就"国家"问题写下了这样一段批注："正式而成立者，立宪之国也，宪法为人民所制定，君主为人民所拥戴；不以正式而成立者，专制之国家也，法令为君主所制定，君主非人民所心悦诚服者，前者，如现今之英、日诸国，后者，如中国数千年来盗得国之列朝也。"这是目前史学界发现的毛泽东对政治、历史发表见解的最早文字记载，也是毛泽东阅读梁启超《新民丛报》的思考和见证。

像热爱看书一样，毛泽东在长沙求学的时代就养成了看报的好习惯，甚至成癖上瘾。1936年，毛泽东回忆说："在师范学校读书的几年，我一共用了160元——连所有学费在内！在这个数目里面，一定有三分之一是用在报纸上面的，因为经常订阅书报费每月约需一元，此外我还时常向报摊购买书籍和杂志。父亲责备我，说是浪费。他说这是在废纸上花钱。不过我已经养成了读报的习惯，而且从1911年到1927年，当我和中国最初的红军一部分爬上井冈山时，我从未停止阅读北平、上海和湖南的日报。"[1]

毛泽东看报，绝对不做"标题党"，他不仅仅只是看看新闻而已，而是研究社会。在读报的同时，他还进行评报。1916年7月25日，毛泽东在写给萧子升的信中说："湘城报纸七八家，《大公报》殊有精神，以仄于篇幅，不能多载新闻。《湖南公报》纯系抄录，然新闻为多。近日诸名流演说，如孙中山之地方自治等，长哉万言，殊可益智。《湖南公报》载之，而《大公报》不见。又如《时报》著名访员通函，该报亦向不录，为可惜也。此数日载有天坛宪法草案原稿，此可摘下，而议会之议事录，亦可注意焉。"

在长沙的这个时期，毛泽东最爱的杂志还是《新青年》。为了扩大《新青年》的影响力，毛泽东创办的文化书社成为《新青年》在湖南的代销处。同时，在《新青年》的影响下，毛泽东创办了《湘江评论》，由读者变成了编者，从此学会了用舆论干预社会、引导人民思想的好方法。

在井冈山时期，因为遭到封锁，毛泽东阅读报刊十分困难，非常苦恼和焦急。1929年，从井冈山来到赣南闽西后，终于可以看到报纸了，毛泽东兴奋不已，在红四军前委写给中央的报告中说："在湘赣边界时，因敌人封锁，曾二三个月看不到报纸，去年九月以后可以到吉安、长沙买报了，

---

① 埃德加·斯诺录，汪衡译，丁晓平编校：《毛泽东自传》，中国青年出版社2009年版，第53页。

然亦很难。到赣南闽西以来，由于邮路极便，天天可以看到南京、上海、福州、厦门、漳州、南昌、广州的报纸，到瑞金县可以看到长沙《民国日报》，真是拨云见青天，快乐不可言状。"毛泽东从阅读报刊中，不仅看到了国际国内的新闻，而且看到了国民党内部的情况，并从这些纷繁复杂的信息中分析出大量的情报，为中央决策提供依据。

1935年，毛泽东率领红军长征抵达哈达铺。在这里，毛泽东从聂荣臻提供的各种报纸上，看到了陕北"新大陆"——刘志丹在陕北建立的苏区。这增添了毛泽东继续北上的信心，并最终在陕北扎下了根，建立了红色政权。在延安，毛泽东阅读的报纸就更多了，据不完全统计就有三四十种之多，这还不包括中共中央自己创办的《解放日报》等各种报刊。这个时候，毛泽东如饥似渴地阅读海量信息，报纸杂志等新闻媒体成了他的武器之一。所以，他说："一天不读报是缺点，三天不读报是错误。"

新中国成立后，毛泽东读报的范围和品种那就更多了，每年订阅和赠阅的报刊达100种以上。上至天文地理，下至市井新闻，文学的、历史的、哲学的、自然的、艺术的，林林总总，包罗万象，毛泽东都来者不拒，每天必看。他对身边工作人员叮嘱说："读书和看报，每天都不能少！"

在阅读的同时，毛泽东还指导办报。尤其对《人民日报》《光明日报》《解放军报》《中国青年报》《解放日报》《文汇报》《大公报》等报刊，毛泽东非常关注，经常作出批示和点评。有时候，他的批评相当严厉，一点也不给情面。

1957年2月27日至3月1日，最高国务会议第十一次扩大会议在中南海怀仁堂召开。毛泽东在这次共有1800人参加的大会上，发表了《关于正确处理人民内部矛盾的问题》的讲话。紧接着，3月6日至13日，毛泽东又主持召开了全国宣传工作会议，并破例邀请了科学、教育、文学艺术、新闻、出版等方面的党外人士160多人，占了与会者的五分之一。这次会议的议题就是传达毛泽东《关于正确处理人民内部矛盾的问题》的讲话，研究思想动向和意识形态方面的问题，认真贯彻"双百"方针。

会议一结束，毛泽东就于3月17日乘专列离开北京，经天津、济南、南京、上海，最后到达杭州。4月9日，刚刚从杭州回到北京的毛泽东，心情无法平静下来。这次南下，他发现了一个严重的问题——党内党外、党的报纸和民主党派的报纸，对他《关于正确处理人民内部矛盾的问题》的讲话在反映上存在很大反差，党外传达比党内传达还要迅速。特别是连中共中央机关报《人民日报》对他在最高国务会议上的讲话和全国宣传工作会议上的讲话竟然一声不吭。毛泽东觉得情况不妙，他立即把胡乔木找来，非常生气地进行了批评，说胡乔木"浅、软、少"，要求胡乔木将此事彻底查清。

4月10日，毛泽东看了《人民日报》发表的社论《继续放手，贯彻百花齐放、百家争鸣的方针》后，翻来覆去，难以入睡，于是立即召集陈伯达、胡乔木、周扬、邓拓等人到他的住处开会。一进门，他们看到毛泽东脸色凝重，知道大事不好。"睡不着，找你们来谈谈。看了今天的社论，虽然发得晚了一些，总算对陈其通四人的文章表了态。"毛泽东点着一支香烟，深深地吸了一口，突然话锋一转，十分生气地说，"最高国务会议和宣传工作会议，已经开了一个多月了，共产党的报纸没有声音。陈其通四人的文章①发表以后，《人民日报》长期以来也没有批评。你们按兵不动，反而让非党的报纸拿去了我们的旗帜整我们。过去我说你们是书生办报，不是政治家办报。不对，应当说是死人办报。你们到底是有动于衷，无动于衷？我看是无动于衷。你们多半是对中央的方针唱反调，是抵触、反对中央的方针，不赞成中央的方针的。"

其实对毛泽东的批评大家是有思想准备的，但批评得如此严厉，仍然是令人吃惊的。作为社长的邓拓就解释说："过去中央曾有规定，党的会议不发消息，主席讲话未公布前，也不引用。我对这件事没有抓紧。"

---

① 毛泽东提出了"双百"方针后，中共党内产生了一种不理解甚至抵触的情绪，在知识分子中也有不少顾虑，并出现了一些教条主义、宗派主义的倾向。其中典型的就是陈其通、陈亚丁、马寒冰、鲁勒四人1957年1月7日在《人民日报》发表的《我们对目前文艺工作的几点意见》，毛泽东看后非常恼火，说此文对形势的估计是错误的，思想方法是教条主义、形而上学、片面性的。尤其对王蒙写的《组织部新来的年轻人》的围攻，毛泽东公开表示反对：用教条主义批评人家的文章，是没有力量的。

毛泽东不依不饶，非常激动，反问道："中央什么时候有这个规定？最高国务会议发了消息，为什么不发社论？消息也只有两行。为什么把党的政策秘密起来？宣传会议不发消息是个错误。这次会议有党外人士参加，为什么也不发消息？党的报纸对党的政策要及时宣传。最高国务会议以后，《人民日报》没有声音，非党报纸在起领导作用，党报被动，党的领导也被动。党报在非党报纸面前丢脸。我在最高国务会议上的讲话目前还不能发表，但可以根据讲话的意思写文章。对党的政策的宣传，《人民日报》不是没有抓紧，而是没有抓。"①

毛泽东右手拿着烟，左手拿着《人民日报》，意犹未尽地说："这篇社论和那篇《教育者必须受教育》的社论，都没有提到最高国务会议和宣传工作会议，好像世界上没有发生这回事。中央开的很多会议你们都参加了，参加了会回去不写文章，这是白坐板凳。以后谁写文章，让谁来开会……"

这时，胡乔木主动解释说："《人民日报》曾经搞了个计划，组织过几篇文章，我因为没有把握，压下来了。这事不能全怪报社，我也有责任。"胡乔木主动揽责任，一是为了缓和气氛，二是给人民日报的负责人减压。

但这次，毛泽东是真的生气了，会议从4月10日中午12时持续到下午5时，他一口气讲了很多，他生气的就是"让非党的报纸拿去了我们的旗帜整我们"，他倡导的"百花齐放，百家争鸣"，偏偏是百家争鸣，唯独"马家不鸣"（指马克思主义这一家）。会上，毛泽东还就宣传工作作了具体的布置，鼓励大家多写东西。三天后的4月13日，《大公报》发表了社论《在社会大变动的时期里》，就当时国家政治经济形势、社会制度和思想建设的基本特点进行了具体分析。毛泽东读后，立即将报纸批转给胡乔木，说："可惜人民日报缺乏这样一篇文章。"②

4月24日，毛泽东再次将当日的《大公报》批转给胡乔木，并在报头

---

① 逄先知、金冲及主编：《毛泽东传（1949—1976）》（上），中央文献出版社2003年版，第664页。

② 丁晓平：《中共中央第一支笔》，中国青年出版社2011年版，第274页。

上写了一段措辞严厉的批语："《大公报》《中国青年报》的理论水平高于《人民日报》及其他京、津、沪各报纸,值得深省改进。人民日报社论不涉及理论(辩证法、唯物论),足见头脑里没有理论的影子,所以该报只能算是二流报纸。"

这段时间,毛泽东一直把能不能正确处理人民内部矛盾,看作社会大变动后的新形势下,中共的事业能不能向前推进的主要问题。他最担心的是,中共党的领导能不能跟上迅速发展的形势,甚至落后于党外人士要求共产党转变思想、转变作风日益高涨的呼声,以致陷入被动局面。此时,他感觉到对中共党政工作缺点错误的批评空气已经形成,于是,毛泽东决定提前发动全党整风。而这一切,正是毛泽东在各种阅读报纸之后,以政治家的敏锐发现思想宣传战线上出了问题,真可谓见微知著。

毛泽东不仅通过阅读国内报刊,了解和研究国内问题,而且还十分重视阅读国际情况和国际知识。他每天都坚持阅读有关部门印发的《参考资料》,经常圈点批注,对世界上的大事小情以及世界政要的传记和回忆录,都能够仔细研究,并由此对错综纷纭的国际形势和动向敏锐地作出预见性的判断。毛泽东对外国情况的熟悉程度,连外国人都表示惊讶不已。美国记者斯特朗就曾在回忆录里这么写道:"他首先问我美国的情况。美国发生的事有许多他知道得比我还详细。这使我惊讶……他像安排打仗的战略那样仔细地安排知识的占有……主席对世界大事的知识是十分完备的。"

我活一天就要学习一天，尽可能多学一点，不然，见马克思的时候怎么办？

书山有路勤为径，学海无涯苦作舟。毛泽东是一个读书学习不知疲倦的人。他常常以"活到老，学到老"这样一句中国老古话自勉，并与人共勉。而这也是他生命不息，战斗不止，永葆革命激情的动力和源泉。

早在1938年8月22日，毛泽东在中央党校的一次讲话中就说：你学到100岁，人家替你做寿，你还是不能说"我已经学完了"，因为你再活一天，就能再学一天。你死了，你还是没有学完，而是由你的儿子、孙子、孙子的儿子、孙子的孙子再学下去。照这样说，人类已经学了多少年呢？据说是50万年①，有文明史可考的只有二三千年而已。以后还有多少年呢？那可长哉长哉，不知有多少儿孙，一代一代学下去。1939年，毛泽东在延安的一次演讲中，谈起了学习与年龄的关系，他说：年老的也要学习，我如果再过十年死了，那么就要学九年零三百五十九天（按阴历计算一年为360天）。

"决心学习，至死方休。"毛泽东是这么说的，也是这么践行的。新中国成立后，毛泽东除了阅读自己几万册藏书之外，还经常到国家图书馆、北京师范大学图书馆、首都图书馆等单位借阅图书，钻研学习。据不完全统计，自1949年进城以后至1966年9月，毛泽东先后向上述单位借阅各种图书资料达2000余种，5000余册。

学英语，是毛泽东读书学习生活的一部分。早在延安时，他就曾自学

---

① 这是当时科学界的说法，如今考古学家认为有200万年。

过。从1954年秋天，毛泽东重新开始学习英语。每次外出，无论是坐火车，还是乘飞机，他总是带着字典，坚持学习。有一次，毛泽东在飞机上朗读英语单词，服务员见他如此认真，就问道："毛主席，您这么大年纪了，还要学习外国语言？"毛泽东说："这是斗争需要啊！"曾陪同毛泽东一起学英语的秘书林克回忆说："毛主席想学一些马列经典著作的英文本，第一本选的就是《共产党宣言》，这本书的文字比较艰深，而且生字比较多，学起来当然有不少困难，但是他的毅力非常坚强。我发现他在《共产党宣言》的第一页到最后一页，全部密密麻麻地用蝇头小字注得很整齐，很仔细，他的这种精神，很感人。"直至晚年，毛泽东每读一遍，他都要补注一些文字。他说："我活一天就要学习一天，尽可能多学一点，不然，见马克思的时候怎么办？"

对《共产党宣言》，毛泽东一生都保持着一种深沉的爱。他对《共产党宣言》为代表的马克思主义的信仰坚定不移，即使在晚年犯错误的时候，也从未动摇。就在他心脏跳动的最后一刻，他的身边依然放着这部他阅读了不知多少遍的《共产党宣言》，真正做到了"活到老，学到老"，达到了读书学习是生命的第一需要的最高境界。

柒日谈

毛泽东谈家庭情感

"革命第一，工作第一"

7

【导语】

伟人也是凡人。

伟人毛泽东也有着普通人的喜怒哀乐，有着普通人的酸甜苦辣，有着普通人的悲欢离合，也有着普通人的爱憎是非和儿女情长。

伟人毛泽东，亦为人子，为人夫，为人父，他的家庭他的情感同样有着与普通百姓一样的阴晴圆缺，一样的柴米油盐酱醋茶，一样的有风有雨有彩虹。但有一点可以肯定，自从毛泽东带着妻子儿女和弟弟妹妹抛弃所有家产，投身中国革命的那一天起，他从来没有私心杂念，从来没有损公肥私，从来没有贪污浪费，从来没有违法乱纪，从来不搞特殊化、不搞潜规则，光明磊落，坦坦荡荡，他始终以"革命第一，工作第一"的精神，全心全意为人民服务。而为中华民族的独立和解放，毛泽东一家共牺牲了六位亲人。

作为儿子，性格倔强叛逆的毛泽东却是百分百的大孝子；

作为丈夫，乱云飞渡的岁月中毛泽东的爱情婚姻也有着普通男人的痛苦和无奈；

作为父亲，大爱无言的毛泽东对儿女的教育同样也是可怜天下父母心。

教育始于家庭。毛泽东的儿女是绝对的"红二代"，但他们绝对不是当下所谓的"官二代"，更不是所谓的"富二代"。毛泽东又是如何教育自己的儿女的呢？

毫无疑问，在家庭情感的天空中，毛泽东的光芒像太阳一样耀眼。

惜秦皇漢武，略輸文采，唐宗宋祖，稍遜風騷。一代天驕，成吉思汗，只識彎弓射大雕。俱往矣，數風流人物，還看今朝

毛澤東

沁園春

北國風光，千里冰封，萬里雪飄。望長城內外，惟餘莽莽；大河上下，頓失滔滔。山舞銀蛇，原馳蠟象，欲與天公試比高。須晴日，看紅裝素裹，分外妖嬈。

江山如此多嬌，引無數英雄競折腰。

养育深恩，春晖朝霭

　　毛泽东的出生地韶山冲南岸上屋场，尽管贫穷落后，但山清水秀。在这个"每日瞻依仙境"的山沟里，毛泽东这个农民的儿子在他16岁之前，就从来没有离开过它方圆半径十里地的地方。母亲文素勤（文七妹）在她26岁时生下了她的第三个孩子毛泽东。这一年，父亲毛顺生23岁。

　　"吃不穷，用不穷，人无计算一世穷。谁会盘算，谁就会过好日子；不会盘算的人，你给他金山银山也是空的！"毛顺生虽然没有读过书，识不得几个字，但在外当过一年兵的经历自然也让他比那些老实巴交的农民要"见多识广"了。到毛泽东10岁的时候，家中已经有了15亩自耕地，年收60担谷。连父亲在内全家五口人每年只需口粮35担，这样就有了25担的节余，毛顺生就成了"十户人家九家穷"的韶山冲的富户了。

　　毛顺生一边继续靠贩卖稻谷加工大米向湘潭易俗河等地出售赚钱，不过规模已经从肩挑发展到板车运以至从银田寺雇用船只了；同时他还兼做贩运生猪、耕牛的买卖，并得到妻子娘家的贷款支持，生意越做越大，家业日益兴旺。为了扩大生产，毛顺生开始雇工。起初是雇短工，后来就干脆雇用了一个长工，农忙时再加个短工。不久，他就从堂弟毛菊生那里买进七亩水田，使田产增至22亩，年产量达到80担。毛顺生的做法，当时就遭到了毛泽东和母亲的反对，在幼年的毛泽东眼里，父亲这种不顾兄弟情义的做法是不道德的。新中国成立后，毛泽东多次谈及此事，说："旧社会那种私有制，使兄弟间也不顾情义。我父亲和二叔是堂兄弟，买二叔那七亩田时，就只顾自己发财，全无兄弟之情，什么劝说都听不进去。我后来思考这些事，认清只有彻底改造这个社会，才能根绝这类事，于是下决心要寻找一条解放贫苦农民的道路。"①

已经成为韶山冲"大富"的毛顺生，仍然克勤克俭，省吃俭用，不准家中有吃闲饭的，儿子们和长工一样都得下田干活。毛泽东在"自传"中说："我在六岁时便开始耕种的工作了。父亲的生意并不是开店营业的。他不过把贫农的谷购买过来，运到城市商人那里，以较高的价格出卖。在冬天磨米的时候，他另雇一个短工在家里工作，所以在那时他要养活七口。我家吃得很节省，但总是够饱的。"

1902年春，九岁的毛泽东开始入学读书。从他"刚认识几个字的时候"开始，父亲就开始要他"记家账了"。而且父亲还要他"学习打算盘，因为父亲一定要我这样做，我开始在晚间计算账目。"这个时候，毛泽东的生活是白天读书，晚上记账，过着学生兼会计的生活。父亲在他的眼里"是一个很凶的监工"。而且"父亲最恨我懒惰，如果没有账记，他便要我到田间做工，他的脾气很坏，时常责打我和我的弟弟们。他一个钱不给我们，给我们吃最粗粝的东西。每月初一和十五，他总是给雇工吃鸡蛋和咸鱼片，但很少给过肉。对于我，则既没有蛋也没有肉。"②

聪明又叛逆的毛泽东，对私塾封建式教育难以接受，再加上他已经完全达到了父亲让他读书的目的——"记家账"。从13岁至15岁这两年，毛泽东干脆停学，"开始在田中做长时间的工作，帮雇工的忙，白天完全做着大人的工作，晚上代父亲记账。"但他仍然坚持自己的主意，坚决还要去上学读书。好在母亲文素勤始终支持儿子，与儿子站在同一战线。面对严父的管教，少年毛泽东开始抗议父亲，与父亲"顶嘴"。"我的不满增加起来了。辩证的斗争在我们的家庭中不断地发展着。"20年后他跟美国记者斯诺回想起这些往事，还一边"很幽默地引用这些政治术语，一面笑着追述这些事件"，津津乐道地说："我以为我父亲的苛刻，结果使他失败。我

① 参见《毛泽东早期哲学思想探源》，转引自《梅花欢喜漫天雪》，中原农民出版社1993年版，第3页。

② 埃德加·斯诺录，汪衡译，丁晓平编校：《毛泽东自传》，中国青年出版社2009年版，第27页。

渐渐地仇恨他了，我们成立了一个真正的'联合战线'来反对他。"但毛泽东也坦然承认，父亲的管教"这对于我也许很有益处，这使我尽力工作，使我小心地记账，让他没有把柄来批评我"。

不愿受约束的毛泽东对父亲的专制不满，并且自行其是，做了很多"忤逆不孝"的抗争。为此，他风趣地说："我家有'两个党'。一个是父亲，是'执政党'。'反对党'是我、我的母亲和弟弟所组成的，有时甚至雇工也在内。不过，在反对党的'联合战线'之中，意见并不一致。母亲主张一种间接进攻的政策。她不赞成任何情感作用的显明的表示，和公开反抗'执政党'的企图。她说这样不合乎中国的道理。"毛泽东的这个比喻很大程度上反映了当时中国普通民众的普遍心态，母亲的"间接进攻的政策"和毛泽东"不合乎中国的道理"的"直接进攻"，显然有着"是左还是右"的矛盾。而这样的矛盾与以后毛泽东领导的中国革命征途中的诸多矛盾，又是多么地相似！从这个时候开始，毛泽东在思想上似乎就走上了一条革命的道路。

因为前面两个儿子都在襁褓中夭折了，这给毛泽东的母亲打击很大。唯恐第三个儿子毛泽东再夭折，母亲开始"吃观音斋"，并多方拜佛烧香，祈求神灵保佑。"完全不识字"的母亲也就是从这个时候开始信佛的，"笃信菩萨"。因为毛泽东平安长大了，而且母亲又生了弟弟泽民、泽覃，后来又收养堂妹泽建，因此母亲"对自己的孩子们施以宗教教育"。但是"父亲是一个不信神佛的人"，所以毛泽东兄弟和母亲"都因父亲是一个没有信仰的人，而感觉难过"。在九岁的时候，毛泽东"便认真地和母亲讨论父亲没有信仰的问题了"，并且他们"都想了许多办法来改变他的心，但没有效果。他只是责骂我们。因为我们受不住他的进攻，我们退而想新的计划。但他无论如何不与神佛发生关系"。

少年毛泽东追随母亲信佛，而且像母亲一样的虔诚。周恩来在《学习毛泽东》一文中，就曾提及少年毛泽东"当他妈妈生病的时候，他去求神拜佛"的事情。要知道，那还不是一般的在寺庙里烧香磕头许个愿，而是去南岳"朝拜香"，是几步一拜地一直步行几百里到南岳的。这就像朝圣的教徒一样，五体投地。没有虔诚的信仰和对母亲深沉的爱，一般人绝对是做不到的。况且这一年，毛泽东才15岁。由此可见毛泽东的孝心。

16岁的毛泽东在母亲的支持下，终于复学，先来到韶山乌龟颈私塾就读，塾师毛简臣。就在这个时候，韶山冲李家屋场从外地来了一个维新派的教师，叫李漱清——"因为他反对神佛，想把神佛取消。他教人民把庙宇改为学校。他成为一个被大家议论的人。然而我钦慕他，并同意他的意见。"毛泽东对他讲述的反对封建迷信的维新思想和各种见闻，感到新鲜，两人很谈得来，就建立了师生和朋友的关系（1925年，李漱清也到了广州，他们曾在一起工作）。于是，毛泽东通过读书渐渐地"自己愈来愈怀疑神佛了"。毛泽东思想的变化，很快被母亲"注意到这一点，责备我不该对神佛冷淡，但我父亲则不说什么。后来，有一天，他出去收账，在途中碰见一只老虎。老虎因不提防而立即惊逃，但我的父亲却格外地害怕，后来他对于这次奇迹的逃生，仔细想过。他开始想他是不是开罪了菩萨。自那时起，他对于菩萨比较恭敬起来，有时也偶尔烧香。但是当我愈来愈不信神佛时，他老人家却并不管。他只有在困难的时候才向神祷告"。

第二年春天，湖南长沙发生了大饥荒，毛泽东和与他一起在这个小小私塾读书的同学们看到许多米商几乎成群结队地都从长沙回家来了，并发生了暴乱。此后不久，"哥老会"一个叫"磨刀石彭"的头领也领导贫苦农民向地主"造反"。但最后战败，逃亡后被捕砍头。但在毛泽东看来"他是一位英雄，因为大家都同情这次造反"。此后，最爱革命的湖南人"造反"不断，同样也波及韶山冲这个偏僻的山沟沟。毛泽东家因为父亲毛顺生的经营，已经成为韶山冲的"大富"，因此也成了"造反"的对象。毛泽东回忆说："第二年，新谷还没有成熟，冬米已吃完的时候，我们一村发生食粮恐慌。穷人向富户要求帮助，他们发动了一个'吃米不给钱'的运动。我的父亲是一个米商，他不顾本村缺少粮食，将许多米由我们的乡村运到城里。其中一船米被穷人劫去，他气得不得了。但我对他不表同情。同时，我以为村人的方法也是错误的。"

毛泽东和父亲的主要矛盾就在这里。他与母亲之所以能结成"联合战线"，更多的还是因为他的"母亲是一个慈祥的妇人，慷慨而仁爱，不论什么都肯施舍。她很怜惜穷人，在荒年，她常常施米给那些跑来乞讨的人。不过在父亲面前，她就不能这样做了。他不赞成做好事。家中因了这个问题时常吵闹"。显然，毛泽东更热爱也支持母亲。而母亲的优秀品德也给了儿子深刻的良好影响。

1918年6月，25岁的毛泽东从湖南第一师范毕业。可就在这个时候，母亲已经患病。其实母亲在他15岁时，就生病了，时常在外婆家养病。如今毛泽东已经是一个25岁的青年人了，作为长子，自从18岁来到长沙求学后，他就很少有时间在父母身边侍候。为了理想，他又要远行，去比长沙更加遥远的北京。慈母卧病在床，游子在外飘荡，自古忠孝不能两全，毛泽东决定回故乡看看母亲。来也匆匆，去也匆匆。1918年8月初，毛泽东从韶山冲和唐家圫匆匆探望了病中的母亲，很快就回到长沙做前往北京的准备工作。临行前，大概在上中旬，毛泽东在长沙给自己的两个亲舅舅文玉瑞和文玉钦写了这封家书，说："前在府上拜别，到省忽又数日。定于初七日开船赴京，同行有十二三人。此行专以游历为目的，非有他意也。家母在府上久住，并承照料疾病，感激不尽。乡中良医少，恐久病难治，故前有接同下省之议。今特请人开来一方，如法诊治，谅可收功。如尚不愈之时，到秋收之后，拟由润连护送之来省，望二位大人助其成行也。"

事实上，毛泽东是8月15日从长沙启程的，农历是七月初九，同行的有罗学瓒、张昆弟、李维汉、罗章龙、萧子升、陈赞周等24人。毛泽东在信中隐瞒了北京之行的真正目的，在信中只说"此行专以游历为目的，非有他意也"。俗话说，儿行千里母担忧，毛泽东善意地撒了个谎，或许是为了安慰母亲，以免卧床的慈母为儿子的远行操心，好安心养病。可见毛泽东对母亲的惦念和牵挂，是如此的心细。因为自己出门在外，不能在母亲身边尽孝，母亲常年住在舅舅家中，靠两个舅舅照料，毛泽东对此感激不尽。因为"乡中良医少，恐久病难治"，而为了母亲尽早康复，毛泽东焦急万分，在家中和舅舅们商议，并提出想接母亲"同下省"——带母亲一起到长沙诊治的建议。或许因为自己马上要去北京，或许因为母亲的身体条件不许可，母亲仍然留在舅舅家休养。于是毛泽东回长沙后，还是在百忙之中，"特请人开来一方，如法诊治，谅可收功"。但毛泽东对此亦没有十分的把握，在信的末尾还是写上了自己接母亲到长沙治疗的建议："如尚不愈之时，到秋收之后，拟由润连护送来省，望二位大人助其成行也。"润连，就是毛泽东的大弟弟毛泽民。

1919年年初，所有赴法勤工俭学的湖南青年出国手续都已经办好。3月12日，因为母亲病重，毛泽东决定辞职回家，同时顺便到上海去为准备赴法的学生送行。毛泽东是在14日到达上海的，分别在17日和31日为两批赴法学生送行后，于4月6日回到了长沙。这个时候，新文化运动正如火如荼，五四爱国运动正在酝酿中。毛泽东一到长沙，就开始主持新民学会会务，同时为解决生活问题，经同班同学周士钊的推荐，到修业小学任历史教员，每周六节课。这时，母亲在弟弟泽民和泽覃的护送下来到长沙诊治。

毛泽东一边忙着教书，一边忙着组织搞爱国运动。他跟周士钊说："北京、上海等地的学生正在因外交失败消息引起悲痛和愤怒，正在酝酿开展爱国运动，湖南也应该搞起来，我想在这方面做些工作。"刚刚从北京、上海回到长沙的毛泽东自然知道因巴黎和会的结果已经在北京等大城市激起爱国青年和知识分子的抗议，一股民族救亡图存的烈火即将熊熊燃起。毛泽东主持的新民学会自然义不容辞地扛起了湖南爱国学生运动的大纛，领军突进。工作的繁忙自不必说，但毛泽东还是尽力抽出时间陪同母亲去看病，四处求医问药，在20多天里，他"亲侍汤药，未尝废离"，竭尽人子之责，孝敬可亲可敬的母亲。

母亲患的是淋巴腺炎。在毛泽东的照料下，母亲的"病状现已有转机，喉蛾十愈七八，疡子尚未见效，来源本身深远，固非多日不能奏效也"。毛泽东有近一年没有回家了，为此，他在4月28日专门致信两位舅父，表达对他们一直照料母亲的感激，并将母亲到长沙诊治的病情和自己北京之行的情况略作汇报。俗话说：儿子像娘有福气。长相酷似母亲的毛泽东，在对父亲和母亲的感情上又确实有所不同——爱母亲胜过爱父亲。"三岁看小，七岁看老。"读懂毛泽东这个从农村成长并扎根于中国大地的巨人和他的父亲母亲的情感，或许也就读懂了毛泽东青少年时代的心路历程。

毛泽东知道，对于52岁的母亲来说，从遥远的韶山来到省城长沙，机会难得。这是文素勤第一次到长沙，也是最后一次。恰好大弟弟泽民和小弟弟泽覃也都在这里，毛泽东便带着母亲和弟弟们一起到照相馆照了一张合影。而这是文素勤第一次照相，也是最后一次，唯一的一次。母亲坐在椅子上，慈眉善目，安详和蔼，端庄大方，看上去并不像是一个体弱多病的人。三个儿子分立母亲的两侧，这个时候，毛泽东26岁，毛泽民23岁，毛泽覃14岁。而这张照片也就成了毛泽东一家最早的照片了，也是兄弟三人唯一的合影。然而，让毛泽东想不到的是，这竟然是他和母亲的最后一次相聚。母亲在长沙小住了一段时日，便由弟弟泽民护送回家。

住在修业小学的毛泽东，此间广泛接触长沙教育界、新闻界和青年学生，进行各种联络活动。一个星期后，五四运动爆发。不久，湖南学生联合会成立，发动学生总罢课，声援北京。7月14日，毛泽东主编并担任主要撰稿人的《湘江评论》创刊，发表毛泽东的"创刊宣言"等文章20余篇；7月21日，《湘江评论》第二号和增刊同时出版；8月4日，第四号出版；8月中旬，刚刚印刷的第五号被查封没收；此后，湘雅医院的《新湖南》、周南女校的《女界钟》和修业小学的《小学生》陆续在毛泽东的主持、影响和帮助下出版。同时，毛泽东领导学联、新民学会等"激烈反对当时的湖南督军大混蛋张敬尧"，成为湖南"驱张运动"的干城。

就在毛泽东将"大部分时间都用在学生政治活动上"的时候，10月5日，母亲病逝。噩耗传来，晴天霹雳。毛泽东立即停止手中的一切活动，带着在修业小学读书的小弟弟泽覃，回家奔丧。回到韶山冲，母亲两天前就已经入殓，毛泽东没有见上母亲最后一面。大弟弟泽民告诉他，母亲临终时还在呼喊着他的名字。毛泽东闻言，心如刀绞，悲痛至极，热泪长流。跪守慈母灵前，母亲的音容笑貌恍然眼前，清晰可见，思绪万千，在闪烁昏黄的油灯下，毛泽东挥笔写下了他一生中最长的一首诗歌《祭母文》——

呜呼吾母，遽然而死。寿五十三，生有七子。七子余三，即东民覃。
其他不育，二女二男。育吾兄弟，艰辛备历。摧折作磨，因此遘疾。
中间万万，皆伤心史。不忍卒书，待徐温吐。今则欲言，只有两端。
一则盛德，一则恨偏。吾母高风，首推博爱。远近亲疏，一皆覆载。
恺恻慈祥，感动庶汇。爱力所及，原本真诚。不作诳言，不存欺心。
整饬成性，一丝不诡。手泽所经，皆有条理。头脑精密，劈理分情。
事无遗算，物无遁形。洁净之风，传遍戚里。不染一尘，身心表里。
五德荦荦，乃其大端。合其人格，如在上焉。恨偏所在，三纲之末。
有志未伸，有求不获。精神痛苦，以此为卓。天乎人欤，倾地一角。
次则儿辈，育之成行。如果未熟，介在青黄。病时揽手，酸心结肠。
但呼儿辈，各务为良。又次所怀，好亲至爱。或属素恩，或多劳瘁。
大小亲疏，均待报赍。总兹所述，盛德所辉。必秉悃忱，则效不违。
至于所恨，必补遗缺。念兹在兹，此心不越。养育深恩，春晖朝霭。
报之何时，精禽大海。呜呼吾母！母终未死，躯壳虽裹，灵则万古。
有生一日，皆报恩时。有生一日，皆伴亲时。今也言长，时则苦短。
惟挈大端，置其粗浅。此时家奠，尽此一觞。后有言陈，与日俱长。
尚飨！

这是一篇念颂母亲的绝唱！这是一篇感天动地的美文！每一个词，每
一个字都值得咀嚼，值得琢磨，唯此也才读得懂其中儿子对母亲那种深沉
的眷恋和失去母爱的悲痛。毛泽东将自己的痛苦、悲伤、思念、惆怅、悔
恨、感恩之心表达得淋漓尽致。毫无疑问，母亲的病逝是毛泽东26岁的生
命年轮里最为痛心疾首的事件！毛泽东曾在写给新民学会的老同学的信中
说："这是人生一个痛苦之关，像吾等长日在外未能略尽奉养之力的人，尤
其生发'欲报之德，昊天罔极'之痛！"

10月8日深夜，毛泽东在写好《祭母文》后，意犹未尽，又含泪写下
挽联两副——

春风南岸留晖远，秋雨韶山洒泪多。

疾革尚呼儿，无限关怀，万端遗恨皆需补；
长生新学佛，不能住世，一掬慈容何处寻？

守灵七日，过了"头七"，毛泽东带着小弟弟辞别父亲，回到长沙。后来，仍然沉浸在失去慈母之痛中的毛泽东给他的好友邹蕴真写信，对母亲的高尚品德仍念念不忘。他说：世界上共有三种人：损人利己的人，利己不损人的人，可以损己而利人的人。而他的母亲就是最后这一种人。

失去了母亲的毛泽东，这时更加感到"生前不孝死后孝"的遗憾，为了弥补自己"欲报之德，昊天罔极"之痛，他将克勤克俭的父亲接到长沙小住，尽一尽作为儿子的孝心。尽管他们父子间的关系一直都不是十分好，但这"代沟"在亲情纽带中又算得上什么呢？更何况，儿子如今已经长大成人，而且在省城有了一份很有身份体面的工作，这无疑也给作为农村一个小米商的毛顺生挣足了脸面。再说，父亲的严厉，何尝不是一种深沉的爱呢？

父亲是在母亲安葬一个月后，来到长沙的。同来的还有韶山冲毛氏家族中"学位"最高的国子监监生、堂伯父毛福生。和上次母亲来的时候一样，毛泽东同样带着父亲和堂伯父到照相馆照了一张合影。从照片上写的日期来看，照相的这一天是农历九月二十一。我们还可以看到，毛泽东依然身穿长袍，但在他的左手手臂上戴着一个黑纱——显然，他依然在深深悼念着他敬爱的母亲。

农历十二月初一（1920年1月23日），在母亲去世才三个半月的时候，父亲也积劳成疾，因患急性伤寒医治无效病逝，享年50岁。五十而知天命，妻子尸骨未寒，长子与幼子远在他乡，老人自觉不久于人世，不禁心境苍凉，黯然神伤。临终前，这位一辈子善于经营辛辛苦苦、精打细算一心发家致富的农民，也没有合上双眼，大儿子远在北京，小儿子在长沙读书，只有二儿子泽民守在身旁。

决不料一百有一旬，哭慈母又哭严君，血泪虽枯恩莫报；

最难堪七朝连七夕，念长男更念季子，儿曹未集去何匆。

声声含泪，字字是血。塾师毛麓钟代毛泽东兄弟撰写的这副挽父灵联，逼真刻画了对儿子"恨铁不成钢"的父亲的儿女情长舐犊情深。因为带领湖南"驱张请愿团"到京和组织平民通讯社，毛泽东没有回家奔丧。父亲和母亲同冢合葬。毛泽东只能把悲痛和哀悼埋在心底。而就在六天前，他的恩师杨昌济也在北京病逝，毛泽东曾和杨开慧、杨开智一起守灵。

短短三个多月，毛泽东接连失去三位亲人：生他养他的父亲和母亲，教他育他的导师，但毛泽东这个独立不羁、叛逆造反的热血青年，依然勇敢地站在时代的潮头，以"自信人生二百年，会当水击三千里"的英雄气，在湖南这片热土上向世界提出了一个中国式的反问——"问苍茫大地，谁主沉浮？"

1920年5月5日，毛泽东从北京转到上海。住在哈同路民厚南里29号。两个月后的7月7日，毛泽东回到长沙。1921年2月，毛泽东带着弟弟泽覃回韶山过春节。父母双亡，长兄为父。也就是在这个春节，毛泽东作出了一生中最为重要的一个决定——举家迁往长沙。这天晚上，毛泽东召集二弟泽民、小弟泽覃、继妹泽建和弟媳王淑兰等，畅谈家庭和国难当头、民生多艰等情形。毛泽东作为大哥劝泽民把家里的事情安排好，走向社会，参加革命，舍家为国，舍己为民。他说：房子可以给人家住，田地可以给人家种，我们欠人家的钱一次还清，人家欠我们的一笔勾销。就这样，毛氏四兄妹从韶山走上了革命的道路，韶山也因此为中国革命贡献出了叱咤风云的毛氏四兄妹。

1959年6月25日下午，毛泽东在罗瑞卿等人的陪同下，回到了他1927年离开后就没有再见的故乡、他的出生地韶山冲。他的革命事业早已成功，他和他的战友们一起亲手缔造的人民共和国，再过三个多月就要过她的十周岁生日。毛泽东站在故居中后人悬挂的他的父母的照片前，久久伫立、久久凝望，好一阵子，他才指着照片跟随行人员说："这是我的父亲、母亲。我父亲得的是伤寒病，我母亲头上生了疱，穿了一个眼。只因为是那个时候……如果是现在，他们就不会死了。"因为父母得的都不是什么疑难病症，却过早地去世了，而现在他领导的共和国已经完全有这个医疗卫生保障能力。当他走到自己的卧室，看到他与两个弟弟和母亲的合影，一下子高兴得像个孩子，用家乡话说："咯是从哪里拱出来的呀?"旁边的工作人员告诉他是外婆家的表兄们保存下来的。66岁的毛泽东轻轻地点了一下头。如今，照片上的慈母去世已经整整40年，二弟弟泽民也已经于1943年在新疆殉难，小弟弟泽覃则早在1935年就牺牲于江西的红土地上，如今就只剩下自己一人，纵有万端感慨又与何人说?

第二天清晨，毛泽东一个人静悄悄地爬到南岸对面的一座松青柏翠的小山上。这座名叫楠竹的小山坡上，安葬着毛泽东的父亲母亲。工作人员看见后，都赶紧跟随过去。毛泽东随手折下一枝松枝，向父亲母亲三鞠躬，嘴里默念："父亲、母亲，我看望你们来了! 前人辛苦，后人幸福。先天下之忧而忧，后天下之乐而乐……"然后将松枝插在父母坟墓前的泥土上，作为祭奠。简单的祭奠完毕，毛泽东跟随行的罗瑞卿说："我们共产党人，是彻底的唯物主义者，不信什么鬼神。但生我者父母，教我者党、同志、老师、朋友也，还得承认。我下次回来，我还要去看看他们两位。"[1]

当天晚上，毛泽东住在韶山宾馆松山一号楼，辗转反侧，夜不成寐，嘴里念念有词，黎明即起，作《七律·到韶山》——

别梦依稀咒逝川，故园三十二年前。
红旗卷起农奴戟，黑手高悬霸主鞭。
为有牺牲多壮志，敢教日月换新天。
喜看稻菽千重浪，遍地英雄下夕烟。

---

[1] 林克:《我所知道的毛泽东》，中央文献出版社2000年版，第85页。

故乡行，诗言志。后来，毛泽东将"别梦依稀哭逝川"之中的"哭"改为"咒"，其实，他的所思所想所爱所恨又岂是一个"咒"字了得！毛泽东说"我下次回来，我还要去看看他们两位（父亲母亲）"，而且还对陪同人员用家乡话说：咯个地方倒很安静，我退休后，在咯块子给我搭个茅棚子住，好吗？两年后，"茅棚"——滴水洞别墅搭好了，1966年他也的确回来了，也住进了这个被他称作"西方山洞"的"茅棚"。然而，他却因种种原因再也没有走进离他近在咫尺的家门、他出生的老屋，再也没有见到他的父亲母亲。他怎么也不会想到，1959年别离32年后的回家，竟成了他最后一次踏进家门看父亲母亲的最后一眼！

开慧之死，百身莫赎

　　毛泽东在他25岁这年开始了自己的初恋。那一年是1918年。在北京。

　　当时，毛泽东是北京大学图书馆的助理员，负责图书和十几份报纸的借阅登记工作，可谓是一个可有可无、谁也不把他放在眼里的小人物，月工资也就是8块大洋。要知道，这个图书馆的馆长李大钊月薪是120块，文科教授胡适为200块，文科学长陈独秀为300块。这样的对比，在今天来说，毛泽东任职的这个角色有点像到京外来务工的"打工仔"。在北京，那个时候的毛泽东绝对是一个"外省人"，而且穷得叮当响。然而，毛泽东就是在这样一无所有的时候，开始了他最初的爱情。他和她是在北京豆腐池胡同九号（今豆腐池胡同20号）见面的。这里是他在湖南第一师范读书时的导师、北京大学的教授杨昌济的家。而她正是杨老师的掌上明珠——唯一的女儿霞姑——杨开慧。其实，早在四年前的1914年，他们在长沙就认识了。与四年前相比，杨开慧已经出落成一个18岁的大姑娘了。

　　1920年冬天，毛泽东和杨开慧结婚了。不坐花轿，不置嫁妆，不用媒妁之言，不举行婚礼，不做"俗人之举"，杨开慧只带着简单的行李住进了第一师范附小的教师宿舍，与毛泽东同居。而后仅花了六块银元办了一桌酒席，宴请了长沙的几位亲友，开始了与毛泽东"自由恋爱、婚姻自主"的夫妻生活。

　　1929年6月20日，杨开慧曾在自己写的回忆录中谈到她与毛泽东恋爱的一些情节，说："不料我也有这样的幸运！得到了一个爱人，我是十分爱他。自从我听到他许多事，看了他许多文章、日记，我就爱上了他。不过我没有希望过会同他结婚……直到他有许多信给我，表示他的爱意，我还不敢相信我有这样的幸运……知道他的情形的朋友，把他的情形告诉我，我也完全了解他对我的真意。从此我有了一个新意识，我觉得我为母亲而生之外，是为他而生的，假如一天他死去了，我一定要跟着他去死！假如他被人捉去杀了，我一定要同他去共这个命运！"这段爱情自述直到1983年才在长沙"板仓杨"家住所的墙缝里被发现。此时斯人已去，杨开慧牺牲已53年矣！毛泽东也在七年前离开了这个世界。

杨开慧协助毛泽东开展革命工作，并在1921年加入中国共产党，成为中国共产党最早的女党员之一。这年夏天，毛泽东到上海出席了中国共产党第一次全国代表大会，10月10日，毛泽东在陈独秀的授意和指导下，秘密成立了中共最早的省委之一——中共湖南支部，任支部书记。为了掩护毛泽东的活动，杨开慧把母亲接到自己家中——长沙小吴门外清水塘原22号——中共湘区委员会机关所在地，自己则负责湘区党委的机要和交通联络工作。这年8月，毛泽东还和何叔衡利用船山学社的社址创办了湖南自修大学。杨开慧参加了筹建工作，并利用自己担任学联干事身份，筹集经费。

风里来，雨里去。1922年，毛泽东在长沙、衡阳、安源多次组织工人示威罢工、请愿游行，积极开展革命活动。杨开慧无怨无悔地跟随毛泽东，夫唱妇随，举案齐眉。10月24日，毛泽东率领任树德等泥木工代表同湖南省政务厅长吴景鸿进行说理斗争，谈判长达三个小时，要求增加工资、营业自由。毛泽东当场将谈判记录下来，并整理成文呈送省长赵恒惕。就在这一天，毛泽东当上了爸爸，他的长子毛岸英在清水塘出生。

1923年4月，毛泽东安排好湘区的工作，离开清水塘，离开了妻子和仅半岁的儿子，秘密前往上海，到中共中央工作。这时，长沙街头已经贴出了赵恒惕悬赏缉拿"过激派"毛泽东的布告。9月10日，毛泽东回到长沙。这半年，毛泽东从上海到广州，再从广州到上海，参加了在广州东山恤孤院后街31号召开的中共第三次全国代表大会，当选为中共中央执行委员，任中央局秘书，协助中央局委员长陈独秀工作。回到长沙，毛泽东遵照中央决定，在湖南筹建国民党。11月13日，毛泽东的次子毛岸青在板仓杨家出生。毛泽东在家小住了三个月，又奉命前往上海，准备去广州参加中国国民党第一次全国代表大会。在这次会议上，毛泽东当选为国民党中央委员会候补委员。

1924年6月初，杨开慧同母亲携儿子岸英、岸青来到上海，结束了魂牵梦绕的夫妻两地分居的生活，得以"重比翼，和云翥"。他们住在"党中央宿舍"——英租界慕尔鸣路甲秀里（今威海路583弄）一幢两层石库门的老房子里，和蔡和森、向警予夫妇住在一起，对外称是一家人。杨开慧除担负家务之外，还帮助毛泽东整理材料、誊写文稿等，并经常到小沙渡路工人夜校去讲课。在上海，毛泽东难得和妻儿团聚了半年。因积劳成疾，患病在身，毛泽东不得不请假回湘疗养。12月，他们一家回到长沙。

1925年2月6日，毛泽东杨开慧夫妇携两个儿子回到韶山，并带回100多斤重的书籍。毛泽东一边养病一边做社会调查，遍访朋友、同学、亲戚和左邻右舍，谈家常，论时事。6月中旬，中共韶山支部在毛泽东家中成立。8月，毛泽东组织农民开展"平粜阻禁"谷米斗争。28日，湖南省长赵恒惕接到土豪成胥生的密报，立即电令湘潭团防局派人逮捕毛泽东。毛泽东在湘潭、韶山党组织和群众的帮助下，离开韶山，去长沙。9月上旬，毛泽东动身经衡阳、资兴、耒阳、郴州、宜章、韶关，于中旬到达广州。因身体虚弱，他住东山医院疗养。10月，在汪精卫的推荐下，毛泽东代理国民党中央宣传部部长。

1927年2月，毛泽东一家先后由长沙来到武昌。杨开慧带岸英、岸青和保姆陈玉英到武昌后住在武昌都府堤41号。4月4日，三子毛岸龙在武汉出生。8月12日，毛泽东以特派员身份从武汉回到长沙，住在杨开慧的娘家。8月18日，在长沙市郊沈家大屋召开中共湖南省委会议，决定以中共的名义来发动秋收暴动。8月31日晨，毛泽东乘火车去安源部署武装起义。毛泽东与杨开慧像往常一样匆匆分别，甚至还没来得及告别，只是把这当作一次普通的出门，然而这一别竟成永诀，成了生离死别！

9月9日，秋收起义爆发。后来，毛泽东就把队伍拉上了井冈山。

这个时候，岸英五岁，岸青四岁，岸龙才六个月。在这片"旌旗在望，鼓角相闻"的中国第一块红色革命根据地里，毛泽东没有忘记在长沙板仓家中苦苦为他守候、抚育幼儿的妻子。他用暗语给妻子写了一封信，说：我出门以后，开始生意不好，亏了本，现在生意好了，兴旺起来了。然而，这封信直到1928年年初才辗转到了杨开慧的手中。她在家中翻箱倒柜找到了一张地图，终于找到了这个从来没有听说过的井冈山在哪里，知道了丈夫还活着，还在牵挂着她和孩子。可这也更令她牵肠挂肚——

天阴起溯（朔）风，浓寒入肌骨。念兹远行人，平波突起伏。足疾已否痊？寒衣是否备？孤眠〔谁〕爱护，是否亦凄苦？书信不可通，欲问无〔人语〕。恨无双飞翮，飞去见兹人。兹人不得见，〔惘〕怅无已时。

在板仓杨家中坚持地下活动的杨开慧，在1928年10月默默写下这首哀婉缠绵的《偶感》，思夫之情，何其真切！而这力透纸背、伸手可触的相思，又岂仅仅只是一次"偶感"呢?！我想该是她年年岁岁时时刻刻的思念吧？

1930年8月，湖南省"清乡"司令何键悬赏大洋千元，缉拿"毛泽东妻子杨氏"。而也在这个夏天，红军两次攻入长沙，然而时间短暂，历史没有给他们夫妻团聚的机会。当地下党组织劝说杨开慧去找"毛委员"时，杨开慧回答说：润之没有让我走，我不能离开自己的岗位。10月14日，杨开慧被捕入狱。同时被捕入狱的还有八岁的毛岸英和保姆陈玉英。在狱中，杨开慧经受住了各种形式的威逼利诱，始终以一个共产党人的气节不屈不挠，坚决斗争。国民党反动派甚至说，只要她声明与毛泽东脱离夫妻关系，就可以马上得到自由。同样遭到杨开慧的严词拒绝。她还对前去探望她的亲人说："死不足惜，但愿润之之革命早日成功！"并嘱托说："我死后，不做俗人之举。"一个月后的11月14日，杨开慧这个杰出的共产党员，这个英雄的母亲，这个忠贞的妻子，在长沙城浏阳门外的十字岭英勇就义，年仅29岁。

在行刑前，刽子手让杨开慧选择"枪毙或砍头"，她选择了前者。"因为她不想让头颅被挂在公共场合示众。刽子手并没有让她迅速地死亡，她身负枪伤，倒在地上挣扎。后来处理遗体的人发现，她手指甲里全是泥土。"①

"我觉得我为母亲而生之外，是为他而生的，假如一天他死去了，我一定要跟着他去死！假如他被人捉去杀了，我一定要同他去共这个命运！"杨开慧用自己29岁的青春和生命践行了她两年前写下的爱情承诺。这是一个多么伟大多么庄严的承诺！

生死相恋，杨开慧对毛泽东的爱情无疑是一段历史的绝唱！毛泽东从报纸上闻听噩耗后，"泪飞顿作倾盆雨"，当即致信杨开慧的亲属："开慧之死，百身莫赎。"并捎去30块大洋为妻子修墓立碑。新中国成立后，毛泽东在中南海还对身边的卫士说："她的牺牲很大一个原因是由于她是毛泽东的夫人。爱人和孩子为我做出了很大牺牲，我是对他们负疚的。"

1957年5月11日，毛泽东作词《蝶恋花》，赠故人柳直荀遗孀李淑一。

我失骄杨君失柳，杨柳轻飏直上重霄九。问讯吴刚何所有，吴刚捧出桂花酒。　寂寞嫦娥舒广袖，万里长空且为忠魂舞。忽报人间曾伏虎，泪飞顿作倾盆雨。

1962年，章士钊就"骄杨"二字作何解释，请教毛泽东。毛泽东告诉他："女子革命而丧其元（头），焉得不骄?!"

---

① 黄仁宇:《黄河青山》，生活·读书·新知三联书店2001年版，第218页。

不能把贺子珍留在老百姓家，
就是死也要把她抬走

　　贺子珍仰慕毛泽东，毛泽东也真心爱贺子珍。贺子珍回忆说："毛泽东是一个很重感情的人。他的性格有豁达豪爽的一面，也有温情细致的一面。"长征中，在贵州盘县，贺子珍为掩护伤员钟赤兵，全身中了17块弹片，生命垂危。为了减轻部队负担，贺子珍请弟弟毛泽民夫妇向领导反映，请求留在当地治疗，并叮嘱千万不要将她受伤的情况告诉正在前线指挥作战的毛泽东，以免他担心。当时，毛泽东正在指挥红军抢渡赤水河，处于与国民党军巧妙周旋的关键时刻，无法离开岗位。当他得知贺子珍负伤后，非常焦急地流下了眼泪，赶紧在指挥所打电话："不能把贺子珍留在老百姓家，一是无药可医，无法治疗；二是安全没有保证，就是死也要把她抬走。"同时，他马上派傅连暲医生前往休养连，协助抢救贺子珍，并把自己的担架调过来，帮助抬贺子珍。

　　战斗结束后，毛泽东快马加鞭地赶来看望贺子珍。看到整个脑袋都缠满绷带躺在病床上的妻子，毛泽东拉着贺子珍的手，半晌说不出话来，眼圈湿润了。贺子珍坚强地说：我不能工作，还要别人抬着走，心里很不安。不要带我走了，把我留在老乡家里，等养好伤，我会去找你的。毛泽东深情地看着妻子，理了理她额前的刘海，动情地说：你不要想那么多了，你是为抢救伤员负伤的，是勇敢的，也是光荣的。我绝不会把你一个人留在这里，就是抬也要把你抬走，只要我毛泽东在哪里，你就必须活着在哪里。你安心休养吧，会治好的。就这样，贺子珍在毛泽东的担架上躺了三个月。战斗间隙，毛泽东总抽空来看望她，还把节省下来的食品带过来送给贺子珍，补充营养。

多年后，贺子珍回忆说："是毛泽东救了我的命。我当时昏迷着，如果真的把我留下，放到老乡家里，我就没命了。我的伤势那么重，农村又没有医疗条件，不要说碰到敌人，就是光躺着也是要死的。我自己苏醒过来后，怕同志们的负担增加，也曾经多次向连里提出把我留下的意见，他们都没有同意。我这才活下来。"①

1937年9月，性格倔强的贺子珍毅然决然地要离开延安，前往苏联治病和学习，离开了毛泽东。毛泽东千方百计地挽留贺子珍，并伤感地说："在贵州，听说你负了伤，要不行了，我着急得掉了泪。"这次，毛泽东也流泪了。从延安到西安，再从兰州到乌鲁木齐，贺子珍走到哪里，毛泽东就请当地的朋友宋任穷的夫人钟月林、毛泽民的夫人钱希均、贺子珍的好友彭儒等人，说情挽留，力劝贺子珍回心转意留下来。然而，这一切都没能挡得住这个年仅28岁，外表上看起来"简直是一个弱不禁风的少妇"，但"反抗的火焰毫未消灭"的"女司令"! 几十年后，钱希均每每回忆起这番谈话，总是感叹不已，说："贺子珍人很聪明，可性情太犟，谁会料到后来的变化。她还是太年轻了，想不了这么多，顾不了这么多! 我们当时都太年轻了!"从1928年到1937年，尽管毛泽东和贺子珍的婚姻只保持了十年，但他们的生死与共患难与共的爱情，并没有随着岁月的流逝而改变，有伤也有泪，有痛也有恨，一切都成了永恒的永远。

当年轮又过了十圈，贺子珍1947年满身伤痕地回到祖国怀抱的时候，毛泽东也是无限感慨。先是年初他同意王稼祥夫妇和罗荣桓夫妇帮助将贺子珍从精神病院接回国，接着在5月30日致信时任中共中央妇委书记、东北局妇委书记的蔡畅，请她照顾好即将从苏联回国的贺子珍。8月，贺子珍携女儿娇娇和毛岸青抵达哈尔滨，先在东北财政部任机关总支部书记，后调至哈尔滨总工会干部处做工运工作。第二年她随机关迁至沈阳，并与妹妹贺怡会面。

---

① 王行娟:《贺子珍的路》，作家出版社1985年版，第208页。

自 1947 年回国后，贺子珍就住在哈尔滨。这个时候的贺子珍并没有想去见毛泽东。这位英雄的母亲、英雄的妻子或许只想让时间来抚平昨日所有的创伤，并开始了新的工作新的生活，甚至还曾想过再婚。但尽管这样，贺子珍仍然有两大心愿：一是不要因为她曾经做过"第一夫人"就把她给"禁"起来；二是她想见毛泽东一面，说句话，握握手就行。贺子珍的愿望看起来多么简单，已经十年没有见到毛泽东的她，多么想看一看毛泽东现在是胖了还是瘦了，多么想听一听毛泽东的声音，可这似乎对她来讲已经是一种奢望。

1948 年，贺子珍从嫂子李立英（贺敏学的夫人）那里听说了毛泽东为她们贺家所做的一些事情。李立英说："母亲在父亲病逝后到了延安，毛主席亲自照料老人家的生活，为她送终立碑。胡宗南侵占延安，把母亲的坟给挖了，部队收复了延安，毛主席请老乡重新把母亲安葬了。贺怡在战争年代很勇敢，落入敌手后坚贞不屈，受到毛主席的赞扬，并指示用俘获的国民党一将领交换她出狱。贺怡因为在狱中为保持共产党人的气节曾吞金戒指自杀，但她竟然奇迹般地活下来，在延安做大手术时胃被切除三分之二，当时身边没有亲人，还是毛主席为她签的字。"

贺子珍听后十分感动，在贺怡的建议下，贺子珍和娇娇分别给毛泽东写了一封信。贺子珍写道："主席：我已经回到中国来了。身体不太好，还在休养，并参加一些工作。我离开中国九年，对国内现有的情况不大了解，我要通过工作来了解情况。我在苏德战争期间，生活艰苦，什么都要干，比长征还要苦。不过，这已经过去了，现在我要好好工作。我现在学做工会工作。我很感谢您对我妹妹和母亲的照顾，代我尽了姐姐和女儿的责任，我将终生铭记在心。"对女儿的来信，毛泽东可谓是喜出望外，立即用电报回复了。而对贺子珍的来信，毛泽东则没有直接也没有那么快捷地回信。

直到 1950 年夏天，毛泽东才回信说："娇娇在我身边很好，我很喜欢她。望你保重身体，革命第一，身体第一，他人第一，顾全大局。"在这封家书中，毛泽东一开头就说"娇娇在我身边很好，我很喜欢她"。对女儿娇娇的爱，不正是毛泽东对贺子珍的爱吗？只是表达得含蓄又委婉。简简单单的问候中却蕴藏着毛泽东最深沉最博大的爱。但对历尽风雨蹉跎的贺子珍来说，她是否能从这简短的家书中，读懂他生死爱恋的"老毛"呢？毫无疑问，这个时刻的毛泽东和贺子珍内心都十分痛苦，而这一切又都只能深深地埋藏在心灵的深处。因此毛泽东说："望你保重身体，革命第一，身体第一，他人第一，顾全大局。"这既是安慰，也是劝说；既是思念，也是惆怅；既是解释，也是无奈……

　　贺子珍是在天津收到已经从西柏坡搬到北平香山双清别墅居住的毛泽东的这封回信的。此前，她本是和女儿娇娇、毛岸青、贺怡一起进京的。但就在行至山海关时，贺子珍被组织部门挡在北平的门槛外面，只能在天津守望，近在咫尺却又远在天边。此后，贺子珍被安排在上海休养。1953年毛泽东约见贺敏学时，曾提出让贺子珍再婚。带着妹妹一起扛着大刀长矛上井冈闹革命的贺敏学，深知妹妹的性格，他告诉毛泽东这"是不可能的事情"。

　　一年后的1954年9月，全国人大一届一次会议召开，毛泽东在开幕式上讲话的录音通过电波反复播放，传遍大江南北。已经17年没有听到毛泽东声音的贺子珍，在收音机里偶然听到了她朝思暮想的"老毛"那熟悉的湖南口音，她竟然一下子僵坐在椅子上晕了过去，直到第二天才被人发现。而开了一夜的收音机，已经烧坏了。[①]

　　这一次，得知贺子珍病倒的消息后，60岁的毛泽东在女儿李敏面前第一次流下了泪水。无情未必真豪杰，落泪如何不丈夫?! 花甲垂泪，经历过太多生离死别，为了革命失去了妻子、弟弟、妹妹、儿子、女儿多达十几位亲人的毛泽东托女儿给贺子珍带去了一封信，劝她要听医生的，看病吃药，不要抽那么多的烟。毛泽东的来信胜过任何良药，这次，痴情的贺子珍听了毛泽东的话，病情很快恢复。在北京学习、工作的女儿李敏就这样成了母亲与父亲之间的信使，来往于北京与上海之间。也就是在这个时

---

　　① 孔东梅:《翻开我家老影集》，中央文献出版社2004年版，第112页。

候，毛泽东委托女儿给贺子珍捎来了一块白手帕。这块已经泛黄发旧的白手帕，是毛泽东一直用着的。而对女儿每次的上海探母之行，毛泽东都要为李敏亲自打点行装，备好各种北京的土特产品。有一次，毛泽东得到一条好烟，自己拆开一包抽了几根，但他后来还是省下来让女儿连同已经拆开的这包一起全送给了贺子珍。同样，李敏每次回京，贺子珍总会让女儿大包小包地带上"老毛"当年爱吃的在北方又不易买到的时鲜蔬菜。据李敏回忆，有一次，母亲贺子珍还特别请她给父亲带去一个耳挖勺。因为贺子珍知道毛泽东是个"油耳朵"，喜欢掏耳朵。千里送鹅毛，礼轻情义重。小小的一块白手帕和小小的一只耳挖勺，它们所承载的该是如何用语言也无力形容的爱情！这又岂是我们后辈所能全部读懂的呢？

女大当嫁。被毛泽东视作"洋宝贝"的女儿的婚事牵动着身在北京的毛泽东和在上海的贺子珍。1959年7月9日晚，毛泽东和贺子珍终于在分别了22年后相见了。地点就是蒋介石为夫人宋美龄建造的著名的"美庐"。这次会面是秘密的，当事人一直都保守着这个秘密，直到几十年后才讲出来。而毛泽东一辈子也没有公开说起，包括对他们的女儿李敏——庐山会议后的8月23日，刚刚回到北京才一天的毛泽东就在中南海的菊香书屋为自己的"洋宝贝"女儿主持了婚礼，这是他在庐山相会中答应贺子珍的，因此这次婚礼也成为毛家历史上最隆重的婚礼。

相逢不似长相忆，一度相逢一度愁。22年，夫妻再相逢，贺子珍这一年整整50岁！毛泽东66岁。1970年，毛泽东最后一次登上庐山。在"芦林一号"，有一次他和身边工作人员聊天，说了一句意味深长的话："贺子珍对我最好，长得也漂亮。她后来有病，老怀疑别人害她，谁都怀疑，但不怀疑我。"贺子珍，或许是毛泽东内心永远说不出的痛。

1976年9月9日，毛泽东逝世。贺子珍获悉后，却出人意料的异常冷静，她叉着腰在房间里走来走去，自言自语："主席身体不是很好吗？怎么，一下子就走了？"

三年后的1979年，新中国迎来她30岁的生日，贺子珍也迎来她70岁的生日。卧病在床的贺子珍想到北京去，想到她的丈夫毛泽东和他的战友们以鲜血和生命建起来的新中国的首都看一看。女儿李敏和女婿孔令华满足了老人的心愿。9月8日，坐落在世界最大的广场——天安门广场上的毛主席纪念堂，静悄悄地迎来了最特殊的一位嘉宾——毛泽东的患难妻子贺子珍。贺子珍坐在轮椅上在女儿女婿的陪同下，向毛泽东敬献了花圈，上面写着："永远继承您的革命遗志。战友贺子珍率女儿李敏、女婿孔令华敬献。"随着轮椅的缓缓推进，随着升降机的缓缓托起，时隔庐山相会又整整过去了20年，贺子珍再次见到了她的"革命战友"，她的"老毛"，可如今——一个在里头，一个在外头；一个坐着，一个躺着；一个睡着，一个醒着；一个来了，一个走了……贺子珍下定决心听从亲人和医护人员的提醒：不能哭。泣尽继以血，心摧两无声。她真的没有哭！经历了人生的至乐、至苦、至恨、至爱的贺子珍，紧紧地用牙齿咬着那块毛泽东1954年送给她的白手帕，强忍着不让自己哭出声来，而滚动在她眼里的几千次几万次的一滴泪，怎么也掉不下来哟！

你也是个大事不讨论，小事天天送的人

"主席结婚，惊天动地。"1938年11月20日，从贺子珍出走苏联后当了近一年单身汉的毛泽东，与一个从上海来的女演员蓝苹结了婚。也就在这一天，延安突然遭到了日本鬼子战斗机的轰炸。毛泽东的家也连夜从凤凰山搬到了杨家岭。这个叫蓝苹的女人就是江青。30年后这个名字在20世纪的中国家喻户晓。

从1938年毛泽东和江青结婚到"文化大革命"爆发这20多年间，江青对于毛泽东个人生活的照顾，还是尽了责任的，而且江青也的确没有出头露面"参政"。但事情在胜利进城以后开始发生了一些变化。随着时间的流逝，江青的缺点暴露出来了。毛泽东的秘书林克发现江青"爱好虚荣，爱出风头。自私妒忌，专横跋扈，甚至打击报复"，开始"滋长了一种危险的苗头——政治权欲"。

"文化大革命"爆发后，"江青对毛泽东越来越不照顾、不体贴，反而不断干扰。毛泽东感情上得不到安慰，双方感情上裂痕不断加深。当然，感情上的离合是双方面的，这与毛泽东交际日趋广泛、对江青的冷淡也不无关系。"林克说，"到'文化大革命'开始时，毛泽东与江青已经分居，他从中南海的菊香书屋搬到了游泳池旁的一套房子。但他们的婚姻关系并未结束，政治上还互有需要。"

"江青在政治上善于察言观色，投毛泽东所好。她利用了毛泽东在50年代后期逐步发展的'左'倾思想。毛泽东在1962年中共八届十中全会上对阶级斗争的形势作了不正确的估计，认为问题比较严重。江青不断提供假情况，所以毛泽东强调注意文艺界和意识形态领域的阶级斗争。江青利用了这个时机，大抓文艺界和意识形态领域的阶级斗争。江青在康生的支持下，打着'文艺革命'、'戏剧改革'的旗号，随意把一些优秀作品或有某些缺点的作品打成'毒草'，打击陷害了许多著名作家。"正如林克分析的那样，江青敏锐地迎合毛泽东的胃口，从1963年开始，她与上海的柯庆施、张春桥等勾结在一起，以文化搭台，唱政治戏，策划在中国刮起文化的台风，为毛泽东正在酝酿的"文化大革命"推波助澜。如果说在疾风暴雨式地批判《武训传》时，江青还是在幕后的话，那么以京剧改革捞取政治资本从而赢得毛泽东的信任和重用的江青，就开始"显露峥嵘"，渐渐走向前台了。

1965年，江青伙同张春桥找到"笔杆子"姚文元，在11月10日的《文汇报》发表了署名文章《评新编历史剧〈海瑞罢官〉》。文章发表后，中国如同发生了一场地震，"大批判"狂澜骤起。谁也没有想到这篇写作时连毛泽东也不知道的"雄文"，竟然成了毒害中国的"文化大革命"的一条导火索，揭开了"文化大革命"的序幕。与此同时，江青又炮制了《林彪同志委托江青同志召集的部队文艺工作座谈会纪要》，而这个《纪要》也成了江青"出山"担任要职的宣言书。

1966年5月16日，中共中央发布了由毛泽东指定的陈伯达、康生、江青、张春桥、王力、关峰、戚本禹等十人起草的"五一六通知"（以下简称"通知"）。这一天，也就成了"无产阶级文化大革命"全面发动的日子。5月28日，中共中央发出"通知"，正式宣布"中央文革小组"成立，组长为陈伯达，康生任顾问。8月2日，中共中央补发通知，宣布"中央文革小组"领导成员名单：陈伯达任组长，康生任顾问，副组长有江青、王任重、刘志坚、张春桥。8月30日，中共中央发出《关于江青代理中央文化革命小组组长职务的通知》。直到这个时候，人们才大吃一惊：江青已经成为中国政坛上的一颗"新星"，其权力之重，地位之显赫，连一向对政治并不敏感的人都惊得目瞪口呆。就这样，江青在此后的十年动乱里，成为中国政坛上一个极为特殊又举足轻重的人物。

在1969年中共九大上，江青当选为中共中央政治局委员。但1971年

"九一三事件"爆发后，林彪以自我爆炸客观上宣告了"文化大革命"的理论和实践的破产。从林彪"枪杆子"集团的覆灭之中，毛泽东也看到了"笔杆子"江青集团的问题。他开始对江青的政治野心有所察觉，对江青日趋专横跋扈的所作所为有所不满。想大事、谋大事历来都从全国人民的根本利益和从党和国家的最高利益出发的毛泽东，吸取教训，对江青开始进行遏制。

"文化大革命"开始不久，毛泽东便与江青分居。一分便是十年，一直到毛泽东逝世。

1974年3月20日，毛泽东拒不会见江青。江青无奈只好在毛泽东住处最外面的那道门外边等候。过了好一会儿，工作人员给江青送来了毛泽东写的一封信："不见还好些。过去多年同你谈的，你有好些不执行，多见何益？有马列书在，有我的书在，你就是不研究。我重病在身，八十一了，也不体谅。你有特权，我死了，看你怎么办？你也是个大事不讨论，小事天天送的人。请你考虑。"①

毛泽东的这封信，可以说是他对江青重新认识或认可的一个转折点。此后直至毛泽东在世的最后几年，江青想见毛泽东都要事先向中央办公厅提出申请，在得到毛泽东许可后方可见上一面。没过几天，中共中央政治局讨论派谁去参加联合国大会第六次特别会议的人选问题。会议根据毛泽东的提议，决定派邓小平去，却遭到了江青的坚决反对。因为江青知道，林彪反党集团自我毁灭之后，邓小平的复出将是她"女皇梦"征途上最大的障碍。但邓小平复出是毛泽东定的，她虽怒火在胸，却无可奈何。3月27日凌晨，毛泽东再次写信给江青："邓小平同志出国是我的意见，你不要反对为好。小心谨慎，不要反对我的提议。"

尽管如此，视邓小平为"眼中钉"的江青并不罢休，反而野心越来越大。1974年江青竟然在一次有若干省市负责人参加的会议上讲话，明目张胆地妄言称："有人说我是武则天，有人说我是吕后，我也不胜荣幸之至。"

---

① 林克：《我所知道的毛泽东》，中央文献出版社2000年版，第103页。

对江青如此的言行，毛泽东十分不满，7月17日，毛泽东主持中央政治局会议，公开点名批评说："江青同志，你要注意呢！别人对你有意见，又不好当面讲，你也不知道。"江青听了，一身的不自在，尽管脸上仍是一副矜持冷静的模样，可昔日那种盛气凌人的气派顿时不见踪影。毛泽东接着说："不要设两个工厂，一个叫钢铁工厂，一个叫帽子工厂，动不动就给人戴大帽子，不好呢！要注意呢！你那个工厂就不要开了。"

"不要了。钢铁工厂送给小平同志吧！"江青说，语气中透着一种不满的情绪。"钢铁公司"是毛泽东送给邓小平的。

"当众说的！"毛泽东紧跟一句道。

"说了算！"江青也紧跟着回答。

"孔老二讲，言必信，行必果。"说到这里，毛泽东转而对在座的所有政治局委员们说："听到没有，她并不代表我，她代表她自己。对她要一分为二，一部分是好的，一部分不大好呢！"

"不大好的就改。"江青说。

"你也是难改呢。"毛泽东提醒说。

"我现在钢铁工厂不开了。"

"不开就好。"

中央政治局会议实际上成了毛泽东和江青二人的对话。大家都保持沉默。最后，毛泽东对大家说："她算上海帮呢！你们要注意呢，不要搞成四人小宗派呢！"因为张春桥、姚文元、王洪文都来自上海，"上海帮"由此而来。由此可见，毛泽东对江青的政治企图已经觉察，并善意地给江青敲了警钟。可是毛泽东的批评，并没有在江青身上起作用，她不甘心自己的"女皇梦"就这样无声无息地破灭，于是她开始使出浑身解数，并借"风庆轮事件"攻击邓小平，并背着周恩来和政治局，让王洪文急飞长沙向毛泽东告状，力图达到由她"组阁"的目的。江青甚至直接写信给毛泽东，提出了她对四届人大人事安排的方案，公开要"组阁"的权力。11月12日，毛泽东在江青的这封来信上作了如下批示："不要多露面，不要批文件，不要由你组阁（当后台老板）。你积怨甚多，要团结多数。至嘱。人贵有自知之明。又及。"

"人贵有自知之明",这是毛泽东经常告诫江青的一句话。但不知天高地厚的江青完全没有听进毛泽东的劝告,竟然还托人带来口信,提出要王洪文做委员长,张春桥当总理。她的如意算盘打得太响了!毛泽东一针见血地指出:"江青有野心,她是想叫王洪文当委员长,她自己要当党的主席。"

显然,毛泽东对江青这种以自己仅仅是个政治局委员的身份,插手四届人大的人事安排极为不满,并坚定不移地支持了周恩来、邓小平,挫败了江青的"组阁"阴谋。但江青仍然在痴心妄想不甘罢休,11月19日,她又给毛泽东写信,公开要权:"我愧对主席的期望,因为我缺乏自知之明,自我欣赏,头脑昏昏,对客观现实不能唯物的正确对待,对自己也就不能恰当的一分为二的分析,一些咄咄怪事,触目惊心,使我悚然惊悟。自九大以后,我基本上是个闲人,没有分配我什么工作,目前更甚。"江青的梦还没有醒,她希望毛泽东对她委以重任。

但第二天毛泽东的回信再次令她大失所望。毛泽东在信中说:"可读李固给黄琼书。就思想文章而论,都是一篇好文章。你的职务就是研究国内动态,这已经是大任务了。此事我对你说了多次。不要说没有工作。此嘱。"毛泽东坚决地拒绝了江青的要求,宣告江青"组阁"破产。遵照毛泽东批示,中共中央政治局于4月27日开会,"议"题就是批评江青。在会上,江青勉强接受了批评,也极不情愿地作了"自我批评"。两个月后她在自我检查中也承认:"我在4月27日政治局会议上的自我批评是不够的。"

1975年5月3日,垂暮之年的毛泽东亲自主持召开政治局会议,异乎寻常地召集在京的政治局委员谈话。这是毛泽东最后一次主持出席政治局会议。上一次是1974年7月17日那一次,也是他亲自召集的,目的是批评江青的"四人小宗派"。这次,几乎与上次一样,重病在身的毛泽东已经看到"四人帮"问题的严重性和紧迫性,如果不解决,他力求的"安定团结"的局面就无法实现,而江青恰恰就是最不安定的因素。一见面,周恩来就说:"大家快一年没见到主席了,非常想念主席!"是啊,从1974年

7月17日政治局会议上见过面之后，大多数政治局委员们跟毛泽东已"阔别"十个月了！

在会上，毛泽东说："要搞马列主义，不要搞修正主义；要团结，不要分裂；要光明正大，不要搞阴谋诡计。不要搞'四人帮'，你们不要搞了，为什么照样搞呀？为什么不和两百多中央委员搞团结？搞少数人不好，历来不好。有问题要讲明白。上半年解决不了，下半年解决；今年解决不了，明年解决；明年解决不了，后年解决。我看批判经验主义的人，自己就是经验主义，马列主义不多，有一些，有多少，跟我差不多。不作自我批评不好，要人家做，自己不做。中国与俄国的经验批判主义，列宁说：那些人是大知识分子，完全是巴克莱学说。巴克莱是美国的一个大主教，你们去把列宁的书找来看一看。"

这时，江青赶紧插了一句："主席是不是说看《唯物主义和经验批判主义》?"

"嗯。"毛泽东答应了一声，便将话题转到江青身上，"江青同志，党的一大半没有参加，陈独秀、瞿秋白、李立三、罗章龙、王明、张国焘，她都没有参加斗争，没有参加长征，所以也难怪。我看江青就是一个小小的经验主义者，教条主义谈不上，她不像王明那样写了一篇文章《更加布尔什维克化》，也不会像张闻天那样写机会主义的动摇。"

接着，毛泽东当着所有政治局委员的面，批评江青："不要随便，要有纪律，要谨慎；不要个人自作主张，要跟政治局讨论，有意见要在政治局讨论，印成文件发下去，要以中央的名义，不要用个人的名义。比如也不要用我的名义，我是从来不送什么材料的。"毛泽东所指的"材料"是指江青以个人名义多次送"批林批孔"的材料。

最后，毛泽东说："不要搞什么帮，什么广东帮、湖南帮。粤汉铁路长沙修理厂不收湖南人，只收广东人，广东帮。要守纪律，军队要谨慎，中央委员更要谨慎；我跟江青谈过一次，我跟小平谈过一次。王洪文要见我，江青又打来电话要见我。我说不见，要见大家一起来，完了。对不起，我就是这样，我没有更多的话，就是三句，九次、十次代表大会都是三句：

要马列不要修正，要团结不要分裂，要光明正大不要搞阴谋诡计。"

迫于压力，江青不得不写出了书面检讨："认识到'四人帮'是个客观存在，我才认识到有发展成分裂党中央的宗派主义的可能，我才认识到为什么主席从去年讲到今年，达三四次之多。原来是一个重大原则问题，主席在原则问题上是从不让步的。"根据毛泽东的意见，由邓小平主持，中共中央政治局于5月27日、6月3日先后两次开会，批评江青，批评"四人帮"。会上，邓小平、叶剑英、李先念面对"四人帮"，先后作了发言。其他的政治局委员也批评了"四人帮"。王洪文也作了检查。从此，中央的日常工作改由邓小平主持了——邓小平成了毛泽东挑选的第四个接班人。

不可否认，在战争年代，江青作为毛泽东的妻子，是尽职尽责的。但自从步入政坛后，她简直变了一个人。晚年的毛泽东也认为自己与江青的婚姻当初有些草率了，是一个失败的选择。他曾对身边工作人员叹息说："江青使我背上了一个政治包袱。"

谁叫他是毛泽东的儿子，他不去谁还去

毛岸英，这是一个英雄的名字。作为毛泽东的大儿子，这位童年时代就随母亲入狱坐牢，少年时代流浪街头，青年时期又在异国参加反法西斯战斗，回国后在抗美援朝战争中光荣牺牲的男子汉，毫无疑问他是中国共产党第一代领导人的红色后代中的第一人。毫无疑问，无论就其个人的历史背景，还是和平发展的中国现实社会，毛岸英这个名字都应该是一个榜样！

1946年1月7日，在苏联经过长达九年的学习和磨炼之后，毛岸英回到了日夜思念的阔别十年的祖国，回到了父亲毛泽东的身边。而这却是他们父子分别整整19年后的第一次见面！毛岸英五岁时与毛泽东分别，1937年11月他15岁时恢复了与父亲的书信联系，父子谈读书谈处世，也谈时事谈政治。如今23岁的毛岸英已经长得跟父亲差不多高了，结实健壮，英俊潇洒。听说毛岸英要回到延安，参加重庆谈判回来以后就一直患病的毛泽东一下子来了精神，抱病亲自到机场迎接他情有独钟的长子。当他看到身着苏联陆军上尉军服的毛岸英从飞机上走下来时，他高兴地笑着走上前去，一把紧紧地抱住了儿子，说："你长这么高了！"

一到延安，毛泽东就将毛岸英送到了"劳动大学"，到乡下进行劳动锻炼。从"劳动大学"毕业后，毛岸英被安排在中共中央宣传部工作。在延安，毛岸英丝毫没有因为自己是毛泽东的儿子而搞什么特殊化，他穿的是一件旧军大衣，住的和普通干部群众一样，吃也是在机关的大食堂。要知道，那时延安有规定，凡是从苏联学习归来的人，特别是高干的爱人、子女，可以吃中灶。但毛岸英不肯，他坚持和大家一样，他不能辜负父亲对他的期望，他要把自己锻炼成一个了解中国国情、深知人民疾苦、能吃苦耐劳、意志顽强的人。

1947年春，国民党进攻延安，毛岸英随中央机关北撤，到山西临县郝家坡搞试点的土改工作团工作。他勤奋工作，在实际中表现出的政治思想水平，深受老一代和熟悉他的同志的好评。其间，毛岸英写信报告父亲说：两个月的收获比蹲在延安机关学习两年还多。8月，毛岸英离开土改工作团，去河北平山县西柏坡参加全国土地工作会议。

就在这个时候，贺子珍携娇娇和毛岸青回国。毛泽东知道后极为喜悦，于10月8日把这个消息写信告诉了毛岸英："告诉你，永寿回来了，到了哈尔滨。要进中学学中文，我已同意。这个孩子很久不见，很想看见他。你现在怎么样？工作，还是学习？一个人无论学什么或做什么，只要有热情，有恒心，不要那种无着落的与人民利益不相符合的个人主义的虚荣心，总是会有进步的。你给李讷写信没有？她和我们的距离已很近，时常有信有她画的画寄的，身体好。我和江青都好。我比上次写信时更好些。这里气候已颇凉，要穿棉衣了。再谈。问你好！"

在这封家书中，毛泽东告诫儿子："一个人无论学什么或做什么，只要有热情，有恒心，不要那种无着落的与人民利益不相符合的个人主义的虚荣心，总是会有进步的。"毛岸英始终把父亲的这句话当作"家训"牢记在心，而且当作革命的座右铭。刘思齐回忆说："从此，岸英无论是在工作中，还是学习中，一直遵循着父亲对他的这一宝贵教导。岸英非常珍惜它，在他牺牲后，我在他的日记和几本笔记本的扉页上都看见过他对这一段话的摘录。这一教导已经成了他的座右铭。"

新中国成立后，作为开国领袖毛泽东长子的毛岸英，无疑是一个炙手可热的人物。但他却始终牢记着父亲的教导，始终以一个共产党员的标准严格要求自己，他既没有半点优越感，更没有搞什么特权，反而更加谦虚谨慎了。在北京参加工作后，许多亲戚朋友给他写信，有的直接到北京来找他，要求安排工作。但他像父亲一样，对于违背党的原则的事情一律拒之，在法理和情理的天平上，始终顾大局、识大体，不搞个人裙带关系，并对亲友不合理的要求进行了严厉批评和坚决抵制。

1949年10月，舅父杨开智托人找他要求安排工作，提出："希望在长沙有厅长方面的位置。"对自己亲舅舅的不正当要求，毛岸英在给表舅向三立的回信中说道："我非常替他惭愧，新的时代，这种一步登高的做官思想，已是极端落后的人。而尤其以通过我父亲即能'上任'，更是要不得的想法。新中国之所以不同于旧中国，共产党之所以不同于国民党，毛泽东之所以不同于蒋介石，毛泽东的子女妻舅之所以不同于蒋介石的子女妻舅，除了其他更基本的原因外，正在于此。"在信中，毛岸英还说："我爱我的外祖母，我对她有深厚的描写不出的感情。但她现在也许骂我'不孝'，骂我不照顾杨家，不照顾向家，我得忍受这种骂。"

不久，毛岸英从中央宣传部调到社会调查部，任李克农的秘书兼翻译。新中国成立初期毛泽东出访苏联，他参与了安全护卫工作。他曾多次提出下基层工作，要求下到工人中间去，一边工作一边搜集他喜爱的民间谚语。1950年夏，他托周恩来总理出面向李克农说情，社会调查部才放他去了北京机器总厂，任党总支副书记，并决心"在这个工厂连续不断地做十年工作"。

1950年10月，美帝国主义把战火烧到了鸭绿江边。毛泽东号召全国人民抗美援朝，保家卫国，岸英不顾毛泽东身边的人劝阻，主动申请要求参加中国人民志愿军，坚决要求入朝参战。毛泽东身边工作人员和毛岸英的顶头上司李克农都不同意。因为他们知道毛泽东一家为革命斗争已经付出了巨大的牺牲，更何况这次出国作战，面对的是拥有世界上最强大火力的美军，要"锻炼"也绝不能选择这种随时可能牺牲的时候和地点。当中南海里的许多人都来劝毛泽东出面阻止时，得到的回答只是："谁叫他是毛泽东的儿子！他不去谁还去！"因此，彭德怀说毛岸英是"我们志愿军的第一个志愿兵"。

因为毛岸英懂俄语、英语，过去又从事过机密情报工作，他便留在了志愿军司令部彭德怀元帅身边工作，任俄语翻译兼机要秘书，并当选支部书记。但志愿军司令部除了彭德怀等几个领导知道他的身世外，其他人只知道这是一个活泼、朴实、能干的年轻人。

朝鲜战争的第二次战役是在11月25日打响的。在志愿军司令部"彭总作战室"工作的毛岸英，为彭德怀会见金日成和苏联驻朝大使担任翻译，经常熬夜整理各种会议纪要。因"彭总作战室"所在的大榆洞发电报甚多，被美军测出，认定大榆洞是个重要目标，就常派飞机前来轰炸。这天，毛岸英和战友高瑞欣、成普、徐亩元是作战值班员。谁知，美军飞机这次来得既隐蔽又突然，四架"野马"战斗轰炸机连俯冲的动作都没有做，就平行飞行着迅速投下了带亮点的燃烧弹，正好击中了木板房。因为当时毛岸英与高瑞欣正在专心地收拾作战地图和文件，而所处的位置又离门很远，等他们站起来向外面跑的时候，还没等他们跨出门槛就被上千度的燃烧弹火焰所吞没，木板房瞬间便化成灰烬，毛岸英和高瑞欣壮烈牺牲。事后，在两具遗体中，依据一块苏联手表的残壳，才辨认出毛岸英。

毛岸英牺牲当天，彭德怀便打电报告诉了周恩来。彭德怀虽然难过得一天没吃饭，还是决定就地安葬，立碑纪念。因为毛泽东正患感冒，又在指挥第二次战役，周恩来在与刘少奇等同志商量后，暂时压下了电报，没有告诉毛泽东。直至1951年1月2日，当第三次战役取得胜利后，叶子龙等人才奉命在万寿路新六所的一楼休息室向毛泽东报告了此事。据在场的卫士回忆，毛泽东听后怔住了，一声不响，身边的人都不约而同地低下了头，不知道该怎么办，没人敢说一句话。只见毛泽东的眼圈湿了，却没有流泪，过了许久，他才发出一声叹息："谁叫他是毛泽东的儿子呢！……"这时，大家都禁不住泪流满面。①

朝鲜战争是二战后第一场大规模的国际性局部战争，双方损失惨重。志愿军牺牲伤亡人数达36万人，因此不可能把烈士的遗骨都运回国内安葬。"青山处处埋忠骨，何需马革裹尸还。"作为中国的最高领导人，毛泽东如今又成了志愿军烈属，尽管他的内心万分痛苦，但他必须要带一个好头，因此他同意彭德怀的建议，将毛岸英葬在朝鲜。正因此，才有后来的

---

① 丁晓平：《毛泽东的亲情世界》，中国青年出版社2009年版，第151页。

14万人民子弟兵埋骨异国他乡。在抗美援朝战争期间和战后，毛泽东曾多次接见和慰问烈属，心情都显得十分沉重，因为他自己同样也是烈属。烈属见烈属，两眼泪汪汪。尽管许多烈属想迁回亲人的遗骨，但当人们知道毛主席的儿子也牺牲在朝鲜埋葬在朝鲜时，他们就都不再说什么了。其实，面对这样的领袖，他的人民还能说什么呢？毛泽东用无言的行动教育了人民，这不正是新中国强大起来的重要精神力量吗！

毛岸英入朝参战虽然只有短短的34天，尽管他没有做出像邱少云、罗盛教、黄继光、杨根思那样的英雄壮举，也没有获得任何荣誉称号和纪念奖章，但是，他作为毛泽东的儿子，作为"第一个志愿兵"，一直提倡少宣传个人的毛泽东当然地认为自己的儿子不足以宣传，也不同意别人去宣传，因此毛岸英的英雄事迹在当时就鲜为人知。而且毛泽东对儿子为国捐躯，从来没有抱怨过彭德怀，反倒宽慰地说："岸英是一个普通的战士，不要因为是我的儿子，就当成一件大事。"

毛岸英的牺牲，是毛泽东贡献给新中国宝贵的精神财富，是毛泽东开创的一代共产党人的新家风，是毛泽东书写的人类父子关系史上最动人的篇章！

你要听劝，下决心结婚吧

　　1949年10月1日，毛泽东在天安门城楼上向全世界宣告中华人民共和国成立了，开国大典的喜悦笑容还像五彩的云霞一样，飘浮在毛泽东的脸上，半个月后他又迎来了一件大喜事——长子岸英和干女儿刘思齐在中南海举行了简朴而又庄重的婚礼！新中国成立了，革命事业成功了，儿子结婚了，说不定他很快就要当爷爷抱孙子了，这对毛泽东来说真是喜上加喜。

　　天下底定，岸英的婚礼为中南海增添了新的喜气。这天晚上，周恩来邓颖超夫妇、朱德康克清夫妇、李富春蔡畅夫妇、谢觉哉王定国夫妇都欢聚毛泽东家中，向毛岸英和刘思齐祝贺。毛泽东满面春风，不胜酒力的他也微笑着频频举杯，给他的老战友们敬酒。当走到亲家张文秋面前时，他真诚地举杯说："谢谢你教育了思齐这个好孩子，为岸英和思齐的幸福，为你的健康干杯。"张文秋激动地举杯回敬毛泽东，说："谢谢主席在百忙之中为孩子们的婚事操心。思齐年幼不大懂事，希望主席多批评指教。"

　　宴会快结束时，毛泽东拿出随身带来的一件黑色夹大衣——这是1945年他参加重庆谈判时穿的，风趣地笑着对岸英和思齐这对新人说："我没有什么贵重礼品送你们，就这么一件大衣，白天让岸英穿，晚上盖在被子上，你们俩都有份。"毛泽东的话还没说完，大家都忍不住大笑起来。

　　毛岸英和刘思齐结婚后，刘思齐继续上学。毛岸英先后在中宣部等单位工作，并申请到北京机器总厂的基层锻炼。一年后，岸英瞒着新婚的妻子思齐，雄赳赳气昂昂地跨过鸭绿江，作为抗美援朝志愿军"第一个志愿兵"奔赴朝鲜战场。临走的时候，思齐还躺在北京医院的病床上。因为阑尾手术住院的思齐一直以为岸英是"要去一个很远的地方出差"。那是一个无法回忆得清楚的傍晚，岸英匆匆地来了，左叮咛右嘱咐要思齐照顾好父亲和弟弟岸青，就像是一个兄长在嘱咐他的小妹，然后就匆匆地走了，走了，就这样，没有花前，亦没有月下，他们甚至还没来得及说一声告别，他就离开了新婚一年的妻子，从此就再也没有回来……看着心爱的丈夫离去的背影，依然沉浸在新婚甜蜜中的思齐，她怎么也不会想到，这一别竟成了他们的永别！这一年，刘思齐才20岁。

中年丧妻，老年丧子。毛泽东这位叱咤风云的领袖，毛泽东这位感情丰富的父亲，他把命运交给他的所有巨大悲痛，都默默地埋在自己的心底，默默地一个人去扛，默默地一个人来承受。死去的已经不能复生，活着的更应该好好活着。令他担心的是——新婚仅一年的儿媳思齐将如何承受这残酷现实的打击？按照岸英的嘱托，只要他在北京，思齐每周都要来看望他。他不知道该如何说？如何面对这个才20岁的姑娘？无疑每周这样的见面都像是一场海啸，在他情感的大海上汹涌。毛泽东隐瞒着，他真的不想说，也不能说呀！思齐毕竟还年轻，而且还在读书。而思齐每次来，都要问爸爸收到岸英的信没有？岸英为何几个月不来信？毛泽东总是装作若无其事的样子，支支吾吾找到一些冠冕堂皇的理由来搪塞着来安慰她，或者说简直就是在骗她！有什么办法呢？一个国家的最高领导人竟然在家里总是说着一个谎言，编织一个已经破碎的梦。而且这一"骗"就是三年整！

转眼到了1953年，朝鲜战争停战了，岸英还是没有回来。刘思齐就感到纳闷了，每次见面都想问问父亲，可她知道毛泽东的脾气，儿女情长，话到嘴边又不敢开口。但纸总是包不住火的。作为父亲，毛泽东再也不能也不愿再扮演这个世界上最难演的角色了，现在该是告诉真相真情的时候了。为了使年轻的思齐能承受得住这生命中不能承受的痛，毛泽东把思齐找来，颇费苦心地先和她谈起自家为革命牺牲了的亲人：岸英的母亲杨开慧、岸英的叔叔毛泽民和毛泽覃、姑姑毛泽建和毛楚雄……刘思齐越听越觉得父亲毛泽东似乎隐瞒着她什么，她也似乎预感到了什么。年近古稀的父亲跟他说这些，是在教育她怎么做人怎么做事，作为一个合格的毛家人，她就应该继承和发扬毛家的优良传统。

一周以后，思齐又来中南海看望爸爸，这次周恩来也在场。毛泽东终于就把毛岸英牺牲的消息告诉了刘思齐。尽管自己似乎早就有了某种不祥的预感，尽管自己似乎早就有了一些心理准备，尽管自己早就有了某种最坏的打算，三年来，刘思齐思念和牵挂的泪水也无法淹没这痛苦的火焰，痛不欲生，生不如死，所有的悲伤、委屈、无奈，甚至绝望，都只有也只能化作"倾盆雨"……看着哭得死去活来的儿媳，毛泽东强忍着悲痛，木然地坐在那里，已经没有了任何表情。守在一旁的周恩来难过地忙碌着，一面安慰思齐，一面照料毛泽东。当他触摸到毛泽东那冷冰冰的手时，不禁心里一惊，赶紧对思齐耳语："思齐，你要节哀，爸爸的手都冰凉啦。"痛哭的思齐清醒过来，又赶紧去安慰爸爸……

为伊消得人憔悴，衣带渐宽终不悔。毛岸英的牺牲对刘思齐的刺激太大了，她寝食难安，神经衰弱。但为了不再勾起父亲的悲痛之情，她只能一个人躲着流泪，独自把哀伤深深地埋在心底。但这一切又怎么能瞒得过毛泽东的眼睛呢？毛泽东不止一次地劝她说："战争嘛，总是要死人的。不能因为岸英是我的孩子，就不应该为中朝人民而牺牲。"他还对刘思齐说："今后，你就是我的大女儿。"毛泽东安慰着儿媳，又像是在安慰着自己。也就是从那时起，毛泽东格外疼爱刘思齐，常常亲自过问她的衣食住行，而在以后的通信中总是称她为"思齐儿"，如同己出。

为了让刘思齐尽快走出生活的阴影，减轻心灵的痛苦，毛泽东想给她换一换环境，便决定送她去莫斯科大学数力系深造。远在异乡他国，刘思齐不断写信给毛泽东，温柔细腻的她思念爸爸，更深知和理解失去爱子的父亲需要安慰。而毛泽东也想念、疼爱她这个不幸的儿媳。或许因为水土不服，在异国独处的刘思齐，经常生病，而其真正的"心病"并没有因为环境的改变而改变，所以学习往往就难以集中心思和精力，再加上自己由文科改学理工，而且还要重新学习俄语，她感到学业上非常吃力和困难。

1957年暑假，刘思齐回国向父亲汇报了自己的学习和思想状况，希望能转回国内学习。毛泽东十分理解思齐的难处，同意她转学。谁知，江青竟然四处挖苦讽刺，说刘思齐没有出息，并且派人收走了她出入中南海的特别通行证，还放出话来："刘思齐不是我们家的人！"从此，刘思齐再也不能像以前一样可以正常进出中南海了。毛泽东知道后，在8月9日给刘思齐写了一封回信："思齐儿：信收到。我在此间有事，又病，不要来。你应当遵照医生、党支部、大使馆的意见。下决心在国内转学文科。一切浮言讥笑，不要管它。全部精力，应当集中在转学后几年的功课上，学成为国服务。此嘱。"

1959年，刘思齐突然又生了一场大病。正在参加庐山会议的毛泽东得知后，于8月6日千里迢迢寄来一信，说："娃：你身体是不是好些了？妹妹考了学校没有？我还算好，比在北京时好些。登高壮观天地间，大江茫茫去不还。黄云万里动风色，白波九道流雪山。这是李白的几句诗。你愁闷时可以看点古典文学，可起消愁破闷的作用。久不见甚念。"

1960年1月15日，毛泽东在上海又给刘思齐写了一信，说："思齐儿：不知道你的情形如何，身体有更大的起色没有，极为挂念。要立雄心壮志，注意政治、理论。要争一口气，为死者，为父亲，为人民，也为那些轻视、仇视的人们争这一口气。我好。只是念你。祝你平安。"值新春佳节之前，毛泽东给他的"思齐儿"写了这封家书。当时，毛泽东正在上海忙着主持召开中央政治局扩大会议。

转眼间，毛岸英牺牲已经10年了，刘思齐也从一个18岁的少女接近而立之年。四千多个日日夜夜，对爱情忠贞不渝的刘思齐，依然沉浸在失去丈夫的悲痛之中，依然独身一人独自品尝生活的酸甜苦辣。对此，毛泽东非常焦急，多次劝思齐找个合适的男友，成个家，总不能让她就这样为牺牲的岸英守寡，孤单地度过一生吧？1961年6月13日，毛泽东在刚刚主持开完北京中央工作会议的第二天，就提笔给刘思齐写了一封家书——

女儿：

你好！哪有忘的道理？隔久了，疑心就生了，是不是？脑痛要注意。是学习太多的原因。还有总是要结婚，你为什么老不听劝呢？下决心结婚吧，是时候了。五心不定，输得干干净净。高不成低不就，是你们这一类女孩子的通病。是不是呢？信到，回信给我为盼！问好！

一声"女儿"的呼唤，怎不令人感动！"五心不定，输得干干净净。"这是毛泽东在战争年代经常讲的一句话，告诫军事指挥员应该当机立断，不能优柔寡断，错过战机。毛泽东的这封家书读来令人热血沸腾，一个公公劝自己的儿媳改嫁，并始终把这件事作为自己的一个未了心愿，这不仅增添了毛泽东个人人格的无穷魅力，而且也给我们的社会伦理道德提供了许多启示。毛泽东和刘思齐这种特殊的父女关系，堪称历史佳话。"哪有忘的道理？"是啊，毛泽东怎么会忘记他的这个女儿呢？尽管一年多没有写信，甚至也没有见过面，但在他的内心依然牵挂着思齐，尤其是她的终身大事，毛泽东更是操心。无奈之中，他便让思齐的妹妹邵华去劝她。情深意笃的刘思齐说："岸英瞒着我去了朝鲜，再也没有回来，我最后连他的尸骨都没有看到，连他的墓地都没去过，怎么可能考虑再婚的事?!"

女儿道出的"心结"，令毛泽东的心灵受到了震撼，他感动了，老泪纵横。他怎么也没有想到思齐对岸英的爱有这么深这么真！同时，他也为自己的"疏忽"感到难过和内疚，立即同意刘思齐去朝鲜为岸英和长眠在那里的志愿军烈士们扫墓。临行前，毛泽东拿出自己的稿费为他们每人添置了一身新衣服，嘱咐说："你们去看望岸英，这是我们家的私事。不准用公家的一分钱；不要惊动朝鲜的同志；住在大使馆里；也不要待得太久。"①

遵照父亲的嘱咐，刘思齐探望丈夫毛岸英的心愿实现了。抚摸着那冰凉的墓碑，她的心碎了，十年生死两茫茫，不思量，自难忘。如今，她真的相信岸英已经离她而去，到了另一个世界，留下孤独的她，但她又是多么希望时光能够倒流啊！刘思齐被毛泽东的真情实意深深打动了，从此她

---

① 丁晓平：《毛泽东的亲情世界》，中国青年出版社 2009 年版，第 172 页。

听父亲的话，下决心走出往日生活的阴影，并在父亲的进一步关心下，真正地开始了全新的生活。就像她自己怀念父亲时所说的那样："尤其是在岸英牺牲后，他关心着我的思想，我的学习，我的工作，我的健康，甚至我闲暇时阅读的书籍。到后来，他像慈母一样关心着我的婚姻……"

毛泽东为刘思齐的婚姻大事确实花了不少心思，托过不少人。最后还是在时任空军副司令兼空军学院院长刘震的介绍下，认识了从苏联留学回来的空军学院强击机教研室教员杨茂之。在见面之前，毛泽东经过了解得知：杨茂之三十挂零，大高个，精壮结实，忠厚老实，人品没有问题，父母都是渔民。而在苏联时，刘思齐和在苏联学习空军指挥的杨茂之尽管没有交往，但也见过面。于是毛泽东就叫刘思齐与杨茂之来往一段时间，相互了解一下。经过一段时间相处，刘思齐同意了。

1962年2月，刘思齐和杨茂之的婚礼在北京南池子刘思齐的家中举行。简朴又热烈的婚礼中迎来了谢觉哉、伍修权、刘震等老一辈革命家。终于了却了心愿的毛泽东，欣喜之余手书一幅自己刚刚创作的《卜算子·咏梅》，作为新婚的贺礼——"风雨送春归，飞雪迎春到。已是悬崖百丈冰，犹有花枝俏。俏也不争春，只把春来报。待到山花烂漫时，她在丛中笑。"毛泽东用他瑰丽浩瀚之才，标格风流，把美好的人格寓于梅花之高洁完美之中，不正是诗人毛泽东自己人格和气度的真实写照吗？他把这首诗词送给新婚的女儿，可见他对刘思齐的爱，对刘思齐和儿子岸英之间的伟大爱情给予了高度的赞颂。

毛岸英牺牲后，毛泽东把儿媳刘思齐当作自己亲生的女儿，他是这么说的，也是这么做的！

你谈恋爱找对象，
就不要说你是毛泽东的儿子嘛

　　毛泽东十个孩子，活下来的只有四个，但新中国刚刚成立，最受毛泽东器重的长子毛岸英又捐躯疆场，最后只剩下了三个。但就是这三个幸存者的一生也饱尝辛酸，历尽苦难，他们所经历的人生磨难和悲欢离合又岂是普通人所能感受的呢？战争的颠沛流离，政治的波峰浪谷，情感的大悲大痛，毛泽东的子女们体会得或许最具体也最深刻。

　　毛岸青是毛泽东唯一留下的儿子，无疑在十分传统的中国人眼中，他的存在就是毛泽东生命和象征的某种延续。但众所周知，由于革命斗争的残酷，毛岸青幼年就备受国民党反动派的摧残，在神经和精神上终身都埋下了巨大的疾患。这是伟人毛泽东的遗憾，也是父亲毛泽东的愧疚。

　　聚少离多，父亲在岸青的记忆里印象不算很深。仅有的几件能够回忆起来的故事，足以让我们体会毛泽东爱子、教子的与众不同。一件是岸青小时候曾不小心打碎了一个瓷杯，父亲并没有责怪他，而是耐心地给他讲一只杯子的生产过程，它是如何从泥土变成精美实用的瓷器的，要经过多少道工序，要工人付出多少汗水。毛泽东通过这一米一物都来之不易的生活道理教育孩子要爱惜物品，珍惜劳动成果。还有一件事是岸青随母亲、哥哥到武汉与父亲团聚时，有一天岸青蹲在地上手里拿着一块玻璃玩，保姆发现了马上把岸青手上的玻璃哄着要了回来。毛泽东发现了，就制止说："随他玩去吧，没关系的。"保姆说："那划破了手怎么办？"毛泽东说："流血了，他就记住了，下次就再也不敢玩了。"可见毛泽东教子不是溺爱，他鼓励孩子勇敢地去面对生活，告诉孩子只要大胆地去亲自动手实践，才能懂得生活的学问。实践出真知讲的就是这个道理吧。

1937年年初，岸青和哥哥岸英在党组织的秘密安排下到达了苏联，14岁的他结束了人间地狱般的流浪生活。不久，兄弟俩和父亲毛泽东中断多年的音信终于联系上了，他们不断地给父亲写信，表达自己的思念，汇报离别后的生活、学习情况。父亲每次收到来信，心情都非常激动，并尽可能在百忙之中抽空给他们回信，给兄弟俩鼓劲加油，还多次寄去哲学、文学等各种书籍，让兄弟俩和他们的"小同志"们在异国他乡不忘加强学习祖国的文化知识。

毛泽东对两个儿子的成长进步感到由衷的喜悦。当他第一次在延安看到岸英岸青兄弟俩的照片，正在生病的毛泽东激动地捧着儿子的照片在室内不停地来回走动，左看看右看看，那份发自心底的挂牵和惦念，好像花儿正在慢慢地绽放，绽放……凝视着儿子，毛泽东心潮澎湃，多少往事如泉涌心头，那艰难的岁月，那难忘的里程，那恩仇的往事，那爱憎的心情，毛泽东一半是欣喜，一半是内疚。尤其对曾遭毒打，头部受过伤的岸青，他既心疼心痛，又怜悯同情。直到新中国成立初期，他还对身边的工作人员说："我很同情岸青，他很小就和岸英流落在上海街头，受尽了苦难，几次被警察打过，对他的刺激很大。"

新中国成立后，毛岸青在中宣部从事翻译工作，先后参加翻译了斯大林的著作《马克思主义和语言学问题》等五六本书。因为他俄文功底深厚，翻译能力很强，事业上可谓一帆风顺。但在爱情问题上，却一直不很如意，很长时间没有找到合适的女朋友。毛泽东听说后，就认真地找岸青谈了一次心，对儿子说："你谈恋爱找对象，就不要说你是毛泽东的儿子嘛！你就说你是中宣部的翻译，不是很好嘛。我劝你找一个工人或农民出身的人，这对你可能还有些帮助。你要求条件高了，人家的能力强，看不起你，那就不好了。整天不愉快生闷气，那还有什么意思呀。"[1]

毛泽东的确是一个非常负责任的父亲，他的话平平淡淡却实实在在。

---

① 丁晓平：《毛泽东的亲情世界》，中国青年出版社2009年版，第179页。

而伟人之所以成为伟人，家庭生活的这些细节或许比那叱咤风云指挥千军万马的故事情节更令人感动，更表达了人格的无穷魅力。

1951年，毛岸青旧病复发，被送到苏联治疗。这是毛岸青第二次去苏联了。但这次他重病在身，而且孤身一人。没有了哥哥，离父亲又更远了。没有享受到父爱母爱的他内心更加孤单。尽管病情得到控制，但心情却郁郁寡欢。1955年，刘思齐来到苏联莫斯科大学学习，抽空去看望了弟弟岸青。岸青和嫂子谈心，提出希望回国，并通过刘思齐带给父亲一封信。毛泽东看信后，同意他回国转往大连疗养。

经过疗养，毛岸青的病情大为好转。1957年夏，毛泽东去大连，见岸青的病情大有好转，很是兴奋。他和儿子亲切轻松地谈了很长时间，岸青也得到极大安慰。谈话中，毛岸青忽然讲起了他做的一个梦，说："爸爸，您说怪不怪，几十年没有梦见妈妈了，昨夜她来了，笑眯眯地跟我说：'孩子，我不能给你爸爸抄文章了，你要好好练字呀!'"说着毛岸青泪流满面。

坐在一旁的毛泽东，神情凄然，房间里一时陷入了沉默，只能听见毛岸青轻轻的抽泣声。不知过了多长时间，毛泽东递给岸青一张信笺，说："岸青，这是我不久前写的一首词，你看看。"

毛岸青接过父亲递来的信笺，小声念了起来："我失骄杨君失柳，杨柳轻飏直上重霄九。问讯吴刚何所有，吴刚捧出桂花酒。寂寞嫦娥舒广袖，万里长空且为忠魂舞。忽报人间曾伏虎，泪飞顿作倾盆雨。"在岸青断断续续的默念中，毛泽东不停地抽着烟，他在沉思，他也在怀念。

也就是在这次谈话中，毛岸青告诉父亲自己想找个女朋友，并说大连医院里有一个女护士对他不错，但他拿不定主意。毛泽东没有表态，只是轻轻地"嗯"了一声。毛泽东请身边工作人员进行了解，认为不合适。于是，毛泽东又找岸青谈心，劝慰他说："这个姑娘别谈了，另找个合适的吧。"

此后，毛岸青的病情又出现了波动，毛泽东对儿子更加挂牵，尤其是岸青的终身大事更令他操心，他经常去信问候，鼓励岸青一定要安心，不要急躁。有一次，毛泽东就试探着问儿子："你嫂子的妹妹怎么样?"

毛泽东这一问，正合儿子的心思。嫂子刘思齐的妹妹少华（邵华）他们很早就相识了，岸青还记得第一次见面是在中南海丰泽园，那时少华还是一个头扎两个羊角辫的十几岁的小姑娘，活泼可爱又伶俐，跟着哥哥岸英和嫂子经常来这里玩，大家都开玩笑地叫她"跟屁虫"。如今，少华已经是一个大姑娘了，正在北京大学读书，可谓风华正茂。如果毛岸青能和少华做朋友，这正是亲上加亲。其实，毛岸青对少华心仪已久，只因为自己一直在外地养病，从来没敢向他心爱的姑娘表达自己心中的那份爱情，只是在哥哥岸英面前说过类似的话："如果我找对象，就找嫂嫂的妹妹少华。"

　　这次父亲主动提出了这个想法，毛岸青心中暖洋洋的。从此以后，他就主动给在北京读书的邵华写信，交流思想，探讨人生；邵华也不停地给岸青回信，沟通情感，共叙友谊。就这样，两个相隔千里的年轻人通过鸿雁传书，慢慢地两颗火热的心跳到了一起。慢慢地，岸青的病情也大为好转，并主动提出要离开疗养院，出来参加热火朝天的社会主义建设。

　　在毛泽东的支持下，毛岸青和邵华在大连结婚。时年，毛岸青37岁，邵华22岁。毛泽东心中的一块石头终于落地。

女儿气要少些，加一点男儿气

　　邵华和刘思齐是同母异父的姐妹，而她们的苦难童年就好像是一根藤上结的两个苦瓜。就像贺子珍和贺怡姐妹俩嫁给毛泽东和毛泽民兄弟俩一样，刘思齐和邵华姐妹俩嫁给了毛岸英和毛岸青兄弟俩。

　　1959年，邵华考进了北京大学中文系。因为刘思齐、邵华姐妹俩都是学文科的，博览群书的毛泽东也非常关心她们的读书情况，和她们在文学上成了"论友"。在交谈和讨论中，毛泽东和邵华既谈论过《西游记》《聊斋志异》《红楼梦》等中国古典文学名著，也谈论过《简·爱》《茶花女》这样的外国文学名著；既谈论过《中国通史》这样的史学书籍，也谈论过李白、陆游、辛弃疾、王勃和曹操父子的诗歌，可谓海阔天空。

　　有一次，邵华的《中国通史》考试取得好成绩，便兴冲冲地跑来告诉毛泽东。毛泽东就说："那我来考考你，你谈谈刘邦、项羽兴衰的原因吧。"邵华便按照教材的内容回答了一遍，毛泽东笑道："这是死记硬背，算是知道了点皮毛，但还没有很好理解。要多读史料，多思考，能把'为什么'都说清楚，这一课才算学好了。"还有一次期中考试，邵华除了体育课只考了三分外，其他的课程全都考了满分五分。她就高兴地拿着"满堂红"的通知单跑来向毛主席报喜，谁知毛泽东在看了之后，对沾沾自喜的邵华说："体育方面要加强，要增强体质，要进行锻炼。"他还教导说：一个人的精力是有限的，你不能把精力平均地用在每一门功课上，你应该钻一门你最喜欢的，你认为是最值得学习的东西，在这一门学科上，你要去有所突破，理解得更深一点，满堂红不一定就是好的。毛泽东的这番话给邵华很大启发，从此她学习更有重点了，目标更清晰了。

邵华深深地为毛泽东的渊博和思想所折服，尤其是这些看似是死的史料知识，一到了毛泽东那里就都变"活"了。努力读书的邵华越努力，越觉得自己的知识不够用，对此她感到有些迷茫，就像一只刚刚学会独自飞翔的小鸟，不知道怎样才能使自己知识的翅膀尽快丰满起来。毛泽东就劝慰她说："不要急，知识需要积累，最重要的是要把书读活，切忌读死书，死读书，要勤动脑，要善于思考。"

1960年，37岁的毛岸青和邵华在大连结婚了，15岁年龄的差距并没有阻挡两颗年轻火热的心相通和相知。作为父亲的毛泽东没有能够亲自去参加婚礼，但还是认真地准备了两份礼物。一份是给邵华送了一块手表，一份在当时可谓是一个"大件"——一台"熊猫"牌收音机。这比十年前毛岸英和刘思齐结婚时的条件要好多了，那时毛泽东只能送一件旧大衣。

但生活毕竟不同于谈恋爱，不可能天天都是花前月下卿卿我我的浪漫，更多的将是锅碗瓢盆的交响曲和柴米油盐酱醋茶。1962年春，毛岸青和邵华回到北京生活。这个时候随着毛岸青精神和身体的恢复，并不想当一名纯粹的家庭主妇的邵华，还想回到北京大学读书。毛泽东给予了积极支持。可是由于缺课时间太久，邵华感到学习已经非常吃力，跟不上，情绪十分低落。

谁家没有一本难念的经呢？大千世界，芸芸众生，纷繁复杂。毛泽东家也不例外。而毛岸青和邵华的婚后生活自然总有一些不如意的事情发生。再加上岸青的神经不能经受一点刺激，小夫妻之间自然而然就不可避免地发一些小脾气，互相斗气。对这一切，作为父亲的毛泽东在知道他们之间的矛盾和烦恼后，十分理解儿媳邵华。在接到毛岸青和邵华两人要分别给他写信的消息后，正在南方视察的毛泽东于6月3日上午7时给邵华回了一封信："你好！有信。拿来，想看。要好生养病，立志奔前程，女儿气要少些，加一点男儿气，为社会做一番事业，企予望之。《上邪》一篇，要多读。余不尽。"①

---

① 丁晓平:《毛泽东的亲情世界》，中国青年出版社 2009 年版，第 192 页。

毛泽东在信中劝慰儿媳邵华"要好生养病，立志奔前程"，而且"女儿气要少些，加一点男儿气"，希望她勇敢地面对生活中、学习上暂时的困难和挫折，要有一股不服输、不怕苦和战胜困难的精神，要有"谁说女子不如男"的英雄气，只有这样才能"为社会做一番事业"，这是毛泽东所"企予望之"的。这封家书言简意赅，寓意深刻。作为父亲的毛泽东，深知儿子岸青的精神和身体状况以及独立生活生存的能力，因此他对岸青和邵华的家庭是有牵有挂有担心的，所以他希望儿媳邵华能够独当一面，"加一点男儿气"，勇敢地挑起家庭生活的重担。而当他得知儿子儿媳出现不愉快的时候，毛泽东没有讲任何道理，作任何说教，只是与同样喜爱中国古典文学的儿媳讲了一句话："《上邪》一篇，要多读。"七个字，笔力千钧，意味深长。

《上邪》乃汉朝民歌《饶歌》第十六曲。全词为："上邪！我欲与君相知，长命无绝衰。山无棱，江水为竭，冬雷震震，夏雨雪，天地合，乃敢与君绝!"这是一个女子对爱人的山盟海誓，是中国爱情诗的千古绝唱。诗中列举了五种不可能出现的自然现象，来比喻女子对爱情的忠贞不渝和坚定不移。伟人毛泽东以其渊博的学识巧妙地告诉儿媳一个做人处世的道理，鼓励并希望邵华坚强些，既要以事业为重，又要坚信美好的爱情可以成为战胜生活中的困难、家庭中的纠葛和烦恼的武器。毛泽东可谓用心良苦。

聪明的邵华读懂了毛泽东的人生至嘱，感动不已。她知道父亲在婚姻上有挫折和失误，尤其是在和江青的夫妻关系基本上已经山穷水尽名存实亡，这个时候父亲跟她说这些话，心是苦的，而且这苦好比是"哑巴吃黄连"，无处诉说。作为过来人的毛泽东，让儿媳"要多读"《上邪》，邵华理解了父亲这封家书的用心和意义。此后，邵华的性格慢慢地变得开朗了、豁达了、从容了，对岸青也更加关心和体贴了。"与君相知"的她没有辜负毛泽东的"企予望之"，始终按照父亲的教导去做，与毛岸青一起患难与共，携手同心，赢得了美满的爱情和人生。

毛岸青从苏联回国时带回一台"捷夫"牌照相机，邵华结婚以后就喜欢上了摄影，想把自己家人与父亲毛泽东在一起的生活记录下来。毛泽东看见孩子们拿着相机在自己面前拍来拍去，没有反对，但却给邵华来了个"约法三章"：第一，你们不许拿到外面去冲洗；第二，你们不许给报纸、杂志投稿；第三，不许送人。可见毛泽东的家风是严格的。

1970年1月，十月怀胎的邵华住院就要临产了。经剖腹平安产下一子，这就是毛泽东唯一的孙子，毛泽东亲自取名毛新宇。

新宇，新的宇宙新的天地也！毛泽东寄予厚望。

你不肯叫她妈妈，她很难过的

毛泽东和贺子珍十年婚姻，十次怀胎，六次分娩，留下的也就只有这个被毛泽东称作"洋宝贝"的娇娇——李敏。

1937年9月，贺子珍"赌气"离开毛泽东，去了苏联。1939年年初，痛失出生才十个月的幼子廖瓦后，贺子珍终日以泪洗面。张闻天夫人刘英回忆说：廖瓦葬在房子后面的花园里，贺子珍"伤心至极，天天到坟上去哭"。毛泽东听说后大为震惊，痛心疾首。

1941年1月，毛泽东把四岁的娇娇送到贺子珍身边，减轻她的心灵苦痛。母女的异国团聚给孤独寂寞的贺子珍带来了心灵的安慰和寄托。

娇娇在苏联共生活了七年，而在延安生活的四年她也几乎没有在父亲毛泽东身边，母亲贺子珍又很少和她说起父亲，因此在她的印象里，她好像就没有爸爸。在国际儿童院的礼堂里，挂着各国共产党领袖的巨幅照片，其中有列宁、斯大林、季米特洛夫、加里宁，也有毛泽东和朱德。但对娇娇来说，她做梦也不会想到毛泽东就是她的爸爸。

1947年，回到日夜思念的祖国，娇娇已是一个十岁的少女了。异国他乡的生活让她已经不会说中国话了，祖国对她来说似乎变得有些陌生了。她和哥哥岸青一样，又开始学习中文。

1948年，娇娇给毛泽东写了一封信。信是用俄文写的，字迹歪歪扭扭，语气天真活泼，字里行间洋溢着调皮可爱：

毛主席：

    大家都说您是我的亲生爸爸，我是您的亲生女儿，但是，我在苏联没有见过您，也不清楚这回事。到底您是不是我的亲爸爸，我是不是您的亲女儿？请赶快来信告诉我，这样，我才好回到您的身边。

很快，娇娇就收到了父亲毛泽东的回信：

娇娇：

看到了你的来信很高兴。你是我亲生女儿，我是你的亲生父亲。你去苏联十多年一直未见过面，你一定长大了长高了吧？爸爸想念你，也很喜欢你，希望赶快回到爸爸身边来。爸爸已请贺怡同志专程去东北接你了，爸爸欢迎你来。

据说，毛泽东将这封信刚刚写好，正等待寄出的时候，他又突然改变主意，吩咐身边的工作人员将这封家书用加急电报发出。

1949年5月，贺怡与来北平商讨翻译毛泽东哲学著作的苏联教授尤金一起，带着娇娇和毛岸青一起奔赴北平香山。在著名的双清别墅，毛泽东与阔别八年的女儿娇娇见面了！

当贺怡领着娇娇风尘仆仆地赶到香山双清别墅时，毛泽东赶紧停止了办公，走出别墅，大老远地和贺怡打招呼。贺怡牵着娇娇的手，对他的这位既是哥哥又是姐夫的毛泽东主席说："您交给我的任务完成了，娇娇接回来了。"然后又低头对娇娇说："娇娇，快叫爸爸！喏，这就是你爸爸。"

毛泽东和她们面对面地站着，脸上堆满了慈爱的笑容。娇娇抬头看着面前这个身材魁梧和画报上看到的毛主席一模一样的人，明白了他就是自己朝思暮想的亲生父亲，她马上高兴地像一只小喜鹊扑进了毛泽东的怀抱，羞涩又快乐地叫了一声"爸爸"，依偎在爸爸的怀里。

"娇娇，我的小娇娇啊……"毛泽东看着眼前这个恬静漂亮的"乖乖女"，也激动地抱起娇娇，亲了又亲。

女儿回到身边，毛泽东喜不自胜。他还高兴地约请刘少奇、朱德、周恩来等来到双清别墅，并幽默地说："我给你们带来一个'洋宝贝'。"大家你一言我一语地猜毛泽东到底给他们带来什么"洋宝贝"时，只见贺怡领着娇娇走了进来。毛泽东就乐滋滋地指着娇娇对他们说："'洋宝贝'来了，我有个说外国话的女儿，喏，她就是。"然后把娇娇介绍给他们。大家都开心地笑了。

香山双清别墅的生活是娇娇人生中最难忘最快乐的时光，第一次享受着从未享受的父爱。而对毛泽东来说，"洋宝贝"的到来自然也是喜从天降，心灵上有了一种做父亲的幸福和慰藉。在香山，每天晚饭后，毛泽东总是牵着娇娇的手到公园散步，问娇娇在苏联的学习生活情况，教女儿背诵古诗，勉励女儿要好好学习，做一个对国家和人民有用的人。而温柔可爱的娇娇也经常和父亲做游戏，在父亲怀抱里撒娇顽皮，有时她抱着父亲的头和脸亲了又亲，有时用双手遮住父亲的双眼与父亲玩藏猫猫。每逢这个时候，毛泽东不论自己是在工作还是在休息，总是高兴地逗着女儿玩，从不责怪娇娇，有时自己也快乐得像一个孩子哈哈大笑，给娇娇留下的印象总是一个亲亲热热、疼她爱她的好爸爸。

但这样的日子持续得并不很长，到了1949年9月，随着在苏联治病的继母江青和从未见过面的妹妹李讷回国，娇娇独自享受父爱的时光似乎戛然而止。而这个时候，娇娇也随着父亲搬家住进了一个更加神秘的地方——中南海。娇娇清楚地记得与继母江青第一次见面时的情景，江青"主动上前搂抱她、亲吻她，满脸堆着笑意。那股亲热劲，比亲生的女儿还要亲。以后，她常常在人前人后夸娇娇好，多么爱她，情同亲生，而且都不愿回到贺子珍那里去了，等等"。

其实，娇娇对江青这个继母的心情是复杂的，她从不愿意叫江青"妈妈"，这样坚持了大约半年时间。为此毛泽东有些着急，不停地做娇娇的思想工作，甚至央求女儿，说："你不肯叫她妈妈，她很难过的！""她不会对你不好的。""你叫她一声妈妈，对你不会有什么损害嘛！"温文娴静、心地善良的娇娇为了不让爸爸伤心，经过爸爸的劝说才开始叫江青"妈妈"。

转眼娇娇也已经到了上中学的年龄了。她在苏联上小学和在东北补习中文都用的是娇娇这个乳名，一直没有学名。一天晚饭后，毛泽东把娇娇叫到身边说："娇娇，爸爸再给你取一个名字。"

"爸爸，我有名字，叫娇娇。"娇娇不解地说道。

毛泽东笑着说："娇娇这个名字是你在陕北保安刚刚出生时取的小名，现在要进中学读书了，爸爸要给你取一个学名，而且这个名字要有深刻的含义。"说着，毛泽东打开《论语》，翻到《里仁》篇，给娇娇读起来："子曰：'君子欲讷于言而敏于行'，这里的讷，就是指语言迟钝的意思；敏，则有很多解释。"说着，毛泽东又打开《辞源》，指着"敏"字的注释说："敏，有敏捷、聪慧、勤励的意思。《论语·公冶长》中说：'敏而好学，不耻下问。'敏，还有灵敏迅捷、聪敏通达、聪明多智的意思。唐朝的大诗人杜甫在诗歌《不见》中说：'敏捷诗千首，飘零酒一杯'。"

娇娇听着父亲的解释，感受到了父亲对自己的期望和祝福。这时，毛泽东又接着说："你的名字就叫敏，但不一定叫毛敏，也可以叫李敏。"

"为什么？哥哥都叫毛岸英、毛岸青，他们都跟爸爸姓，我为什么不姓毛？"娇娇感到奇怪。

毛泽东爱抚地用手拍拍娇娇的头，说："娇娇，爸爸姓毛，是不错的，但为了革命，爸爸也用过毛润之、石山、子任、马任、赵东、李得胜等十多个名字，但爸爸特别喜欢李得胜这个名字。"接着毛泽东还给女儿讲了"李得胜"这个名字的由来。李敏似懂非懂地听着，虽然她不可能知道父亲到底为什么要给她取这个名字，但她已经明白父亲对她的爱和这个名字背后的意义。

显然，"李敏"这个名字，与比她小四岁、取名却早于她四年的同父异母的妹妹李讷之间，流淌着一种血浓于水的亲情。或许，这也正是毛泽东对两个女儿寄托的一种希望——虽然妈妈不是同一个，但要像亲姐妹一样团结和睦。同时，毛泽东考虑得更多的还是家庭日常生活的和睦，因为李敏毕竟和江青生活在一起，他希望娇娇也能得到继母江青像爱护亲生女儿李讷一样的爱护。如果毛泽东将娇娇取"毛"姓，那么江青会怎么想呢？伟人毛泽东可谓用心良苦也！

娇生惯养的所谓干部子弟，你就吃了这个亏

作为毛泽东的女儿，李讷比她的哥哥姐姐们幸运。毫无疑问，在毛泽东的子女中，李讷是享受父爱最多的一个。她在毛泽东身边生活的时间最长，也是唯一一个在父亲身边度过完整的童年的孩子，而毛泽东给她直接的教诲也最多，真可谓掌上明珠。

1940年8月在延安，江青给47岁的毛泽东生了最小的女儿。毛泽东给她取名李讷，这也是他们唯一的孩子。

没有孩子的家是不完整的。战争年代，毛泽东没有像别人那样，把李讷送进延安的儿童保育院或者托儿所，而是一直跟在自己的身边，给自己紧张的战斗生活带来难得的家庭乐趣。李讷回忆说："我记得我最早学说话，有一句就是'爸爸散步去'。我父亲进城的时候还说呢，你小的时候就会说爸爸散步去。"她说，"我倒成了工作人员动员爸爸休息的一个法宝"。也就是从这个时候起，他们父女间有了一个秘密：李讷叫毛泽东"小爸爸"，毛泽东叫李讷"大娃娃"。

进城后，江山初定，毛泽东把李讷送入育英小学学习，插班读四年级。因为学校离家远，一个星期回家一次。一开始，工作人员用小车接送。毛泽东知道后，说"不能搞这样的特殊化"。后来有关部门就专门派了一个大的面包车，住在中南海的二十来个孩子都一起接送了。

1953年，李讷考入北京师范大学附中读书，也是周末才回家一次，真正开始独立生活。日理万机的毛泽东仍十分关心小女儿的成长，经常在周末考考李讷的政治、文学、历史、地理等知识，还教导女儿为人处世的方法和道理。

毛泽东喜欢游泳，尤爱到大江大河里去游泳。李讷很小的时候就跟着父亲一起游泳。但在游泳的时候，毛泽东对女儿有一个特别的规定：不准用救生圈。从小就爱游泳的毛泽东，把游泳当作锻炼意志的好方法，强调教育子女要经风雨，见世面，到大风大浪中去锻炼。李讷回忆说："他自己就是那么做的，那我们还有什么话可说的呢。你比如说来了台风了，白浪滔天，他让我们跳下去，首先他自己第一个跳下去。他不让用救生圈，他也是有道理的。他不是蛮干，他一定是对你的水性有了解，而且对水情也有了解。那个浪看上去很厉害，但是你不下去，你就不知道是怎么回事，它是有规律的，你摸到规律了，你就可以存在，你就自由了。"

毛泽东教育子女的方法或许过于严厉，与那些"捧在手里怕摔着，含在嘴里怕化了"的溺爱孩子的家长相比已经是大相径庭，他强调的依然是要孩子学会吃苦、耐苦，教育孩子要从生活实践中懂得社会和人生的道理，除了本领能力（才气）之外，还要有充足的体力（力气）和坚强的心力（勇气）。

1958年1月下旬，李讷突发急性阑尾炎，需要手术。又因李讷小时候打针的针头不幸断在肉里，一直没有取出，也要动手术。于是经研究决定两个手术同时做。对女儿的病情一直牵挂的毛泽东，无法像寻常百姓那样前往病房探望，只好给女儿写了一封家书，鼓励女儿要以坚强的意志和顽强的毅力战胜病魔。毛泽东说："念你。害病严重时，心旌摇摇，悲观袭来，信心动荡。这是意志不坚决，我也常常如此。病情好转，心情也好转，世界观又改观了，豁然开朗。意志可以克服病情。一定要锻炼意志。你以为如何？妈妈很着急，我也有些。找了小员、院长计苏华、主治大夫王历耕、内科大夫吴洁诸同志今天上午开了一会，一致认为大有好转。你昨夜睡了九小时，你跑出房门在小廊上看画报。白血球降下来了，特别是中性血球，已恢复正常。他们说不成问题，确有把握，你可以放心。这点发烧，应当有的，完全正常。妈妈很不放心，打了电话给她，她放心了。李讷，再熬几天，就可痊愈，怕什么？我的话是有根据的。为你的事，我此刻尚未睡，现在我想睡了，心情舒畅了。诗一首：青海长云暗雪山，孤城遥望玉门关。黄沙百战穿金甲，不斩楼兰誓不还。这里有意志。知道吗？你大概十天后准备去广东，过春节。愿意吧。到那里休养十几天，又陪伴妈妈。亲你，祝贺你胜利，我的娃！"言辞之中，可见毛泽东对女儿真是呵护备至。

生活中，毛泽东还利用自己在古典文学上的渊博知识，并针对孩子自身的心理特点，亲自为孩子们选择必读书目。1959年，李讷考入北京大学历史系。本来受父亲的影响，李讷喜欢文科，可是江青却要女儿学理科，并且将报名表都填好了。毛泽东就问女儿："你自己到底是怎么想的呢？"李讷说："我不愿意，我还是不能学理工科。"毛泽东说："那你自己定，可以嘛！"就这样，李讷转学了文科，并选择历史系。毛泽东到底给孩子们亲自编了一本什么样的教材呢？李讷回忆说："父亲先让我们读《水浒传》，因为《水浒传》好读，故事也比较引人入胜。然后读《红楼梦》《三国演义》和诗词。"毛泽东还将这些自己亲自选编的诗词打印成册，装订了好几本，每个孩子一本。

上大学后，学习方式改变了，面对大部头的历史著作，李讷感到有些压力，便给父亲写了一封信。其时，毛泽东正远在杭州刚刚开始他为期两个月的特殊的读书生活——读苏联的《政治经济学》教科书。毛泽东收到了李讷的来信，便抽空给女儿写了这封关于读书问题的回信，说："要读浅近书，由浅入深，慢慢积累。大部头书少读一点，十年八年渐渐多读，学问就一定可以搞通了。我甚好。每天读书、爬山。读的是经济学。我下决心要搞通这门学问。天寒，善于保养，不要再患感冒。"

1960年12月26日，是毛泽东67岁生日。这天，毛泽东把女儿和身边工作人员集中在一起吃晚饭，并给女儿讲了一个让她一辈子也不会忘记的故事。毛泽东说：

> 像今天我们在一起吃饭一样，大家团结得很好，这就好。你们整风，检查一下，批评一下，大家还是团结在一块。这就叫从团结的愿望出发，经过批评或斗争，使问题得到解决，在新的基

础上达到新的团结。批评就是帮助，对人是有好处的。

从前有张仪和苏秦两个人，都是鬼谷先生的学生。鬼谷是个地方，出了一个先生，所以叫鬼谷先生。后来苏秦在赵国当了宰相，地方就在邯郸。邯郸这个地方，你们到过没有？张仪在楚国做个小官。楚相丢了一块宝玉，怀疑是张仪偷的，把他狠狠打了一顿，满嘴的牙都被打掉了。那个时候，大概还不会安假牙吧！张仪回到家里，叫老婆看看他嘴里的舌头还在不在。他老婆说：舌头还在。他说：那就不要紧了。他跑到邯郸找苏秦，一去就住进"招待所"，大概是"北京饭店"之类的住所，好几天没有见到苏秦的面。后来，苏秦请他吃饭。张仪到了苏秦的衙门，看到摆了酒席，排场大得很，苏秦坐在高处当中，请了各国使节，也有契尔沃年科，席面当然比我们今天吃的丰盛得多。但是却把张仪安排在下面角上，盛了点仆人吃的饭食给他吃。这下子张仪的气可就大了，无非是破口大骂苏秦，你这个王八蛋等等。回到"北京饭店"，满肚子的气。"北京饭店"的"经理"看他这个样子，就问他：张先生脸色不痛快，有什么生气的事吧？他说：当然有气！就把当年和苏秦是同学，今天苏秦如此这般对待他说了一番，并且骂苏秦此人简直是无情无义，是王八蛋。这位"经理"说：这样看来，你在赵国待不住了。张仪说：当然待不下去了，马上走。"经理"问他：你到哪里去呀？他说：这倒还没有想好，不管他，走了再说。"经理"说：看来只有到秦国去。张仪一想也对，就此动身。"经理"陪他走到秦国，一路花费大概相当现在的三四十万人民币吧！到了秦国，他们为了见秦王，就走走门路，行些贿赂和送些衣服，一共又花了四五十万人民币。以后，张仪当上了秦国的宰相，"北京饭店"的"经理"就向他告辞回国，并问他今后怎样打算。张仪一提苏秦还是咬牙切齿，并说过了两年一定要出兵攻打赵国。"经理"见他这样说，就告诉他，赵国宰相苏秦是个好人，当时苏秦所以要气他，是故意的，怕他在赵国安居下来，不想上进，做不了大事。苏秦知道张仪是个人才能做大事，如果他在赵国依靠苏秦，他也只是当个"科长"什么的就算到顶了。策划张仪到秦国来，和给他一切花销，都是苏秦支使的。张仪一听，这才恍然大悟。"经理"又说："苏秦只希望你当了秦国宰相，十五年内不要出兵攻打赵国。"张仪听后表示：只要苏秦活着，我就决不出兵打赵国。

　　这是一个故事，你们看苏秦对张仪是好意还是恶意？我们之间，进行批评帮助都是好意。就是明明知道某些批评是恶意也要听下去，不要紧嘛，人就是要压的，像榨油一样，你不压是出不了油的。人没有压力是不会进步的。[①]

　　李讷回忆说，父亲的家教真正触及她思想的就是在这一段时间，她"觉得要好好改变自己，就是世界观要根本地改变"。在这段时间内，毛泽东和李讷前前后后通了十来封信。毛泽东总是鼓励女儿"为人一定要有意志，要有毅力"，"不要特殊，不要骄娇二气，不要自以为是"。

　　1963年新年伊始，李讷给父亲写了一封信，详细剖析了自己的一些缺点和思想变化。在信中，她还谈到自己在大学课程中学《庄子·秋水》后的感想。《秋水》是一篇有名的寓言，记述的是自高自大的黄河水神河伯和虚怀若谷的北海神之间的对话。李讷读后思想触动很大，感觉自己有的地方很像鼠目寸光的河伯，意识到自身存在着狭隘和浅薄。接到女儿的来信，毛泽东看到女儿的思想认识提高了，"喜慰无极"，立即给李讷回了一封信：

李讷娃：

　　刚发一信，就接了你的信。喜慰无极。你痛苦、忧伤，是极好事，从此你就有希望了。痛苦、忧伤，表示你认真想事，争上游、鼓干劲，一定可以转到翘尾巴、自以为是、孤僻、看不起人

---

① 林克：《我所知道的毛泽东》，中央文献出版社2000年版，第172—174页。

的反面去，主动权就到了你的手里了。没人管你了，靠你自己管自己，这就好了，这是大学比中学的好处。中学也有两种人，有社会经验的孩子；有娇生惯养的所谓干部子弟，你就吃了这个亏。现在好了，干部子弟（翘尾巴的）吃不开了，尾巴翘不成了，痛苦来了，改变态度也就来了，这就好了。读了秋水篇，好，你不会再做河伯了，为你祝贺！

爸爸

一月四日

教育始于家庭。毛泽东给两个女儿取名李讷、李敏，寓意深刻。他希望女儿成为少说空话、多做实事的人。毛泽东要求子女不能因为自己身份的特殊而有任何特殊化，什么时候都要谦虚谨慎，夹着尾巴做人。毛泽东的家教在这封写给李讷的家书中体现得最为直接和明朗。李讷在收到父亲的这封家书后，立即给父亲写了回信，仅仅11天后，毛泽东再次给女儿写了一封信，说："信收到。极高兴。大有起色，大有壮志雄心，大有自我批评，大有痛苦、伤心，都是极好的。你从此站立起来了。因此我极为念你，为你祝贺。读浅，不急，合群，开朗，多与同学们多谈，交心，学人之长，克己之短，大有可为。"

1957年9月，毛泽东在武汉东湖开会，当谈到干部子女的教育问题时，他问时任湖北省委副秘书长梅白：你记得曹操评价汉献帝吗？现在有的高级干部的子女，也是"汉献帝"，"生于深宫之中，长于妇人之手"，有些是"阿斗"啊。中央、省级机关的托儿所、幼儿园，孩子们相互之间比坐的是什么汽车，爸爸妈妈干什么，比谁的官大官小。这样不是从小培养一批贵族少爷吗？毛泽东对这种现象十分不满。他认为干部子女不能娇生惯养，吃不得苦，而要严格教育，严格要求，要让他们经风雨，见世面，到大风大浪中去磨炼。[①]他对自己的孩子就是这么教育的。

---

① 王恕焕：《梅花欢喜漫天雪》，中原农民出版社1993年版，第35页。

1967年，毛泽东曾向党内高级干部推荐阅读《战国策·触龙说赵太后》。这篇文章在分析众诸侯没有一个子孙三世保持王位的原因时说："此其近者祸其身，远者及其子孙，岂人主之子孙则必不善哉，位尊而无功，俸厚而无劳，而挟重器多也。"毛泽东说："这篇文章反映了封建制代替奴隶制的初期，地主阶级内部，财产和权力的再分配。这种分配是不断地进行的，所谓'君子之泽，五世而斩'，就是这个意思。我们不是代表剥削阶级，而是代表无产阶级和劳动人民，但如果我们不注意严格要求我们的子女，他们也会变质，可能搞资本主义复辟，无产阶级的财产和权力就会被资产阶级夺回去。"毛泽东的话发人深省。如果我们联系当下的现实，看看一些所谓的"官二代""富二代"们的无耻之行，毛泽东的话当如警钟长鸣。

　　李讷回忆说："父亲对子女还是很关心的，希望我们能够在政治上、思想上、学业上都能健康成长。我1959年入大学，1960年就是三年自然灾害最严重的时候，我病了，病得挺厉害的，也是不得不休学。就是缺少营养，浮肿，闭经，很长时间，完全不能睡觉，就休学一年，又复学，复学以后身体还是不是太好，有一段因为有病，精神不是很好。三年自然灾害也很快过去了，国家的经济又开始恢复，虽然说是困难，但是大家的精神头还是挺足的，很愉快的。我自己在大学有一个感觉就是，我以前在实验中学，是个女校，而且干部子弟很集中，就是我的同学，可以说还是在那个圈子里面，到了大学就不一样了，都是一些普通群众的子弟，工人、农民子弟特别多，干部子弟很少，这对我帮助很大。因为父亲再严格要求，再要求你不要特殊化，不要自以为是，不要骄傲，但毕竟身上还是有这些东西。你一碰到这么多的群众，说实在的，对自己的触动是很大的，从思想上发生剧烈的变化，就是我要改变，不能像以前那样的，老是自以为是，觉得自己很高明，很看不起人，觉得不应该这样的。思想经过很剧烈的变化，特别是学雷锋，对我触动很大，我就觉得一定要改变自己，一定要变成一个普通的，跟大家一样的，在身体和精神上都健康的一个人，和大家打成一片，真正在政治上能够严格要求自己，学习成绩能够好，在各方面能够全面发展的。我觉得思想上有这么一个变化的过程。我在这期间有一段信给他写得少一点，自己在那想事呢，觉得自己不行；比别的同学差，觉得自己的那些弱点，反正觉得自己要改。"①

　　毛泽东这个父亲在生活上对子女要求极其严格，但在学习上却又并不像我们所想象的那样严格。确切地说，他不是那种培养"高分低能"的子女的父亲。毛泽东说过："好好学习，天天向上"，也说过"身体是革命的本钱"，他教育孩子看重的并不是考试的分数，而是能否真正把学到的知识用在为人民服务上。李讷回忆说："我在上大学的时候考六门，我全部都是五分，考试完回来就生病住院，父亲就有些看法。他说你不一定都要五分嘛，你也可以有几个四分嘛，三分也没有关系，你只要是总的功课是好的也就行了嘛。你像考察，你得了四分有什么关系呢？那又不是考试。他不喜欢你做得太过了，按他的说法就是过犹不及。你非要全优不可，像这种情况下，他就说，你可以得点四分，只要主课得五分就行了，别搞得太累就行了。他不喜欢那种死记硬背，死读书。我们一去参加劳动，他就特别高兴。你老读，死读，他认为会越读越蠢。"

　　在家中，毛泽东很民主，和孩子在一起时也很随意，甚至很随便，没有什么拘束，像天下普通人家的父亲一样。孩子有什么想法都可以随便地说出来，发表自己的看法，但并不是顶撞，而且在大方针上还得听他的。毛泽东对子女寄予的希望也是很大的，但他并不希望孩子去做什么科学家、政治家、文学家，他对孩子们说，只要你们做一个自食其力的劳动者就心满意足了。李讷觉得父亲给她留下的精神财富是无价之宝，而对父亲的情感世界，她借用罗曼·罗兰的话来形容说："伟人的心灵就像那高山之巅，那里终年狂风大作，云雾满天，可是呼吸却异常的顺畅。"

　　有理由相信，无论今天还是后世，毛泽东对子女的这种家教对人们永远是一种高贵的启示。而在这一点上，天下的父母都应该好好地向毛泽东学习。

---

　　① 陈晋主编：《温情毛泽东》，辽宁人民出版社2005年版，第18页。

结束语
毛泽东是一面镜子

1

——毛泽东是谁？

——毛泽东从哪里来？

——毛泽东到哪里去？

这不仅仅是一个哲学问题，也是政治，是历史，是文化，是我思考、写作《光荣梦想：毛泽东人生七日谈》一书的目的、价值和追求所在。

作为出生于一个因父亲在1957年错划右派并在"文化大革命"中戴上"反革命罪"等五大罪状的"五类分子"家庭的孩子来说，我对毛泽东的感情是复杂的——在父亲由劳教改判劳改获刑十年，在安徽九成劳改农场历尽艰辛，半身瘫痪，但大命不死；母亲带着哥哥姐姐下放到无亲无故的农村，寄人篱下住进牛棚，或辍学放牛食不果腹，或送养他人改名换姓，直至1979年父亲平反昭雪，我家才有资格悬挂毛泽东的画像，才有资格接通有线广播。1976年毛泽东逝世，村子里举行追悼会，不分男女老少人人都发了一个黑袖章，但我的家人都没有获得。尽管不谙世事，但我依然清楚地记得，那一年我5岁，语不成句不会说话，傻傻地羡慕小伙伴们佩戴着那用白线缝纫着空心"悼"字的黑袖章，很是自卑。那真是一个混乱的年代。父亲平反复职后，全家依然落户农村，且父亲经常劝告我们"过去的就让它过去"，无论在言论还是行动上都从来不去迫害曾经迫害过他的人。坚强自信的父亲说："我经受的苦难不能全怪毛泽东。毛泽东是一个世界伟人，是中华民族的英雄。但他也会犯错误。世界上有没有不犯错误的人呢？没有。但他的一生从来没有为自己谋取个人利益，一辈子为了革命，一辈子为人民服务，不爱财，不惜死，没有私心杂念，没有以公谋私。这多么可贵，多么不容易啊！"说句心里话，那时，对父亲的观点我深表怀疑。但随着岁月的增长，随着对毛泽东研究的逐渐深入，尤其是经过本书的写作，我对父亲的话深信不疑——毛泽东时代曾经蒙冤二十二载的父亲，对毛泽东的评价是正确的。这也就是那一代人的思想和境界。其实，许许多多老一代革命家及其子女对毛泽东都深怀崇敬，即使他们在"反右"斗争或"文化大革命"中受尽委屈和折磨，也不改对毛泽东的那份纯粹又朴素的情感。比如罗瑞卿大将被打倒后，依然敬仰毛泽东，每每经过天安门城楼依然向毛泽东的画像敬礼。

是的，对于毛泽东，我们在情感上曾经或至今依然非常纠结。不可否认，在当下的中国，有关毛泽东的历史及其评价，纷繁多元，有争议，有争鸣，也有争论。这是一种进步。一个国家、一个社会，乃至一个单位，有不同的声音，且都合情合理合法地发表出来，这本身就是民主就是自由。其实，对毛泽东及毛泽东思想的历史地位和作用，以及是否还要坚持和发展毛泽东思想的争论，在毛泽东逝世之后的20世纪80年代初的那一段时间，比当下还要激烈，还要尖锐。中共中央通过《关于建国以来党的若干历史问题的决议》，非常智慧地、历史地、政治地解决了来自党内和党外、国内和国外的围绕反对宣传毛泽东思想问题逐渐形成的错误思潮，把毛泽东思想与毛泽东的错误区别开来，将毛泽东思想的灵魂精辟概括为三个基本点——"实事求是，群众路线，独立自主"，成为人民的共识，赢得了世界的认同。

在21世纪的今天，我们毫无疑问地生活并共享着毛泽东时代奠基和开创的国家、社会和家庭的秩序，继承和发展着毛泽东时代奠定和建立的政治、经济、军事、文化以及国际关系的格局。不可否认，毛泽东的历史与毛泽东时代，是中华民族追求独立和自由、民主和科学、富强和幸福、光荣和梦想的整个中国历史的一部分，且是其中最为引人注目的篇章。它让全体中国人民尤其是最为底层的如同牛马一样生活的穷苦百姓翻了身，在世界东方这片古老而神奇的土地上站立起来，在政治上、法律上、道德上、人权上以至精神上获得了人人平等的尊严和尊重，履行同等的权利和义务。因此，无论是喜欢毛泽东以至敬仰、崇拜毛泽东的人，还是不喜欢毛泽东以至怀疑、诋毁毛泽东的人，都需要回归到一个理性的、冷静的、客观的、不带任何偏见的、不走极端的历史语境之中，以人类的、历史的、世界的眼光，站在中华民族五千年以来历史与现实交汇的制高点上，建立和发扬一种建设性的民族文化性格和科学发展的历史观，突破局限和狭隘，以包容、宽容、从容的人文精神和稳重、郑重、持重的知识品格来重读毛泽东。

由此，我们换位思考：毛泽东抛家舍子，和许多革命先辈一起，为了实现中国革命的理想和信仰，从有产变成无产，从繁华城市到穷苦乡村，从生到死，把脑袋拴在裤腰带上干革命，他一生的奋斗到底是为了什么呢？毋庸置疑，为的是民族独立、国家富强、人民幸福和人类和平。我们扪心自问：毛泽东做到的我们能做到吗？毛泽东做不到的我们能做到吗？毛泽东的正确我们能做到正确吗？毛泽东的错误我们能保证不再犯吗？

历史是不能割断的。因此，从某种意义上说，如何回答"毛泽东是谁？毛泽东从哪里来？毛泽东到哪里去？"的问题，也就是回答"我是谁？我从哪里来？我到哪里去？"的问题，更是回答"我是谁？为了谁？依靠谁？"的问题。学习毛泽东的真精神，活用毛泽东的好思想，传递毛泽东的正能量。我希望，我的《光荣梦想：毛泽东人生七日谈》能够起到这样的作用。我希望，我坚持的文学、历史、学术的跨界跨文体写作模式，再次在这部著作中发挥其独特的魅力和境界，并得到读者的认可和喜欢。

2 历史是一面镜子。毛泽东也是一面镜子。

面对毛泽东这一面光照千秋的镜子，我们每一个中国人都应该照一照，可以正衣冠、知兴替、明得失、断曲直。是的，不争论的时代已经结束，遮蔽的时代也已经过去。毛泽东到底是一个什么样的人？他的是非成败，他的功过荣辱，一切都已经成为历史，一切都已经属于中国和世界。

是的，毛泽东永远属于人民。

人民，是人民领袖毛泽东的起点，也是他的归宿。

多难兴邦，实干兴邦。现在，对于毛泽东的了解和理解，我们应该且必须突破历史和自身的局限，并在局限的历史中看到未来。对出生于毛泽东时代、成长于邓小平时代的我们来说，对国家、社会、人民生活和整个世界的变化，需要静坐并仔细思考之后才能深深地感同身受其中的奥秘和深刻——中国要稳定，中国在前进！中国在崛起，中国要复兴！

是的，变是世界上唯一不变的事情。

中国正在发生着前所未有的变化，正在进行着前无古人的事业。回望中国五千年的历史，尤其是数千年的封建社会史，中国社会上层建筑可谓是"城头变幻大王旗"，"你方唱罢我登场"，但底层的经济基础和阶级阶层却并没有因为任何斗争而发生根本性的改变，直至民国。但在以毛泽东为代表的中国共产党领导下，创造性地把马克思主义中国化，理论联系实际，成功地找到了一条中国道路，并运用马克思主义的阶级认识等经典学说，彻底且根本性地改变了旧中国，建设了一个新中国。相比较，今天的中国，上层建筑稳定牢固，但经济基础（生产力和生产关系）和社会各阶级阶层却发生了天翻地覆的改变。也就是说，中国所面临的来自国际上的敌我矛盾和来自国内的人民内部矛盾，都发生了前所未有的变化，是毛泽东时代和邓小平时代都没有过的新形势、新气象、新格局和新矛盾，既是与时俱进征途上的新挑战，更是科学发展道路上的新机遇。

求真务实，务实于行。现在，中国共产党已经拥有中国作风、中国气派，正在凝聚中国精神、中国力量，正在创造中国道路、中国价值——这是中国人的光荣，也是中国人的梦想。为了光荣，我们前仆后继，吸收人类一切优秀的文明成果；为了梦想，我们上下求索，走中国特色的发展道路。我们实事求是，解放思想；我们独立自主，改革开放；我们不妄自尊大，也不妄自菲薄，我们不盲从媚外生搬硬套纸上谈兵，也不盲目蛮干自以为是画地为牢；我们不指手画脚干涉他人，也坚决拒绝他人干涉。

3　毛泽东的历史是中国历史的一个横断面。

毛泽东时代是中国现代史的一个坐标系。

毛泽东是一面镜子。在这面镜子面前，我们可以看到苦难也可以看到辉煌，我们可以看到封闭落后也可以看到开放进步，我们可以看到动乱衰退也可以看到和谐昌盛，我们可以看到不堪回首的悲痛也可以看到引以为荣的骄傲。当然，我们还可以看到中国的过去、现在以及未来。历史和哲学都告诉我们，正是因为看到了自己的错误，才知道正确来之不易；正是因为看到了自己的短处，才知道如何增长补短。我们承认缺点，才能不犯错误；我们正视矛盾，才能解决问题；我们找准方向，才能持续发展。不回避，不推诿，不折腾，不装傻，不虚妄；真实，真诚，真心，真信，真干。

毛泽东是一面镜子。在这面镜子里，我看见了伟大又美丽的祖国，看到了伟大而勤劳的人民。每当我来到天安门广场，面对天安门城楼，我都要静静地站立在毛泽东画像的面前，默默地仰望那熟悉得不能再熟悉的面容，与他对视，有时候穿越时空浮想联翩，有时候什么都想什么都不想，心中却有了庄严和神圣，有了尊严和崇高，有了做一个中国人的骄傲和自豪！

毛泽东百年诞辰时，我创作了诗歌《诗人：毛泽东》。

诗人：毛泽东

——问苍茫大地，谁主沉浮？

在这阳光明媚的季节
读这两行诗
同样需要勇气
面对太阳，您的光芒
比太阳更耀眼！
您从生命中提炼出这九个字
向世界提出了一个中国式的反问
从此，破碎的山河
在您的诗词中变得分外妖娆

真正的诗人，已感觉到新世纪的曙光
您总是把手高高地举过头顶
漫漫长夜
天塌下来 有您顶着！

诗人！以一个师范生的身份作为主席

在人类的眼中，您是强悍的

您怀揣锋芒锃亮的文字

闪射民族的光芒　通过真理

携带阳光雨露　自由和平等

在沉浮中歌咏

赢得了最多爱戴的人

诗人！一个农人的后裔

在祖辈在劳苦大众水深火热之中

学会与湘水对饮对歌

在万水千山只等闲的日子里

懂得用一粒小米养大一个政党

用一支步枪壮大一支军队

您知道新时代的步伐

不能没有诗歌的指引

诗啊　如一颗子弹

穿破敌人的胸膛

真正的诗人　就坐在延安

一个陕北高原的窑洞

让蒋介石高不可攀

让美国人深不可测

高贵的诗歌来自高贵的灵魂

我手捧诗歌

犹如感恩上苍的赐予

向您深深地俯首

诗人啊！ 100年，其实不算长

可我知道，有一种思想有一种精神

已深入并挺直中华民族的脊梁

您永垂不朽的诗歌

会钟爱我们

记住中国有一位天才的领袖诗人

永远和中国矗立在世界的东方

在这阳光明媚的季节

诗人啊！我不是您的哀悼者

我不能只在纪念您的日子里

怀念您啊！

　　毛泽东，说不尽写不完的毛泽东，之所以说不尽写不完，是因为我们的过去、现在和未来都绕不开他！毛泽东，1893年12月26日出生于湖南韶山。生肖属蛇。一个中国农民的儿子依靠艰苦奋斗，自力更生，成长为中国共产党的最高领导人和中华人民共和国的开国主席。1976年9月9日零时10分在北京逝世。享年83岁。同年9月21日，联合国大会举行全体会议，各国代表肃立默哀，悼念为世界和平和人类进步事业作出重要贡献的东方巨人毛泽东。

　　——毛泽东的光荣与梦想，凝聚着中华民族的苦难与辉煌。

　　——毛泽东的苦难与辉煌，辉映着中华民族的光荣与梦想。

2013年7月一稿

2013年10月定稿

2019年9月修订

主要参考书目

本书所引用毛泽东著述、书信均选自《建国以来毛泽东文稿》《毛泽东选集》《毛泽东文集》《毛泽东军事文集》《毛泽东外交文选》《毛泽东著作选读》等。主要参考书目如下：

1. 斯诺录，汪衡译，丁晓平编校：《毛泽东自传》，中国青年出版社2009年版

2.《毛泽东传（1893—1949)》(上、下)，中央文献出版社1996年版

3.《毛泽东传（1949—1976)》(上、下)，中央文献出版社2003年版

4.《毛泽东书信选集》，人民出版社1983年版

5.《毛泽东调查研究活动简史》，中央社会科学出版社1984年版

6.《毛泽东年谱》(上、中、下)，中央文献出版社2002年版

7. 丁晓平、方健康编选校注：《毛泽东印象》，中央文献出版社2003年版

8.《胡乔木回忆毛泽东》，人民出版社2003年版

9. 师哲著：《在历史巨人身边》，中央文献出版社1991年版

10. 吴冷西著：《忆毛主席》，新华出版社1995年版

11. 李银桥著：《在毛泽东身边十五年》，河北人民出版社1991年版

12. 张耀祠著：《张耀祠回忆录》，中共党史出版社2008年版

13. 林克著：《我所知道的毛泽东》，中央文献出版社2000年版

14. 丁晓平著：《中共中央第一支笔》，中国青年出版社2011年版

15.《毛泽东的青少年时代》，中国青年出版社1979年版

16. 中共中央文献研究室编：《毛泽东诗词集》，中央文献出版社1996年版

17. 黄炎培著：《八十年来》，中国文史出版社1982年版

18. 埃德加·斯诺著：《斯诺文集》(1—4卷)，新华出版社1984年版

19. 罗斯·特里尔著：《毛泽东传》(修订本)，河北人民出版社1989年版

20. 苏扬编：《中国出了个毛泽东》，解放军出版社1991年版

21. 丁晓平著：《毛泽东的亲情世界》，中国青年出版社2009年版

22. 杨奎松著：《毛泽东与莫斯科的恩恩怨怨》，江西人民出版社2004年版

23. 王恕焕著：《梅花欢喜漫天雪》，中原农民出版社1993年版

24. 李锐著：《毛泽东早年读书生活》，辽宁人民出版社1992年版

25. 华林编：《毛泽东和他的战友们》，华龄出版社1990年版

26. 海鲁德等编著：《生活中的毛泽东》，华龄出版社1989年版

27. 丁晓平著：《王明中毒事件调查》，中国青年出版社2012年版

28. 南光编：《毛泽东和他的四大秘书》，贵州民族出版社1993年版

29. 姚有志、陈宇主编：《毛泽东大战略》，解放军出版社2009年版

30. 张民、胡长明主编：《毛泽东家事图系》，中央文献出版社2003年版

31. 丁晓平著：《毛泽东的乡情世界》，中国青年出版社2013年版

32. 潘相陈编著：《毛泽东家书钩沉》，中共中央党校出版社1997年版

33. 丁晓平著：《邓小平和世界风云人物》，中国青年出版社2004年版

34. 斯图尔特·施拉姆著：《毛泽东》，红旗出版社1987年版

35. 周世钊著：《毛泽东青年时期的故事》，中国少年儿童出版社1977年版

36. 克莱尔·霍林沃斯著：《直道而行为中华》，东南大学出版社1989年版

37. 舒群著：《毛泽东故事》，作家出版社1986年版

38. 朱仲丽著：《毛泽东王稼祥在我的生活中》，中共中央党校出版社1995年版

39. 胡哲峰、孙彦编著：《毛泽东谈毛泽东》，中共中央党校出版社2008年版

40. 权延赤著：《红墙内外：毛泽东生活实录》，昆仑出版社1989年版

41. 裴健编著：《湘魂：毛泽东的家世》，群众出版社1996年版

42. 中央文献研究室第一编研部：《温情毛泽东》，辽宁人民出版社2005年版

43. 孔东梅著：《翻开我家老影集》，中央文献出版社2004年版

44. 孔东梅著：《听外婆讲那过去的事情》，中央文献出版社2005年版

45. 武田泰淳、竹内实著：《诗人毛泽东》，中央文献出版社1993年版

16. 陈志让著：《毛泽东与中国革命》，中央文献出版社1993年版

47. 《举世悼念毛泽东主席》，人民出版社1978年版

48. 王行娟著：《贺子珍的路》，作家出版社1985年版

49. 徐肖冰、侯波摄，李蒙文：《毛泽东之路》，长江文艺出版社2009年版

50. 《毛泽东早期文稿》，湖南出版社1995年版